胡方文库

主编 胡玉冰

唐采臣稿
〔清〕唐德亮 撰　邵敏　林光剑 整理

曾庭闻诗文集
〔清〕曾畹 撰　安正发　李拜石 校注

真率斋初稿
〔清〕杨芳灿 撰　梁艳 校注

半部论语斋初草
〔清〕赵尚仁 撰　王敏 整理

上海古籍出版社

## 圖書在版編目(CIP)數據

唐采臣稿／(清)唐德亮撰；邵敏，林光釗整理.
曾庭聞詩文集／(清)曾畹撰；安正發，李拜石校注.
真率齋初稿／(清)楊芳燦撰；梁艷校注. —上海：
上海古籍出版社，2023.9
(朔方文庫)
本書與"半部論語齋初草"合訂
ISBN 978-7-5732-0786-9

Ⅰ.①唐… ②曾… ③真… Ⅱ.①唐… ②曾… ③楊
… ④邵… ⑤林… ⑥安… ⑦李… ⑧梁… Ⅲ.①八股文
－研究－中國－清代②古典詩歌－詩集－中國－清代③楊
芳燦－文學研究④趙尚仁－文學研究　Ⅳ.①H152
②I222.749③I206.49④I206.52

中國國家版本館CIP數據核字(2023)第149211號

朔方文庫

### 唐采臣稿

〔清〕唐德亮　撰　邵　敏　林光釗　整理

### 曾庭聞詩文集

〔清〕曾　畹　撰　安正發　李拜石　校注

### 真率齋初稿

〔清〕楊芳燦　撰　梁　艷　校注

### 半部論語齋初草

〔清〕趙尚仁　撰　王　敏　整理

上海古籍出版社出版發行

(上海市閔行區號景路159弄1-5號A座5F　郵政編碼201101)
(1) 網址：www.guji.com.cn
(2) E-mail：guji1@guji.com.cn
(3) 易文網網址：www.ewen.co
上海展強印刷有限公司印刷
開本710×1000　1/16　印張27.25　插頁6　字數355,000
2023年9月第1版　2023年9月第1次印刷
ISBN 978-7-5732-0786-9
Ⅰ·3746　定價：158.00元
如有質量問題，請與承印公司聯繫
電話：021-66366565

國家社會科學基金重大項目
"《朔方文庫》編纂"（批准號：17ZDA268）經費資助出版


寧夏回族自治區"十三五"重點學科
"中國語言文學"學科建設經費資助出版


寧夏大學"民族學"一流學科群之"中國語言文學"學科
（NXYLXK2017A02）建設經費資助出版

# 《朔方文庫》委員會名單

## 學術委員會

主　任：陳育寧

委　員：（按姓氏筆畫排序）

　　　　于　亭　　呂　健　　伏俊璉　　杜澤遜　　周少川　　胡大雷

　　　　陳正宏　　陳尚君　　殷夢霞　　郭英德　　徐希平　　程章燦

　　　　賈三强　　趙生群　　廖可斌　　漆永祥　　劉天明　　羅　豐

## 編纂委員會

主　編：胡玉冰

委　員：（按姓氏筆畫排序）

　　　　丁峰山　　田富軍　　安正發　　李建設　　李進增　　李學斌

　　　　李新貴　　邵　敏　　胡文波　　胡迅雷　　徐遠超　　馬建民

　　　　湯曉芳　　劉鴻雁　　趙彥龍　　薛正昌　　韓　超　　謝應忠

# 總　　序

陳育寧

　　寧夏古稱"朔方",地處祖國西部地區,依傍黄河,沃野千里,有"塞上江南"之美譽。她歷史悠久,民族衆多,文化積澱豐厚。在這片土地上産生並留存至今的古代文獻檔案數量衆多、種類豐富,有傳統的經史子集文獻、地方史志文獻、西夏文等古代民族文字文獻、岩畫碑刻等圖像文獻,以及明清、民國時期的公文檔案等,這些文獻檔案記述了寧夏歷朝歷代人們在思想、文化、史學、文學、藝術等各方面的成就,藴含着豐富而寶貴的、具有地域和民族特色的歷史文化内涵,是中華各民族人民共同的精神和文化財富,保護好、傳承好這批珍貴的文化遺産,守護好各民族共有的精神家園,扎實推進新時期文化的繁榮發展,是寧夏學者義不容辭的擔當。

　　黨和國家歷來高度重視和關心文化傳承與創新事業,積極鼓勵和支持古籍文獻的收集、保護和整理研究工作,改革開放以來,批准實施了一批文化典籍檔案整理與研究重大項目,取得了一大批重要成果。2017年1月,中共中央辦公廳、國務院辦公廳印發《關於實施中華優秀傳統文化傳承發展工程的意見》,把中華優秀傳統文化的傳承和發展推上了新的歷史高度。《意見》指出,要"實施國家古籍保護工程","加強中華文化典籍整理編纂出版工作"。這給地方文獻檔案的整理研究,帶來了新的機遇。

　　寧夏作爲西部地區經濟欠發達省份,一直在積極努力地推進優秀傳統文化傳承發展事業。2018年5月,《寧夏回族自治區實施中華優秀傳統文化傳承發展工程方案》和《寧夏回族自治區"十三五"時期文化發展改革規劃綱要》正式印發,爲寧夏文化事業的發展繪就了藍圖。寧夏提出了"小省區也能辦大文化"的理念,決心在地方文化的傳承發展上有所作爲,有大作爲。在地方文獻檔案整理研究方面,寧夏雖資源豐富,但起步較晚,力量不足,國家級項目少。

這種狀況與寧夏對文化事業的發展要求差距不小，亟須迎頭趕上。在充分論證寧夏地方文獻檔案學術價值及整理研究現狀的基礎上，以寧夏大學胡玉冰教授爲首席專家的科研團隊，依托自治區"古文獻整理與地域文化研究"人文社科重點研究基地以及自治區重點學科"中國語言文學"、重點專業"漢語言文學"的人才優勢，全面設計了寧夏地方歷史文獻檔案整理研究與編纂出版的重大項目——《〈朔方文庫〉編纂》，並於2017年11月申請獲批立項爲國家社科基金重大項目，這一項目的啓動，得到了國家的支持，也有了更高的學術目標要求。

編纂這樣一部大型叢書，涉及文獻數量大、種類多，時間跨度長，且對學科、對專業的要求高，既是整理，更是研究，必須要有長期的學術積累、學術基礎和人才支持。作爲項目主持人，胡玉冰教授1991年北京大學畢業後，一直在寧夏從事漢文西夏文獻、西北地方（陝甘寧）文獻、回族文獻等爲主的古文獻整理研究工作，他是寧夏第一位古典文獻專業博士，已主持完成了4項國家社科基金項目，包括兩項重點項目，出版學術專著10餘部。從2004年主持第一項國家社科基金項目開始，到2017年"《朔方文庫》編纂"作爲國家社科基金重大項目立項，十多年來，胡玉冰將研究目標一直鎖定在地方文獻與民族文獻領域。其間，他完成的國家社科基金項目結項成果《寧夏古文獻考述》，是第一部對寧夏古文獻進行分類普查、研究，具有較高學術價值的成果，爲全面整理寧夏古文獻提供了可靠的依據；他完成的《傳統典籍中漢文西夏文獻研究》入選《國家社科基金成果文庫》，爲《朔方文庫·漢文西夏史籍編》奠定了研究基礎；他完成出版的《寧夏舊志研究》，基本摸清了寧夏舊志的家底，梳理清楚了寧夏舊志的版本情況，爲《朔方文庫·寧夏舊志編》奠定了研究基礎。在項目實施過程中，胡玉冰注重與教學結合，重視青年人才培養，重視團隊建設。在寧夏大學人文學院，胡玉冰參與創建的西北民族地區語言文學與文獻博士學位點、中國古典文獻學碩士學位點，成爲寧夏培養古典文獻專業高級專門人才的重要陣地。他個人至今已培養研究生40多人，這些青年專業人員也成爲《朔方文庫》項目較爲穩定的團隊成員。關注相關學術動態，加強與兄弟省區和高校地方文獻編纂同行的學術交流，汲取學術營養，也是《朔方文庫》在實施過程中很重要的一則經驗。

《朔方文庫》是目前寧夏規模最大的地方文獻整理編纂出版項目，其學術意義與社會意義重大。第一，有助於發掘和整合寧夏地區的文化資源，理清寧夏文脉，拓展對寧夏區情的認識，有利於增强寧夏文化軟實力，提升寧夏的影響力，促進寧夏經濟社會全面發展；第二，有助於深入研究寧夏歷史文化的思想精髓和時代價值，具有歷史學、文學、文獻學、民族學等多學科學術意義，推動寧夏人文學科的建設與發展；第三，有助於推進寧夏高校"雙一流"建設，帶動自治區人文社科重點研究基地、重點學科、重點專業以及學位點建設，對於培養有較高學術素質的地方傳統文化傳承與創新的人才隊伍有積極意義；第四，在實施"一帶一路"倡議大背景下，深入探討民族地區文獻檔案傳承文明、傳播文化的價值，可以更好地爲西部地區擴大對外文化交流提供決策支持。

編纂《朔方文庫》，既是堅定文化自信、鑒古開新、傳承和弘揚中華優秀傳統文化的需要，也是服務當下經濟社會文化發展的需要，是一項功在當代、澤溉千秋的文化大業。截至 2019 年 7 月，本重大項目已出版大型叢書兩套、研究著作，依托重大項目完成碩士研究生學位論文 9 篇。叢書《朔方文庫》爲影印類古籍整理成果，按專題分爲《寧夏舊志編》《歷代人物著述編》《漢文西夏史籍編》《寧夏典藏珍稀文獻編》《寧夏專題文獻和文書檔案編》共五編。首批成果共 112 册，收書 146 種。其中《寧夏舊志編》32 册 36 種，《歷代人物著述編》54 册 73 種，《漢文西夏史籍編》15 册 26 種，《寧夏典藏珍稀文獻編》10 册 7 種，《寧夏專題文獻和文書檔案編》1 册 4 種。《寧夏珍稀方志叢刊》共 16 册，爲點校類古籍整理成果，由中國社會科學出版社、上海古籍出版社分別於 2015 年、2018 年出版。《朔方文庫》出版時，恰逢寧夏回族自治區成立 60 周年，這也説明，在寧夏這樣的小省區是可以辦成、而且已經辦成了不少文化大事，對於促進寧夏文化事業的發展、提升寧夏知名度起到了重要作用。同時也要看到，由於基礎薄弱，條件和力量有限，我們還有許多在學術研究和文化建設上想辦、要辦而還未辦的大事在等待着我們。

國内出版過多種大型地方文獻的影印類成果，但尚未見相應配套的點校類整理成果。即將由上海古籍出版社推出的《朔方文庫》點校類整理成果，是胡玉冰及其學術團隊在影印類成果的基礎上的再拓展、再創新。從這一點來説，國家社科基金重大項目"《朔方文庫》編纂"開創了一個很好的先例，即在基本完成影印任務的情況下，依托高質量的研究成果，及時推出高質量的點校類整理成果，將極大地便于學界的研究與利用。我相信，《朔方文庫》多類型學術成果的編纂與出版，再一次爲我們提供了經驗，增強了信心，展現了實力。祇要我們放開眼界，集聚力量，發揮優勢，精心設計，培養和選擇好學科帶頭人，一個項目一個項目堅持下去，一個個單項成績的積累，就會給學術文化的整體面貌帶來大的改觀，就會做成"大文化"，我們就會做出無愧於寧夏這片熱土、無愧於當今時代的貢獻！

2020年7月於銀川

（陳育寧，教授，博士生導師，寧夏回族自治區政協原副主席，寧夏大學原黨委書記、校長）

# 目 録

總序 …………………………………… 陳育寧　1

## 唐采臣稿

整理說明 …………………………………………… 3
唐采臣稿題辭 ……………………………………… 5
國初十六家精選目録　第八家 …………………… 6
唐采臣稿 …………………………………………… 8

## 曾庭聞詩文集

整理說明 …………………………………………… 31
曾庭聞詩第一集 …………………………………… 34
曾庭聞詩第二集 …………………………………… 83
曾庭聞詩第三集 …………………………………… 137
曾庭聞文集 ………………………………………… 178
附録 ………………………………………………… 218
參考文獻 …………………………………………… 222

## 真率齋初稿

整理說明 …………………………………………… 229
真率齋初稿序 ……………………………………… 232

真率齋初稿序 …………………………………………………… 234
真率齋初稿卷一 ……………………………………………… 236
真率齋初稿卷二 ……………………………………………… 252
真率齋初稿卷三 ……………………………………………… 265
真率齋初稿卷四 ……………………………………………… 278
真率齋初稿卷五 ……………………………………………… 290
真率齋初稿卷六 ……………………………………………… 305
真率齋初稿卷七 ……………………………………………… 321
真率齋初稿卷八 ……………………………………………… 337
真率齋初稿卷九 ……………………………………………… 350
真率齋初稿卷十 ……………………………………………… 364
真率齋初稿詞卷一 …………………………………………… 372
真率齋初稿詞卷二 …………………………………………… 388
參考文獻 ……………………………………………………… 405

# 半部論語齋初草

整理説明 ……………………………………………………… 413
半部論語齋初草 ……………………………………………… 415
自序 …………………………………………………………… 424
題辭 …………………………………………………………… 425
附録：龍見井中歌有序 ……………………………………… 427
參考文獻 ……………………………………………………… 429

# 唐采臣稿

〔清〕唐德亮 撰　　邵　敏、林光剑 整理

# 整理説明

《唐采臣稿》不分卷,清朝唐德亮撰。此書爲唐德亮撰八股文彙編,傳世本有清康熙三十八年(1699)《可儀堂一百二十名家制義》本與清嘉慶江都秦鑛石研齋《國初十六家精選》本。石研齋本書衣頁題"第八家""唐采臣稿"字樣,正文半頁九行,行二十五字,四周單邊,白口,無界行。版心處自上而下題"國初十六家精選""上論"或"下論""石研齋"等字樣。

唐德亮,字采臣,無錫金匱縣人,明末清初時人,生卒年不詳。崇禎二年(1629)入復社,十年(1637)在無錫與錢陸燦、黄家舒等人結聽社,十一年(1638)參與聲討阮大鋮的《留都防亂公揭》事。崇禎十五年(1642)中舉人。順治九年(1652)進士,授户部主事,管京糧廳。順治十年(1653)以户部主事督餉寧夏,得遺文數篇,增補於《〔萬曆〕朔方新志》後。官至户部員外郎,卒於京邸。著有《唐書巢文集》《四柳集》。傳見《〔乾隆〕江南通志》卷一六六《文苑》、《〔光緒〕無錫金匱縣志》卷二二《文苑》、《江蘇詩徵》卷六六、《梁溪詩鈔》卷十七、《調運齋集》卷七等。《江南通志》卷一九四《藝文志》載唐德亮著有《書巢文集》。

該書正文前有《唐采臣稿題辭》和《目録》,正文收録唐德亮所撰制藝之文《務民之義》《禹吾無間》《與命與仁》《屢空賜不》《百姓足君》《南宫適問》《因民之所》《慮而後能得》《父作之》《敬大臣則不眩》《詩曰奏假》《乃所願則》《夫以百畝》《舜明於庶》《其自任以》《説大人則》,共十六篇。各篇文末附有秦玉生、沈秋園、陸園沙等人的評點文字。

《唐采臣稿》爲石研齋主人秦鑛所編,秦鑛兄秦嶠校纂。正文有圈點和小字評語。唐德亮爲清初八股文名家,《唐采臣稿題辭》稱"采臣得力於蘇而探源於韓",該書爲目前所見收録唐德亮八股文篇目較多的彙編集,是研究唐德亮其人的重要資料,同時對清初時期的八股文研究亦具有重要的參考價值。

《中國古籍總目》《清人詩文集總目提要》有著録。《欽定四書文》卷十四收録唐德亮八股文一篇《經正則庶民興》。《〔民國〕固原縣志》卷十《藝文志》收録唐德亮《重修東嶽廟記》一文。安正發、李拜石《曾畹交游考》一文涉及了唐德亮和曾畹的交游情况。

整理者以清嘉慶江都秦巘石研齋《國初十六家精選》本爲底本,對《唐采臣稿》進行整理。

附録:《唐采臣稿》整理研究成果

《欽定四書文校注》:王同舟、李瀾校注,武漢大學出版社2009年。

《〔民國〕固原縣志》:葉超等纂修,邵敏、韓超校注,上海古籍出版社2018年。

《曾畹交游考》:安正發、李拜石撰,《寧夏師範學院學報》2012年第2期。

# 唐采臣稿題辭

　　昌黎韓子有言曰："氣，水也。言，浮物也。氣盛，則言之短長與聲之高下皆宜。"①不觀夫水乎？百川滙流，萬斛騰涌，其來無端，其去無迹。其怒也，有氣以鼓之。其行也，有氣以運之。挾沙石，撼崖谷，變化魚龍，噴薄日月，莫非氣機之所漭瀁而奔赴。及乎迴洑渟蓄，冲兮若盈，湛兮若存，其爲氣也，亦遂曼衍於其中。氣之於言，亦猶是也。吾於古文中得其人焉：逸氣奔放，神力斡旋，渾灝光芒，凌轢百代，蘇長公以之。於制藝中得其人焉：風馳雨驟不可端倪，萬折千迴，層瀾不竭，唐采臣以之。采臣得力於蘇而探源於韓，識者謂其善於取勢，信然。

---

　　① 參見（唐）韓愈著，劉真倫、岳珍校注：《韓愈文集匯校箋注》卷六《答李翊書》，中華書局2010年版，第701頁。

# 國初十六家精選目錄　第八家

江都秦蠏玉生編次

唐德亮，字采臣，號□□，江南無錫人。順治壬辰進士，官户部郎中。

務民之義　二句
禹吾無間　一章
與命與仁
屢空賜不　殖焉
百姓足君[1]　二句
南宫适問　一章
因民之所　二段
慮而后能得
父作之
敬大臣則不眩
詩曰奏假　一節
乃所願則　合下一節
夫以百畂　夫也
舜明於庶　二句
其自任以　一句
説大人則　一章

兄秦嶠開山校纂
弟崥北華、蠸静山仝校

【校勘記】

［1］百姓足君：正文題作"百姓足"。

# 唐采臣稿

## 務民之義　二句

　　知幽明之故者，有所務而無所惑焉。蓋民義與鬼神，其理則一，其事有二。故有所務而其心不惑，亦惟敬而遠，而其事益專。且世有知者，其心思所通，固有以察乎人道，而明乎天道，而精神所用必不欲急于事鬼而緩于事人。力透紙背。蓋以人道邇而神道遠，明與幽可會通其理，而人與神不可兼致其功。吾與子言知之事，原夫變化流行之始，陰陽行而後性命正，性命正而後倫紀陳，此天有顯道，厥類惟彰。凡物則民彝皆鬼神，有以立乎其先，而默為之宰。民義鬼神，源流打通。而自恒性既綏以後，存心養性為匪懈，不愧屋漏為無忝。此至德馨香通于神明，即廟祧壇墠亦奉一義以定其親疏，而制為隆殺，是民義鬼神，其理一，其事殊也。故所當務者在此，所敬而遠者在彼。惠迪從逆之幾，不在冥漠中之灾祥，而在日用間之邪正，則地義天經，固人道所由立也。誠知夫義之至切，而孜孜焉務之，則立愛惟親，而孝慈之必盡其情也。實發務義精當。至仁率親，而義率祖，雖至愨則存，而祭有不欲數者矣。立敬惟長，而友共之，必昭其分也。至岳視公而瀆視侯，雖齋肅以臨，而祭有不欲黷者矣。蓋郊壇報享之文，所以明吾心之誠，而即以盡人心之義，故務義者，必不于義之外有所紛。降殃降祥之故，不關乎氣數之淑慝，而關乎幽獨之從違，則修身踐言，固人道所由盡也。歸并上截得旨。誠知夫義不可廢，而亟亟焉務之，則樂治心而禮治身，必無斯須或去諸身也。實實勘出精義。而自覺團結有力。至于敦和率神與別宜居鬼,有旦明凛之而不必昵其事者矣。言有物而行有恒,必無一時或悖其常也。至於謀及乃心,謀及卜筮,有洗心承之而無庸再三瀆者矣。蓋吉凶貞吝之幾,隱之為不測之神,顯之實為當然之則,故務義者,必不於義之外有所惑。精理名言。自古媚神之事,二比互勘。皆由於大義之不明,識不足明天地之性,窮萬物之理,層層翻剥。無微不到。而一聞夫餘慶餘殃之說,遂竦然動于其心而祈禱之事以作,苟能專務乎義?則烝嘗禴祀,以義舉之。石言神降,以義絕之。彼鬼神雖靈,必不能入有主之心,而動以禍福。融會貫通。自古民義之弛,類由于陰邪之迭勝,識已惑于幽渺之幾,迷于恍惚之數,而反思夫子臣弟友之位轉,以為庸近無奇,而厭斁之心以起,故惟真知鬼神之當敬遠,則能饗帝者厥惟仁人,能饗親者必推孝子。凡義所當盡自克竭終身之力而罔有二三,可不謂知乎。

截發便欠精神,必須合併做,方能團聚玲瓏,合註中而字之意而順逆變化,又無一語積滯,此為才大于海,心細于髮。沈秋園。

兩句合勘,精深透闢。力能扛鼎,勢可撼山。秦玉生。

務民之 唐

## 禹吾無間 一節

王功開於夏,其以身教者為獨隆也。蓋一代之天下,皆以其身自為之,而不予後世以可議之隙。遏哉神禹,古今一王矣。且古者風氣初開,物害方殷,人道未備。至於夏而治天下之功始見。功者,過之端。至於夏而傳天下之法始定。法者,弊之起。萬世皆食神禹之功,而神禹反為萬世受其過。百王皆用神禹之法,而神禹反為百王受其弊。奇談快論。此事之不平而論之當定者也。吾夫子慨然作曰:王者之興,雖有天命,豈非人事哉!聰明非偶然,而首出也。性豁達者,以建非常。性恭儉者,以成休德。虛籠問字。亦似有其氣運而不可強,風烈非一朝而底定也。積於剛明者,見駿肅之意。積於簡易者,見蕩軼之思。似有其趨尚而不可變,氣運成而污隆生,趨尚定而輕重出,欲求無間，豈不難哉！惟我神禹，吾信無得而間之也。吾聞飲象陽而食象陰，陰陽之義，通於鬼神。上下鉤連，運思奇巧。衣象天而裳象地，天地之分達於冠冕。一畝之宮，必有溝防，規方之室，必流渠道。所以避湫隘而通水利，田間亦猶是也。今日者，禾麻菽麥安於明，社稷壇墠安於幽，機絲布帛安於賤，紘綖皮鷩安於貴，城郭宮寢安於朝，徑遂川道安於野，何莫非神禹所留遺以及後之人乎？前段連串，此段又化三爲六，文情飛動。而禹當日者，身自創之，身自用之，愀然如不得已焉，凜然如有所深思而審處焉。非損膳羞，然後備百物之享。起筆即取"而"字。而達於邑臭，達於墻屋，望羽淵之魂，自不得與一人之口體並存者，菲而致孝，吾知禹之儉且仁。非衣皂綈，然後充元首之飾。而端以蒞朝，端以入廟，肅祗台之範，自不得與一人之絲縞並列者，惡而致美，吾知禹之謙且敬。非貶乘輿，然後養畎畝之財。而十仞不潦，五尺不旱，盡疆理之制，自不得與一人之容膝並營者，卑而盡力，吾知禹之謙且勤。之數者，即缺焉固無傷其爲平天地之聖人也。雖然，當日元圭告成，弟言其功之大而已，惡知刻求於日用微末之間，而純粹淡泊以一身留上古之樸者，不得以貢賦九州而議其開侈大之原。切禹說無間，語語精切。當日陳謨著範，弟言其克之艱者而已，惡知廣求於天親百姓之故，而篤摯周詳以一身垂百代之統者，不得以迹至海表而議其有疏略之患。吾無間然，誠無間然矣。

　　宏整精贍，極有體裁文字，不徒作塗山外傳也。陸圓沙。

　　皇皇鉅製，一筆揮灑，脫盡安章頓句恆蹊，而自無不如法由，其魄力大蘊釀深也。秦玉生。

禹吾無　唐

## 與命與仁

　　罕言其所宜言者，因利而大其防也。兩"與"字出。夫命與仁，聖人之所宜言以教天下者也，卒與利同歸罕言焉。因利而及之，記者其有憂患乎。且學者之於聖人，惟恐其不言，惟恐其無恒言。是故恒言則誌之,恒言不一而足,則併誌之。不言則誌之,不言不一而足,則併誌之。乃有非不言,非恒言,而於眾人之必爭者,既以罕言愧之矣。方恃聖人取其數之一定者以遏之,持其道之至正者以救之,而亦祕惜而不輕以示人,記者於是善窺厥旨矣。即如命者數之一定者也。數之一定,而害與焉,利亦與焉。聖人罕言利而眾人言利,眾人言利而聖人言命。逆翻兩"與"字,筆鋒犀利。告之曰:利之得也,有命。利之不得也,有命。而天下之言利者退矣,是一說也。仁者,道之至正者也。道之至正而見害不避焉,見利不趨焉。聖人罕言利而眾人言利,眾人言利而聖人言仁,告之曰:出於利則入於仁,入於利則出於仁,而天下之言利者退矣,是又一說也。然則子何不出此,而乃與命與仁俱罕言也哉。以爲罕言有其類,而命與仁豈其類歟？以爲罕言必有所諱,而命與仁何故諱歟？求其說而不得以爲與者,別之之辭兼之之辭,排空立格。因而及之之辭。或曰:命不能言,言其未然。既未然矣,又何言焉？淺語可解人頤。言其已然,既已然矣,又何言焉？子不欲伸天道而絀人事,故罕言命。或曰:仁不必言,言其勉然。既勉然矣,誰肯爲之？言其自然,既自然矣,誰復爲之？子不欲輕學問而重道德,故罕言仁,所謂別之之辭也。或曰:命與仁不同言。言命而禁人之爲小人,不能導人爲君子。言仁而激人之爲君子,不能禁人不爲小人。子不欲使性命之理,兩有所畏,兩有所傷,故罕言命與仁,所謂兼之之辭也。着眼"與"字,此處只寫題半面耳,然已妙絕。固也,獨是罕言利,即與命俱,旋言命,復與仁俱,何爲也哉？豈外利而併外命與仁歟。諱利而併諱命與仁與,曰:不然,因利而及之也。因利而及之,所以澹其好利之心。今使眾人言利,而聖人言命,眾人言利,而聖人言仁。彼將曰:眾人以利,聖人以命,以仁宜也。筆筆爲"與"字作翻弄。今命與仁俱置不詳,而後知鄙人世之羶,亦不據聖賢之美,"與"字恁地寫如李杜文章,光焰萬丈。則前之罕言者,初非鄙之以明高,又因利而防之也。因利而防之者,所以奪其言利之氣。今使眾人言利,而聖人必曰有命。眾人言利,而聖人必曰有仁。彼將曰:聖人因我而尊命與仁,因欲勝我之利而好言命與仁也。今命與仁概在所略而後知借命與仁，以濟其私者，徒滋其疾。借命與仁，以黜其私者，原不任其功，則後之罕言者，亦非張之以樹幟。筆如截鐵。而後命全，而後仁全，而後罕言之利，與命與仁俱全矣。夫是以與命與仁，同類而稱，而不爲倒置也。此記者意也。

　　層層爲兩"與"字，翻騰跌落，有水銀瀉地，天馬行空之妙。秦玉生。

## 屢空賜不　殖焉

　　大賢能安貧，非不受命者所及也。夫回之屢空，非知命孰克當此哉。貨殖者，其謂之何？多見其不受命矣。且學者之優劣，固不在區區貧富間也。如以貧富論人，則得道豈必皆貧，失道豈緣盡富。至言。要以所爭祇在能安與不能安。扼受字則首尾皆貫。故君子于此，亦有時不言性而言命矣。若回也，近道者也，夫回而既近道矣。左簞右瓢，衎然自得，固足多，即令結駟連騎，若素封者耶。亦寧以此貶賢。提挈但見其理勝，不見其法勝。然回固生而貧者也。生而貧，則空矣。惟回固生而貧者也。生而貧而有術焉，使之不貧，則雖空而不屢矣。起不受命，句意不覺。乃回也而竟屢空乎。天下安有富者求貧，但貧者求富耳。俱以側注。貧者求富，而人豈復有貧者哉！天下富者欲永不失其富，猶貧者欲終不有其貧耳。而人豈復有貧而肯安貧者哉！説者以爲回之屢空，回命也夫。夫生而貧者命也，生而不貧者亦命也。以命字轉關。生而貧而無術焉，殖之使不貧，生而貧而有術焉，殖之使不能不貧，與生而貧而有術焉，殖之遂可免乎。貧者，皆命也。顧上走下。駿快絕塵。雖然，既生而貧矣，謂非命乎。既生而貧，而殖之然後免乎貧矣，謂受命乎。出得醒。何賜也而竟蹈此哉。賜如素非貧者，賜何煩殖，殖而後知賜非遽富者也。賜之富，賜之命也。語語從屢空生出。賜如終于貧者，賜又何煩殖，殖而後知賜非屢貧者也。賜之不終貧，賜之不受命也。使殖之皆可以致富，人定勝天，天下無命矣。然安知賜不竊竊焉，自幸其命之獨無憑乎。使殖之而決不能致富，天定勝人，天下亦無不受命者矣。然安知賜不竊竊焉，笑彼屢空者之爲命所困乎。妙論。嗟乎！有回之命，殖之亦未必富，而回自恬也。有賜之命，不殖亦未必貧，而賜自勞耳。綰結雋絕。

以"命"字爲關鍵，擊中而首尾皆應，作法既密，文筆尤超。繆文子。

上下節穿插極緊，而不見痕迹，隆萬人有此筆情，少此筆力。秦玉生。

屢空賜　唐

## 百姓足　二句

民富而君不貧，上下之情也。夫君有人主之名，而實托業于百姓也。富民以富國，君何爲而不使百姓足哉！且以君而憂貧也。愷直如名臣抗疏。君課之司農，司農曰：吾徵之長吏。長吏無以應，則曰：吾徵之百姓。一有不足，百姓受其累耳。雖然，當其年饑，猶不至分毫無益于君，矧豐阜而有自利而不利君者哉。臣所以欲君行徹也，入其疆而見其國之畎畝溝洫，而民富可知也。入其國而見其民之耕耘囷積，而國富可知也，百姓亦甚義矣。無端而乞一恩于大，君不應。無端而貸一金于邑，吏不應。其所供者，歲以爲常，朝發而夕至也，則是百姓慷慨而君獨吝也。正襟而談，不顧忌諱，陸宣公有此愷切。今夫折券而入富人之家，雖有任俠，始則喜，繼則勉而償，至于三，慍形于色矣。煢煢者，百姓也，乃百徵而百應哉，是君有不涸之常也，百姓亦甚絀矣。加額而聞，蠲租之詔輒止。扶杖而觀，賑恤之文輒止。其所輸者，悉索敝賦襁至而輻集也，則是百姓虛名而君實惠也。今夫有大事而行錫予之典，凡爲臣子，上者加爵，次亦增秩有差，至于下，盡沐君恩也。纍纍者百姓也，獨無予而有取哉，是君有偏贏之勢也。且百姓之父子兄弟，君之主伯亞旅也。百姓之場圃稼穡，君之倉廩府庫也。君合之而百姓散之，散雖不盈，散則不竭。積玉帛于家，而人伺之也。拒戶而守，探囊發篋者，可襲而取也，曷若分寄諸民者之爲便乎？藏富于民，自是足國本計。百姓爲君守財，君爲百姓用財，君何幸而有百姓哉。且君有郊社朝燕，百姓亦有喪祭婚取也。君有征伐會同，百姓亦有賽事期會也。君奢用之而百姓儉用之，一人儉則涓埃，衆人儉則邱山。中人數金之産，爲天子一日之費而不足也。管商所不知。軍行一日之需，破民間累歲之畜而有餘也，豈若百姓節省以裕其君者之足恃乎！百姓之八口不以累君，君之千八百國重煩百姓，百姓何負于君哉！桑孔利析秋毫，真百姓之罪人。獨所憂者，不當其足耳。百姓固知務本，貴五穀而賤金玉，豐殖蕃衍，自不肯逐末以攘山海之藏。百姓固能爲善，始力田而終孝弟，家給人足，自不敢生事以致國家之急。而君何憂不足哉！抑非徹不及此。結到行徹。

　　樸直愷至，如家人父子相訴語。大司農以此入告，可不必繪安上圖矣。陸圓沙。

　　剴切敷陳，實能道出題之所以。然聖賢未盡之旨賴以發明，古今聚斂之臣，讀之當亦汗下。秦玉生。

百姓足　唐

## 南宮适問　一節

　　聖賢於天道之不可知者，默喻焉而已。夫人事可知，而天道則不可知。羿奡禹稷之論，适與夫子，其相喻有深焉者哉。今夫善惡者，君子與小人分焉者也。而禍福者，君子與小人共焉者也。惟君子得福爲恒，而小人得福爲幸。然君子終不以爲恒而有所希冀也。題意了澈。惟君子得禍爲不幸，而小人得禍爲恒，然君子終不以爲不幸而有所怨望也。所以達識之士，止畢力於人事所能爲，而天意之不可知者不道也。吾觀於天下之人，如此其衆，而善惡之紛紛，如此其不可齊，以理概之，仁者必有後，而不肖者宜無以自存，奈何讒人高張，賢士失職而志不平也。嗟乎！不有天道，君子何恃以無恐，小人何所畏而不爲非也哉！且夫天道實亦未嘗不如此也。古來奸權之徒，憑其材力作爲淫威，斯固衆人所不堪，而天心之所無如何者也。然其盛也，以天下之大，不足任其恣睢；及其衰也，以四海之廣，而無所逃其戮辱。若乃足不越畎畝之中，手不釋勤勞之事，方嘆天之所以待夫人者，毋乃菲甚，而行立而名聲發，德成而爵祿至，非加其身，即在其子孫，又往往而不爽也。故曰：爲善無近名，爲惡無近刑。觀之往古騐其成敗，豈不信然。報施不爽，此段正論。羿奡禹稷其大彰明者也，雖然，未可執一論也，使天日紛紛焉。忽又颺開。遍天下以求夫惡人而誅之，善人而賞之，則天何不盡生善人；而多生惡人以亂天下，何不譴告於未稔之前而必致毒於既盈之後。妙論。故夫天下之不能無惡人者，勢也，此刑罰之所不能遍加焉者也。至夫上聖賢人，勤勤爲善，固以爲我分內事，而不必責報於天，即天亦以爲固然而無所庸其私厚也。苟執降殃之説以繩天下之惡人，無以處夫羿奡而不必得禍者也。況乎爲羿奡者，即明知其禍之不旋踵而亦有所不顧也。故夫羿奡自有所必不可爲者，不在乎得其死與不得其死也。必執降祥之説以相天下之善人，無以處夫禹稷而不必得福者也。況乎爲禹稷者，初不計其後有如此之事也。故夫禹稷自有所必可爲者，不在乎得天下與不得天下也。似非題中正意，却是尚德的解。故於适之問也而不答，於其出也。與其爲君子之人，而取其有尚德之心，終無一言及天道報施之際也。吁！聖人之所以自信者如此而已矣。

　　惠迪吉，從逆凶，古聖已有此語，适所以問者，正見德之足尚，非徒論報施也。故夫子但以尚德嘉其心，非不能答也。文持論正，大不涉一毫私意，而筆鋒快利，省却無限枝節。秦玉生。

南宮适　唐

## 因民之所　二段

　　惠勞之美者，上與下相忘而已。夫利之説，不可自上開也。勞之意，不可自下見也。不自上開，不自下見，君子乃逸而有惠名，安而受其勞之之實矣。且爲政之患，莫大乎民間之利，自在民間，而必欲攘之以爲己德。勞民之意，正以爲民，而上反居之以爲仇民，以爲己德。大蘇筆意。一不繼而即囂然於上之吝於生我，以爲仇民。不謂上之出於無可如何，而咎其役我於所得已。爲政者曰：何不幸而爲政於三代之下也。不知此非民之過也。其弊始於見有利，見有利而欲專之爲已。有不得已，而公之以爲民。逆翻二比勢，如倒峽懸河。於是謀利之心甚深，闢利之孔甚多，趨利之術甚熾。本以利之也，而託於惠之。惠之而已甚費，甚費而民不以爲恩。其弊始於不見有勞，不見有勞而勞民也，猶以爲逸民。逸民也，翻以爲勞民，於是勞之之事不當，勞之之計不均，勞之之心不平，不曰不可不勞也，而曰必不可勞。不可勞而已，甚怨。甚怨而民將不可以使。今夫富人之家，出金以貸鄰里，而無缾罄罍恥之憂者，利所生也。百户之邑，安坐指麾，臧獲力作，無一人違其節度以嬉者，勞所驅也。爲政者予奪可否，非特富人之家也。進退生殺，非特百户之邑也。地廣而不治，命曰土滿。人衆而不理，命曰人滿。所入不償所出，其國曰貧；上作而下不應，其國曰弱。若是者何也，有利之之道而不知舉有勞之之術，而不知用也。中流一束。是故仁主可爲而不可爲也。可爲者，慈惠之名。不可爲者，監門臣妾以狥民，而民不以爲恩。義主不可爲而可爲也。不可爲者，厲民之稱。可爲者，令行禁止。惟其所爲而無不可使，故曰：太上因之，其次利導之，最下與之争。故曰：人主先擇術，擇術則趨舍審，趨舍審則賞罰必。因之如何，井田閭里足懷也。不然則山林陂池足樂也，不然則于耜舉趾勿奪其時，不然則求桑采蘩各以其候，不然則築場納稼朋酒羔羊之于民也。他人分層遞寫者，此獨一氣貫注。無所往而不得之，然後饑而食之，寒而衣之，而忘其爲誰之恩。擇之如何，成梁除道之于雨畢，而水涸也。不然則備藏具裘之於節解而霜隕也，不然則清風至而修城郭宮室，不然則三農之暇而爲蒐苗獮狩，不然則築臺築郿城郎城邱之非時非地而不書也。人主不得而病之，然後不介而孚趨之，若後而不知爲誰之使。滔滔汩汩如長江大河，一望無際。然則更有不可因，不可擇者如之何。利不百不興，害不百不去，革之亦所以因之也。推進一層。趨利莫若重，避害莫若輕，不擇亦所以擇之也。故能不利一人而民不貧，利及天下而國不貧，不能勞者朴之而民不叛，不肯勞者殺之而亦不叛，嗚乎！此安上全下召和弭怨之道也。

章法排比，筆致飛動，通篇如珠走盤入，後更復纍纍相貫。秦玉生。

## 慮而后能得

止無驟得之功，亦俟之慮而已。夫知所以起慮，而不可即以爲慮也。慮而后得，而知乃求盡其無窮也。且天下之理，歸於何思。拈"慮"字起，方不混上。皇極之猷，睿以作聖，似乎可不勞而致之也。然而大人之求止於至善者，不尚天縱之才，而恃有研幾之哲，必慎重以出之，知止者始號有全功也。蓋知止與得止有間矣。提句清。今夫老成之知，常不若強壯之知；強壯之知，常不若幼穉之知。而終不能以幼壯之知，勝於老成者，非其智慧之獨優，一得於其淺，一得於其深也。"慮"從閱世而出。前人之止，可以爲我之止。我之止，亦可以爲後人之止。而終不能以前後之止，遂爲我止者，非獨氣候不相貸，一得於其虛，一得於其實也。"慮"從身歷而得。是故甚重乎其得焉，甚重乎其慮焉。天下惟我之所未得者，煩我之慮，苟其已得，何俟於慮也。是慮者，正得不得不可知之數也。"慮"與"得"粘貼。知止者於此，豈曰：徒取其大略而已乎？抑併其纖悉而詳之也。吾詳夫纖悉，故見其紛紜矣。務揆其體，要見其規模矣。務尋其曲折，見其故常矣。務究其旁通，諒亦慮中之所必及也。"慮"之功甚詳。今而后殆得之而善無一遺已，天下惟我之所可得者，需我之慮，苟其必不可得，將何所慮也。是慮者，幾幾欲得而未得之介也，知止者於此，豈曰：徒據其平日而已乎？抑當其臨境而周之也。吾周於臨境，故思其機之一發而不可收也，防其時之一失而不可追也，憂其行之一不當而無可復救也。"慮"之境甚近。諒亦慮時之所必至也。三層寫"慮"字不漏亦不板。今而后殆得之而善可無憾已，且得之者，其偶然而得之與，確然而得之與，吾學有取於殊途同揆者，決不可以浮游之衷應矣。此是凡人。古之大人，發憤極而憂患興，積思過而寢食廢。"慮"中之慎。人知其用之甚逸而不知得之甚勞，施之甚樂而不知得之甚苦，方其視秒聽忽伺候毫芒之際，蓋亦專一之至矣，得即得其專一之至爾。妙！且得之者，其無所爲而得之與，有所爲而得之與，吾學有取於物來順應者，決不可以枯寂之心處矣。此是禪學。古之大人擬議至而神明出，經營盡而智勇生，人知其揣之一端，而不知獲之非一端，謀之一事，而不知報之非一事。"慮"中之樂。方其左宜右有，亹亹意量之間，蓋亦變化之極矣。得即得其變化之極爾。"慮"字寫透，"得"字一點便足。聞之智者千慮，不免一失，大人不遽於知止時，要其得者，所以戒乎疏略也。顧毋。聞之慮善以動，從乎厥時，大人不即於定靜安時求其得者，所以矯乎，虛無也。收"得"到家。然則得止可易言哉。

　　知止是平日工夫，慮是臨事工夫，理實相因而境却有別，文特疏解明確，而沉摯之思，層駁入微，可謂題堅盡破。陸圓沙。

　　理境中自有烟雲卷舒，掉臂游行之樂，由其氣盛而力厚也。秦玉生。

慮而后　唐

## 父作之

　　有賢父作于前，聖人之幸也。夫莫爲之前，雖美弗彰，文王何幸而父作之哉！且慷慨自命者，每願爲賢子，而不必其有賢父，亦願爲賢子之父，而不必爲賢父之子，何也？勃勃有英氣。開創可以見功，而後起難與特立也。然爲賢子者勞，爲賢父者逸。爲賢子之父者，或可必之于後，爲賢父之子者，不能必之于前也。故於文王之無憂，而幸其父作之云。夫太王實開周，遷岐之後，爲王氣所鍾，而後得寢昌而寢熾，吾以爲王季自有父耳。題前翻襯。昌生有聖瑞，襁褓之中，爲大父所器，而乃得越長而及幼，吾以爲王季自有子耳。且考之史，不過稱公季修古公遺迹，未嘗有所表見，則意其平平無奇。適有天幸，而不知不然。我周世有賢聖，王季以克家之主，安坐而克享其成，不可謂非王季之福，亦不可謂非文王之福也。句句側到文王，纔不竟作王季論。伯仲既全父志，至季能紹先之力，對兄而無愧色，不可謂王季之業，非藉文王而大，亦不可謂文王之業，非藉王季而成也。惜也。此下龍飛鳳舞。上有肇基之父，至德之兄，稍爲其所掩耳。然高山天作，僅亦荒之，荆蠻文身,誰與佐之。以父兄孫子托起之,警拔透闢。季以一人內固吾圉,亦殆哉岌岌矣。卒之來朝而賜穀馬,克戎而爲牧師,此亦古公以前未有之事也。証據"作"字,雲山鮮明。而文王之爲方伯,得專征伐因此矣。惜也。絕有"作"字之字。下有文明之子,武功之孫,稍覺其中材耳。然築豐遏密,何以不餘力而爲之;渡師孟津,何以一再傳而得之,未必非王季生平其勤王家,經營之所及矣。觀于篤慶而受之祿,貊音而大其邦,此亦亶父以後不可無之功也。氣局宏敞。而文王之受命帝祉,施于孫子,始此矣。所憂者,季奄忽不振,負其父與兄知人之明、"憂"字一掀,更極醒豁。善讓之意,文王起而爲蓋愆之子也,則難矣。步步不脫文王,方得之字坐寔。我周自不窋失官,竄于戎翟,迨季將保世滋大而幾頓焉,其安乎哉!波瀾更濶,特論益精。蓋至日朝者三,僅爲末節,回思,"因心則友""載錫之光",文實幸吾父有克敦孝弟之風。忠孝二義,正大光明。所憂者,季英雄自喜,驟覬其有受命之隆,大勳之集,文王起而恨其祖不白剪商之志也,則更難矣。我周自高圉亞圉,世服事殷,迨季幾受命爲伯而闖奸焉,其忍乎哉!蓋至羑里之囚不忘明聖,因思執諸塞庫鬱伊以終,文更幸吾父有世篤忠貞之德。引經據典,無微不闡。矧又述之者有武王哉!

"之"字指文王,而言全要從文王身上做出,是王季作之,方是切題。若只贊頌得王季,與題何涉?認題一線不走而議論英異,筆力鬆快,更足以發之。原評。

援據處亦人人所共知,説來却獨見警闢圓到,其作法之精切,則前評可細玩也。秦玉生。

父作之　唐

## 敬大臣則不眩

國事必斷于大臣,故敬之爲益宏也。夫大臣亦臣也,敬之于體似隆,而國事之眩誰受之。敬之者,所以使大臣得行其斷也。且天下國家之故,非一人可得而理,而及其廢興成敗也,卒亦無多人。視其大臣爲何人,視君之屬任大臣者爲何事,天下國家,不越朝廷,而其勢可挈也。蓋百司進退，無關大綱，拔一人于疏賤而處之台輔之位，則君側咸屬其處置，百僚一聽其簡用，故未得其人，寧其難其慎而不求備焉。天官治及王宮，不獨綴衣虎賁也。百事興革，各有其職，立一人于左右而觀其設施之方，則舊勳咸憚其清剛，異域聳望其風采。想見潞公儀表。故考擇其人，必咨岳咨牧而不敢驟焉。若此者，固已敬之于先矣。敬之于先而疑之于後，臣主不同量，豈天下國家之福哉！吾謂大臣者，當使其畏祖宗之法，不當使其畏天子之威。昌言偉論。威無不可加，而輕爲斯人屈者，非故謙也。凡以白吾所任之重，而使大臣感其意以自效，亦與舉朝共知。吾任大臣之重而使大臣推其心以樹人，大臣不自欺，其孰敢欺？直捷愷爽。大臣不敢欺大臣，自不敢欺君矣。衆志不欺，而猶有譸張以進者，未之聞也。大臣者當使其畏萬世之公議，而不當使其畏小臣之多言。健對。言無不可察，而不能使斯人動者，非私之也。跌起不眩。凡以明吾相信之深，而大臣無所忌以盡其誠，亦使人才共知。吾信大臣之已深，而大臣有所事以招其類。大臣爲君用人，孰不願爲大臣用？人願爲大臣用，等之皆爲君用矣。群策畢用而國猶有疑殆不決者，未之聞也。明快。今夫眩之生也不一端，而以入君心者爲不可拔。極力洗發。執狐疑者來讒賊，變亂白黑之根也。有其敬之，而吾所以受眩之源已清矣。大臣處其間，不言而其威隱然，一言而其議截然。宦官宮妾，夫孰得而間之。申屠嘉至爲鼂錯所賣，景帝豈知經義。眩之害也不勝數，而以傾大臣者，爲不可救。流言起而居東避，危人宗社之道也。有其敬之，而吾所以造眩之因已杜矣。大臣立其軌，無爲而不傷廢弛，有爲而不患紛更，敵國外患，夫孰得而撼之。人非甚貪鄙，亦知寵利之極不可居，而選懦之夫，反見容于猜忌之朝者，剛直得過，柔順易全也。人非甚剛愎，亦知朋黨之嫌不可犯，而得人之盛，自見休于大度之相者，宮府一體，故中外一心也。敬大臣何負于國哉！

　　侃侃鑿鑿，暢所欲言，如宣公之奏疏，眉山之策略，非讀破全史，未易有此識見議論。陸圓沙。

敬與尊有別，眩與惑不同，人所共知，而以爽健之筆寫深摯之思，孰能如此言之有物。秦玉生。

敬大臣　唐

## 《詩》曰奏假　一節

徵君子之及民，已漸返喜怒于不形矣。夫言語爲厲階，而賞罰熾矣。爭心盛，而勸威無所施矣。故引《詩》而得君子性情及民之效焉，且天下一神與人所分而治也。通篇議論，從此翻出。然世之亂也，鬼神嘗代人行治明之事。世之治也，君子恒學鬼神治幽之權。故齊戒其德既借之以自修，而馨香感人亦因之以理物，所以進斯世于元同，而偕游之汤穆，恃有此具也。吾于敬信之君子，將進而觀其化矣。引《詩》言其效，題界劃清。要無異於不動不言之度也。何也？民志之惑也。議論以爲端，有議論則有功罪，有功罪則有是非，有是非則有賞罰。從"言"字翻起賞罰。世之所以不復返于胥庭也，民俗之敝也。紛爭而不已，宮與府爭動靜則不一，上與下爭名實則不和，朝與野爭趨避則不定，治之所以日趨於叔葉也。從"爭"字翻起勸威。故思取一肅雝之象，輯睦之風以示之，莫如奏格之詩。夫奏格，《商頌》所以祀烈祖也。商俗尚鬼，宜有福善禍淫之説，侈陳盛美于巫紛而其無言已，若此矣。就商詩故作爬梳正善，爲後二比蓄勢。商政尚嚴，宜有駿發明厲之詞，整一子孫之心志而其靡爭已若此矣。今夫大君在上，與鬼神在幽，孰親而孰疏乎。緊從詩詞翻出議論。大君以其令生殺人，鬼神以其名生殺人，孰迂而孰切乎？奔走于大君之前與揖讓于鬼神之下，孰威而孰易乎？乃政教誥誡迫之而不應者，冥漠無形而奉承，恐後以人主自治其天下，不能必其無囂凌者，以已往之鬼神治將來之天下，而摶心戢志稟命之不遑，何也？君子觀于奏格之詩，瞿然曰：我知其故矣。醒故字。是學鬼神而未至者也。奇語。鬼神日以其權福人禍人，而何嘗曰：是人也，有善吾賞之；是人也，有惡吾怒之。而人主反屑屑焉，以賞怒自爲。夫鬼神日出，其形聲以賞怒天下，則必以爲褻。夾寫妙。人主日出，其賞怒以勸威天下，顧不以爲褻乎。奇波湧出。則夫用命賞祖，不用命戮社，人主猶尊鬼神，如天地，而身爲陰陽之吏以奉其權，獨不使身爲天地，是褻也。妙想妙筆。夫亦學其賞怒之無褻者，而已矣。鬼神即不顯然，以其權福人禍人，亦何嘗曰：鬼神無賞，吾何有于勸；鬼神無怒，吾何有于威，而人主反沾沾焉以勸威相市。夫鬼神不以勸威與天下爭，而人即不畏鬼神，則必以爲誣；人主不以勸威與天下爭，而人即不從。一意翻作兩層，直似子瞻。人主顧不以爲誣乎？則夫入廟而知大澤之將至，諭衆而知高后之降刑。却與詩意推波助瀾。人主猶尊祖考爲鬼神，而表厥慘舒之意以敷于下，獨不使德侔祖考，是誣也。夫亦學其勸威之不誣者而已矣。然則將使賞怒若鬼神之不可知，勸威若鬼神之不可測哉，曰：非也。以性相感者，未施信而信，未施敬而敬，賞怒之返于中正也。以情相使者，禮樂順此生，兵刑反此作，賞怒之歸于和平也。歸宿。可由此漸達於天矣。

　　以"是故"二字作中間樞紐，打併前後，汪洋恣肆，筆落驚風雨，詩成泣鬼神。王罕皆。

　　大意在性情相感，理極正大，而以鬼神伴説，遂覺離奇百變，絶非尋常思議所到。秦玉生。

詩曰奏　唐

## 乃所願則　合下一節

　　學以至聖爲歸，天之生是使獨也。夫何愛于孔子而願學之乎？學爲生民以來之一人，則孔子而已。夷尹不得而班，況其他哉？今夫立其身于古今渺不相接之際，而代興代伏者，我得置升降於其間焉，我身不亦甚尊也哉。我尊而不得不爲古人卑也，古人迭相爲尊而不能不爲一古人卑也。古人之中，又有其至者，我學古人，學其至者已矣。以所述伯夷伊尹，儼然與孔子並稱聖人，我則未能，而妄議昔人之已能，誕也。浩浩落落，長江秋注。今尚不及，而敢謂異日輒過之，僭也。然識則已至，而反屈于其所未必至，惑也。誕耶，僭耶，惑耶，我勿敢知從我所願焉。嘗踰鄒而東指乎泗水之濱,過其與弟子習禮之樹,而徬徨不能去也。摹寫孟子私淑情懷,淒其欲絕。五父之衢,昔之所愴然而興哀也。闕里衣冠今尚有存者乎,絃歌聲不絕乎,學者知與不知相對交口稱夫子乎?似傳似記,歷落參差,歐文化境。區區曲阜之履,是昔之所之齊之宋之陳之楚而退焉,老于刪定之堂者也。我生也晚,望其獲麟之悲,逍遥負杖之年,已茫然有前不見古人之恨矣。逸興遄飛。雖然有其學之,孔子豈無以教我乎?轉入"學"字,頓挫獨出。生楊墨塞路之日,際秦楚縱橫之時,正學不明,大道衰息。起伯夷于九原,何自得西山之薇,以伊尹之才救之,而江河滔滔,伊于胡底。戰國之亂甚于春秋。軻也之賢不及孔子,孔子不能救之未大亂之前,文情橫溢,排宕入古。而軻也乃欲救之,既極敝之,後多見其不知量而自困于負重也。然而推是願也,是孔子之所留遺而默相也。一縱一送,純是古文氣脉。何居乎?以伯夷伊尹亦得與孔子班耶。自生民以來,幾治幾亂,幾帝幾王,幾賢幾聖,幾君幾相,而伊尹伯夷落落然,相望于夏之衰而殷之興,殷之亡而不忍見周之遽代也。一清一任行事,固自卓卓。豈若我孔子者,位不過布衣,自號曰"東家邱",人謂之曰"鄹人之子",干時君,時君不用,僅能刪緝遺書,搜剔故典。折入孔子。明天道,正王事,從之游者,受《易》受《書》,知《詩》知《禮》,《春秋》文繁指隱,游夏不能贊一辭。生民以來,未有之一人,正生民以來,必不可無之一人也,吾師乎孔子哉。仍結到願學意。

　　幽懷古調,一往俱遠,情文相生,則春水桃花之漲,感慨不盡,則秋風蘆葉之聲。秦玉生。

乃所願　唐

## 夫以百畝　夫也

　　即農夫之所憂,而並耕之說非矣。夫使耕而可並,即百畝之不治,不獨農夫憂之矣。並耕之非,至此益明耳。孟子曰子言百工之事不可耕且爲,而吾謂治天下者亦然。明乎耕非人君之事而民之事也,以民之事引而近之君,以非君之事推而遠之民,是君爲侵而民爲曠矣。觀于堯舜之憂，夫亦可知其故也。如堯舜以不得舜禹皋陶爲己憂，當時九州非不廣也，土田非不多也，因土以制田，因田而則壤，所謂百畝者，不知幾何。提百畝。矧灑沉澹灾之後，榛莽豈易廓清，汙萊豈盡墾闢，勤惰豈盡齊一，雖舜禹皋陶宜厪其懷，而百畝豈置諸慮，而堯舜不暇耕且不暇憂也。帶上"憂"字，起題面"憂"字。堯舜不憂，即百畝不治，出百畝不治。而欲與皋陶稷契安坐而享玉食之奉，勢必不能，而堯舜不憂也。再折。堯舜何以不憂，有人焉憂之，而堯舜不必憂也。有人焉以爲憂，而堯舜不必以爲憂也。有人焉以爲己憂，而堯舜不必以爲己憂也。題中字面一一清出。吾欲求憂之之人，信如子許子並耕之說，則必謂有百畝者君也。又借許子之言作翻。即治百畝者君也，君而不以百畝之治爲己憂，是君而未聞道者也。治百畝者君也，即百畝之不治者君也，君而不以百畝之不治爲己憂，是君而厲民以自養者也。而堯舜之不以爲己憂如故。又一折。然則憂之者何人也？再呼一句。吾知非大人而小人也，非大人之事而小人之事也。小人之事不一端，有陶冶矣，有械器矣，又就陶冶械器作翻。而此非一陶冶一械器也，百畝也。陶冶械器之不治，百工之憂。百畝之不治，非百工之憂也。非百工之憂，百工即不以爲己憂也，然則以爲己憂者何人？再呼一句。必其耕食而鑿飲者也，必其沾體而塗足者也。惟耕食鑿飲者，而後有百畝。惟沾體塗足者，而後有百畝之治。然則以百畝之不治爲己憂者，何人也？再呼一句。吾爲子明指之，而子當爽然自失也。夫以百畝之不易爲己憂者，農夫也。至此方落出題面。是即吾所爲勞力者也，是即吾所爲治于人者也，是即吾所爲食人者也，是即子許子與之並耕而食饔飧而治者也，而百畝之不治且堯舜不以爲己憂，而農夫以爲己憂也。點綴農夫，無非本地風光。凡事如堯舜之不以爲己憂，可以無譏矣。凡事如堯舜之不以爲己憂，而農夫以爲己憂，可以止矣。今不務堯舜之不以爲己憂，而務爲農夫之憂，以期勝于堯舜之憂，夫堯舜卒不可勝，勝堯舜乃比于農夫，豈農夫之以爲己憂，賢于堯舜者耶。一結責其並耕之，非運古入化。

近脉跟得人,遠脉對並耕人,人所知,但着一平筆,則題神不出文,層層縈折,千迴萬轉,跌出全題,有盤馬彎弓之姿,得畫龍點睛之趣。秦玉生。

夫以百　唐

## 舜明於庶　二句

倫物昭於虞帝,存之之首功也。夫庶物不明,則人倫不察,何以別人於物哉。故存之功,首推虞舜耳。且幾希之理,去之者庶民,存之者君子。而所謂君子者,大都可帝可王,可師可相,而所存者惟人、物之辨而已。打通數章。於舜特著之,於舜首嚴之,何也?皇古之世,狉獉未遠,猶在人、物雜處之間,至舜而文明漸開,宜擇識以別危微之學。中天以上,智故未多。尚非人、物爭衡之日,至舜而事變愈廣,必立隆以定精一之傳,而舜則明庶物焉,察人倫焉。出於人則入於物,"人"字"物"字,分別妙義。人不云庶而物云庶者,物多而人少也,"庶"字"倫"字,分別妙義。所以貴人而賤物也。出於物則入於人,物無倫而人有倫者,人靈而物蠢也,所以尊人而重倫也。物類不必詳也,但區分其類,無使混於人而已。"明"字"察"字,分別妙義。故止予之以明,明則人而昧則物,人之所以異於物也,人倫不容略也。妙論。須克盡其倫無使同于物而已,故更加之以察。不明則不大遠於物,而不察則不大遠於民,聖之所以異於民也。明其有形之物而迹蹄之鳥獸,洚洞之龍蛇,不敢與舜爭,此人也。實講串講,精警沉雄。而父子、君臣、夫婦、長幼、朋友若日月之經天,江河之行地,萬世爲昭矣。明其無形之物,而飽暖之民人,逸居之禽獸,不復與舜爭,此倫也。而瞍之父子,堯之君臣,象之兄弟,二女之夫婦,九官十二牧之朋友,守經不失其正,行權不失其宜,百代於鑠矣。故當時人而物者亦物之,如庶頑之聖、四凶之放是也。交互奇警。敗倫之類,不復等之含齒戴髮之儔。當時物而人者亦人之,如儀廷之鳳、率舞之獸是也。盛德所感,雖百物可躋之后讓尹諧之列。惟其明也,惟其察也,斯仁之至義之盡也。收得住,即落下二句,尤妙。夫存之爲人、物之辨，自禹以至孔子，皆兢兢於此，而於舜特著而首嚴之者，孟子之微旨也。

　　人、物二字，明在上節，此因存幾希第一人，故特標出，道理確然，雖與註意略有間，而奇文自不可磨也。俞寧世。

　　注云舜明庶物之情，疏云舜能明于庶物之無知，而存乎異於禽獸之心，則物字就禽獸説，原非創解，字字爬梳，語語確鑿，沉鬱透快，發前人所未有，實有功于傳注，勿徒以環奇賞之。秦玉生。

舜明於　唐

## 其自任以　一句

　　居重而不避者，任天下之一人而已。夫天下在躬，而不克任者有矣。無天下之任而自任之哉，其斯以爲伊尹與。且夫夏商之時，君臣之節奇，出處之事奇，而尹以敏卓英絶之姿居其間，其出而圖天下也。矯然其退而復厥辟也，忽然總之去來異乎人者矣。具此異才，眼中豈復有往規時制。今天下無商湯，而游俠類伊尹，故樂援其説而議之，豈非人之讓者無可譏，而任者多可議哉。果若世俗所見，則當其聘之至也。將上疑吾君，下疑吾身，羈旅之夫，匡君民之間，牢騷歷落而歎遇合之難，有不能自信矣。及其聘而欲出也，又將上疑吾君，下疑吾身。不變前語甚老。疏逖之人，無積素之交，揣摩進取而求設施之術，有不敢自決矣。題前爲"任"字作勢。乃今由其言思之，天下重任也。任天下重事也，而自信之自決之如此哉。英雄之意，排難解紛，好與人家國之務，而尹儒家者流也。雋！上不求聞達於時外，不知結援于世，挾册謳吟，風颭落落，不亦怡愉悦懌之至乎。乃遺艱投大，許身甚愚，則何也？豈其有向莘野而呼者，與曰：伊人不出，蒼生何望，而性情宕往遂凌幽岩而直上哉！"自"字出。通人之志，仰視俯畫，幸天下有變，欲成大功，而尹農家者子也。更雋！足不越乎數畝，智不出乎鄉閭，抱道躬耕，優游沒齒，亦何傷沾塗襏襫之名乎？乃激揚休烈，重器隱然，則何也？將無有進莘野，而籌者與曰：繋屬大統，求退良難，而風期超越，竟空四海而遐征哉。時文中無此異境。且夫天下自有主矣。世而治也，不聞田野居功。世而亂也，不聞田野議罪。再爲"任"字作翻。乃奈何十葉之神孫，委而棄去，毅然身代者，反在荒裔之耕夫，此亦時事之大可疑者也。然吾聞之器量所至功名副焉。"任"字自有本領。謀及其身者，德周乎鄉黨。計及其國者，澤被乎九州。操此念也，固難田間老矣。且夫天下亦多故矣。以任爲任至歷山而一變，以讓爲任至箕山而又一變，又爲"任"字作儷。獨奈何四百之允祚，未辨興亡，奮焉不辭者，創爲布衣之雄杰，此亦世道之不經見者也。然吾聞之草野所至，氣運隨之。將欲亂民，天所重之子孫，或在畎畝。將欲靖民，畎畝之人，或在社稷。持是術也，固當投袂起矣。下句"故"字竟可接。夫自任輕者，視天下亦輕，輕則付理亂于不聞，而弛然去之矣。自任重者，視天下亦重，重則痛塗炭之莫極，而皇然圖之矣。夫是以決策東向干湯也。

　　不矜張天下之重，止就"自任"二字寫出擔當世運，全副本領乃見，其出非偶然，而要湯之說，不攻自破，前輩文章之工，正在善於看題。秦玉生。

其自任　唐

## 説大人則　全章

　　以巖巖者視巍巍，其不足畏也明矣。夫大人非不可畏，而畏在巍巍，則失之耳。不然，君子不欲多上人，況敢陵大人乎？且夫人立身於天下，心不可以不小，志不可以不高。可當士人座右銘。心高則多亢戾之嫌，志小則受卑疏之病。有志之士平居草茅，坐誦書史，未嘗不爲之盱衡感悼也。曰：與其制於人，毋寧制人乎？雖然，彼不出而與大人游耳。筆如游龍。苟出而與大人游，則焉往而不受制耶？而況今之所爲大人者，秦如惠，魏如襄，齊如威，楚如莊，大抵皆可畏者也。逆挈"畏"字，勢如高屋建瓴。而一二游談之士，進說其門，仰天而笑不敢視也，搖頭而歌不忍視也，彈劍而咏不能視也，不能視阻於分，不忍視隔於情，不敢視又溺於利，何畏之之甚也。妙！妙！夫大人之所以可畏者，爵位盛大。以無爲爲德，則畏之。斥侯於外，以君人爲德，則畏之。不然，德足以長人，則畏之。不然，德足以養人，則畏之。又不然，德足以安人，則畏之。此五者大人之所可畏也。今之大人，輒詡詡然，驕士曰：前先生之來人，有獻良材者，寡人好之。後先生之來人，有獻美女者，寡人好之。後又先生之來人，有獻善馬者，寡人好之。而士蓋甚愧，又甚恨也。逼真先秦。作而曰：王好良材，王志在宮室。堂高數仞，榱題數尺，彼得志必爲也。爲"我"字作反襯。王好美女，王志在奉迎。食前方丈，侍妾數百人，彼得志必爲也。王好善馬，王志在驅逐。般樂飲酒，驅騁田獵，後車千乘，彼得志必爲也。彼如是而我不如是以應之，彼必輕我，彼如是而我亦如是以應之，我又自輕。嗟嗟！古制何存，竟置弗論哉！取木以爲棟梁，我不如彼；立義以爲土地，彼不如我。彼我相形，寫出巖巖氣象。嘉穀列於後宮，我不如彼；奇珍聘於席上，彼不如我。大爲寒士吐氣。左驂右騮，挾技而往，我不如彼；安車徒步，戴仁而行，彼不如我。人人有貴于我者，不徒貧賤驕人。厦斾爲户，所樂不過容身；圭窬爲門，所棲亦以適體。八珍在前，所供不過悦口；并日而食，所養亦以娛心。長夜不罷，政治由之日荒；泌水自甘，道德因而日富。彼何得，我何失；彼何貴，我何賤；彼何樂，我何憂。吾何畏彼哉！

　　前半從長大人逆入，畫出徂邱稷下輩、巾幗婦人醜態，後半寫藐大人，揚眉吐氣，激昂青雲。陸圓沙。

　　大人非不當畏，但可笑者，徒視巍巍耳。當世游説之士皆蹈此病。孟子故特爲揭出，文又爲之，發洩極情盡致，大有功于世道人心，而筆情之夭矯正，復烟馳雲驟，不可端倪。秦玉生。

説大人　唐

# 曾庭聞詩文集

〔清〕曾畹 撰　安正發、李拜石 校注

# 整理説明

《曾庭聞詩文集》四卷,曾畹著,包括詩三集,文一集。清康熙刻本。上海圖書館藏,孤本。版心雙邊,白口,單黑魚尾。詩集半頁十二行,行二十二字。第二集内缺一頁,據篇首目録缺九首詩,依《金石堂詩》可補二首。文集半頁十行,行二十二字。亦缺一頁,篇名不詳。詩文集記事最晚至康熙十三年(1674)。《朔方文庫》第七三册即以此版本爲底本影印,由國家圖書館出版社2018年9月出版。

曾畹(1622—1677),原名傳燈,字楚田,祖籍江西寧都,後著籍寧夏,更名畹,字庭聞。崇禎十五年(1642)副貢,曾隨父曾應遴與楊應麟等守吉安抵禦清軍,兵敗後奔走閩、越、關、隴。早年游學吳門,師事徐汧、張溥,深器重之。因朋友户部主事唐德亮理餉寧夏,遂投奔并落籍寧夏。順治十一年(1654)以寧夏籍中陝西鄉試,計偕赴京,諸名公争延致之。累上公車不第,晚年曾一度出家爲僧。康熙十四年(1675)、十五年(1676)間,江右被寇,與弟燦省母歸故里。不久外出,康熙十六年(1677)病卒于陝西商南縣五狼溝。工辭章,有《曾庭聞詩集》《曾庭聞文集》。《篋衍集》卷四、《清詩别裁集》卷五、《〔雍正〕江西通志》卷九四《人物》、《〔道光〕寧都直隸州志》卷二二《人物志》、《晚晴簃詩匯》卷二七等有傳。

《曾庭聞詩文集》包含詩三集、文一集。詩三集是依時間先後分别編輯,每集選編者不同,且均有序。《曾庭聞詩》第一集爲泗州施端教選,有錢謙益、唐德亮、熊文舉所作序,收録1659年及之前的作品。第二集爲合肥龔士稹定,有龔鼎孳、彭士望、任璣所作序,收録1659年至1669年間的作品。第三集爲餘杭嚴沆定,有嚴沆序,收1670年至1674年間的作品。每集以"五言古""七言古""五言律""七言律"、"五言絶"(第三集詩無"五言絶")、"七言絶"編排,每集内詩體的編排次序亦不盡一致。三集共有詩六百二十四題,收詩八百六十七首。第一集詩內,"五言古"有詩十八題,收詩二十一首。"五言絕"有詩二十一題,收詩二十一首。"五言律"有詩一百二十八題,收詩一百六十二首(含補詩兩題,詩兩首)。"七言古"有詩五題,收詩五首。"七言絕"有詩十七題,收詩十七首。"七言律"有詩四十七題,收詩五十四首。第二集詩內,"五言古"有詩二十九題,收詩三十七首。"七言古"有詩三題,收詩三首。"五言律"有詩八十六題,收詩一百二十六首。"七言律"有詩六十題,收詩七十四首。"五言絕"有詩十七題,收詩十八首。"七言絕"有詩四十七題,收詩五十八首。第三集詩內,"五言古"有詩十三題,收詩三十一首。"五言律"有詩一百零八題,收詩二百首。"七言古"有詩兩題,收詩兩首。"七言律"有詩十一題,收詩十二首。"七言絕"有詩十二題,收詩二十六首。

《曾庭聞文集》編纂者不詳,正文前有宋實穎、魏禧、李明睿所作序。三篇序寫於康熙七年(1668)和康熙八年(1669),文中記事至康熙十三年(1674)。正文有《送寧夏中丞憲評劉公序》《慶陽詩序》《送姚大夏南歸序》等序、記、書、祭文等三十七篇。

《曾庭聞詩文集》反映了明清易代之際曾畹的經歷和思想,從江西寧都到寧夏落籍,反映了新的時代曾畹的人生際遇和在仕途上的追求,具有一定的時代特徵。其詩前後風格多變,既具有鮮明的地域文化特徵,音調悲壯;又有艷思藻句的至情之語。亦即是說既有英雄本色,又有兒女之情。同時大量的酬贈詩作也可以見出其時寧夏文人與國內文壇、政壇人士的交往。通過文集的序、記等可以看出曾畹的交游,以及寧夏主政的官員對當地經濟和文化建設方面所作的貢獻和付出的努力。

《清代各省禁書考》《清代禁書總述》《清人詩文集總目提要》等對《曾庭聞集》有著錄。安正發、李拜石有研究論文。

本書主要以標點、校勘、注釋等方式對《曾庭聞詩文集》進行整理,以《朔方文庫》影印上海圖書館藏清康熙間刻本爲底本,以《四庫禁毀書叢刊》影印《金石堂詩集》之《曾庭聞詩》(簡稱"金石堂本")爲參校本。據錢澄之《田間詩文集》等附錄序跋五篇。

**附録:《曾庭聞詩文集》研究成果**

《曾畹交游考》:安正發、李拜石,《寧夏師範學院學報》2012年第2期。

《曾畹流寓寧夏考述》：李拜石、安正發,《寧夏師範學院學報》2012 年第 4 期。

《錢謙益兩篇詩序考辨——以〈曾青藜詩序〉〈曾庭聞詩序〉爲中心》：安正發,《寧夏師範學院學報》2018 年第 12 期。

《"一生走馬向天涯"：論曾畹羈旅詩創作》：陽達、陳妙丹,《寧夏師範學院學報》2023 年第 3 期。

# 曾庭聞詩第一集

## 曾庭聞詩序

曾子庭聞慷慨有大略，年弱冠遇予於檇李，恢奇英邁氣咄咄逼人。予坐而太息曰：此他日子房也。當是時，南方晏息。庭聞交游盡賢者，投轄所至，陳古今，論得失，罕出其右。故才名日盛於天下。

申酉間，①庭聞杖策出門，流迹京口。遂跨洞庭，渡沔漢，過南陽，至西岳，載橐寶雞，驅馬雲棧，客於漢南藩邸。轉徙朔方，登賀蘭山，飄然有孟皮投筆、幼安避地之思。計其十餘年間，茹草實、冒風雪，閱歷變故，崎嶇道阻，百險百奇。故其詩能以山川之形勝發天地之高凉，非老師豎儒所可及。昔唐室天寶之亂，肅宗即位靈武，杜甫麻鞋重跰，奔走蜀道。其詩曰："遥瞻太白雪，喜遇武功天。"後之人能爲少陵之詩者，惟有何、李。而李生長北地，牛耳中州，其詩曰："慶陽亦是先王地，門對東山不窋墳。"今庭聞躬歷唐君臣草檄布武、戎服視師之地，復吊崆峒之鼎湖，聽羌中之鐵笛，新豐道上擊築悲歌。前追少陵，後繼北地，美哉！秦風其未可量也，《秦風》不云乎："《小戎》板屋，亂我心曲。"②又云："有車轔轔，有馬白顛。"③在昔盛時，雖寺人女子，猶能爲詩，以傳於《國風》。自漢魏戰伐河朔，并吞秦關百二兵甲，實多征夫果將，彈劍蒲阪，鬥雞觚口，雖有關山雨雪，隴頭流水，不過爲高

---

① 申酉：指甲申、乙酉，即明思宗朱由檢崇禎十七年暨清世祖愛新覺羅·福臨順治元年（1644）、順治二年（1645）。

② 參見《詩經·小戎》，原詩作"在其板屋，亂我心曲"。

③ 參見《詩經·車轔》。

樓怨婦、并州戍卒之詞而已。若起而俯視九州，睥睨江漢，振拔頽風，爰歸大雅，舍庭聞其誰與歸！

然則吾道在南，今自此而西矣。昔庭聞先子以邊略揚予於廷，今予老矣。庭聞志勇力彊，大有所爲，寧僅以詩傳？幸毋忘橋李言，故人子其慰我矣。史遷稱子房如婦人好女，庭聞以功名顯，則當聰明毅達，守之以寬。其過函谷關，倘亦思猶龍氏之言乎？

彊圉作噩之歲長至後一日，虞山蒙叟錢謙益序於秦淮次中。

## 曾庭聞詩序
### 梁谿同學弟唐德亮撰

予識庭聞于乙酉，①西子湖濱。烟高風瀝，終日以文辭見。非是，則與山水之音相吞吐。與談天下事，發言抗論，益部少雙，足以折五鹿之角。而詼諧絶倒，又如東方之遇淳于。深燈一室，幾不知此外復有天地二十晝夜。而余先別。午月，江上急，余將徙家於郊。忽户外有操柮艋聲，視之，則庭聞也。斗酒慰勞，氣亦不稍下，乃出所爲新篇若干首，以較于我。大都雄沉博麗，煥若天雲。予次而評之，惜其藁不存，今無以告世也。自是別六年，生死散聚，俱不可知。念庭聞最苦，庭聞念余最苦。

今秋，余以卧病頼唐，屏謝一切。而庭聞翩然從嶺北來，爲余言其數年鋒觸所向，劍戟，負簡，提衿，文氣俱遁。而獨手近詩一册，屬余吟覽。余讀之喜且悲也。夫以庭聞束髮爲文，與吾鄉之士抗衡中原者久矣，出其餘緒何難？安轡奔車之間，振衣覆舟之下，陳陰符于華屋，懸奇字于國門。世必有一見悦之，封以萬户侯，償以十五城，而無吝色。而乃舍舉子業以圖所爲，發憤而作者，豈不甚可惜哉。而庭聞毅然舍之，毅然爲之，視舉世聲華燁奕之士無足當其毫末者。洪舜

---

① 乙酉：順治二年(1645)。

俞之言曰："爲士則讀非其書,爲吏則書不暇讀。"①庭聞以非士非吏之時,得數年山川人物之業,從此大肆其力于詩文,吾鄶椎鄙出其下矣。余也面槁鋒鐇,絶意文詞,而過都歷塊,目所至口不逮吟,潜神默識,殆將終身老矣。而庭聞抑揚豪邁、怨刺思慕、感激無聊,畢載之於集。余固愧其工,抑亦悲其志之鬱鬱,是烏可無序?

時庚寅秋八月也。②

## 叙庭聞詩

都諫曾公二濂與予庚午同舉於鄉,③在齊年中同胞之愛。二濂司諫侃直之聲著於殿陛,風采英毅,少所親睚。余官銓司,日與言天下事,每稱引古今名臣芳軌,頡頏鞭弭,二濂歡然有當壚喝籌和,無以異也。遭時滄桑,死生患難,各行其志。二濂墓有宿草,而予頹病,怙其林壑,翹翹車乘。穎禿哀辭,時念故人,風雨如晦。

顧二濂有子。庭聞,具瑰達之材,有萬夫之稟。蓋自髫穎時,風氣逎邁,從乃别坐。上讀其制義再,將賀二濂有子。今復沉頓將二十年,險阻艱難,無不備歷。甲午以商籍舉於關中。④庭聞遠隔塞上,雖歌呦鹿而魚雁不通。予從羅郡伯新任得所寄手函,筆迹猶是也,而芳名已更,且喜且驚,恍如夢寐。余專急足報余年伯太夫人,甚爲亡友額手稱慶。亡何,太夫人棄羔。庭聞以伯父有冢嗣,不得承重,抱痛過予,絶無少年飛揚凌厲之習,予爲敬慰不勝。庭聞作詩宏富,稍示一二,高亮悲壯,偪似少陵。夫中原文獻,大漠風雲,古名臣將相之所戰争經營,庭聞得之,游覽憑弔,懷往悼來,千奇萬變,宜其詩之鏗鏘蕭瑟,耀采陸離,而不可測量也。夫詩文薄伎,以庭聞如是之才何難?詣極予所勗望者,有都諫經國不朽未竟之業在。庭聞是必永思繼序,踵事增華。

---

① 參見南宋洪咨夔《平齋文集》卷九《著圖書所記》:"爲士而讀非其書,爲吏而書不暇讀。"
② 庚寅:順治七年(1650)。
③ 庚午:崇禎三年(1630)。
④ 甲午:順治十一年(1654)。

敬之哉！庭聞諸弟皆玉立森森，寄我詩文，罔不争雄競秀。"君子有穀，詒孫子。于胥樂兮！"①二濂爲不亡矣。

新建熊文舉拜題。

## 五言古

### 擬 古

擊劍新豐市，探丸西岳頭。殺人常快意，沽酒上層樓。相逢游俠子，泫然涕不收。進以雙玉盤，贈以狐白裘。抗手一嘆息，[1]涇渭水悠悠。

### 出 門

故鄉何鬱鬱，白日起重陰。親朋不在側，誰能知我心。遥瞻華岳高，俯視江漢深。天地一何極，羈旅難久任。涼秋八九月，霜露沾我襟。安得坐垂堂，當户理清琴。肅肅臨中野，起爲游子吟。

### 潤州挈侍兒寄寓鳩兹入舟有作

鼓角起危樓，北風何凛冽。鷄鳴懷遠道，起視明星列。横舟出大江，丹漊望中滅。行將邁秦楚，山川間霜雪。豈不念重闈，貧賤輕離别。擊築異鄉縣，茶蓼安可説。瞻彼雙飛鴻，肝腸爲斷絶。

### 襄陽蹋銅鞮

買得樊城酒，來作襄陽歌。昔縛揚州兒，終殺白胭烏。[2]莫作揚州兒，願作襄陽客。扶醉習家池，墮泪峴山石。

### 渭南别劉石生

從征涉涇渭，道上逢歸雁。羽翼凌雲端，歷歷鳴江漢。會當臨乖離，游子起長嘆。三月來鄭都，四月過皇澗。中宵何鬱鬱，念我度雲

---

① 參見《詩經·魯頌·有駜》。

棧。宛馬嘶北風,隴樹回高巘。相對日已晚,相思日已遠。

## 三良塚

驅車出城南,漠漠俯大荒。其中有三墓,鬱然遥相望。借問何代塚?秦穆有三良。生時同戮力,死亦從君王。旱麓拱其後,沜水出其旁。捐軀橐泉下,黄鳥空悲傷。

## 過崆峒

有鳥自北飛,嗷嗷長城邊。極目一西望,百里無人烟。山鬼嘯黑洞,蕃馬飲苦泉。榆柳何蕭蕭,白日照我顏。笄頭高且峻,朔風聲正寒。一去千萬里,隴首見祁連。歸來從黄帝,且戰且學仙。

## 塞 上

征夫及春暮,忽然反西陲。入門長嘆息,嘆息逝者誰?阿父昨年歿,阿母早背遺。兄弟兩三人,飄散失所之。倉皇拜高塚,狐兔巢荒陂。親戚非舊里,顧盼無一辭。

## 咸陽吊阿房宫

驅車涉澧水,秣馬度咸陽。便橋跨清渭,諸陵鬱蒼茫。壯哉嬴秦關,霸氣殊未央。六國既殄滅,收兵築阿房。飛甍夾複道,朱樓接天閶。鐘鼓無繁音,弓劍不離旁。趙女彈玉瑟,秦娥進羽觴。[3]行樂無紀極,歲月何悠長。一朝棄函谷,東封泰山陽。勒石渡滄溟,採藥遍遐荒。輿輪去不反,千載爲感傷。

## 乙未貢闈逢家凌士三乎二孝廉①[4]

骨肉在天末,音書杳無期。冉冉春風至,相見乃在兹。風塵犯顏色,執手互相疑。萬事不自得,欲言已心悲。山川阻何深,[5]車馬來

---

①　乙未:順治十二年(1655)。

何遲。沉吟傷懷抱,且莫竟此辭。

### 潮州別魏善伯

雙雁共南來,一雁忽北翔。君復留幕府,<sub>魏再入幕潮鎮。</sub>我行由故鄉。經歲幾萬里,肌骨犯嚴霜。今日客吳會,明日游西羌。顧我何多累,涕泪沾衣裳。有家不得寧,有母不得將。嘆息故人語,寸心貴不忘。

### 西行留別故園諸子

清晨赴嘉會,出宿非故鄉。江風動舟楫,秋水清且長。驅馬歷霜雪,長嘯去朔方。行者懷往路,居者念垂堂。思苦別更易,行行摧中腸。

### 桃葉妓

妾傾金叵羅,郎酌葡萄酒。同乘油壁車,去結臺城柳。郎從西湖去,[6]妾向白門住。日暮蕩輕舟,愁殺江南樹。

### 過吳門 <sub>念楊維斗、錢起士、朱雲子、衛神清、葉聖野諸子一時消歇</sub>

洞庭多橘柚,華實發高枝。歲暮隕嚴霜,悠悠我心悲。解劍要離塚,臨風涕泗垂。

### 歷下吟

鳳皇不妄飛,騏驥不妄走。松柏秉貞姿,安能處培塿。僕本下士質,勵志良不苟。日月迫強仕,風霜失素守。朝食小麥麪,夜飲齊東酒。歲暮寒無衣,冷風吹我肘。乞食強借貸,他人色先忸。慷慨謝之去,歸來耕逕口。<sub>宁都,地名。</sub>[7]

### 孔 里①

年少遍九州,中歲來曲阜。桑陰覆川陸,梟嶧蔽隴畝。[8]催科無吏聲,

---

① 《孔里》詩共四首。

酹敔坐賓友。高阪剥梨棗,寒垌酌尊酒。[9]寵辱不關心,因知風俗厚。

束髮讀論語,眷懷聖人鄉。生年三十八,乃得登斯堂。屏營兩楹側,慘怛念四方。干戈滿天地,闕里無滄桑。高鳥不巢林,荆棘不鈎裳。安得觀藝來,築室泗水旁。

左望少昊陵,右眺靈光殿。十二魯門中,不識丘與甸。我來拜周孔,羹墻如既見。大國有遺風,東表有遺彦。念昔俎豆時,總角泪如霰。

嘉祥百餘里,悽愴念風木。望壙展無期,時兵阻道。邈然隔宗族。仰瞻舞雩臺,俯視沂水瀆。我祖鼓瑟歌,春風此休沐。音容不在遠,戒懼膺景福。長此倚方樹,廬墓防山麓。

## 小埠訪張元明

眷言訪幽人,攬衣總轡出。平原無秋聲,葭浦鳴蟋蟀。城西十五里,蹺田間棗栗。村村不相接,徑徑若相失。中有百歲翁,散髮姿幽逸。豹隱五十年,所喜婚嫁畢。清池蕩我胸,白石臨我膝。入門修竹陰,魚鳥歡相匹。飲酒一百杯,吟誦詩滿室。我來發秦箏,君應和齊瑟。

## 同劉止一獵

飯牛終任國,射鈎曾相齊。十年志不遂,修途日棲棲。將軍愛敬客,呼我狩郊西。郊西平如水,萬馬躡霜蹄。白日不得下,獸啼風凄凄。飛鞚耀素節,氈帶約金鞭。馳騁各十里,戈甲屯雲霓。青鶪雲中滅,[10]韓盧磧中迷。虎士怒飛揚,挽弓鳴山蹊。左落鳧與雁,右獲羵與犀。歸來薦鸞刀,毛血灑鼓鼙。

## 五言絕

### 偶　成

途窮不易哭,歲暮轉淒然。從此饑驅出,應成辟穀年。

### 考 坑

斥堠風潭合,山城細霧開。兵從樵逕入,<small>兵尅徽州,從樵逕入,故云。</small>駐馬一徘徊。

### 城陵磯述懷

南汜孤臣淚,西風漢將旗。不知刁斗下,留得幾熊羆。

### 發十二河

野色晴無際,春流動桔槔。此中雲樹密,不辨華山高。

### 涉渭宿安陽屯

春風回渭水,獵火出周原。馬帶斜陽色,聲聲向塞垣。

### 春 閨①

香絲垂未盡,含影照春池。對水應憐鏡,名花寄與誰。

三月梨花酒,慈峩小婦歌。畫眉長閉戶,愁倚朔風過。

### 西朱村

陌頭風雨過,游女踏青來。花亦愁春去,斜陽半未開。

### 經千尺嶂有懷將軍樹

到此游人少,愁看玉女峰。一川花雨亂,何處撫青松。

### 箭筈峰

東峰雨霽裏,一望叔卿臺。爲問懸崖迹,何年尺五來。

---

① 《春閨》詩共二首。

### 灞橋

溫泉春日過，枳道雁來遲。二月猶風雪，誰人折柳枝。

### 蕉穫蕭君常攜伎就飲橋頭

不識東山妓，猶聞蕭史吹。別離樽未發，花下泪先垂。

### 再過劉石生公劉里

別來春尚在，長憶漢家宮。地名。楊柳青山外，陵園暮雨中。

### 渡臨涇

踰壑還騎馬，臨川且泛舟。不知秦塞遠，但覺月臨秋。

### 華池溫虞白馬紫絢置酒倡樓作別

華館三更後，驪歌六月初。莫添紅粉泪，流入白公渠。

### 阻盜醴泉

盜賊乘農隙，高秋正掠人。輕生何太甚，匹馬向風塵。

### 見臘梅憶故園

故園梅又發，春色暗相留。一夜輕風過，枝枝寄隴頭。

### 出塞過青銅峽

高原無樹影，大壑走春深。[11]候雁傳烽戍，[12]飛飛統萬城。[13]

### 歸

果然歸至此，不敢憶西陲。毛髮愁人見，霜風且莫吹。

### 吳姬

妝成春已晝，半臂墜香絲。小苑楊花落，儂心那得知。

### 洛陽橋

萬里今踰海,雙橋舊得名。束駟如有待,無復暮潮生。

### 朝天嶺

蠻瘴侵人甚,炎風近海偏。雲間難辨嶺,雨際不聞泉。

## 五言律

### 己丑嶺東贈大湖族人① 晥宗聖六十五世裔,先世以新莽亂,自嘉祥南渡

質樸老孫子,嘉祥第幾枝。漁畋開瘴癘,桑竹間茅茨。群盜千峰出,諸軍五道遲。何當南渡後,復見北歸時。時以東南亂思歸。

### 撤 兵

已破南昌去,山西復調兵。傷心思李牧,交臂失侯嬴。月照三江泪,箛歊萬里聲。邊烽何慘慘,嗟爾漢公卿。

### 考亭望武彝

羇客愁臨閣,官橋水背城。月明千嶂合,斗没一天晴。竹塢先賢宅,桃溪處士耕。風燈秋夜亂,百感負平生。

### 交溪寄魏凝叔[14]

澤畔清秋別,行吟任履穿。老親終日望,穉子竟誰憐。出峽依空砦,買山廢薄田。故鄉今夜月,休照客愁眠。

### 建陽即事

每見歸帆落,游人欲斷魂。蹉跎悲骨肉,奔走老乾坤。霜潤寒魚

---

① 己丑:順治六年(1649)。

集,江村暮鳥喧。殘年留滯久,況復近黃昏。

## 所　思

歲月看將盡,依然一客身。別離經百里,遲暮及三旬。臘酒春燈近,梅花雪夜新。遙憐翠袖薄,日落倍傷神。

## 將下江南寄諸弟

井邑驚山寇,關河信未通。艱虞千里外,憂患一堂中。擇木鶯知集,尋泥燕自工。春風吹日夜,遲汝在江東。

## 水南除夜

窮年仍作客,剪燭斷鄉心。歲在今宵盡,愁添故國深。寒鴉驚列炬,急雪下空林。鼛鼓填填震,春風何處尋。

## 庚寅貴池挽劉伯宗①

所向兵戈盡,東游最憶君。三年通一字,生死竟離群。野哭今無主,春風久不聞。志書殘四壁,好與殉孤墳。<sub></sub>劉輯有天下志書。

## 題武進陶峻餘西山圖

已憐芳草去,還與白雲期。時倚陶潛柳,歸看招隱詩。漁樵當落日,蘭芷雜秋思。不識西山路,蛛絲滿面垂。

## 江上送王聖墅歸沂州

八月風濤壯,江邊正識君。淮西開萬馬,王先領軍淮西。山左失千軍。疊鼓當秋急,征蓬落日分。東歸消息斷,戰地滿榆枌。

## 天寧洲

秋水盈盈淨,蘆花岸岸新。六年蹤跡斷,一月往來頻。衣食從人

---

① 庚寅：順治七年(1650)。

過,江山獨夜身。無端漂泊意,到此泪沾巾。

### 送李中宜歸南昌① 南昌陷,李中宜奉其母居圍城中得不死。重遇潤州,殊非意,及於其歸也,詩以送之

京口舊司李,清風古道旁。相逢驚異代,不死任他鄉。聶政身何許,陳嬰母自康。君歸休嘆息,况復過南昌。

### 得弟燦信

京口三秋夜,新安二弟書。他鄉貧至此,故里信何如。墅店風霜苦,[15]親朋戰伐疏。春歸應不遠,悲喜却躊躇。[16]

### 與弟燦守歲南徐

汝到逢除夕,他鄉又一春。亂離今夜夢,伏臘舊時人。黍酒家家熟,桃符處處新。江村歸鳥盡,兄弟且相親。

### 嘲吳訒庵苕歸不至② 辛卯,③鴛湖遲,吳訒庵苕歸不至,爲陳子木、黃復仲覓舟不應,詩以嘲之

汝竟苕溪去,春歸莫問津。灌夫徒罵坐,童子不因人。舞蝶迷芳樹,饑鳥噪舊鄰。離心何處繫,柳絮自相親。

### 即韵和陳堯夫送別詩

草色催征馬,青楓夾岸邊。麝香五夜過,鳥道萬山懸。隴酒臨關月,秦娥倚暮天。空慚班定遠,投筆是何年。

### 吳江次和陳堯夫

即此春江水,已添離別思。登樓須作賦,上馬定焚詩。戰伐多新

---

① 詩題原無,據序意擬。
② 詩題原無,據序意擬。
③ 辛卯:順治八年(1651)。

壘,關山憶舊時。此中留滯久,莫令塞鴻知。

### 將入秦送弟燦歸里①

同作他鄉客,汝歸江上春。梅花吹五嶺,大鳥到三秦。有弟皆餬口,吾生及沸脣。寧無飄泊意,且莫報慈親。

婚嫁如何畢,沉吟只自憐。一家都賴汝,孤客且由天。柳色連雲外,灘聲落日邊。楊朱休泣路,間望正淒然。

### 唐 堌

亂棹金焦外,青山鐵甕中。春衣沾柳絮,漁屋受天風。砌冷樓陰直,江樓月影空。興來還出郭,北固草堂東。

### 甘泉山　韓蘄王爲金兵困,衆軍得甘泉飲之,力戰而後勝

孤壘今猶在,泉聲久不聞。牛羊尋戍道,樵牧亂春雲。鐵馬追窮漠,金貂酹將勳。斯人無複作,烏幕共斜曛。

### 萬歲湖

萬歲湖邊草,昏鴉尚數群。飽颺終日見,反哺幾時聞。遠水侵芳杜,秋山下夕曛。池塘那可問,樵唱記吾君。

### 早過觀象臺

不知山遠近,況複暮雲平。江海寧無信,風雷僅有聲。銅龍歸古鑄,石馬偃春城。十廟頻經過,淒凉故國情。

### 高資港

風江三伏亂,流水自春冬。塹迥高資樹,林疏建業鐘。秋砧喧野

---

① 《將入秦送弟燦歸里》詩共二首。

碓,夕鳥没雲峰。颯颯孤帆落,金焦隔幾重。

## 同黃仲聚浦口望秣陵

略見石頭城,秋風掃舊京。千山俱葉落,一浪與雲平。河北新都護,江東老步兵。勞人易感動,鶗鳩莫先鳴。

## 萬頃湖

客行天地闊,落日復江湖。浦樹時高下,村烟乍有無。[17]諸峰隨雨没,片月照帆孤。漸及漁潭宿,菱花滿舳艫。

## 廟　埠

夾石地名。垂楊暮,荒村一水灣。漁歌喧古渡,樹杪見秋山。托迹蛟龍窟,《宣城志》:"患魚龍而兵革無害。"[18]驚心虎豹關。新河莊關吏甚暴。何能從謝李,醉臥白雲間。

## 宣城過楊幼鱗先生稻陂草堂命賦

吾愛楊夫子,滄洲寄一廬。山田供薄酒,水竹擁殘書。谷轉溪仍合,藤陰月漸疏。不須愁戰伐,黃綺且安居。

## 路斯湖

湖盜亂如麻,戈矛趁日斜。憐君真得地,似我尚無家。寒溜生秋水,扁舟帶落花。蛟龍雖罷鬥,戰氣隱雲沙。

## 龍山橋

鬢髮今如此,愁看落帽時。天風吹不絕,秋雁到何遲。自失青山色,休歌白紵詞。江邊有思婦,含笑浣清漪。

## 白下中元

金風隨客棹,又復下江東。壠畝黃雲外,[19]陵園白草中。秋螢千嶂夕，鬼火萬家紅。魚菽曾無祭，鍾山狐兔雄。

## 莫愁湖

隱隱橫塘曲，六朝花漸稀。不知蝴蝶夢，化作雨雲飛。歌妓倚汀草，王孫換舞衣。盧家今夜月，斟酌與誰歸。

## 廣陵聞萬安劉伊少訃音詩以哭之

帶甲仍如此，浮生正渺然。不知吾喪我，但覺夜猶年。三戶已多鬼，九原寧有天。痛心須一哭，戰鼓没江烟。

## 李三石見過京口草堂閱先大人奏議明旨有贈賦答[20]

生死無家日，安危有父書。何堪戎馬後，復見聖明初。風俗非吾土，江山是敝廬。吞聲秋雨下，掩卷一躊躇。

## 揚子橋

三山風日好，忽憶廣陵濤。到此舟偏逆，相看月漸高。榜歌喧浦漵，戰血鏟城壕。直覺姜才後，明星偃大刀。

## 邗溝聞鬼哭而吊之二首

城南纔一戰，乞援竟無師。[21]赤日天流血，黄昏鬼哭碑。招魂吹角後，絶命渡江時。史公屢乞陛見，不許。不是笙歌地，人間恐未知。

無復九歌日，沉沉夜雨聲。綺羅還醉舞，鐵馬已縱橫。戰壘雲猶起，隋堤柳自生。忽聞人迹到，疑是未休兵。

## 瓜洲遇雪

欲濟誠何事，羈愁昧死生。崩沙翻塔影，急雪亂江聲。市罷漁人宿，山昏野店明。可憐飄蕩子，昨夜醉蕪城。

### 雪夜寄懷　　里人流寓清江浦

他鄉仍遠別,故里見何人。坐對三山雪,愁看五嶺春。親朋都異域,耕鑿合誰鄰。想到長淮北,君應把釣綸。

### 懷錢馭少

自君江北去,吾亦掩柴扉。貧賤他鄉老,交游儉歲稀。林風傾臘酒,草露濕寒衣。柔櫓長淮下,多應別釣磯。

### 懷鄔沂公

黃石祠邊客,丹徒老布衣。轉糧淮甸去,採藥臘前歸。鄔精,岐黃之術。幾夜梅花發,沿江柿葉稀。山陽橫鐵笛,長嘯復何依。

### 祀竈

亦欲燒劵狗,殘年祀竈神。憑依寧在此,風俗且相因。海內金甌缺,他鄉鐵甕春。精禋經歲沒,不爨豈慚貧。

### 壬辰八日偕友人飲北固僧舍花下覓潘江如不值①

到此僧偏出,幽人復閉關。條風喧穀日,好鳥亂春山。沙轉京江外,[22]花飛狠石間。[23]頻收南國淚,拚醉不須還。

### 壽丘

大江風獵獵,枯港水潺潺。[24]鐵甕一樽酒,[25]壽丘何代山。烟波臨雨闊,花月到春還。愁絕離人眼,憑高望故關。

### 兵變憶兒俲②

聞說盱江破,悽悽憶子時。家書應復斷,爾懦定依誰?夜走何人

---

① 壬辰:順治九年(1652)。
② 《兵變憶兒俲》詩共二首。

哭,春深獨鳥悲。南山治不得[26],頃豆落爲萁。

鳴笳驚海甸,烽火去柴荆。未必無耕鑿,先憑問死生。兩姑夷竈井,萬馬獵春城。相見移兵處,山風吹面行。

### 齊雲哭先大人生日[27]

庚辰春至後,①將父到長安。庚辰爲先人四十初度,時官兵垣。社稷分崩易,朝廷建白難。力窮焚諫草,先人有《篆草焚餘》。心死去鳴鑾。不及緘刀聘,終身血泪乾。

退朝封事罷,苦憶太夫人。地下經三載,堂前幸九旬。麻衣驚節換,綵服斷江春。恐作長流落,飄零負老親。

### 東山留別胡奎崗總戎[28]

將軍容揖客,樂劇始登臺。謾折東山屐,頻傾北海杯。星垂三户暗,角動五更哀。秣馬西歸去,他年草檄來。

### 蕪湖訪沈昆銅山莊

寂寂江村裏,楓林繞數椽。誅茅延劍客,擁耒耨春田。謠諑人無恙,沈向被黨禍。汀洲珮可捐。[29]赭山風土惡,莫待捕鳴蟬。

### 鎮江得家問②

三年京口泪,千里故鄉書。母子秕糠後,親朋醉飽餘。吞聲還命酒,歸夢只騎驢。貧賤江邊老,應難到敝廬。

九旬祖母隔,衰白命如絲。粗食依童僕,山居踰歲時。江關音問絕,嶺徼羽書遲。豈不懷歸去,傷心聽子規。

---

① 《齊雲哭先大人生日》詩共二首。庚辰:順治七年(1650)。
② 《鎮江得家問》詩共五首。

落日丹楓暮,新阡石馬秋。盛年猶俎豆,老去隔松楸。山鬼搜殘碣,蓬蒿覆古丘。寧從王氏臘,忍痛哭滄州。

門牆狐兔出,官吏虎狼增。莧蕨憐兒女,追呼累友朋。家貧纔愧客,泪盡更移燈。匹馬瀟湘北,關山又幾層。時由楚入秦。

獨有清燈泪,他鄉一劍知。江山空自對,童僕轉相悲。故國移兵日,餘生醉眼時。萬方消息動,寧暇數歸期。

### 蒜山憶弟燦　時弟在粵東

儘有親朋札,而無二弟書。誰憐歸嶺北,還似滯南徐。家在應難問,途窮到可居。舊游吾憶處,慎勿少停車。

### 馬當有懷湖南親友[30]

旱魃驅雷港,地名。[31]奔濤激馬當。江喧秋氣早,[32]水宿火雲長。島嶀吹零雨,魚龍混夕陽。[33]萬山迎棹入,憶遠不歸鄉。[34]

### 柘　磯

夜泊柘磯頭,鄱陽六月秋。側身高樹下,濯足大江流。襟帶分吳楚,風帆入斗牛。故園星子內,獨立羨歸舟。

### 潯陽懷文燈嚴年伯[35]

見說柴桑郡,陶潛避地賒。園荒時有菊,兵在定無家。秋色山光落,江船日影斜。匡君消息斷,鳧鷺擁回沙。

### 同浙僧登赤嶼[36]

看碑尋赤嶼,問菊到黃州。[37]雁氣回秋渚,江聲向酒樓。蘇軾飲酒處。[38]兵戈雙泪眼,吳楚一孤舟。蕭瑟匡山客,應隨慧遠游。

### 晴川閣

大別排雲合,[39]樊山一望開。[40]亂流爭歲月,孤嶼下樓臺。高浪沱潛出,夕陽嶓嶽來。湖南征戰苦,到處有塵埃。[41]

## 武昌南樓吊古①

昔聞陶侃宅,今見鄂王城。落日池塘裏,深宮馴鐵聲。人稀藤覆瓦,堂改樹巢鶯。獨有清秋月,還來沼上明。

賊諜東窺日,將軍五道回。<sub>左與獻合,棄城先遁,乃陷。</sub>城狐馳戰骼,野鼠戴枯荄。峴北依劉苦,湘南吊屈來。壯心爲客誤,長嘯一興哀。

軍儲縻內帑,節鎮棄藩封。蒙禍自三楚,殷憂獨九重。登樓思廣譾,照水哭朝宗。江客腸應斷,包茅久不供。

炎風吹楚甸,[42]英盼到南樓。大別猿啼斷,長江血淚流。陂塘遺劍璽,甲第換公侯。爲問銅駝陌,鑾鈴去幾秋。

## 岳陽樓送人還吳

同作岳陽客,風濤八月殊。天低雲夢澤,城出洞庭湖。驛馬頻飛檄,江關定閱符。東歸秋日好,珍重食尊鱸。

## 洞庭望君山

不識三湘浦,空聞七寶鐘。<sub>鐘在君山。</sub>神鴉翻夕浪,漁火接邊烽。星斗東南氣,風潮甲馬蹤。涉江如可問,吾欲采芙蓉。[43]

## 赤壁阻兵

漢魏留孤壘,[44]江風日暮吹。殺人還祀鬼,橫槊尚題詩。[45]枯港殘兵伏,沙溪箭鏃遺。十年奔走意,到此轉艱危。

## 沌　口

好去長沙道,靈均舊此游。如何兵革阻,復見沔陽秋。仗劍還愁

---

① 《武昌南樓吊古》詩共四首。

## 漏風口①

荆北非吾土,湖南正用兵。交秋搏困獸,計日隳名城。楚幕城烏起,齊師班馬聲。洞庭懸露布,歸卧賦西征。

未必隳軍寔,居然長寇讎。時聞歸畢節,忽道下辰州。角逐勝猶怯,徉狂喜復愁。諸公勳業在,奮劍爲誰謀。[46]

## 得 報

十月沅陵破,殘冬獨後聞。黄沙吹二別,聞武漢下黄沙數日。赤壁定三分。鼛鼓溫禺血,登陴石勒軍。莫令棧道客,終日憶湘君。

## 楚人捕雁殺而鬻於市

正憶衡陽雁,聞衡州被圍。風毛雨血來。月明丹嶂合,箭發黑雲開。奔觸沙汀迥,飛鳴儔侶哀。故巢今夜冷,不及燕秋回。

## 癸巳宿稠桑②

遂有關中氣,居然大國風。河流三輔北,山勢二陵東。喪亂頻年異,興亡此日同。吾生餘涕泪,臨眺意無窮。

## 題三原溫公橋

已見滄洲變,仍存利涉橋。池陽臨絶岸,谷口下山椒。萬户碑猶迥,三川風自饒。北城朝暮過,不復見飄颻。

## 上巳同劉石生自公劉里出魯橋次趙元深潤齋即席懷韓聖秋温與亨

乾坤都作客,之子幸同來。芮鞫行難别,嵯峨到漸開。春風吹麥

---

① 《漏風口》詩共二首。
② 癸巳:順治十年(1653)。

浪，戲蝶上條枚。爲問蘭亭下，狂歌醉幾回。

### 同劉石生曉發櫟陽①

晨星何處別，忽已度花朝。鵰跕萬年縣，雨衝東渭橋。南人愁見蠍，秦女慣吹簫。菀柳春風下，雲山擁敝貂。

### 華下雨行懷劉潤生束雲雛諸子

數載客吳楚，三春入杜陵。川光催弱柳，雨沫散寒冰。高掌天難出，車箱谷易崩。爲尋楊伯起，鞍馬故飛騰。

### 春入青柯坪

昨見蒼龍嶺，今從白鹿游。白鹿龕。誰能將霧雨，張超谷。留與臥雲丘。希夷硤。日影隨峰轉，川光入華流。非貪登陟好，無計避滄州。

### 坐細辛坪走筆贈封慧玄鍊師

鐵鏃三川動，金莖五嶽空。幾回看玉女，何處得壺公。丹竈黃精熟，天門白帝通。陰晴無定所，不在夕陽中。

### 松檜峰送樊清溥孝子歸仰天池

辟詔希夷峽，朝元漢武祠。高霄割涇渭，特地俯幽岐。人語泉流出，春山月下遲。君歸天地隱，莫羨帝王師。

### 二十八宿潭

玉井窺天出，三峰下夕陽。松梢流瀑布，潭影落星光。河湧秦關小，溝分漢時長。春泉迥不動，對我一蒼茫。

### 新　豐

渡河臨絕坂，秣馬歇高林。謾醉新豐酒，來聽梁父吟。春風三户

---

① 《同劉石生曉發櫟陽》詩據《詩觀初集》卷八補。

亂,獵火萬家深。鷄犬猶思沛,淒涼漢闕心。

### 出青門一日渡涇渭[47]

到眼春風過,關河渡未休。九州從畤起,八水自天流。寒食客中盡,高城雨際浮。雄圖此百二,日暮謾淹留。[48]

### 三原再過趙元深澗齋

挾瑟慈峨出,狂歌縱酒回。可憐瓠口月,長向仲山來。高院春花吐,雕梁語燕催。沉香亭子北,曲罷一興哀。

### 益門鎮

秦川到此住,忽覺夏雲陰。大散關邊客,陳倉出谷心。棧縣天漸窄,鬼鑿峽方深。滿目東人市,<sub>棧道皆平西王莊頭麻列。</sub>昏鴉度曉林。

### 草涼驛

險絕渾無暑,籟鳴山獨聾。誰知天地坼,猶有大川風。褒谷行將盡,岷山信不通。<sub>時蜀道阻。</sub>忍揮家國淚,隨意逐征鴻。

### 費丘關早行

飛峰三岔驛,大壑五星臺。山荔傾秋瀑,[49]巖風吼夏雷。入關心自壯,當棧意先回。天地留孤壁,長從鳥道來。[50]

### 陳倉口

屯雲曾嶺蔽,[51]閃閃過南星。<sub>地名。</sub>漢代遺祠廟,<sub>高帝祠在。</sub>巖關只翠屏。戰場烏自起,衛士血猶腥。萬古真人氣,江山舊勒銘。

### 劉壩

烏龍江欲出,劉壩即聞波。哀壑笙竽奏,晴川鸚鵡歌。[52]天應一綫落,雲入九層多。[53]谿谷人民少,開荒近若何。[54]<sub>時議興屯。</sub>

## 麻平寺逢友人楚至

空山留一寺，下馬忽逢君。蜀道無長轂，征衣有棧雲。秋邊鳴細雨，谷口上斜曛。客自瀟湘至，猿聲似慣聞。[55]

## 雞頭關①

南山忽已盡，納納褒城春。漢水猶通蜀，[56]巴山不過秦。燒荒熊出壙，樹密虎搏人。[57]銘德昆吾者，還應問釣綸。

## 五狼溝

邛斜非舊谷，鹽井壙名。不離川。一一山形伏，家家樹杪穿。嵐風埋宿莽，石磴瀉飛泉。征鳥休相顧，愁看蜀道烟。

## 風　口

山前無路入，莖莒地名。石迸人。石迸人烟斷，林深虎兕多。高原天在樹，暗竇蜜分窠。莫問荒村哭，千夫轉餉過。西鄉縣運草豆入漢郡者多取道莖莒，晝則背負，夜則露宿。

## 漢中寄懷唐采臣②　時唐理餉寧夏[58]

詔發故人來，關南客未回。羌船秋復斷，棧道雨難開。充國安邊策，參軍作賦才。漸看鴻雁落，[59]去住一徘徊。

唐子今通籍，江山契闊深。歸吳愁歲儉，過隴苦寒侵。勝侶他鄉月，邊秋此夜心。依人戎馬際，吾道自浮沉。

亦羨諸侯邸，金貂重客卿。無心工草檄，終日苦移兵。幕府慚孫楚，芳洲失禰衡。何時霑禄米，寄食向邊城。

---

①　《雞頭關》詩原缺，據《詩觀初集》卷八、《江西詩徵》卷六六《國朝二》補。
②　《漢中寄懷唐采臣》詩共六首。

頗怪殊方鎮,故人偏寂寥。邊隅無警急,薄宦且逍遥。靈武軍難飽,狼山馬易驕。六州臺百尺,俯仰自雲霄。

亂後重相見,窮途信累君。猶憐江左淚,化作隴西雲。牛酒喧沙磧,羌戎冒漢軍。清秋吹籌篥,昏晝共誰聞。

入蜀依嚴武,歸秦別隗囂。絕知秋色晚,最奈馬蹄遥。客路偏風雨,家書久寂寥。幸君因探騎,爲我問金焦。<small>晼流寓京口。</small>

## 出棧宿馬道 <small>即漢相國追淮陰處</small>

蕭韓天作合,追馬故殷勤。我到無人處,江聲徹夜聞。<small>水自烏龍江入褒城。</small>大風誰思漢,高棧復屯軍。童子指星宿,陰晴却未分。

## 太尉村題袁茂林先生古器

斑駁商周器,深藏太尉家。吾生猶見此,絕域有光華。不夜星文落,諸陵盜賊賒。<small>聞諸疊、彝、盃、鍾盡由黃巢掘出。</small>歲時無復辨,亂後一咨嗟。

## 草壁峪

石魚無復得,<small>此中有魚隴,掘地破石,可辟書蠹。</small>汧水何淒淒。蕭瑟郭司直,閉門花一谿。流雲還大漠,厲馬蹴高堤。爲笑越人射,三年到隴西。

## 隴夜聞搗衣①

擊柝孤城暮,清砧絕塞愁。夜深眠不穩,衣綻補何由。星月延三輔,魚龍<small>魚龍川。</small>混九秋。忽傳消息異,大師下蠻陬。<small>時平西王復調,隴州東人入蜀。</small>

甲胄功名薄,[60]衣裳別淚深。馬嘶明月下,虎渡隔溪林。危戍秦川静,秋風隴夜吟。誰家征婦苦,斷續搗寒砧。

---

① 《隴夜聞搗衣》詩共四首。

羌笛關山關山屬隴川。遠，秦風鐵馴寒。高秋縣漆甲，盛暑戴皮冠。幕府誰分纊，將軍未築壇。從戎夫婿隔，妾夢敢懷安。

遼水歸無計，隴山別又多。盛年不相待，秋色夜如何。築室巢鸚鵡，圈田豢橐駝。隴州東人盡移漢中。[61]中原望吳起，回首泣西河。

### 冬日將游西夏再過袁公耦園

更欲銀州去，還從太乙來。雲隨山色換，鳥向日邊回。高榻塵猶積，名園花未開。遠人畏春及，桃李不須栽。

### 待僕出塞不至①

行止都無著，殘年望汝來。亦知歸計失，且作異鄉回。林鳥飛還沒，柴門閉復開。池陽風雪盛，未必過輪臺。

群小皆如此，乾坤奈汝何。入關晴太甚，出塞雨偏多。野戍笳聲急，荒山樵采過。坐看原上月，又復下汧河。

### 公劉里立春日望餘雪

臘盡春無信，周原雪未乾。即今陶復凍，猶苦及門看。遠岫低殘照，蒼鷹耐薄寒。甘泉清暑地，作賦獻人難。

### 甲午西夏戲作代送出征人②

鍊相誰家妓，妓舞爲鍊相。酣歌尚夏聲。折花蜂滿袖，對酒夜彈箏。雨雪他鄉泪，關山昨夜情。莫言離別苦，盜賊正縱橫。

### 漢渠望長城③

長城何莽莽，番漢昔年分。河出西戎窟，山開北狄群。黃羊量萬

---

① 《待僕出塞不至》詩共二首。
② 甲午：順治十一年（1654）。
③ 《漢渠望長城》詩共三首。

壑,白草插孤雲。一望胡天闊,邊歌處處聞。

喇嘛經年過,每從河套回。大都爲哈慎,故作講和來。繒帛朝廷困,車牛城堡哀。秦人不愛德,天險已塵埃。

登樓還極目,口外定如何。開市橫城地名。下,諸戎已息戈。頹垣山氣直,盛暑塞雲多。兩耳黃河聒,薅田任婦歌。塞婦拔草田間,坐地下謂之薅田,女辱於草之義也。

## 地 震

化外無河套,長城走賀蘭。何方先地動,幾堡任風翻。□□天應碎,沙昏獸自搏。陰陽誰燮理,不用築郊壇。

### 南塘別唐采臣① 六月唐采臣置酒南塘舟中作別,客有度吳曲者,隱隱多嘆息之聲,聊賦短章奉酬唐子

屢別無形色,殊方會面難。我車忽已駕,暑雨下河灘。莫度吳儂曲,寧忘沙塞寒。關繻久棄得,又復過長安。

灞橋今夜柳,面面向南枝。一片黃沙氣,都非惜別時。樓船垣外動,簫管荻中遲。我自賦河水,君聽六月詩。

### 靈州懷唐采臣丁辰如

飲酒仍中衛,中衛酒最佳。今宵獨醉人。邊城月下起,歷歷向河津。靈武家難定,丁家寧夏。朔方官更貧。莫揮他日淚,留作馬蹄春。

### 木 波

終古無晴日,今朝有塞雲。驅車原隰上,陰霽未全分。寨築扶蘇墓,戎侵不窋墳。半年秋易過,歸雁幾時聞。

---

① 詩題原無,據題序擬。《南塘別唐采臣》詩共二首。

## 漢中奉别平西王①

朔風吹宛馬,千里度京華。暫税王門駕,遥看帝苑花。褒斜幾歲月,蜀漢自蓬麻。敢謂延枚叟,中林賦兔罝。

赫怒征關右,狂氛正未消。一年覆秦楚,百戰下金焦。羈馬何須剪,降旗不用招。江濱遺佩久,日望漢嫖姚。

北軍征戰罷,北征府谷。西向錦官平。蜀老驚傳檄,羌童暗伏兵。燒糧諸棧黑,税甲萬山明。力鬥蒼溪下,歸歌露布聲。

高棧連雲入,無風雪滿頭。虎行輕獵火,熊蟄伏山陬。一綫陳倉道,孤城博望侯。題書寄天末,不敢怨靈修。

## 乙未經涿鹿旗亭②

到即逢燕妓,來應别趙姬。高樓無桼母,誰復嫉娥眉。歌罷左騑酒,春催火鳳詞。憑將花比貌,一任朔風吹。

## 京師送胡擎天歸漢中藩邸[62]

齊年君最少,不第且先歸。馬蹴風雲去,山銜雨雪飛。南宮何歲月,西棧自光輝。亦羨棄繻者,朝朝在帝畿。

## 汴　城

芒芒禹迹裹,盜賊昔年侵。波浪吹城起,樓臺沒地深。梁園空日落,項國已黿沉。萬竈浮烟下,游龍何處吟。

## 喜入大孤

亦似無天地,[63]湖山入望虛。秋風失彭蠡,雲氣自匡廬。飽聽三

---

① 《漢中奉别平西王》詩共四首。
② 乙未：順治十二年(1655)。

邊雁,歸收萬里書。所親能劇飲,吾弟有園蔬。

### 虔州上佟匯白撫軍①

再徙三山轄,仍開八郡符。封疆幾大吏,兄弟此艱虞。佟兄向亦撫閩。瘴劈鮫船甲,林飛暮夜烏。怪來旌節晚,海氣未全蘇。

畹也依人久,十年隴與巴。公來思見面,親老未歸家。井邑攢高棘,門庭起暮鴉。誰憐群盜掠,失路況天涯。畹出都為盜掠。

### 歸　賦②

歸郡已三月,到家將及春。漸看兒女大,不覺老隨人。雲蓋峰如削,梅川俗已貧。十年鄉語失,下馬説西秦。

中原漂泊久,親老且歸耕。井邑無安土,山城尚甲兵。霜花餘蔗畝,風雁走河聲。子弟不相識,呼童數問名。

### 丙申自秦中歸送弟燦就耕烏石壠③

每羨西周古,千家尚力耕。高原無奧草,春日少人行。襏襫空山滿,衣冠亂世輕。鹿門歸去好,閉戶有松聲。時弟新築六松草堂。

### 復　出

歸家未半載,春暮兩辭家。拜母還憐婦,征塗日已斜。初晴雲出屋,驟雨樹飛花。吾道謀生拙,頻年去路賒。

### 固村渡石城河宿家嘿有叔山莊

小阮渡河至,竹林眠不妨。脱冠驚禿白,弟侄儼成行。浦樹侵茅

---

① 《虔州上佟匯白撫軍》詩共二首。
② 《歸賦》詩共二首。
③ 丙申:順治十三年(1656)。壠:《江西詩徵》卷六六《國朝二》、《晚晴簃詩匯》卷二七作"隴"。

屋,春帆捲夕陽。青峰江上出,落日是他鄉。

## 黃竹嶺

高峰日欲頹,二月入閩來。石突交飛瀑,[64]山空易動雷。[65]無風人急渡,[66]欲雨鳥先回。處處燒田棧,春荒尚未開。[67]

## 汀洲旅夜

樓外十年客,城頭一片山。高林人不見,春暮鳥將還。天地皆孤注,兵戈尚百蠻。長汀今夜水,嗚咽夜潺潺。[68]

## 回龍

陡然高磜出,一浪到峰頭。峰頭,地名。春漲失天險,回龍夜夜浮。劈空山共落,下硤石俱流。寧向窮邊老,黃河渡不休。

## 折灘

輕生且醉眠,不覺下山巔。[69]船自峰頭落,人從浪裏穿。春波傾白雪,石竇迸青天。回首龍巖上,千川與萬川。

## 潮州憶五侄倪

諸侄偏懷汝,爲憐生汝遲。親人聊得食,學語尚無期。暑畏江城濕,家須石皷移。[70]豌家辟亂石皷峰,今在城。有孫歸未得,雙抱見何時。長孫生於旴江,未歸。

## 午日金山園雜興①

韓子送窮後,移官到水潮。俗呼潮州爲水潮。不知幾歲月,猶有鱷川橋。土葛鳴梭薄,軍厨殺蛤饒。蠻音字字謬,絲竹更相調。潮人以土歌合管絲爲劇。

---

① 《午日金山園雜興》詩共三首。

絺衣數載罷,五月尚披裘。關塞烟霜緊,谿潭瘴癘浮。微風天更燥,將雨夜深秋。遠愧王君滌,守潮祠未修。

海邊天易雨,城外盜如麻。有市都爲蜃,無村不建牙。潮各圍皆自設總兵。腥風吹虎蟹,官課稅龍蝦。潮多土官稅。競渡韓江急,還堪聽暮笳。

### 蓼洲別熊雪堂年伯①

昨年歸過此,今復向西行。八月清秋老,雙江雁獨鳴。感恩須見面,岐路即吞聲。想到界壇下,熊祖居界壇。松風謖謖生。

幾載游邊郡,初歸見大刀。如何萬里客,偏作五陵豪。江嶂低殘照,晴雲起暮濤。應門音粥粥,無乃愧吾曹。

記得庚寅別,②春風陟屺初。杜門防邏卒,剪燭檢殘書。憂國計難密,之官術自疏。蓼洲近市處,還可釣鱸魚。

### 南浦懷涇陽李屺瞻同年

聞君遂至此,寧不顧柴扉。歲月江湖晚,才名鄠杜稀。净琴依竹寺,[71]中聖畫漁磯。李能琴畫。且盡東南美,春風並馬歸。春明晼亦返秦。

### 梁谿除夕過顧修遠飲　時顧有愛妾之慟

燒燭夜先明,殘年忽二更。椒盤仍歲月,柏酒自平生。歌入吳娃館,春回范蠡城。畫弓人不見,錫山除夜,家家畫弓,獨顧以喪妾廢。空負綺羅情。

### 丁酉西湖元夕③

獨有他鄉樹,春風最易生。枝枝交客眼,個個似行旌。橋影燈前

---

① 《蓼洲別熊雪堂年伯》詩共三首。
② 庚寅:順治七年(1650)。
③ 丁酉:順治十四年(1657)。

滅，湖光雨後清。因思吳越女，午夜未妝成。

## 姑蘇旅懷

又作吳趨客，南園晚步遲。無風林欲動，落日鳥先知。耽酒留春色，愁眠聽竹枝。此中民力苦，半盡採桑時。<sub>機戶以織造爲苦。</sub>

## 汎浙江

移舟就月影，不寐聽灘聲。木魅嘑風入，江黿濯甲鳴。雲從天姥亂，潮自富春平。石瀨懸星漢，烟波徹夜明。

## 烏石山待人[72]

螺女溪前月，娟娟共一秋。蟾蜍留扇底，河漢入妝樓。歌罷金鈿小，花香玉臂浮。堦前螢火亂，似欲照人愁。

## 戊戌中秋臨淄獨酌①

作客秋無夜，開樽月近人。[73]關山偏鼓角，齊魯半荆榛。古樹前朝寺，殘燈異代身。紛紛陽鳥過，羨爾到江津。

## 八月至岱宗②

八月西巡日，東游泰岱峰。鳥回封禪道，雲没大夫松。曉氣含群岫，天門散六龍。平明滄海望，長此憶朝宗。

仙姑開石屋，<sub>後石屋，雷道姑隱焉。</sub>習静入雲端。欲辨山川異，應知松柏寒。野荒河自出，峰小崿俱攢。碧落無銀漢，天孫悟道難。

## 憶丈人峰

清晨登日觀，不辨丈人峰。大海林中散，輕雲洞口封。捫蘿失齊

---

① 戊戌：順治十五年(1658)。
② 《八月至岱宗》詩共二首。

魯,靳藥起蛟龍。見説山花異,青童無定蹤。

### 送丘海石令高要①

不敢別吾子,平生涕泪多。大江無日夜,絶徼有干戈。<small>丘向參軍江淮。</small>秋老桄榔出,灘空瘴癘多。祇應對包井,退食一高歌。

十年纔一見,慟定已無家。嶺北兵方熾,山東雁復斜。追歡椰子酒,寄遠邵平瓜。別後聞消息,天邊聽暮笳。

### 女郎山望章丘城

一片胡山落,千家濟漯中。亂雲秋檞滅,寒日菊花叢。野色高低合,砧聲遠近同。側聞雞犬鬥,六博意何雄。

### 喜同年曹禹疏劉康侯並至濟南

失意今相見,都從此道回。春風三輔別,秋色二東來。白髮悲明主,黃金愧築臺。西歸鴻雁落,爲寄隴頭梅。

### 孔林題子貢廬墓處

數仞宮墻外,猶存築室塲。獨看周禮器,無復漢衣裳。冢壁洙河曉,楷林菁草香。失聲天地後,萬古一芒芒。

### 西水關哭唐采臣

交歡二十載,關塞一依君。揮手忽流涕,不知生死分。<small>甲午別唐於西夏,②揮涕如雨,遂成永訣。</small>茂陵他日詔,滄海舊時墳。獨雁鳴何處,青山若解聞。

---

① 《送丘海石令高要》詩共二首。
② 甲午:順治十一年(1654)。

## 七言古

### 隋堤柳

大業年中種官柳，丁男膝行供驅走。種柳成行夾流水，龍舸夜發汴河口。汴河舳艫千里接，錦纜牙檣浮桂楫。紅妝綠水相蕩漾，江天二月飛晴雪。自去征遼不復還，魚鑰深宮怨離別。綠暗金明千里路，杏梁紫燕朝復暮。迷樓夜月吹秦簫，空倚江南江北樹。君不見，彭城閣上羽書馳，吳公臺下悲風起。今古興亡盡如斯，不失長城失天子。

### 悼劍歌

匣中三尺名龍泉，與我行藏十五年。有時風雨鳴高霄，大夏刀環何足傳。秦關日暮西風起，披褐獨立新豐市。忽看牛斗射終南，提攜入見歐冶子。納履赤龍城投絲，玄鶴庭恩怨泰山。重生死，鴻毛輕，不願還丹游太乙。願得奇書返帝京，帝京貴客重珠履。鳴鐘饌玉華堂裏，我有肝膽報者誰？出門長嘯無知己，吹簫重過闔閭城。慷慨獨游軹深里，俯視豫讓上邢臺。再吊荊卿渡易水，邢臺易水兩悠悠。江漢無聲天地愁，安得壯士去復還，擊築悲歌坐酒樓。

### 七夕詞

南樓新月明如練，牽牛織女遙相見。誰家少婦憶隴頭，永夜秋風動紈扇。彈絃吹竽坐高堂，明燭高歌殊未央。東方欲白烏鵲起，雲開河漢天蒼涼。

### 登姑蘇臺

君不見，梧桐葉落吳宮秋，芙蓉綠水空悠悠。[74]採香徑裏烏夜啼，西風輕拽木蘭舟。當年金閣催簫鼓,翩翩白紵西施舞。鬱金美酒歡朱顏,羅襦寶帶飄芳杜。[75]仰看明月出江波,越甲三千暗渡河。紅燭燒殘夜漏短,美人欲別將如何？昨夜臺上君王宴,今日臺下白露泫。已見長洲麋鹿游,老臣休抉東門眼。

### 桑 園　係聖府樂工處

秋天作客長夜老,秋風吹盡狹邪道。寄語倡家顏色好,金環玉腕齒皓皓。王孫攬涕結芳草,齊娥纖手織魯縞。纖手長絲恨無窮,願入君懷共縈抱。

## 七言絕

### 詠虞美人草

一夜歌聲起帳中,玉騅曾逝大江東。自從化草生西楚,不逐楊花入漢宮。

### 賣 劍

十年征戍動江關,天漢星河寶匣間。莫謂窮途輕棄汝,劍池風雨待君還。

### 蓼 臺

夾岸啼猿夢澤孤,荊王墓畔半頭湖。半頭,湖名。須知佞色傾人國,覆楚非關伍丈夫。

### 經漢光武白水村

莽莽舂陵起大風,漢家鼙鼓萬山雄。誰從洛北收朱鮪,再向河西服竇融。

## 沉香亭懷李白

纔罷妝樓倚輦前，玉簫吹徹李龜年。人間盡是華陰令，誰識金鑾殿裏仙。

## 塞上聞雁

木落沙寒月色昏，蕭蕭獵騎過河源。一聲秋雁傳消息，似報單于度玉關。

## 宿馬嵬①

鼙鼓漁陽動地來，羽衣方奏紫雲開。從今一閉朝元閣，寂寞驪山風谷哀。

濯錦明河萬里開，上皇羽蓋自西來。那堪此地青青冢，可待紅塵蜀道回。[76]

## 過馬伏波墓

墮水飛鳶百粵東，天高銅柱有奇功。傷心蒿葬城西日，不入雲臺圖畫中。

## 少年行贈胡擎天同年

夾道垂楊暗酒樓，十千重換鷫鸘裘。馬嘶芳草斜陽裏，玉笛春風何處游。

## 西湖燈夕夢得下二句續成

絕塞天空雁幾群，榆關南北渭河分。秋風八月黑山動，吹落黃沙無數雲。

---

① 《宿馬嵬》詩共二首。

### 拜岳武穆墓

一望神州百戰中,金牌已盡十年功。孤臣尚有埋身地,二帝游魂斷故宮。

### 鴛湖竹枝詞

南湖春草綠萋萋,燕子樓空暗柳堤。金谷烏衣何處是,東風依舊囀黃鸝。

### 倦 游

未必晝長能誤客,明湖華注兩相忘。愁來歸臥華林寺,新得希夷大小方。

### 獨立大夫松

黑夜登山見五松,朝陽洞裏暗鳴鐘。五松留得一松在,不識大夫何處封。

### 大汶口

樓頭少婦濁香醪,秋色寒光映暮濤。思欲報君琥珀酒,空教桑下飲稀熬。<sub>魯人呼燒酒爲稀熬。</sub>

### 曲阜九日

九日登高雁幾行,故鄉佳節倍他鄉。<sub>畹,嘉祥人。</sub>孔林菁草籬邊拾,勝取茱萸插絳囊。

### 壽陸公七十

衡鑒昨從西嶽回,<sub>公爲畹鄉試座主,尊大人時就養山東。</sub>憑高曾上摘星臺。欲將王母宮中草,移向大夫松下栽。

## 七言律

### 己丑寄懷仁和張天生①

烽烟阻絕故人違，回首楊花夾路飛。自是樓船吹畫角，知君薜荔掩柴扉。六橋歌舞春風斷，三日錢塘潮信稀。老大乾坤空炙背，亂藤孤樹雨霏霏。

### 寄懷仁和馮千秋

京闕同游如昨日，殊方烽燧隔經年。金臺一去銅駝没，鐘阜空悲玉帛懸。 睌與馮在兩京同學。 龍逐秋濤争海嶼，雁唧春草下江烟。揚雄才力知應健，且向衡門著太玄。

### 庚寅章門吊古②

春城依舊草離離，休道江藩百萬師。已見中原歸禹貢，何曾馬革葬張伾。湘南謾想金鞍出，嶺北徒勞玉節馳。獨使行人揮涕泪，將軍何事捲朱旗。

### 哭洧川黃海鳴③

高樓樽酒夜嘗開，白馬青袍幕府來。小苑官梅還自放，[77]隔年春燕獨相猜。關西莫負繞朝策，河朔徒唧袁紹杯。鄭衛笙歌今日盡，灌嬰城北墓生苔。

章門萬鬼無家哭，寒食春深一鳥飛。弟妹終同豺虎隔，君親不見夢魂歸。過徐把劍慚吳札，入洛干人笑陸機。柔櫓只隨南浦月，江皋依舊白雲稀。

---

① 己丑：順治六年（1649）。
② 庚寅：順治七年（1650）。
③ 《哭洧川黃海鳴》詩共二首。

### 竹西贈城固羅懷圮兵備

十年耆舊泣途窮，衰病無家任轉蓬。身世那堪兵火後，山川半入畫圖中。羅工於畫。隋堤春樹流鶯集，舞閣飛花亂蝶叢。聞汝漢南茅屋在，急將書信寄江東。時睆家京口，將游漢中。

### 無錫唐采臣宅憶舊游

春申澗裏斜陽遠，泰伯祠前孤雁飛。江上昔依劉表去，海中空載趙岐歸。乙酉午月，①別唐即出江上，同閩帥泛海歸。論交十載家難問，插樹諸陵願已違。想到津亭烽火暮，橫塘高柳市人稀。

### 中秋惠山雨同錢季霑奏留仙

古寺荒林萬籟秋，天低葉落水爭流。無端風雨留人醉，到處溪山動客愁。草閣蛛封垂邐石，竹枝歌出采菱舟。鄒陽一別長洲苑，遮莫吳宮麋鹿游。

### 辛卯北固訪顧與治②

金焦漠漠與雲平，山北山南秋雨聲。此日看碑懷米芾，誰能沽酒醉劉伶。蒼茫異域時彈鋏，遲暮佳人夜拂箏。顧新納妾金陵，以洲田逋累羈此。自是扶攜採藥去，追呼未必鹿門驚。

### 題萬年少年伯隰西草堂

歌風臺下夜烏啼，堂在清江浦。鬱鬱山莊古木齊。半畝桑田人去住，一湖春水屋東西。星臨豐沛瞻龍虎，地接青徐雜鼓鼙。獨把漁竿憑月釣，門前草色正萋萋。

---

① 乙酉：順治二年（1645）。
② 辛卯：順治八年（1651）。

### 雲間吊陳臥子夏彝仲諸先輩兼懷王玠右王名世

泖濱風雨下孤城，愁絕灘頭鶴唳聲。塞外又傳收嶺外，時聞兩粵復破。蒼生今復誤儒生。戈船戰罷人稀出，海市春回雁不鳴。寂寞滄江回首晚，機山無恙月空明。

### 檇李依韵和陳堯夫送別漢南

離亭風雨得知音，萬井鶯花趁晚陰。披褐謾存王猛志，報書須辨李陵心。秦宮石燕春應集，漢時銅駝草又深。謝汝綢繆西望意，使人愁絕隴頭吟。

### 白下送王杲青扶櫬肇慶

天涯消息與誰傳，異域驚聞鵩鳥篇。亂後移家還十廟，山中哭父已三年。兵戈落日江湖外，輿櫬春風瘴癘邊。尚有衣冠歸宿草，七星巖下自啼鵑。

### 阻風燕子磯

獨上津亭坐碧苔，蒼茫風雨向南來。不知芳草隨春去，但見潮聲徹夜催。六代笙歌餘夕照，百年征戰老塵埃。江天一色城如帶，惟有漁人棹月回。

### 金山競渡

客路天中簫鼓急，感恩空想薦衣回。都從醉後招魂去，不記江邊飲馬來。乙酉端陽，兵正南渡。萬里瀟湘龍虎鬥，三山風雨鬼神哀。五絲續命還如此，忍見牙檣錦纜開。

### 維揚同王于一泛舟平山堂

青青荷葉出孤蓬，藻井荒壠夾棘叢。山上有第五泉，與史公墓近。地軸仍傳通蜀道，瓊花無復向隋宮。幾多戰壘樓船外，一綫長江烟雨中。爵馬魚龍今已歇，開樽猶得故人同。

### 黃天蕩

孤蓬高掛日初回，氣接黃雲黯不開。欲濟魚龍空嘆息，獨行天地更徘徊。風飄萬葉隨潮沒，水擁千山拂面來。謾說汨羅能作賦，怒濤未必解憐才。

### 敬亭山

日落高臺柳潤青，丹楓翠壁半凋零。干戈迢遞江邊老，蟋蟀淒涼月下聽。萬疊雲山藏謝宅，一天風雨掃秋亭。徘徊不盡登臨興，醉臥蒼苔看古銘。

### 春穀寄懷袁令昭 時袁守荊州

記得閶門楊柳下，桃笙象簟臥樓船。吳姬忽報羅紈罷，楚老遙將錦纜牽。午夜徵歌燒畫燭，春風醉客數官錢。他年定作依劉計，陶牧昭丘乞數椽。

### 將還潤州留題方漢章水西草堂

千峰寂寂舊門扃，寥落寒蛩秋滿亭。眼底龍蛇分漢楚，山中風草自雷霆。長林纖月當牕冷，隔岸漁舟帶雨腥。詩到水西頻寄酒，我歸北固醉初醒。

### 海陵劉僅三招同葉予聞鄧孝威諸子飲花下

一路清溪十畝田，半山亭畔柳含烟。友多愛酒真何遜，婢解吟詩獨鄭玄。劉有侍史能詩。鵝鸛應隨高樹沒，樓臺况是大江懸。故人蝦菜忘歸得，好鎖松雲白日眠。

### 送友人崇州省覲

五狼山色對柴扉，此去西風動綵衣。賣藥每逢蕭寺住，吟詩獨向草堂歸。鑪中酒熟黃花老，江上秋深紫蟹肥。百里滄洲成異域，莫教燕子背雲飛。友人有燕壘草堂。

### 江都寄懷華陰王文修

別去天高淮水急，江船終日望君開。重陽官署分新菊，王在淮李署。桑落他鄉瀝舊醅，秦酒桑落最佳。孤客思家仍嘯月，王家華下有嘯月樓。三秋作賦謾登臺。先憑太華峰前雁，為報青牛雪後來。

### 壬辰登萬歲樓①

仙人鶴氅昔年游，今日空登萬歲樓。兩晉衣冠殘碣在，三吳烟草大江流。風吹楊柳迷臺榭，雲掩春帆入斗牛。莫向梅花吊陵谷，金焦點點下蘆洲。

### 練溪三月拜汪文烈祠

聖主賓天萬國哀，煤山猶見講官來。身殲異代還祠廟，盜滅中原尚草萊。風雨暗教三月過，甲申三月國變。② 松杉長傍百年開。傳聞陵墓今銷落，不及詞臣土一壞。

### 漢口留別宋又素

清漳如帶草堂東，獨樹分明一畝宮。僕病苦遭風雨後，一僕病，留宋處。我行偏向亂離中。瀟湘有芷江難涉，忠孝無成路轉窮。俟得衡陽群雁到，愁看秋色老梧桐。

---

① 壬辰：順治九年(1652)。
② 甲申：明崇禎十七年(1644)、清順治元年(1644)。

### 章華臺寄懷何觀我先生

別離苦憶瑞靈初，與何肇慶別。鼙鼓中原涕泗餘。親老間關添白髮，君恩珍重賜緋魚。可憐間道家難問，欲報生涯信轉疏。莫怪江邊蘆雁叫，荊州八月故人書。

### 江陵寄三原友人

衛公祠北故人居，念我生還瘴癘餘。萬里先憑烏鵲報，十年應斷鵷鴒書。鋤瓜亂後青門老，憶弟愁時白髮疏。湘水芷蘭無可佩，高秋杜曲一停車。

### 擲甲山登高①

荊州城北有高臺，古樹連天秋色來。絳帳笙歌爲客盡，遠安征戰幾人回。時荊鎮軍自遠安歸。私將涕泪酬嘉節，笑指雲山落酒杯。彭澤南牕無恙在，菊花好向故園開。

九鼎憑江定向誰，包茅不貢更何爲。淒淒鶴澤悲秋日，冉冉龍山落帽時。河朔曹仁堪北走，巴西關羽正東窺。時有蜀警。可憐毛髮莖莖短，謾插茱萸賦楚詞。

納納方城漢水昏，登高苦憶舊王孫。渚宮芳草猶迎客，沙市妖姬早閉門。萬里誰家搗素練，一聲何處哭玄猿。乾坤日日當陽九，忍見陶公花滿園。

### 巨子河訪徐松濤侍御

何年繡斧出西昌，徐向代巡江西。予告歸來三徑荒。松竹萬竿秋籟響，溪山一路麥花香。乾坤鞞鼓愁梅福，江漢風雲識李綱。種芋結茅焚諫草，如今騘馬避豺狼。

---

① 《擲甲山登高》詩共三首。

## 癸巳幽館訪宜川劉石生①

昨日入關苦憶君，陶復陶穴何紛紛。西周尚有公劉里，北地曾無不窑墳。蒼草春風還紫氣，高原老樹自青雲。亦知歸雁聲聲急，況是幽亭月夜聞。

## 甘泉宮

圜丘雍畤諸侯邸，定有金莖承露盤。鈎弋夫人雲外見，瑤池王母鏡中看。烽陰寨老窺天易，暑雨溝深下馬難。獻賦揚雄令白首，建章宮裏萬山寒。

## 始皇陵

東羨羨門巡幸去，崩年不在阿房宮。泰山壇禪空朝雨，蒼嶺魚燈幾夜風。已見旂鈴回北極，那聞烽戍逼西戎。長城似築千年恨，墓草蕭蕭牧馬中。

## 漢中王城秋興②

雞頭嶺下萬山開，漢主當年拜將臺。遂使金甌歸一統，誰教銅馬犯中台。陳倉非復蕭何道，天棧空遲徐庶回。講獵栽花行樂事，鳴筇羌笛夜聞哀。

曾為逆旅讎吳國，豈復因人諭蜀都。宮帳酪酥常得飲，隴頭鸚鵡自相呼。乾坤誤擲三泉縣，將帥何知八陣圖。虎戰雲旗金鼓震，高秋獵得一熊無。

炙背三年辭漢苑，龍興虎視此中分。揚雄謾作美新論，司馬猶慚封禪文。西割蜀江渾白雨，南流楚峽盡黃雲。曳裾寧向王門老，故國

---

① 癸巳：順治十年（1653）。
② 《漢中王城秋興》詩共四首。

烽川雁幾聞。

秦川桂竹從來少，瞥見襃斜匝地生。舂米也知水碓熟，<sub>秦中皆碾米，惟漢中用碓。</sub>食魚仍羨漢江清。丹楓日墮留侯廟，碧血天開定遠城。回首可憐勳業盡，雁飛殘照落花聲。

### 立春日雪中公劉里同劉石生懷江左諸子

姜嫄河北雪霜飄，卒歲終依劉孝標。胡鼻到今無月令，庫桃從此又春朝。<sub>胡鼻、庫桃，皆地名。</sub>雲兼枯草溝中出，天入懸崖爨裏燒。惆悵江東人不見，五陵裘馬日蕭條。

### 甲午北山除夜詩元日成①

臨除岬岫燒高燭，原上星河早近人。百谷樵蒸風俗古，<sub>秦俗，元日，家家焚柴。</sub>三川醴涌歲華春。不驚徒御緣廬旅，且喜山家絕要津。十載鄉關戎馬隔，椒花終夜頌慈親。

### 出塞十六夜同陳葵西觀燈半個城

參戎小隊赴西岷，出塞今逢入蜀人。雞犬相呼群在屋，[78]羊酥作醴復沾唇。[79]三更臘雪吹青髦，萬户銀燈照碧燐。[80]聊與將軍成薄醉，鼠貂霜甲一相親。

### 鳴沙洲

不見黃河春氣動，却從沙磧辨陰晴。流澌着水天皆凍，大漠無風山自鳴。飲馬浪尋荒燒窟，射鵰貪出苦泉營。傳聞炮火年來熄，[81]張素三巴已盡平。[82]<sub>口外有張素刀兒，計三巴爲亂，壬辰討平。</sub>②

---

① 詩題原作"北山除夜詩甲午元日成"，據金石堂本卷四《七言律》改。甲午：順治十一年(1654)。

② 壬辰：順治九年(1652)。

## 塞上清明義烏丁辰如招同無錫唐采臣慈谿張西隰集高臺寺①

忽出東門回首望,赫連勃勃有孤城。井田溝洫歸河直,婦女鞦韆墮髻輕。衣紫還從渠外哭,是日,征婦盡哭漢唐兩渠。踏青空向磧邊行。開罇絕塞皆南客,愁斷松楸萬里聲。

## 唐采臣度支同劉孝吾總戎出訪賀蘭草堂

紫燕風飛土屋穿,長城閃閃起狼烟。忽驚少府花間座,[83]不辨將軍柳下眠。麥垛千盤仍漢戍,[84]銀州五月尚春天。[85]相看誰是封侯者,西域班生賦自傳。

## 將試京兆劉孝吾總戎城樓夜饯

賀蘭山下朔方城,雞犬千家屋上鳴。大纛樓中逢塞妓,高秋風裏度秦箏。黃河直向胡天瀉,白草翻從漢苑生。爛醉且騎元帥馬,曲江春宴亦虛名。

## 曲江九日同榆林李元發三原孫日生奉侍沈陸二座主登雁塔

旌旗一片出西京,十里烟沙逐隊行。賜宴昔聞唐進士,題名今復魯諸生。江頭柳傍慈恩寺,塔影風飄馮翊城。下馬登高陪色笑,宜春苑北已秋聲。

## 連雲棧雪行

乾坤忽改千巖色,劈面飛霜墮百泉。江水橫添山澗瀑,雪花吹落棧雲天。人隨鳥道回風舞,馬傍狐踪大壩穿。莫向柴關愁路凍,樵林是處有和烟。

---

① 詩題《詩觀初集》卷八作"塞上清明集高臺寺"。

## 乙未三原元日無題①

過眼倡樓綃帳間，辛盤柏酒傍紅顏。戚姑今夕偏投廁，秦俗：是夜以茅爲戚夫人，名曰戚姑姑，投入廁。秦贅何年復入關。明日赴公車。按拍楊花吹粉黛，隔簾春服染雲山。石渠金馬終多事，薄夢華池莫浪還。

## 鐵佛寺遇平西王下諸公同下江南喜賦

正愁三伏大梁行，忽有西藩近侍兵。夜月同驅長葛馬，辰星獨下黑陽城。山空廢寺群狐窟，霧起中原百戰營。口號遍傳軍令細，鞬鍪蟣蝨見平生。

## 樟樹祝大占留飲黃嘉卿瞥至賦別

聞君日掩柴門住，松菊桑田異昔時。幸有乾坤容我大，可無江漢繫人思。峭帆千里歸虔落，風雁重陽度峽遲。醉甚忽逢黃子至，孟公不顧尚書期。

## 丁酉閩署別督學陳碧峰年伯②

姑蘇臺下一相依，計日星軺度紫微。紫微巖，在福州。天末兵戈渾不息，海邦文藻未全稀。掄才自我無今古，執政何人有是非。龍劍會乘風雨急，江津夜夜帶潮歸。

## 己亥吳門奉待佟匯白撫軍③

傳聞使節大江來，千里樓船畫戟開。豈有詔書前日至，翻令羽檄隔年催。錢唐臘月群師集，[86]茂苑春朝萬馬回。元日，萬馬由吳赴越。欲與先生臨海甸，庫門危坐一啣杯。

---

① 乙未：順治十二年(1655)。
② 丁酉：順治十四年(1657)。
③ 《己亥吳門奉待佟匯白撫軍》詩共二首。己亥：順治十六年(1659)。

衣冠族里家聲舊，五歲三遷主命新。佟由閩撫改贛南改浙江。雁蹴江閩天欲盡，洲分吳越雨初春。朝廷節鉞須公等，海徼軍儲賴幾人。欲把鄉書思會面，灘頭閒望泪沾巾。

## 【校勘記】

[1] 手：金石堂本卷一《五言古》作"首"。
[2] 脰：金石堂本卷一《五言古》作"頭"。
[3] 秦娥：金石堂本卷一《五言古》作"燕姬"。
[4] 貢闈：金石堂本卷一《五言古》作"春闈"。
[5] 何：金石堂本卷一《五言古》作"且"。
[6] 從：《江西詩徵》卷六六《國朝二》作"向"。
[7] 耘：金石堂本卷一《五言古》作"耕"。
[8] 嶧：金石堂本卷一《五言古》作"繹"。
[9] 垌：金石堂本卷一《五言古》作"洞"。
[10] 青鵁：金石堂本卷一《五言古》作"青鳥"。
[11] 深：《感舊集》卷六、《江西詩徵》卷六六《國朝二》作"聲"。
[12] 烽：《江西詩徵》卷六六《國朝二》作"燈"。
[13] 飛飛統萬城：《感舊集》卷六、《江西詩徵》卷六六《國朝二》作"紛紛繞萬城"。
[14] 凝叔：金石堂本卷三《五言律》作"冰叔"。
[15] 墅店：金石堂本卷三《五言律》作"野店"，《感舊集》卷六、《江西詩徵》卷六六作"道路"。
[16] 躊躇：《感舊集》卷六、金石堂本卷三《五言律》作"踟躕"。
[17] 村：《感舊集》卷六作"林"。
[18] 害：金石堂本卷三《五言律》作"患"。
[19] 壠：金石堂本卷三《五言律》作"隴"。
[20] 大人：金石堂本卷三《五言律》作"給諫"。
[21] 乞援竟無師：金石堂本卷三《五言律》作"四望失援師"。
[22] 沙轉京江外：金石堂本卷三《五言律》作"江轉草堂外"。
[23] 狼石：金石堂本卷三《五言律》作"蕭寺"。
[24] 枯港：《感舊集》卷六、《江西詩徵》卷六六《國朝二》作"小港"。
[25] 樽：金石堂本卷三《五言律》作"尊"。
[26] 治不得：金石堂本卷三《五言律》作"不可治"。
[27] 生日：金石堂本卷三《五言律》作"生忌"。

[28] 崗：金石堂本卷三《五言律》作"岡"。
[29] 珮：金石堂本卷三《五言律》作"佩"。
[30] 馬當有懷湖南親友：《感舊集》卷六、《江西詩徵》卷六六《國朝二》作"馬當"。
[31] 驅：《感舊集》卷六作"侵"。
[32] 喧：《感舊集》卷六、《江西詩徵》卷六六《國朝二》作"空"。
[33] 魚龍混夕陽：《感舊集》卷六、《江西詩徵》卷六六《國朝二》作"乾坤走夕陽"。
[34] 憶遠不歸鄉：《感舊集》卷六作"垂釣坐鳴榔"。
[35] 嚴年伯：《篋衍集》卷四、《江西詩徵》卷六六《國朝二》作"嚴先生"。
[36] 浙僧：《感舊集》卷六、《江西詩徵》卷六六《國朝二》作"僧"；赤嶼：《篋衍集》卷四作"赤壁"，下同。
[37] 問：《感舊集》卷六、《清詩別裁集》卷五作"採"。
[38] 向：《清詩別裁集》卷五作"撼"。
[39] 合：《感舊集》卷六、《詩觀初集》卷八、《晚晴簃詩匯》卷二七作"住"。
[40] 樊山：《感舊集》卷六、《江西詩徵》卷六六《國朝二》、《晚晴簃詩匯》卷二七作"楚山"。望：《詩觀初集》卷八作"戰"。
[41] 到處有塵埃：《感舊集》卷六、《江西詩徵》卷六六《國朝二》、《晚晴簃詩匯》卷二七作"幾處角聲哀"。
[42] 《武昌南樓吊古》"炎風吹楚甸"一詩原無，據《感舊集》卷六、《江西詩徵》卷六六《國朝二》補。
[43] 芙蓉：金石堂本卷三《五言律》作"芙容"。
[44] 漢：《詩觀初集》卷八作"晉"。
[45] 橫槊尚題詩：《詩觀初集》卷八作"遭亂忍題詩"。
[46] 奮：金石堂本卷三《五言律》作"仗"。
[47] 出青門一日渡涇渭：《江西詩徵》卷六六《國朝二》作"渡涇渭"。
[48] 謾：金石堂本卷三《五言律》作"漫"。
[49] 山：《詩觀初集》卷八、《江西詩徵》卷六六《國朝二》作"壁"。
[50] 天地留孤壁長從鳥道來：《詩觀初集》卷八、《江西詩徵》卷六六《國朝二》作"馬首分殘夢千山拂面來"。
[51] 曾：金石堂本卷三《五言律》作"層"。
[52] 晴川：《篋衍集》卷四作、《清詩別裁集》卷五、《江西詩徵》卷六六《國朝二》作"秦川"。
[53] 入：《江西詩徵》卷六六《國朝二》作"自"。
[54] 開荒：《詩觀初集》卷八作"山田"。
[55] 似：《感舊集》卷六作"已"。慣：金石堂本卷三《五言律》作"貫"。
[56] 猶：此據《詩觀初集》卷八，《江西詩徵》卷六六《國朝二》作"原"。
[57] 搏：此據《詩觀初集》卷八，《江西詩徵》卷六六《國朝二》作"窺"。
[58] 時唐理鉺寧夏：同《詩觀初集》卷八引，《篋衍集》卷四、《江西詩徵》卷六六《國朝二》作

爲詩題内容，并"理餉"作"督餉"。《感舊集》卷六未有此六字。
[59] 落：《篋衍集》卷四作"客"。
[60] 甲胄：《江西詩徵》卷六六《國朝二》作"甲帳"。
[61] 橐駝：《篋衍集》卷四、《江西詩徵》卷六六《國朝二》作"駱駝"。
[62] 藩邸：《篋衍集》卷四《五言律詩》、《江西詩徵》卷六六《國朝二》無此二字。
[63] 亦似：《感舊集》卷六、《江西詩徵》卷六六《國朝二》作"到此"，《詩觀初集》卷八作"此外"。
[64] 石突：《詩觀初集》卷八作"石峽"。
[65] 山空：《詩觀初集》卷八作"山溪"。
[66] 渡：《詩觀初集》卷八作"度"。
[67] 春荒尚未開：《詩觀初集》卷八作"春光黯不開"。
[68] 夜：《篋衍集》卷四《五言律詩》、《江西詩徵》卷六六《國朝二》作"泪"。
[69] 不覺：《詩觀初集》卷八作"失記"。
[70] 皴：金石堂本卷三《五言律》作"皷"。
[71] 琴依：《篋衍集》卷四、《江西詩徵》卷六六《國朝二》作"依琴"。
[72] 待人：《篋衍集》卷四《五言律詩》、《江西詩徵》卷六六《國朝二》作"有待"。
[73] 樽：金石堂本卷三《五言律》作"尊"。
[74] 芙蓉：金石堂本卷二《七言古》作"芙容"。
[75] 杜：金石堂本卷二《七言古》作"荘"。
[76] 可：《感舊集》卷六、《江西詩徵》卷六六《國朝二》作"更"。
[77] 還：金石堂本卷四《七言律》作"遲"。
[78] 鷄犬相呼群在屋：金石堂本卷四《七言律》作"鷄犬相聞偏在星"，《詩觀初集》卷八作"鷄豕誰家不上屋"。
[79] 作醴：《詩觀初集》卷八作"此日"。
[80] 照：《詩觀初集》卷八作"散"。
[81] 炮火：《江西詩徵》卷六六《國朝二》作"烽火"。
[82] 張素三巴已盡平：《詩觀初集》卷八、《江西詩徵》卷六六《國朝二》、《晚晴簃詩滙》卷二十七作"張軌隗囂已盡平"。
[83] 忽驚少府花間座：《詩觀初集》卷八作"忽驚旌節花間滿"，《江西詩徵》卷六六《國朝二》作"忽驚旌節花間到"。
[84] 麥垛：金石堂本卷四《七言律》、《詩觀初集》卷八、《江西詩徵》卷六六《國朝二》作"木鉢"。千盤：《江西詩徵》卷六六《國朝二》作"十盤"。
[85] 春天：《詩觀初集》卷八作"冰天"。
[86] 錢唐：金石堂本卷四《七言律》作"錢塘"。

# 曾庭聞詩第二集

## 曾庭聞二集詩序

　　寧都曾掌垣二濂先生，予同年友也，又與同官。其論列風裁，爲一時瑣闥領袖，予固以兄事之。先生有丈夫子數人，長庭聞，次青藜，皆名士也。庭聞游寓秦川，登甲午賢書，①來都門，予得讀其所爲詩，沉鬱頓挫，直追少陵。既連不得志於禮闈，其業益進。觀其出塞諸篇，音調悲壯，猶《車轔》《駟驖》之遺響也。

　　予論近代詩，格調高老，當屈指庭聞第一。已聞庭聞去故鄉，挾吳姬置諸塞下，迺匹馬絶大漠，並長城，歷秦、晉、燕、趙之墟。每磧草邊沙，冰稜雪暗，時烟火斷絶，夜無幕廬，則枕卧馬腹下以爲豪，然所至輒有旗亭觴咏之樂。嗚呼，可謂奇矣。而其詩多爲情至之語。豔思藻句與悲壯之聲雜出，蓋視《初集》又一變也。

　　庚戌春，②予謬典南宮試，得庭聞牘，異之。已拔置前行矣，徒以策題一字之訛，厄而不録，爲鬱邑者累日。其時，庭聞僕人肬篋以逃，庭聞困甚，悉燒平生著作，獨策蹇南歸，歸則盡遣去諸婢妾。入天目山禮玉公大和尚爲師，乞其薙染。公以有老親在，未之許也。今年，奉母命計偕入京，則持戒精嚴，儼然一苦行頭陀矣。予謂古今之詩人皆有情人也。惠子曰："人而無情，何以爲人。"③論詩者亦曰："發乎情，

---

①　甲午：順治十一年(1654)。
②　庚戌：清聖祖康熙九年(1670)。
③　參見《文選》卷四十《奏彈劉整》李善注："《莊子》：惠子謂莊子曰：人故無情乎？莊子曰：然。惠子曰：人而無情，何謂之人？"

止乎禮義。"①陶元亮嗜酒,著《閑情賦》,不入遠公社。然遠公聞其至則喜。謝靈運奉佛甚篤而謂其心雜,則遠公之取舍,必有在矣。白樂天、蘇子瞻皆深通佛法,而未能忘情於聲色嗜味,然樂天自信,生兜率天,子瞻爲戒禪師後身。後世之學佛者于二公皆無譏焉,是情固不足以累道耶。庭聞詩以豪氣而兼柔情,其斥遣愛好皆豪氣之所爲也,以云槁滅恐猶未必也。吾願庭聞吟元亮之詩,去靈運之雜,學樂天之佛,參子瞻之禪。不必忘情,亦勿越于禮義,以是爲詩,即以是作佛,則天目和尚之不爲薙染,或亦與予有同見乎。太夫人方屬望庭聞激昂青雲,竟掌垣未竟之業尤未可,如睦州織履養母足以自況也。

予今春再典禮闈,庭聞文益奇,識者益寡,遂至再失,實用自愧。而庭聞蕭然南行,曾無幾微介于其中,亦學道之一驗矣。于其行也,爲把君詩,力疾高吟,因誦少陵"青眼高歌望吾子,眼中之人吾老矣"之句以送之,②庭聞其益勉之哉!

康熙癸丑孟夏之朔合肥龔鼎孶題。③

## 曾庭聞二集詩序

近三十年間,士氣侘傺,攻習制舉業不專銳,則益尚爲詩,幾于比閭李、杜。自北地歷下竟陵之觝角,其道日雜,罕一定之論。然于杜則無敢議,韓退之之詩曰:"李杜文章在,光焰萬丈長。不知群兒愚,那用故謗傷。"④則是杜于其時已不免疵類,而退之故爲張之。杜復推崇庾子山、王、楊四子之屬,戲爲六絕句,謂其凌雲健筆、上薄風騷,非今人可及。豈庾、王數公果不獲免于嗤點,而杜有不平于其間哉!

寧都曾庭聞好遠游,嘗游于杜所生之鄉,遠迹唐肅宗即位之地,挈其家而家焉。而其悲愉得喪、俯仰今昔,窮邊絶徼文物都麗之區,

---

① 參見《毛詩序》:"故變風發乎情,止乎禮義。發乎情,民之性也;止乎禮義,先王之澤也。"
② 參見杜甫《短歌行贈王郎司直》。
③ 癸丑:康熙十二年(1673)。
④ 參見韓愈《調張籍》。

耳目所寄托，交朋酬酢，閨房狎昵，所至則必見之于詩。詩文必本于杜，其五言近體及古詩，高者已據古人之席次，亦燦爛琳瑯，自成格調。流傳海內，爲名鉅人所賞識，而庭聞意中嗛然，不自以爲足。每萬里歸，必于易堂九子勤勤較定，至一言一字之未協，不憚十反以求至當，而後繕書以彙于其集。予嘗謂古今學問無盡，蔽以一言曰：有本能虛受而已。庭聞蓋不亦虛而能受者哉。

予與庭聞伯仲乙丙間出入艱危，①去死生，僅毛髮。庚辛之際，②困京口。往共饑渴忽忽二十年，猶昨日事，今颯然兩禿翁矣。

庭聞之詩幸傳於今，尚不識于杜，于庾、王數公傳後何似。予詩雖高三寸，帙已沉錮于井泥巖石，不足示人，人亦無復問及之者。他時幸得覆酒家瓿存一二，或爲明眼人所矜惜，如袁中郎于徐渭，鍾伯敬于陳白雲，都未可知。然予嘗念退之《毛穎傳》既出，大爲時所笑譏，柳子厚爲之憤罝而已。亦有小喜小怪、大喜大怪之言，則退之之推崇李、杜，非李、杜果愈于退之也，蓋自傷也。即今視庾、王五人，亦翡翠蘭苕之觀，而鯨魚碧海，杜適自喻。蓋古人之文章，不踐迹前人，猶必取前人之不如己者，爲張其軍以自托，其旨深厚不自露，而人適以爲虛以下人耳。若韓、杜詩文之本則又有在，予何足以測之，天下足序庭聞詩者何限，而必于窮約之老徵其言，是亦韓、杜之意也，是則庭聞詩之本也。

南昌友兄彭士望撰。

### 曾庭聞二集詩序

余與曾庭聞同舉甲午。余年少，處僻匿，鮮交天下士，不識庭聞何等人。及見其顧盼偉如，多奇氣。陵水經地不一處，曹好曹惡，皆不足繫其心，羈其迹。然後知庭聞固天下士哉！繼同梁豁座主過敝邑，余從座主側，歌樂其詩，輒俯視一切之概。

---

① 乙丙：指乙酉、丙戌，即順治二年(1645)、順治三年(1646)。
② 庚辛：指庚寅、辛卯，即順治七年(1650)、順治八年(1651)。

戊戌，①刻其一集詩。至長安，都人士咸有劉槎翁、李崆峒之目。余索數十卷置案頭，皆爲同人遠近取去，甚則片紙無存。己亥，②庭聞同下第，同舟南下，困約道路。有所作，一字不叶宮商，必沉吟終夕，不安不止。間於理有硌隔，亦欲人求□意想之外。余竊嘆以爲不可及，然庭聞皆擲去，謂不足存也。辛丑，③余從奉新北上，庭聞送之江渚，自以爲僕馬窘困不行。余倖一第，急招庭聞入關。庭聞乃盡遷徙其家於西夏。西夏去余里二千里，庭聞往往獨騎馬來余家宿，余爲之伎飲唱和。每詩成，庭聞不愜自意，又擲之。或留連數日，一事不就，片言不合，輒掉臂，騎馬去。同年李屺瞻戲之曰："君性幾於閹豎，而氣勢則介胄士也。"庭聞亦自笑以爲知言。今秋，余薄游江上，庭聞又家吳。趨至，則出其二集詩示予。所載多懷閨人、寄情狹邪、悼死生、感離合之作。當是時，吳姬、秦女左右抱，彈琴、吹笙、撾箏、挾瑟抗手而高歌，聲動梁屋。因自不知爲絲竹，爲聲詩也。爰受而梓之，使天下人讀庭聞一集詩，知英雄之色如此；讀二集詩，知庭聞兒女之情又如此。雖粗服亂頭，俚言膚語，自庭聞出之，皆其天懷發越，不可遏抑。論者謂其二集少遜於前。庭聞顧謂余曰："往十年，專銳於詩，故音節高。近乃舉子業古文，相共攻苦。"雖稍歸於理，而人之智力亦有限矣，於是爲叙。

康熙己酉冬月涇陽年弟任璣謾題於姑蘇臺。④

## 五言古

### 大江行⑤

大江有黠民，街巷日縱橫。自言山中賊，昨夜新投誠。不日袍帽

---

① 戊戌：順治十五年(1658)。
② 己亥：順治十六年(1659)。
③ 辛丑：順治十八年(1661)。
④ 己酉：康熙八年(1669)。
⑤ 《大江行》詩共二首。

至,寵命來上京。笑彼呫嗶士,何嘗公與卿。雖非王謝後,一時鄉里驚。

大江有黠吏,羅織空儒生。爲當錢糧急,爾輩敢抗衡。官府行法令,鞭撻無少情。身既爲士子,理義夙所明。如何不急公,僥倖冀緩征。自今爲民望,罰倍蚩蚩氓。儒生相嘆息,讀書誤平生。若使不識字,茂才將焉成。昨賣妻與子,今救弟與兄。死生雖有命,擇禍亦求輕。誰能附儒籍,自甘服上刑。

### 寄懷周計百司理①

三年歸梅川,一年客虔州。虔州雖故里,疇昔無交游。朝過固山馬,夜泊名王舟。雖則民生苦,無乃官府憂。使君有餘閒,與我結綢繆。奇文快人意,美酒消客愁。俯坐鬱孤臺,直欲凌滄洲。

臘月一別君,辛苦事行役。謂我何太貧,語言多急迫。人生無黄金,天地皆踢蹐。一身不暇謀,遑恤家人謫。傷哉饑溺心,何以爲蒼赤。州府正苦饑,反欲度沙磧。四月出門來,自笑長失策。安得凌風翰,與君永朝夕。

### 別　　母

習習四月風,萋萋一庭草。遠違生我親,言適萬里道。下拜泣沾衣,慈母前相抱。問兒游何爲,母年身已老。母瘦食不多,氣衰寐漸少。汝勿久行役,思榮吾默禱。我聞此言畢,長跪起復倒。負擔行且止,中心怒如搗。慘澹顧兒孫,承顏宜膝繞。常使大母歡,如我侍昏曉。文章不驚世,安得功名早。顯揚即有期,吾願非温飽。

### 贛州送郡丞畢仲青歸束膠[1]

山水生盗賊,據寨日猖狂。官軍事剿殺,所害多善良。隔縣吴家圍,广昌地名。辟寇保一方。所聚多子女,金帛復盈箱。武夫性貪淫,

---

① 《寄懷周計百司理》詩共二首。

乃欲盡取將。玉石幾微間，火炎遍昆岡。畢公監紀至，矜善討不祥。單騎入重圍，婦子旅壺漿。群醜悉面縛，生民出禍殃。活人三五百，其德安可量。自此解組去，聞者寧不傷。

### 無錫舅雨中相送銜涕別

不惜掌上珠，遠嫁嶺北人。嶺北不常居，言當西入秦。萬里爲儔匹，三人泪沾巾。君割父子愛，我有室家親。他年會雙劍，風雨還龍津。

### 發三原出西夏同無錫姬人

行邁踰鄭白，遠適漢唐渠。婉孌扶弱手，盈盈登巾車。雖欲井邑遠，從此有定居。嚴冬徂仲夏，留滯三月餘。異俗無休戚，鄰人爲欷歔。感此風俗古，髣髴辭古廬。流波飲驪馬，暑風薄丹裾。迢迢雲中燕，葉葉池中蕖。

### 邠州憶劉石生

昔年入關中，結交劉與趙。謂趙元深。今年入關中，衣食走無了。趙子北橋頭，相見亦復少。劉子宜川歸，劉向寓邠州。音信更杳杳。時聞疾未瘳，時聞賦鵩鳥。時聞客山西，時聞游燕趙。時聞娶姬姜，顏色最窈窕。反覆不可知，所喜人未夭。

### 從軍行

西夏十萬兵，掄汰九千九。軍帖方除名，召募發隴右。朝買耒與耜，夕辭隴與畆。嗚咽對妻子，牽衣別父母。官家無定令，所恨有八口。送我新渠別，不知生與否。生歸即有期，少年已白首。

### 閨　詞①

涼秋八九月，彩節跨西秦。功名宜遠邁，不得私所親。所親者爲

---

① 《閨詞》詩共二首。

誰,婢妾兩三人。頓挫長跪拜,片言爲君陳。我有一尺錦,願奉爲君茵。我有一寸玦,願以佩君紳。玦亦不在舊,錦亦不在新。眷戀托此物,慊慊懷苦辛。

送君渡黄河,河水流草地。河水曲如鈎,君行直如矢。君從河套出,水從河套起。[2] 清者爲妾泪,濁者爲河水。清濁不易分,與君別離始。

### 北征見雁

一雁下朔方,唼喋大河旁。荻花蔽雙翼,磧礫有餘霜。單影犯怒濤,孤飛欷西羌。寫書寄南國,爲我到故鄉。南人顧北轍,北鳥翻南翔。嗷嗷刷羽翮,[3] 異域同慘傷。

### 花馬池磧中

張掖出塞門,塞門何所見。沙礫駭悲風,狐狸爲人面。人面非我倫,毛芒厚冰霰。額項大如箕,目光閃如電。猛氣何咆厲,弢弓箙大箭。邀我坐毳幕,食我雉與雁。雖則不下咽,將箸誇豐膳。[4] 始知中土人,[5] 脆弱在州縣。

### 渡桑乾

拔劍西出門,攬轡塞垣東。人馬沙礫氣,出没西羌戎。刈麥爲乾糇,鑿冰灌水筒。饑渴不足苦,但悲烟火空。芒芒別榆關,曈曈見雲中。縱横各千里,[6] 霜雪無異同。邊草靡寒澗,控弦落飛鴻。馳逐何時已,年歲將安窮。

### 臘夜恒山絶頂

嚴夜冰沙結,指斷面皴裂。黑夜陟層霄,[7] 岳氣互明滅。一路燔枯枝,火光照餘雪。禮拜入壇中,虎風吹殘碣。殘碣不可讀,松倒山崩缺。嗟哉前代人,幅員此斷絶。北嶽遠於中國,前代皆遥祀。

## 神通溝中作

戾戾復獵獵,晨風遒且寒。嚴霜殞宿物,霄崖一時丹。日高行不暖,四面皆峰巒。飲馬河水凍,漵瀨樹木殘。高空如鋸削,觸突類虎蹲。躓仆四十里,一一與盤桓。遠望南天門,山勢如河奔。一日不得食,始知行路難。

## 長安得愈侄捷音志喜

愈也吾阿戎,今秋領鄉薦。我家塞河西,音信阻荒甸。射策北極來,捷書歲暮見。憱怳列姓名,對之心目眩。坐久方寸定,悲喜溢顏面。呼童酌清酤,炮羊爲蚍膳。

## 鬥雞篇

州雞披紅羅,飛揚集闕下。一鬥踰江漢,再鬥凌滻灞。三鬥厲枯霜,四鬥伏高架。五鬥入青霄,回風驚春夏。時人羨花冠,颯沓光相射。汝乃徒嗔目,金距失變化。上不得爲王,下不得爲霸。高舉折羽毛,犧牲庶我舍。

## 雜興

燕趙有佳人,作倡兩河曲。倭髻烏帓首,帩頭藍田玉。日日騁短策,委身何所屬。時俗重貨賂,丹顏無人贖。伊優彈鳴琴,彈罷芳草綠。逝將同芳草,化作雙飛鵠。

## 咏史詩[①]

名高不可處,絕少百一詩。曹爽雖失度,休璉爾何爲。焚之徒嘆惜,譏彈苦心悲。生乎不讀書,尚有馬可騎。紛紛賊中來,意氣何光輝。故然投劍戟,今始如熊羆。

---

① 《咏史詩》詩共三首。

清時承明廬,待詔入金扉。賤下老將至,拔白盡細微。公孫八十歲,視事積萬幾。楊烏戀其羅,髫亂繆相追。蔡澤不達命,托意食肉稀。江總終黑頭,窮通有是非。

兩生議始皇,坑者四百餘。儒生何足惜,所惜在扶蘇。誦法孔門者,千年爲戲歟。雖則二世促,無乃致區區。秦人好酷吏,因之失四隅。不見漢高帝,蕭曹起吏胥。

### 效劉孝綽雜憶詩①

憶立時,尚簾看明月。弦望會有期,夫婿隔秦起。反顧望所思,肝腸爲斷絕。

憶食時,臨飧無氣力。欲起不能起,欲息不能息。忍餓只吞聲,還向機中織。

### 蘇村行

蘇村有猛虎,屬保定府滿城縣。出入成三五。郊原噉食盡,咆哮來州府。州府日蕭條,徒爾逢君怒。朝亦無所取,暮亦無所取。不如早歸來,人猶歌召父。

### 出彰義門逢妹壻盧次非至馬上數語別別後有憶

我出君□入,見面摧心肝。長揖無一語,思遠問平安。我親集嘉慶,三年缺承歡。驚聞姪與妹,温氏妹死。一時共凋殘。生不能永訣,死不能撫棺。生死雖有數,聚散益悲酸。杯酒妨旅食,念我依人難。執手秣馬去,一路泪不乾。

### 良鄉旅中恭憶慈闈②

我自離膝下,一年到西夏。幽荒萬里餘,鄉書從未把。拜奉闕歲

---

① 《效劉孝綽雜憶詩》詩共二首。
② 《良鄉旅中恭憶慈闈》詩共三首。

時,天休滋純嘏。始爲顯揚來,屈曲邅中野。乃復頻下第,安得返里社。寸心繞田廬,操翰難自寫。

山縣多盜賊,殺人無村市。常恐一身誤,如臨復如履。起家既西陲,萬里別桑梓。子弟在鄉閭,窮困到骨髓。我非薄仕禄,清濁無一是。憯煩謝平生,冲静免垢耻。

明年馳昆明,直爲慈親出。人生不百年,承歡餘幾日。曳裾王門下,資用或稍溢。便當省覲歸,終身倚母膝。吾轂不朱舟,吾族自休吉。倘然遂天懷,甘心棲衡泌。

## 閨　情①

妾本吴會女,從君出關塞。移家不半年,君行更燕代。姑嫜大江西,供養三年廢。爺娘大江南,音信隔兩載。獨有何氏母,朝暮同闉内。衣我以重裘,食我以苦菜。<small>菜出夏州。</small>起我以重生,霍然瘳夙痾。<small>姬善病。</small>

君去日遲遲,君歸不可測。倏忽萬里間,天南更地北。馬爲不解鞍,僕爲不喘息。君歸遂逈往,何異歸不得。願爲一寸絲,繫君雙羽翼。

## 寄訓府谷楊介璜明府

相知無新舊,坦易即成真。我從夏州來,言尋故舊人。故舊馳太原,所治隔河津。君乃惠好我,下榻準三旬。飲酒長雪夜,授餐方侵晨。爲我隔河去,先往托所親。□□□□□,□舊來逡巡。亦或酌我醴,亦或指我困。亦或念我遠,亦或□我貧。抗手一爲别,翻譎所親人。謂當刖我馬,謂當反我□。喜怒亦太驟,嘈嘈何所嗔。多謝君子心,永矢懷苦辛。

---

① 《閨情》詩共二首。

## 有所思

江南有佳人,流宕在秦關。清媚回流盼,澹冶美容顏。我非愛其色,愛其靜與閑。阻隔三千里,楊柳不得攀。擺落勿復念,夢中相與還。

## 遙憶姬人代作

密密緘素書,紛紛滴淚痕。君游不思歸,行樂無朝昏。六月得君書,知君到三原。七月得君書,知君來塞垣。君書不時有,君車不及門。君既不思歸,不如無一言。

## 僕　逃

世俗不大古,并心求利祿。利祿何足求,[8]家人屢反覆。三年家萬里,一夜逃三僕。謂我無黃金,經歲不入目。天地生我身,豈真填溝壑。我亦有君親,彼豈無骨肉。脫然縱之去,死生正未卜。他鄉足減食,任爾自往復。

## 與僕夫守歲涇陽

茫茫來涇陽,新募一童僕。歲暮不得歸,相對不敢哭。夜愁衣被單,日嫌涇水毒。向晚辦早飧,那擇穀與粟。但得一爲食,便足充枵腹。不知是何時,花爆如飛鏃。殺雞爲汝食,沽酒爲汝祝。明朝出門去,祝汝早歸屋。

## 感遇賦呈福建劉中丞

在北望南來,在南望北歸。鴻雁無定所,終朝故飛飛。大江雨雪少,空磧炎暑稀。非不憚艱險,萬事與心違。雲間當獨宿,林際翻無依。蹔假凌風翮,吹我入荊扉。

## 七言古

### 車遙遙

車遙遙兮馬轔轔，君適燕兮妾在秦。道路遠兮不可言，願隨輕塵觸君轅。轅不轉兮妾淚濕，[9]君行千里何太急。

### 醉後嘲子蘭

十二年前到西秦，十二年後始見君。姓名不道相知久，嘆汝猶爲教坊人。教坊人，顏色好，秋水長門拾芳草。我亦射策五不售，與君顏色同枯槁。

### 鵠飛

鵠飛滇南，雌留塞北。我欲將汝與偕去，八甸五溪渡不得。渡不得，糇糧乏絕，羽毛無力。五里徘徊，十里嘆息。安得秋風隴頭生，與汝雙飛共眠食。

## 五言律

### 己亥西湖憶無錫姬人①

十日新婚別，別君心若悲。君顏看未熟，白首對何期。姬歸踰九年而卒，此其讖云。湖鷺藏深渚，春蠶卷暮絲。最憐光福好，第一看花遲。

### 夏鎮聞警有懷

渡江無幾日，忽報鎮江圍。鵝鸛高風陣，鴛鴦隔水飛。新婚別已甚，避亂計全非。幸有同胞弟，閶門還未歸。

---

① 己亥：順治十六年(1659)。

## 泰興游季氏園

延令三面水,戰艦幾時侵。江國城池闊,人家橘柚深。落花飛浴鴛,宿霧散鳴禽。似有吳娃在,依稀隔竹音。季有女劇。

## 庚子南城懷任訒庵光澤①

竹西分手後,幾日異江閩。[10]任由建昌入衫關。君到應殘臘,[11]我歸方孟春。[12]霜花山果落,[13]風磴柳條新。欲向前溪望,子規啼殺人。

## 江州憶吳姬

儘有閨中婦,清秋獨憶君。午妝蘭蕙鬢,百疊綺羅裙。別久人無緒,哀多雁苦聞。北風吹夢阻,颯颯大江濆。

## 辛丑蜀口洲憶舊游②

江水沒江灘,青山出萬安。只因山色盡,直覺水紋寬。春晝晴無定,巖花開未殘。芳洲舊游處,好作故園看。

## 奉新束同年黃泰升明府

春風吹客路,秣馬故鄉回。轉餉江船急,移軍粵師來。時廣東靖藩移福建。重逢驚穀雨,[14]昔別食楊梅。己亥與黃飲楊梅酒爲別。③此後還相見,窮途不用哀。

## 虔南寄弟燦輝炤

山中群盜發,書問動經旬。未死填溝壑,周饑乞路人。時危難報國,俗薄且歸秦。不是輕離別,江湖喪亂頻。

---

① 庚子:順治十七年(1660)。
② 辛丑:順治十八年(1661)。
③ 己亥:順治十六年(1659)。

## 喜桐城方爾止至①

未易游關塞，窮年客贛州。居然吾土樂，忽作異鄉愁。米賤賒難繼，村荒賦不休。艱虞得逢汝，一話一忘憂。

舍弟來鍾阜，聞君念我深。作詩曾送別，憶遠獨沾襟。一見悲生事，雙江見素心。相持驚未定，風雨更長吟。

生來多道路，牛馬日同群。有弟長分手，無家却羨君。每看江上月，猶憶隴頭雲。静夜孤城柝，淒凉獨我聞。

## 壬寅三月苦雨②

梅雨無時歇，薜蘿花一谿。蟻封高樹穴，燕落故巢泥。老僕看將盡，空囊好自携。只愁行不得，偏有鷓鴣啼。

## 金石堂雜詩③

兒孫令繞膝，四十竟成翁。但得干戈息，寧辭丘壑中。菜花無數好，春水偶然通。只此長將母，斑衣樂未窮。

逃亡童婢盡，中饋只吳姬。未必烹鮮熟，應嫌割肉遲。曉妝對楊柳，輕步到春池。側想東歸近，河魨食有期。

簾外書齊架，尊前月近帷。課兒孫竊聽，買婢妾先知。風暖魚苗出，亭陰蟢子垂。明朝有雪筍，寒食薦春祠。

侵晨眠欲起，鵲噪樹簷低。小幹應難集，高風不易啼。人烟三蠟石，馬迹五更谿。<sub>皆寧都地名。</sub>及此行沙漠，天涯正鼓鼙。

## 泊贛關

粵中開嶺北，江上控虔南。雜稅河分兩，雄關吏設三。<sub>時設蒲漢通</sub>

---

① 《喜桐城方爾止至》詩共三首。
② 壬寅：康熙元年(1662)。
③ 《金石堂雜詩》詩共四首。

判，三官核稅。榕根盤絕岸，漁網撒深潭。飄轉風帆落，移時食未甘。

### 燦弟將游京師留邗上余渡江南①

愁極渾忘酒，潮回欲放船。可憐兄弟別，值此夕陽天。水驛淹行李，京華判歲年。斯游盛詞賦，斟酌向人傳。

京口空山水，維揚只客商。此中交道絕，別汝最茫茫。行路貧能貫，依人賤可傷。往來戎馬窟，珍重製衣裳。弟喜道服。

### 苧羅山

出郭尋芳草，[15]湖田近水濱。居然浣紗石，曾共沼吳人。苔上蛾眉月，溪流舞袖春。至今山下路，猶帶綺羅塵。

### 永嘉客西埒園亭

攬勝懷王謝，登臨此地同。潮來孤嶼下，山入海城中。酌酒看殘月，移牀避朔風。明朝餘興會，還上塔西東。孤嶼有雙塔。

### 贈鄢陵韓叔夜

垂老永嘉令，琴堂昨日辭。花留靈運嶼，石刻浩然詩。邊海民難徙，休官願已遲。衙齋滿書帙，愁絕北歸時。

### 書情貽萬九皋大參②

舉家吳會別，辛苦適東甌。島嶼山城隔，人煙海氣浮。壯心窮不死，亂國淚長流。畫角三秋後，時時見蜃樓。

家家臨水曲，樹樹繫江船。失計徒千里，窮交已廿年。廚荒嗔僕病，秋老怪人眠。不是悲離索，無由度磧邊。

---

① 《燦弟將游京師留邗上余渡江南》詩共二首。
② 《書情貽萬九皋大參》詩共三首。

西去秋無信,南游雁已聞。故人容挹客,吾亦重離群。谿惡江開嶼,峰交峽吐雲。此時潮上下,把櫂趁斜曛。

## 答稽淑子司李

廿年方筮仕,便欲賦歸休。紅稻供官米,青山對郡樓。波澄孤嶼月,雲散石門秋。抗手西州去,多君念敝裘。

## 寄陳堯夫徐貫時

適越非得已,干人計轉疏。但添詩賦在,莫問結交初。地暖秋多蚋,江深市乏魚。<small>温州海禁後并江魚無捕者。</small>平生漂泊貫,不敢恨離居。

## 贈侯嗣宗

嗣宗高隱久,五十竟無家。雁蕩人烟少,漁村盜賊賒。<small>侯向家漁村。</small>身藏大令帖,力盡邵平瓜。念我窮邊客,時來一嘆嗟。

## 答姜尚父

憂亂歸關塞,輕裝客越州。溪聲浮敗葉,草色照行舟。禹穴未游得,曹江空自流。何時訪安道,重過一淹留。

## 痔

惡旅饑寒甚,中年錮疾加。夢回嘗見母,痛極始思家。食少冬春米,生憎穀雨茶。褊衷常致病,遮莫到天涯。

## 瓦亭關

彈箏金佛峽,山水共清音。已入羌戎窟,何當墣火深。風沙晴刮目,湩酪口傷心。不及天邊鳥,飛飛還故林。

## 蕭關

猾夏驚獫鬻,朝那吊尉印。[16]邊風吹地黑,磧日照人黃。闕鼠多

空穴,降城舊築疆。因思漢室競,衷甲狎名王。<sub>謂河套也。</sub>

## 半個城至寧安堡

不見行人迹,黃榆白草深。關山容易盡,天地此中陰。消渴尋枯水,燒荒炙野禽。將家十七口,黑瘦一沾襟。

## 廣武營

避地銀州去,移家且當歸。風高天不暑,泉涸日無暉。九姓羌渾盡,三河年少稀。荒荒傍坂屋,馳檄少邊機。

## 把都河

九月行邊塞,雪花風亂吹。長城何用築,番落更相宜。萬壑奔秋草,群山常牧兒。饑來就甌脱,牛馬雜成糜。

## 登府谷城同劉正齋游懸空寺歷歷指戰守舊處感而成詩

雪後耽形勝,憑高問戰爭。溝中聽鬼語,石圻攪河聲。寒日一僧起,孤燈天柱明。<sub>寺旁天柱石。</sub>渡頭奔走歇,即此悟無生。

## 樓煩懷州守蘇生紫

日日城頭望,太原人未歸。知君還右武,<sub>蘇歷仕秦、晉,屢校武闈,今又應檄太原。</sub>怪我尚儒衣。静夜河聲苦,連天樹葉稀。擔囊再三渡,風雪滿柴扉。

## 神　池

高闕出神池,無風天四垂。指因雙漸墮,鬢以雪成絲。兔走鷹捎疾,羊歸犬吠遲。家家爭渴汲,冰斧夜深持。

## 次大同

絕塞幽荒貊,樓臺十萬家。邊簫吹朔氣,狐迹走圓沙。河到東流曲,山連北嶽斜。明朝冬至節,一夜煮胡麻。

## 吊古

幕幕白登臺,高皇七日回。生還非廟筭,遺賂得群材。牛馬玄冰出,琵琶紫塞來。讀書長此恨,經過重徘徊。

## 蘇武城

□雪單車至,猶能大窖歸。生妻已去室,胤子實心違。羃羃看羝乳,時時背鵲飛。河梁尊酒別,肯惜故人稀。

## 呈曹秋岳先生①

一月林胡客,愁登大茂遲。雪中忘至日,磧裏變鬚眉。塞俗原無黨,高文未易期。懸知受降北,題滿建安詩。

發策平生志,公車已十年。伐秦瞻馬首,慕舜食羊羶。痛哭吾何敢,狂歌世可憐。使君曾獻納,一爲賦甘泉。<sub></sub>往曹督學直隸。

## 北口峪望蔚州

匹馬桑乾道,孤城沙漠陰。風高谷口斷,石迸水痕深。野雉銜酸棗,神狐嘯暮林。匣中三尺劍,不試夜沉沉。

## 甲辰京師別劉峻度②

依君三十日,怪我日騎驟。失意狂言少,窮愁酒債多。青知春韭熟,白賞海棠過。興至無人至,狹邪携手歌。

儘有青樓曲,良宵畏汝知。避人常竊聽,作意巧相欺。乳燕生生語,燈花細細垂。眼前春欲盡,分外月明遲。

---

① 《呈曹秋岳先生》詩共二首。
② 《甲辰京師別劉峻度》詩共三首。甲辰:康熙三年(1664)。

移家非率爾，魚米足西州。君有故薗在，如何遠出游。劉蘭州人，家揚州。兵戈京口夜，婦女廣陵秋。避地宜蕭索，繁華終可憂。

## 夜聽伎

行樂無他日，遣愁猶昔年。美花霑席上，小影側春前。愛至偏宜泣，嗔多不受憐。伊涼今夜曲，爲汝一鳴絃。

## 題吳工部吳船齋①

燕市誠何地，吳船自在行。但聞花草氣，不見水流聲。於世原無涉，居官豈爲名。浮沉十載過，即此遂柴荊。

亭臺圖畫裏，吾意亦虛舟。近市無清夜，居官似遠游。風低高樹引，閣小暮春浮。退食歸來晚，方書看未休。[17]

## 題高邑寓壁留示莫大岸②

生平游歷貫，不信道途窮。匹馬鴉聲裏，孤城樹色中。漸看仙吏至，似許故人通。暫舍都亭下，蕭蕭落日風。

同我聲名久，輸他釋褐先。雖忘燕市醉，合記涮江眠。貧是居官好，病由逐客痊。棠花滿里巷，憔悴一年年。

浪游工嫚罵，將老漸和平。候吏詞頻改，知君意太輕。春深雙過雁，樹折半巢鶯。夙昔依人者，還應念友生。

## 黎城道中

行人此絶迹，迷路指村姬。挈餣看鬣日，[18]分秧駕犢時。[19]丹朱城窅窅，微子嶺遲遲。拍手聲相問，山風隔岸吹。

---

① 《題吳工部吳船齋》詩共二首。
② 《題高邑寓壁留示莫大岸》詩共三首。

### 上黨旅夜①

客居憂大旱，向晚雨霏霏。喧卷千家静，參園五葉稀。潞安以喧卷爲亂，風地出紫團參。題詩驚雁起，聽伎賽神歸。銜鼓高樓發，何人獨解衣。

昔聞瀋藩伎，嬌媵鬥宮妝。[20]一代黃巢後，三街翠黛荒。舊有三街。須知色妍醜，直係國存亡。玉漏秋風陌，金閨徹夜涼。

### 德風亭同蕭青令太守②

何年李別駕，小搆舊樓臺。夾右斜陽走，前山雨色來。鳥窺新菜甲，花覆早春醅。憑眺無朝夕，狂歌脱帽回。

幽意主人愜，招邀共此亭。背城高樹碧，當户晚山青。郡小官無事，風清客暫停。他年回首望，澤潞舊籓屏。

### 贈南州陳吉甫

大江誰第一，此老萬夫雄。赤甲何年卸，朱旗昨夜風。關山嗔格鬥，臣妾恥雷同。側想飛騰意，横行碣石東。

### 雨後月下憶塞上

爽氣霑丹露，川光入翠屏。他鄉惟愛月，終古此離亭。入晉榴花落，歸秦莎草青。祇應醱蘆酒，對對數秋螢。

### 贈田二較書③

簾動聞人至，衣香近燭前。低徊光不定，旖旎鏡中懸。釵以輕風掠，眉從墮髻偏。聲聲何滿子，歌似李延年。

---

① 《上黨旅夜》詩共二首。
② 《德風亭同蕭青令太守》詩共二首。
③ 《贈田二較書》詩共二首。

直是花如貌，非關慧有情。回身斜理鬢，側枕暗愁聲。以我思家淚，還爲惜別生。蘼蕪山下路，一步一傾城。

### 蟋蟀

何物秋聲苦，生生夜怨長。遠吟低樹木，側唱近池塘。北董<sub>地名</sub>機中婦，西州砧上霜。催人歸意切，賴爾報姬姜。

### 對伎有所思

一一皆秋氣，閨中夢不成。關山無限月，鳧雁幾行鳴。掌上花鈿翠，燈前舞態輕。忍將出塞曲，搗作夜砧聲。

### 螢火

階前明滅出，似欲向人飛。腐草連天沒，奔星隻影稀。火中光不減，雨後焰全微。寄語閨中婦，秋風共汝歸。

### 七夕

仙家靈匹會，人世望夫臺。未必星河落，寧辭機杼來。池風吹翠帳，階樹没青苔。痛殺西邊婦，高樓乞巧回。

### 渡龍門酒中候船值客赴朔方先附書往①

禹鑿何年始，空山兩峽開。斧痕埋絕壁，星宿犯危臺。竟日無人渡，前村且濁杯。好將書寄問，河水夏州來。

### 雨阻趙元深澗齋

釋響華池下，連宵白雨深。秋花已辭葉，野鳥不歸林。溝斷愁河漲，園荒起暮砧。與君聊卜醉，樹上聽晴陰。

---

① 金石堂本卷三《五言律》作"龍門酒中候渡值客赴朔方先附書往率爾成咏"。

### 穆陵關田婦

永壽關仍設，穆陵人獨歸。秋花生亂鬢，霜葉搗寒衣。歌以薅田發，烟爲曬麥稀。不辭沙磧雁，與汝一行飛。

### 慶陽郡齋留別進賢傅竹君①

楚粵聲名久，赤須銅墨新。共看五馬出，想見百蠻春。逋賦民無法，移官俗最貧。家門宰執後，薄禄一沾巾。

晤語纔今日，神交已廿年。同爲烟瘴客，各逐虎狼天。藩鎮威難制，衣冠詔屢遷。所親強半盡，僞敕尚紛然。

下馬悲相見，開尊説故鄉。且爲秦太守，莫憶尚書郎。<sub>傅歷任此。</sub>德力須形勝，河山舊富強。近來補牢少，不可怨亡羊。

### 石溝營見賀蘭山

不見山無恨，看山恨復生。隔河經歲出，獨雁已秋聲。身賤名何補，才多世所輕。今宵虛幌下，實有夢魂驚。

### 木廠墩渡黄河

離家三十里，轉覺道途賒。馬快舟偏隔，城高渠更遮。磧田齊刈稻，蒲草間生花。歸路憑湖鳥，飛飛向暮斜。

### 甜水堡與野老閒話

一望天無際，山城四五家。篳門茅塞穴，冰窖飯藏沙。月出牛羊返，人歸雉兔賒。周遭坐麥麵，細碎問生涯。

---

① 《慶陽郡齋留別進賢傅竹君》詩共三首。

## 喜賀蘭草堂初成①

卜宅兒童喜，無家似有家。魚鱗翻磧雪，蜂螫釀春花。山氣終歸陝，河流不向華。居然萬里勢，盡室在天涯。

亦有推移志，題門活字間。穿渠隔河水，向壙背西山。走擬尋花種，強於浪稻還。追呼天下急，旅食敢辭慳。

## 除 夜

塞俗仍除夕，砂霜磧上鳴。亦知春漸至，轉覺夜難明。椒粽慈親遠，盤餐中婦成。今宵不守歲，定夢到柴荊。

## 乙巳送平涼葉司李陞任南昌②

二月河冰解，春風草不抽。改官君始去，將母我還留。白下桓伊笛，江干庾亮樓。真堪共笑樂，無計出邊州。

不忍分離苦，南塘薄餞來。到門知駕稅，放馬逐船開。邊郡爰書少，江藩轉粟哀。漸聞彭蠡雁，淒切鬱孤臺。

他鄉悲絕脉，故國尚烽烟。伏莽誰爲所，時聞興國、南豐盜發，[21] 春耕恐不然。蜂生楊柳日，人亂鷓鴣天。置水章門下，何愁拔□偏。

## 清 明

寒食依然至，人家祭掃時。我生猶在遠，未死已先悲。日脚蘭膏燭，童頭楊柳枝。群兒堂下拜，暗數父歸期。

## 柳

窮邊猶築室，繞樹已傷弓。欲使桓溫見，先尋元昊宮。地寒春不

---

① 《喜賀蘭草堂初成》詩共二首。
② 《乙巳送平涼葉司李陞任南昌》詩共三首。乙巳：康熙四年(1665)。

至,磏重雪初融。向晚登樓望,西山在户中。

## 畏人四首

邊鷗春睌晚,二月不聞雷。無數山田薄,頻看磧雪來。蒲花穿户入,柳樹傍城栽。却喜朱輪絶,[22]衡門閉復開。

苦被公車誤,誰知異路尊。前代科目爲正途。焚書辭寤寐,寄信戒兒孫。磏地偏宜水,河渠不到門。魁梧鄰舍少,獨立數黄昏。

似此黄羊飫,可無綠蟻春。操刀試小割,開甕撇嘗新。每食愁中婦,婦多病。三年別老親。蓼蟲那知味,相與共忘辛。

秦野西戎宅,居然辨八方。翩翻鸇鵒舞,姚冶狄鞮倡。粱麥臑羔汁,酡酥搗蜜漿。招邀免凍飲,不敬爾無妨。

## 釀 酒

未嘗種秫米,先擬醉中來。就甕那能卧,當壚恐不回。[23]飛華漂霽日,浮蟻泛春罍。謾想湘吳綠,金甌換一杯。

## 無 米①

望歲爲生活,家應甔石儲。三時縱不害,八口定何如。葅圃鹽池苦,雲門粳稻疏。饑來一彈鋏,豈是食無魚。

是處人情冷,須知旅食難。可憐室懸磬,笑指一錢看。投璧歸河水,盤根入賀蘭。鄒生日吹律,黍暖谷偏寒。

## 曬 菜

未嘗鄙肉食,金盡愧屠門。醢醢沙葱甲,槃匜苦菜根。邊市有沙葱、苦菜二種。小鋤春入甕,驟曝日成軒。却比蓴羹滑,流匙加一飡。

---

① 《無米》詩共二首。

## 渠

捲埽工初罷，城渠水一灣。不能映蓬户，亦可沃春山。土爛耕桑誤，家貧婢僕頑。何時餘禄米，販糶兩河間。

## 燕①

直似吾家燕，他鄉欲定巢。雙棲添個個，側翅舞交交。風退春虛牖，泥深渠汎郊。近人不羨汝，轎下挽青骹。

亦有封侯相，[24]遠天游未歸。處堂寧蹈火，出谷本知機。江徼魚腸利，春風雁足稀。不須防艾葉，容與待雛飛。

## 米

米價經時減，春耕微雨過。貧家應得食，膏壤此長河。口外沙蒿至，沙蒿极利燒烟。城中渠水多。仰天一拊缶，童豎亦高歌。

## 送程監先覲省

蜀道難如此，看君復遠行。只因烏哺隔，漸聽峽猨聲。丘隴歸何晚，田園計不成。若同陽鳥去，亦可到柴荆。程德興人，由遼東客寧夏。

## 九條溝遇客南歸憑達家書

直是虎狼國，千山與萬谿。泉枯春不活，溝窄馬南齊。有僕皆南走，移家獨向西。自從辭骨肉，鄉信泪中題。

## 丙午到秦州②

昔時悲杜甫，吾亦滯秦州。豈盡才名誤，都爲旅食愁。丁花羌笛亂，分水隴河秋。未省東柯谷，田荒賦不休。

---

① 《燕》詩共二首。
② 《丙午到秦州》詩共四首。丙午：康熙五年(1666)。

見説仇池穴，西連麥積山。不能知戰陣，先已失嚴關。非子馬多息，公孫使未還。驃姚誠愛國，莫過上邽間。時邊將喜功。

隴西三郡戍，詔減是何年。偃甲朝廷喜，將軍拓地偏。諸戎牛飲散，[25]九坂凱歌旋。只此開邊費，封侯事枉然。

軒轅傳上谷，八卦雪中明。谷上遇雪，形如八卦。未必仙人硤，居然龍馬城。仙人硤、龍馬城，皆秦州地。松蟠群鳥迹，河静一樓聲。北寺哀笳發，山尊獨夜傾。

### 行經隴坂

不見隴頭水，行人亦斷腸。八川風在樹，十月瀑成霜。西嶽馬前伏，南山鳥道長。從來多雨雪，幽咽爲氐羌。

### 丁未下第寄題伏羌何烈女祠①

烈女仍祠廟，當亭未辱身。紅顔朱圉下，青塚渭河濱。柳色垂芳晝，桃花失暮春。我生不如汝，欲嫁遠無人。

### 壽張縣和陳琪園明府②

客非徐孺子，傾蓋得陳蕃。歸館偏嫌蚤，停杯愈覺喧。書雲花拂綬，書雲，樓名。官舍鵲成村。旦晚雙鳧去，凄凄夢漆園。陳著有枕書數種，不數月免官，煞句似爲其讖。

憐我留關塞，如君亦敝裘。生涯爲客盡，遲暮與官愁。樹色高城起，書聲小閣浮。因思嵇叔夜，堆按懶相詶。

### 濟南奉和魏竟甫醯長槐花雨落之作

雨過苔生壁，風吹花作泥。王家曾爛熳，官舍竟羈棲。亂葉蜂難

---

① 丁未：康熙六年(1667)。
② 《壽張縣和陳琪園明府》詩共二首。

住,輕香鳥欲迷。飄零何太甚,似我老青齊。

## 酬魏竟甫醛長招同楊子固馮南辰陸清河譾集①

夫子聲名久,餘生望見遲。異鄉驚汎愛,同調羨題詩。飲酒清無敵,聽歌病亦宜。時畹小恙。重來穿竹語,依舊映疏籬。醛署向爲畹座主,分巡舊舍。

一見憐疏放,開軒聚德星。花香雜菱茨,蜂落捲蜻蜓。雨氣山中黑,齊州户外青。今宵門禁咀,不是爲吳伶。

中暑華筵惜,聞腥斷却嘗。流匙翻粳稻,煖腹乞燋烊。無恙貧兼病,多時悶不狂。發箋催短句,似欲益悲涼。時魏以槐花諸咏屬和。

梁園詞賦盛,病免客紛紛。閣老今難弟,才名更冢君。蛙鳴華注雨,梟斷鵲山雲。旦晚家書去,清秋願早聞。

## 范　水

雨阻秦郵客,黃河濬未通。流沙闕閘口,漕運積湖中。波泄東南氣,聲吞西北風。千夫愁墊隘,誰負濟川功。

## 經錫山哭陸座主六首

不諱全家落,三年葬未期。曾聞金谷集,座主坐名園,中風逝。似有鬼風吹。寶劍沉珠柙,寒燈炧繐帷。庭虛盈涕泪,漂灑輟春時。

欲哭從何始,吞聲只向隅。煢煢都在疚,事事覥諸孤。蒙面郎稱陸,帶鈴人姓胡。冒座主姓者甚多。草堂誰頓擗,終夜過鷫鸘。

下第窮年走,恩私那可論。自嗟荒陸氏,慚負狄公門。鵬路終搏翻,龍淵必溯源。築廬經萬里,眉眼暗傷魂。

天地後生滿,當仁無我師。纔知沈約殞,頃聞湖州沈座主即世。已弔

---

① 《酬魏竟甫醛長招同楊子固馮南辰陸清河譾集》詩共四首。

陸雲遲。墳典埋深壁,麒麟泣象尼。舊時闈下士,誰賦續哀詩。

唐公骨漸朽,謂唐采臣。卜葬十年違。大廈從荆杞,平江失釣磯。一舟推麥晚,雙樹轉輪稀。多少山陽曲,浮生聽已非。

無錫山如黛,秦家得少兒。吹簫鸞鳳合,托宿桂林枝。己亥納姬,① 假座主宅。一自并州出,同深故國思。昨年凶問至,關塞共淒其。秦歸寓書寧夏,得座主訃音。

### 吳中夜雨

地氣原卑濕,高天欲雪帷。霑橋泥不凍,映樹色先殘。嶺北梅花落,河西流水乾。數九河凍,車馬交馳。所居謀未定,失記雨中寒。

### 戊申虎丘山②

每入長洲苑,游人不遂還。半塘垂緑蔭,老寺失青山。春滿三生石,花開一水灣。頻年輕道路,最近是江關。

### 閩中夏夜

榕城生計少,晚興坐來孤。食可忘憂未,詩能辟瘴無。島中數行樹,窗外一重湖。直覺高天盡,山山是海隅。

### 宿秦雲伯獨立亭　秦本姓蔣

小築三山裏,林塘分外幽。居然同蔣徑,似欲壓秦棲。書畫炎洲洞,烟波海氣浮。幕中草千檄,秦在靖南王幕。獨立一銷愁。

### 豐城逆旅別孫豹人③

別來貧又甚,歲暮更逢君。老樹烏三匝,空江雁一群。友朋今始

---

① 己亥:順治十六年(1659)。
② 戊申:康熙七年(1668)。
③ 《豐城逆旅別孫豹人》詩共二首。

絕,筆墨早應焚。欲拔張華劍,風雷不可聞。

雙江千里遠,冬至竟羈樓。有泪憑諸子,<sub>時子侄同客。</sub>無錢葬晚妻。灘高時鷺没,峽轉夜猨啼。我自虔南去,君應到竹西。<sub>孫家維揚。</sub>

### 吉州辱白岳汪舟次見過別後却寄[26]

頗怪廬陵郡,詩人近代稀。與君一顧盼,別後有光輝。匡岳消殘雪,江船趁夕暉。春風吹不遠,鳧雁好同歸。

### 皂口歸舟憶無錫姬塞上

朔方不易到,歲底且歸船。江水如長夜,江風正渺然。織蒲過孟夏,垂病別三年。消息憑誰寄,梅花到磧邊。

### 自狗頸到鵝婆

山邑藍輿窄,重裘坐不舒。因砂愁晚飯,聞毒罷園蔬。<sub>時菜生耳,誤食能殺人。</sub>破廟丹楓入,孤村碧嶂虛。只緣間望切,却復到堦除。

## 七言律

### 錫山秦留儒檢討招飲

上元風雨驚佳節,對此笙歌惜此筵。不辨高樓藏樹裏,漸看華髮到鐙前。春歸皂帽吳中早,花綻宮衣膝下眠。<sub>時秦假歸祝祖母初衷。</sub>記得十年初握手,慧山題咏却淒然。

### 泊上清河值挐船先發遣僕入城迎燦弟

客居遷次本無定,況復移家亂後過。<sub>海亂後從無錫挈家歸。</sub>兄弟行藏相見少,友朋生死未聞多。鮫船獵獵吹瓜步,番馬蕭蕭下孟河。早晚歸來同卒歲,六朝烟雨近如何。

### 壬寅甘健齋自南豐來攜靖邊張曲江明府像索題①

蒼松之下有黃冠，吏隱歸來天地寬。已見一樽當户入，獨留千卷背人看。交深莫道謀生拙，家在須知出塞難。同是渭濱垂老客，何年復理舊漁竿。

昨歲尺書前日至，今朝有客到梅川。爲言張子形容似，許汝曾生詞賦傳。霜竹故園方半畝，春風隔縣已三年。相思莫向江邊老，戰甲聞添十萬船。

### 泊閶門

二十年來吳會客，風帆一過一蕭條。兵戈近滿黃鸝巷，[27]簫鼓空喧白馬橋。未有樓船通賈竪，漸聞絲繭税漁樵。最憐堤畔垂楊柳，終日青青向射鵰。

### 温 溪

東甌鼓角戰雲屯，日脚潮頭截海門。十里芙蓉秋滿樹，千家薜荔雨爲村。尸中鼃令還稱襌，病後牛哀且噬昆。大禁雖嚴鱗甲在，<sub>大禁，謂海禁云。</sub>馮夷無數上灘痕。

### 泛錢塘江[28]

眼見戈船轉大旗，特從東海赴西陲。移家已過秋分後，憶弟何當雁落時。賴有文章銷客路，不愁風雨對江蘺。廿年筋骨狂趨走，九月寒衣授未遲。

### 昆山送徐仲舒司李汀州

羨君曾出洞庭波，<sub>徐先理寶慶。</sub>汀上移官足放歌。炎瘴應知春雪

---

① 壬寅：康熙元年（1662）。

少，郡齋時有夜猿過。廿年分手驚蓬鬢，萬里將家截塞河。若到鬱孤煩問訊，閭門母子近如何。汀贛接近。

### 盱眙道中馬上值韓潔瑀遷葬返京喜而賦詩并以爲別

韓公曾築受降城，韓別浚總兵榆林，此詩爲其識。念我移家黑水營。鳳泗岡頭冬至過，刀弓隊裏故人驚。百年廬舍多芳草，三世松楸改舊塋。讀罷詞章焚制誥，韓以輓章一册示睆。橋邊題姓不爲榮。

### 癸卯夏州奉寄龔芝麓年伯①

聖主轉圜任老臣，初聞客路泪沾巾。十年都憲甘微禄，一飯黃金散故人。舊屬貂璫宣室貴，高班鷹隼上林春。公綏口吃能長嘯，辜負張華屬望頻。

獻賦茫然十載過，忻逢父執慰蹉跎。夢中嘗封瀛臺策，牛後誰聞寧戚歌。絶漠水田貧賤少，大江賓客是非多。明年定赴滇南幕，天下人情重甲科。

### 赴京過榆林鎮追從胡太乙馬法不及

獵火平蕪毳帳紅，居延城近黑山戎。圁川過磧河聲落，沙漠吹笳草色空。説定追奔能附驥，誰知羽翼不如鴻。徒然豚酒瞻雙碣，胡修墓榆林，睆補奠云。彳亍乾坤信轉蓬。

### 渡府谷河客林胡寶積寺遲蘇生紫刺史不至感賦

汩汩黃河秦晉隔，不堪留滯大寒來。只言孤雁重相見，豈意雙鳧未易回。高樹砧聲蕭寺發，連天草色亂山催。曜靈歸急冰霜重，但恐愆期上五臺。時欲游五臺山。

---

① 《癸卯夏州奉寄龔芝麓年伯》詩共二首。癸卯：康熙二年（1663）。

### 甲辰送平西世子雲南覲省①

丹鳳城中淑氣催，和風仙仗御河來。朝元五夜同公主，覲省千山擁上臺。歸雁定從湘浦見，彩雲還向益州開。儒生非是躭留滯，天子方掄鄴下才。

### 送王譽章同平西世子赴滇南

廿年藩府尊師道，萬里連鑣度五溪。不惜春鐙辭紫陌，却隨烽火恤黔黎。時聞有水西之役。知交盡是金張貴，書信徒然爨棘題。君到若逢相問訊，爲言對策大庖西。

### 贈同年劉漢臣権倉通州

清時獨重正員郎，君出紫微仍綬黃。劉由庶常改度支。見說蕭何能佐漢，果然劉晏亦興唐。江船雪凍千夫輓，天庾春頒萬國倉。共賀京畿豐樂歲，瓊林散盡大盈荒。

### 和宛平米吉士

老友關山離別久，廿年兵火隔千重。張弓不羡苟鳴鶴，強砮空悲陸士龍。君已辭官歸北闕，我猶探策出西雍。同時兄弟相看盡，尚有翠微天壽峰。

### 獻訓冢宰魏石生先生②

吳中曾讀溯洄詩，魏有《溯洄詩選》。小子新篇辱見知。極塞狂歌雖有托，他生痛哭已無期。頓纓豐草交難絕，從獵長楊諫者誰。魏歷官都諫總憲。獨羨金門梁上燕，春朝飛舞故相隨。

---

① 甲辰：康熙三年（1664）。
② 《獻訓冢宰魏石生先生》詩共二首。

近來銓政賢愚滯,詳慎如公政不繁。優詔每承天子賜,獻書還喜舊儒存。鶯啼日暖催宮馬,草暗春抽度塞垣。家世愧非筐篋吏,至今猶遇聖人恩。

### 送句容王紫蘭督學便道歸里

聖代彈冠君獨早,姓名遥擬是前知。只因朱亥鼓刀後,<sub>甲申從朱潤生令句曲,得交王。朱殉難浙東。</sub>①失記三澄壁立時。執手形容看漸熟,傷心絲竹老方悲。<sub>睕向有歌童從游,頃王譓睕,復設吳優。</sub>東歸若過茅山麓,好取黃精寄所思。

### 別宋荔裳觀察

甲午秦州贈我詩,②六年江上始親披。<sub>宋前官秦州,有詩寄睕,己亥江上始見。</sub>③居然綺麗劉公幹,不數交攀向子期。汎愛春風吹漸老,窮途楊柳葉偏垂。誰言別後多消息,鸚鵡聲中寄信遲。

### 九日同楊次辛許貞起登夏州城樓④

果園秋色大河邊,斷續砧聲在眼前。無數雲山開統萬,共看征戍出居延。黃沙隊裏黃羊走,白草叢中白雪連。昨歲計偕今下第,<sub>昨歲重陽赴京。</sub>兩經嘉節倍凄然。

登高結伴俯城闉,萬里清秋獨泪頻。黃水忽然歸草地,青山畢竟負秦人。杯多竹葉看將盡,[29]笛老梅花吹幾巡。[30]生死親朋都夢遍,何時驅馬到江津。<sub>西夏額兵十萬,時新汰九萬,諸甲士皆投戈脫冑歸于農田。則又奉征調,焚橐笠,買賣犢馬而去,其妻孥哭送于兩渠之上。予惟古之汰兵,必以其漸。即歸屯者,亦時有訓練,稟之以祿,督之以官,非果能使操刀殺人者,摧心息氣爲良農也。況興罷不</sub>

---

① 甲申:明崇禎十七年(1644)、清順治元年(1644)。
② 甲午:順治十一年(1654)。
③ 己亥:順治十六年(1659)。
④ 《九日同楊次辛許貞起登夏州城樓》詩共二首。九日:金石堂本卷四《七言律》作"九月"。

时乎？偶因征成句并及之。甲辰记。①

## 寄曹秋岳兵備② 夢曹秋岳先生屬作《雲中燈賦》，有"莫大於天地而萬物闕，莫小於帷燈而天地存"之句，次夜復夢，因陳詩却寄

數岫橫雲點點平，共君千里一燈明。河山隔闊書難寄，關塞飄零夢不成。歸國寧留甄後賦，移官早出赫連城。并州刀尺從來利，好剪秋聲作雁聲。時曹兵備大同。

## 織堂川

東井何年聚五星，贏蹄奔走迹如萍。[31]纔歸邊塞頭全白，一出羅川草尚青。風色欲衝寒雁過，秋聲只在隔山聽。巨靈長使關河碎，鳦鳦溝分嶽瀆形。謂九條溝云。

## 投徐靜庵督學

二千口外黃河曲，劈面霜風七日來。蕎麥枯泉鹽斷絕，時九條溝缺鹽。[32]滑溝衰草馬徘徊。詩因窮極工何益，家類投荒久不回。欲假高岡雙羽翼，南飛直到鳳凰臺。

## 宿郭金湯有竹草堂③

兩年三過君廬舍，今日終南郭泰歸。時郭南山穫稻歸。客久共知為客苦，家貧雖老在家稀。諸兒掘蕨晨充菜，小婢擎燈夜補衣。稍喜鄰翁蘭若好，蘭若，酒名。醉來須待彗星微。時見彗星。

隔代窮交三徑荒，解鞍排闥滿頭霜。游蜂個個隨人舞，短竹蕭蕭映日黃。屋破兵戈遙復重，園深盜賊夜空防。騎驢且向青門出，細數宜春左右坊。

---

① "西夏"至"甲辰記"：據金石堂本卷四《七言律》注補。
② 詩題原無，據題序擬。
③ 《宿郭金湯有竹草堂》詩共二首。

## 送富平李天生赴幕①

　　李生隔別已十年,五年六年辭秦川。關山妻子同作客,風雪楊柳誰可憐。子不得已虎頭出,君乃何事雁門遷。却緣主人能惠好,昏昏日把琴書眠。

　　山東顧絳游秦晋,塞北曹溶爲我言。<sub>顧,吴人,家章丘。曹,越人,官大同。都與李善。</sub>都是客中聞客信,那堪心事與心論。君來臘盡天邊色,雁過春深別後魂。只願浮生衣食飽,他鄉莫念故人存。

　　西京高義推君久,曾寄雙行雁代書。豈謂嚴關人斷絶,<sub>豌書未達。</sub>翻教見面立躊躇。一身眇眇天難問,雙鬢蕭蕭雪滿裾。惆悵長河冬至後,砂風吹斷漢唐渠。

## 題華陰王文修獨鶴亭②

　　眼見彗星如瀑布,<sub>時彗星見。</sub>近來傳説盡人殊。天門直上難分著,閬苑當空誰有無。高語柱頭千百尺,得棲松幹兩三株。蘭巖夫婦崆峒老,獨汝池塘華下孤。

　　廿年爲我和鳴友,雁塔行從令佺分。<sub>豌與王佺省試同榜。</sub>此日沉吟因白鶴,暫時相許共青雲。摩天毻上仙人見,承露盤中武帝聞。只有緱簫吹不得,恐叫王子惜離群。

　　羽毛衰落一年年,日對三峰尺五天。杖策應成招隱賦,課兒須讀養生篇。<sub>王兒甚弱,課甚嚴。</sub>貧因亂後文難賣,難發關中志必傳。<sub>時王修《關中志》。</sub>珍重騎驢風雪下,好留題咏入遺編。

## 乙巳元宵③

　　塞外春宵一盞燈,十年烝餅憶紅綾。私將蠡蠱占官禄,謾想金蛾

---

① 《送富平李天生赴幕》詩共三首。
② 《題華陰王文修獨鶴亭》詩共三首。
③ 乙巳:康熙四年(1665)。

鬥采繒。廟鼓邊簫歌似哭，城頭風色月如冰。老親諸子盤飱畢，應念他鄉歸未能。

### 和韵送隨州任天語升任涿鹿

雲夢鄱陽千里同，雁行西接復畿東。經年㶛水渠全活，此日移官河未通。<sub>任屯寧夏衛㶛水，時河凍難行。</sub>但得春花生杜若，何妨參酒賦彤弓。<sub>時餞任以潞酒。</sub>攬衣將別無他語，第一鑪頭問趙鴻。<sub>涿州伎人名。</sub>

### 種沙棗

清明沙棗尚枯荄，冰凍根深厲不開。恣取恐傷天地性，移來稍映赫連臺。髽童丸劍當胸突，少女鞦韆打練鎚。大笑長安韓令僻，牡丹辜負第中栽。

### 吳中文園公至寧夏

烽燉一馬立徘徊，沙磧春風鬥不開。豈謂故人能到此，況聞親串未同回。<sub>時魏善伯、李與偕、杜移年、白仲調尚客京師。</sub>滇南欲去全家誤，<sub>甲辰別文赴滇未果。①</sub>塞北初歸萬念灰。汝入函關應笑殺，何嘗有客棄繻來。

### 贈李玉華總戎②

當時百戰有神功，奕葉從龍在沛中。家襲太宗親鐵券，手彎世祖舊彤弓。戍樓下瞰長城窟，塞馬高嘶大夏風。似我成經名獨晚，生憎執戟老揚雄。

漢南藩府住經年，訝許先公極播遷。<sub>訝許先公：平西將軍固山額真侯。極播遷：謂保寧劉文秀之役。</sub>棧道燒糧人疏斷，蠶崖折木虎蹄穿。何緣斥堠分符隔，復見邊陲大纛懸。想像通侯容揖客，撝謙禮數到今傳。

---

① 甲辰：康熙三年(1664)。
② 《贈李玉華總戎》詩共二首。

### 賀蘭草堂春興

疊鼓清笳背夕陽,移家萬里類投荒。枯沙磧裏春難放,臭水城中花最香。對客應聲看小草,上書何日賦長楊。東家飛燕巢新屋,豈解天邊有棟梁。

### 寄懷李力負

都覺李膺分別久,無如此別惜離群。九千河朔誰憐我,十八灘頭最憶君。多病參苓貧莫致,傳經木石夜深聞。不知彭澤諸男子,<sub>晼諸子皆出李門。</sub>曾否躬耕頌讀勤。

### 懷強久升江左

偏是家居相見少,別來風雨憶君深。側身關塞難同迹,抗手江湖共此心。定食楊梅思我熟,謾將蘆酒遇人斟。穎川雷鼓經時歇,誰識洪鍾大呂音。

### 遣興

傲然吟嘯此幽亭,形勝當年舊勒銘。屋背一山千仞碧,門前十柳九株青。鹽池風日邊商苦,妓舘牛羊戍卒腥。白頸啞啞烏漸起,何妨歸計逐流萍。

### 登靈州城樓

隔岸高樓綠樹隈,黃河一面抱城來。無多蚊蚋聲如陣,到處蛟龍鬥不回。峽口鳴沙橫野出,渡頭吹角亂船開。他年未識桑田變,看取靈潮次第催。

### 贈劉瑞華門人

絕塞傳經苦異同,劉歆經學自江東。樵蘇不爨貧何甚,星宿將沉辨愈雄。老屋三間泥雨立,方書萬卷蓽門空。高山大澤都游遍,誰識軍營指畫中。劉游學江東,精天文。

## 和石仲昭三原閒居却寄

邊州忽枉故人書,隔歲詩來萬里餘。磧上日騎西域馬,渠中時釣朔方魚。知章既老身纔遯,潘岳居官花不如。莫道玉壺清酒盡,解貂還欲結羅裾。[33]石歷任桐城、汾陽,寄有"騙驢解盡爐頭債"之句。

## 丙午赴貢舉僕夫失道久不得至乃題詩王湖旅館①

等閒風雪共飄蓬,我佩短刀汝佩弓。後路不知前路失,今宵難與昨宵同。一身孤徼幷汾外,單馬重裘櫪肆中。却羨斜陽浮客到,解鞍明日過榆東。王湖屬榆次縣。

## 丁未出試後投所知②

賦成綿竹楊莊喜,洛下驚傳薦陸機。萬里獨憐慈母隔,全家須待彩衣歸。金瘡老馬嘶春立,玉闕高鵰出塞飛。多少親朋吟望苦,滿天梅杏正芳菲。

## 范縣悼泗上施許公③

山城寂寂日初低,旅櫬蕭蕭古木齊。[34]不見泗濱浮磬響,獨聞嬴博夜烏啼。游仙好傍張良墓,負米空悲子路堤。更有大宛金棧馬,九原相殉一長嘶。施死,馬亦死。

絕命哀哀望故園,施集有《絕命詩》。江蘺[35]莎草對黃昏。琴書堆案雙親老,花萼高樓一弟存。鵬翼空翻斜幕雨,鶯聲不叫舊時魂。烟郊纍纍多新塚,地下修文誰與論。

---

① 丙午:康熙五年(1666)。
② 丁未:康熙六年(1667)。
③ 《范縣悼泗上施許公》詩共三首。

蘇武生還十九年，施十九歲卒。長殤憐汝隔重泉。亦知天地輕才子，不向人間老謫仙。病裏思家腸欲斷，閨中作客眼將穿。施聘妻隨父任，未取。夜臺應共肩吾賦，好把唐詩集數聯。

### 曲阜同孔超宗同年飲吉人宅超宗有私伎不與見作詩嘲之

同爾公車出帝鄉，桑園猶帶粉闈香。諸姬繡被堆芳晝，五月榴花焰夕陽。[36]乳燕並飛應並伏，啼鶯相對不相妨。黃金取盡文君酒，還識長門賣賦郎。[37]

### 歷下喜上元蔣穆止同寓

老去江東親識少，獨逢君至類諸昆。每憐出塞歸青海，相勸攜家住白門。鴨作銅羹童懶煮，鱸當夏夜酒難溫。比鄰趵突泉聲苦，却似催人到故園。

### 同新安洪仙客飲大庾劉伯宿寓齋得傾字

一樣大江秋裏客，二東新雨酒中傾。荷花繞屋深深坐，砧杵催人個個驚。樓近野橋時見影，劉寓鵲華、對華二橋中。蟬於高樹最多聲。分明歸馬郊城隔，恰似衝泥萬里行。

### 懷友人[①] 何澄九臬署中初得平西親王移軍畢節之報，悵然久之，因懷胡擎天、何九萬、張六翀、劉鄰哉、周質生諸子

萬里雄藩設險功，坐銷兵革十年中。朝廷未必弛南顧，天末依然據北戎。無數親朋移畢節，可憐浮客殢山東。此時不奪封侯印，辜負床頭捉筆雄。

### 濟南送某司李裁官歸溫州

摩笄山頭酒幔青，紛紛車馬暗郊坰。秋風忽動江心寺，荷葉將衰

---

① 詩題原無，據序意擬。

水面亭。不用深文成密網，須知讀法在明經。近來刀筆張湯貴，策士依然判五刑。司李出身科目。

### 留別安丘劉大止一高唐朱大華亂

又指東秦箏路岐，一回相見一回悲。寧知報國劉琨劍，不作還家朱亥槌。鵝鸛城空人去遠，鶺鴒原上夜歸遲。從來離別傷懷抱，況汝荊花泪盡時。劉、朱皆有兄弟之慟。

### 平原同宋蝦開朱慎恒諸子郊外問菊

已得平原十日歡，誰家九日菊花殘。繞籬且共羊裘過，落帽方知馬頰寒。海內親朋終易別，故鄉書信杳難看。他年宋玉悲烽燧，好把茱萸憶賀蘭。

### 將還金石堂枉柏鄉魏相公遠札重以<br>詩幣寵行因寄短章用申酬謝[38]

尺素低徊先哲裔，天寒珍重念無衣。綈袍寧異章身服，羽扇還同奏凱歸。郭隗臺前虛上駟，鄒陽谷裏鬥春輝。從今大笑江邊去，將母移家臥釣磯。

### 舟泊楓橋見鸚鵡因憶姬人夏州[39]

每到勾吳似到家，舘娃雖在隔天涯。姬係吳人。一從身世慚通籍，致汝邊州誤歲華。玉臂潛消渠口雪，春風不斷隴頭花。鄰舟鸚鵡能言語，好是深閨獨怨嗟。

### 與李仲木後板廠述舊

錦帆深處舊時晴，坐看橋頭春水生。伯仲亂來齊好佛，親知老去漸忘名。雞頭嶺外花前發，李舊守寧羌州。鸚鵡聲中夜半行。我與君交吳越久，不聞羌笛不傷情。

### 戊申獻訕佟壽民方伯讌集寄園①

花覆春陰一草堂，使君尊酒更笙簧。映階蘋藻迎牙仗，傍沼鳧鷺站石梁。[40]雪色如欺天不夜，燈光反照水中央。頻年西去乖時令，楊柳關山正未黃。

### 殿元繆歌起太翁子京先生招同黃繼武會元散步看燈感賦

爲逢盧肇奪標新，更喜黃頗作比鄰。畹寓與黃連居。兩月往來疑汎愛，一年離索愧交親。舊春與殿元京師別。笙歌聽盡吳儂好，蠟炬妝成茂苑春。料得傾城傾國笑，不知今夕幾家貧。

### 贈周櫟園參議

六朝松檜舊雲峰，園舍官衙隔幾重。周家白下，歷官及僉都司徒。察吏曾爲都御史，轉糧還用少司農。春風桃葉詩思滿，江水雨花秋氣濃。斟酌軍儲籌緩急，異時親串此相逢。

### 贈顧松交吏部

直覺東歸似故鄉，每逢佳節就君觴。客中文宴如羊曼，吳下名園數辟疆。芳草晝凝歌扇綠，落花春散舞衣香。東山未許頻游翫，早晚徵書發建章。

### 清明訕韓中丞兼懷令弟小康明府②

九重丹詔下金閶，兄弟連榮出建章。啟奏還稱前吏部，韓歷官吏部啟心郎。勳庸不讓舊蘄王。指揮江徽全憑海，握筭中樞半在糧。早晚韓雍臨制府，急除飛□莫遐荒。

杜鵑芳草暗留春，見説清明倍愴神。壠上梧楸江上隔，客中妻子

---

① 戊申：康熙七年(1668)。
② 《清明訕韓中丞兼懷令弟小康明府》詩共三首。

夢中頻。窮邊賣賦依難弟，令弟權鹽河東。異代荒阡累故人。韓太翁與先人甲戌同門，①蒙捐俸遷葬。白打錢能分相府，即今寒食一沾巾。

移家西出大河邊，塞馬東歸亦偶然。公別慈親正二月，時中丞大母方歸。我無名父廿三年。傷弓日射要離墓，報國空悲范蠡船。稍喜鄉關烽火息，急隨春燕過螺川。

### 福建再遇進賢陳令升時在靖藩幕府

自是陳琳工草檄，我行西域汝南藩。賢王第宅真同舍，閩粵山川是故園。薄祿不愁交道絕，空亭惟覺鳥聲喧。游梁舊侶鄒枚在，好把雄文共討論。

### 贈靖南藩下王秀東馬法

襄陽耆舊等飄蓬，猶識開天老將功。萊海無心辭帶礪，松山有意失英雄。王前坐事萊海得脫，陷松山。李陵挑戰勳庸誤，王剪憂貧計策工。閱歷古今成敗事，故教談笑入閩中。

### 上劉中丞②

西夏依劉三五年，就中漂泊賴誰憐。多公退食常分俸，勸我羈居莫種田。渠水直添湖外稻，沙風吹破夕陽天。兵戈略盡人豐樂，夜挾琵琶日控弦。

魚書新拜舊彈冠，西旆南移雪未乾。海氣全消三伏冷，天威不試八閩安。車螯酒肆人難取，荔子楓亭擘已殘。猶恐鮫船樓外轉，夜深時把地圖看。

### 清江寺哭繼室

入門將母正開眉，忽道山妻又去帷。膝下難揮思婦淚，寺中空續

---

① 甲戌：崇禎七年(1634)。
② 《上劉中丞》詩共二首。

悼亡詩。盤頭寶鏡低殘焰,插鬢荊花脫故枝。絕塞吳姬還善病,即今同穴杳難期。丁未,①聞吳姬病垂死,己酉始得訃音。②

### 南昌贈周伯衡憲副[41] 時周喪子

畫省棲遲悲遠天,日看松竹俯晴川。思親萬里龍沙外,哭子三聲雁落邊。時周有子喪。紫塞卜居書有帙,周由遵化移居瀋縣。黃昏賒酒吏無錢。江東亂後家全失,周家失于江寧海亂。[42]薄宦窮途已廿年。

## 五言絕

### 平陵城

上有盜跖山,下有陽虎墓。灑爾一杯酒,祝爾莫當路。

### 諸暨見麗人戲柬牛麗乾明府

滌器溪邊立,前村是妾家。使君如有意,明日浣春紗。

### 漁　家

月落江村黑,灘高水沒田。棹歌漁浦入,不醉不成眠。

### 定　邊

磧上秋風惡,磧下秋草落。功名萬里心,不肯射狐貉。

### 磚　井

築寨是何年,[43]和戎不用錢。從今介胄士,高枕備嚴邊。

### 攀楊枝

自從君遠行,妾睡不能起。侍兒不解事,扶人看桃李。

---

① 丁未：康熙六年(1667)。
② 己酉：康熙八年(1669)。

### 柳

青青渠上柳,春來囀百舌。昨年送良人,今朝不忍折。

### 閨怨

不住求人卜,回回道郎歸。今朝有信至,還説在京畿。

### 秋風

嫋嫋白楊樹,田田枸杞葉。君亦及時歸,秋風不憐妾。

### 陌上桑

沛沛陌上桑,絲絲機中織。織出雙鴛鴦,相見不相識。

### 謾書

纖纖新月下,獨坐對秋城。夜静風將歇,高樓雁一聲。

### 憶田二澤州

城烏啞啞飛,官廩處處稀。官廩自倉箱,城烏不得肥。

### 憶亡内①

兒長三十歲,妻亡二十年。不知何歲月,重會到黃泉。

歸我只九載,一病遂云亡。年少不知苦,將老徒悲傷。

### 秋

秋笳吹力力,秋螢落紛紛。秋雁恰恰啼,秋閨一一聞。

### 初歸賀蘭草堂

他鄉愁出塞,而我喜歸家。準擬今宵月,園中就菊花。

---

① 《憶亡内》詩共二首。

### 新　柳

灌溉不辭力，須知風土寒。榮枯消息斷，一日一回看。

### 無　題

吳國佳人少，吳姬色亦殊。如何越谿女，一笑獨傾吳。

## 七言絶

### 迎春曲

同作春樓花下人，不須傾國也傷春。夭桃香徑紅如錦，穠李長洲白似銀。

### 虔州有懷故伎蘂珠[44]

細雨連檣龜角尾，春風三月虎頭城。倡樓昔在橋東畔，楊柳依依怨別聲。

### 泊蘇州①

海烽親見近來平，偏設貔貅十萬兵。最是吳儂終好事，等閒簫鼓虎丘行。

傍水佳人趁夕陽，吳妝却換滿洲妝。只防門外章京見，[45]錯指東姬畫閣藏。[46]

歌酒喧喧出水涯，吳簫嫋嫋間哀笳。懸知千騎樓頭醉，不聽高陽白鼻騧。

### 孤　嶼

謝家孤嶼大江東，一片秋濤萬樹中。惟愛秋濤朝暮發，翻翻覆覆

---

① 《泊蘇州》詩共三首。

不相同。

### 潤州聽暮角

江城舊日羈棲久，蘆管初聞夜斷腸。自此扁舟從北發，隴頭羌笛是家鄉。

### 淮南憶彭躬庵林確齋魏凝叔歸里

携家萬裏邊州發，子夜吳聲獨夜聞。急雪西吹人漸遠，大江南去雁成群。

### 登洛陽城

北邙山上古墳多，山下虞姬墓若何。夜半松風吹洛水，分明四面楚人歌。

### 函谷關

跋跋黃塵天下滿，却辭吳越復西來。鷄鳴狗盜今皆死，五夜關門吏莫猜。

### 重經華陰望太華

落雁峰前雁未回，離人十載一歸來。神仙玉女俱消歇，絶頂蓮花開不開。

### 橋　上

焦穫佳人真絶代，滑庸纖手倚咸東。[47]橋頭日日春衣澣，脂粉香餘流水中。

### 虢州憶三原

香閨遥隔渭城津，花謝花開獨自春。只爲東風吹不盡，却將芳草怨行人。

## 塞上曲

風沙大漠愁開眼,枯草灘河更斷腸。不爲封侯爭上相,如何輕易別家鄉。

## 經故戶部唐采臣四柳亭[48]

楊柳已殘人已去,缺墻高處水低流。却憶羊曇沉醉後,夜深仍復過西州。

## 樂　解

蕃城兒女音叱咤,纖腰細襪踏春架。春風萬一宛宛吹,不在天邊在地下。

蕃城小兒音叱咤,七歲能挽大弓射。娘子<sub>河套山丹娘子</sub>。諸軍歸附久,邊州無日不閑暇。

## 塞下曲

銀州番落黃河浴,[49]一個一聲翻新曲。放馬獵獵夜不歸,五月六月邊草綠。

## 對　菊

磧上黃花淺淺栽,遠人相見一啣杯。明年祝爾重陽節,不是陶家不與開。

## 賦得邊城游俠兒①

六番子弟下金微,草盡河枯露漸稀。一去磧西疾於鳥,等閒歸馬似翻飛。

--------

① 《賦得邊城游俠兒》詩共二首。

吹角叢莎着鐵衣，半軍深入解重圍。寶刀未出人頭落，霍霍馬前鞘後歸。

### 臨河堡憶河西

泪滴黃河慘不流，每逢高處却回頭。可憐塞月同時見，却在雲間隱玉鈎。

### 羊鳳井[50]

把都河外黑山戎，深踐王庭第幾重。雪滿沙中不辨路，馬蹄行處是狐迹。[51]

劈面凌凘出塞城，羊酥乳酒一傷情。哀笳不管愁人耳，吹作千山冰雪聲。

匹馬桑乾陰磧來，題詩硯凍一啣杯。平明萬里千層雪，人到巖關門未開。

### 過榆林走馬嶺

惻惻力力馬千匹，枯草不食食芽茁。山頭無樹風淒淒，橐駝背上吹簫篥。

### 出紫荆關

匹馬桑乾陰磧來，題詩硯凍一銜杯。平明萬里千層雪，人到巖關門未開。

### 東華門車上

誰家少婦鬬春風，纖手扶車御柳中。一步一回金闕下，却教飛燕入深宮。

### 平西親王府中看燈

如龍如鳳春燈裏，自去自來藩邸中。不是主家傳蠟燭，萬方怎得一天紅。

### 放言①

新罩鞦韆百丈架，北京女兒不論價。但得有夫三口中，嗔蜂捉蝶逢人罵。

我有一串同心玦，欲與佳人相決絕。棄之開欄先焰生，不見瑬鏘見漬血。

### 潞安府口號

三街伎舘一時荒，惟有銅鞮舊日倡。莫唱前朝王府曲，新翻都是山坡羊。

### 小松凹伎席用正韵

五龍壇後拊蒼鱗，一樹霜皮一樹雲。廟鼓鼕鼕明月散，東山挾伎是何人。

### 北董別田二

門外馬嘶知別君，一騰一踏不成群。就中悲怨人誰識，莫遣秋風樹上聞。

### 誦田二別詩與僕人聽

無人讀此共傷情，惟汝追隨共見卿。即日携歸鸚鵡穴，央他傳語兩三聲。

### 望夫詞②

離別真同隔死生，惟燈寒月與孤城。半年夫堵無消息，最恨林間

---

① 《放言》詩共二首。
② 《望夫詞》詩共三首。

喜雀聲。

妾心不得同郎語，特遣草蟲床下鳴。人道五更眠甚熟，如儂夜夜似天明。

妾身身似磧上草，妾心心似爐中灰。自知顏色經時改，懶把芙蓉密密栽。

### 屯留早發

出門偏遇風兼雨，恍似五龍隨我行。趁我西歸河未□，與君同入赫連城。

### 姚方候任訒庵城歸

去年君子壺關去，今日我從上黨來。未及到門童僕識，解鞍何用主人回。

### 伎索劍

劍能殺人君不知，君能殺人儂不知。將劍與君風雨去，延平津上失雄雌。

### 題趙母九日百萱圖

魯橋時節近重陽，盡把茱萸插絳囊。獨有百萱圖畫裏，年年掩映菊花黃。

### 王橋頭

垂楊深處白公渠，紅粉佳人隔岸居。欲化清泉同砌葉，朝朝流洗舊裙裾。

### 入　門

十年貢舉未成名，漸對天涯弟與兄。幸有吳娃顏色好，含嚬宛轉下機迎。

### 西安題王素先潄園①

每入關門到華陰，擬來卜築華山岑。探奇却羨乘槎去，不到天河路不深。

長看岳色與雲平，谷口風花瀑布聲。莫聽人間絲竹響，神仙玉女貫吹笙。

每憶青坪最老松，枝枝葉葉上高峰。黃精食飽飛僊去，不待山頭問鹿蹤。

### 寒　食

到處清明春豔裔，果園城外日風霾。鞦韆少婦驚高馬，榆柳義童打橫街。

### 南塘送人別

渠邊楊柳兩三株，折盡時驚白頸烏。自笑送人嘗作郡，出門終日見椰榆。

### 無錫婦②

刀圭小試侍兒拳，惱殺春風不得眠。半夜防他筋力盡，商量明日拆鞦韆。

### 堂下植小槐略有生意

從人乞樹草堂栽，似我移家大夏來。他日婆娑司馬府，華平朱草一時開。

---

① 《西安題王素先潄園》詩共三首。
② 金石堂本卷六《七言絕》作"嘲無錫婦"。

## 放　魚

搖鬐點額仍深湫，筵筵金魚纔瀏浮。同在窮邊同涸轍，放君先向大河流。

## 新　巢

移家阿利舊城壕，<sub>宅在統萬舊城根。</sub>改館何人饋七牢。不畏春風當閉戶，恐驚新燕下新巢。

## 看渠水

黃河是處與天通，此地偏饒溉灌功。統萬城中三萬戶，夏來都在水渠中。

## 中　秋

中宵雨後一天晴，坐對西山分外明。刀尺寒砧空外響，聽來強半是商聲。

## 魯邑和武石庵觀察次韻

抗手回中別幾年，金臺尊酒亦凄然。只今梁苑多詞客，便勝臨邛百萬錢。

## 重宿無錫姬宅

平江花草經春綠，失記枯枝大磧邊。今日獨過寒食節，何人同歠惠山泉。

## 悼　亡

亦知齊大非吾偶，已是潘楊十載歡。客久家貧人又去，眼前兒女若為看。

【校勘記】

［１］東膠：金石堂本卷一《五言古》作"膠東"。
［２］從：金石堂本卷一《五言古》作"徙"。
［３］礉礉：金石堂本卷一《五言古》作"皦皦"。
［４］將箸：金石堂本卷一《五言古》作"捋鬚"。
［５］信：金石堂本卷一《五言古》作"知"。
［６］縱：原作"從"，據金石堂本卷一《五言古》改。
［７］陟：金石堂本卷一《五言古》作"涉"。
［８］何：金石堂本卷一《五言古》作"不"。
［９］濕：金石堂本卷二《七言古》作"溼"。
［10］異：金石堂本卷三《五言律》作"到"。
［11］君到應：金石堂本卷三《五言律》作"別館經"。
［12］我歸方孟春：金石堂本卷三《五言律》作"歸舟已莫春"。
［13］霜花：金石堂本卷三《五言律》作"雪花"。
［14］鶯：金石堂本卷三《五言律》作"經"。
［15］出郭：《江西詩徵》卷六六《國朝二》作"山郭"。
［16］獮夏鶩獵鷙朝那吊尉印：金石堂本卷三《五言律》作"山勢分河隴五原路未央"。
［17］方書：金石堂本卷三《五言律》作"圖書"。
［18］日：金石堂本卷三《五言律》作"出"。
［19］時：金石堂本卷三《五言律》作"遲"。
［20］媄：金石堂本卷三《五言律》作"媚"。
［21］聞：金石堂本卷三《五言律》注作"報"。
［22］朱輪：金石堂本卷三《五言律》作"朱門"。
［23］壚：金石堂本卷三《五言律》作"爐"。
［24］相：金石堂本卷三《五言律》作"者"。
［25］飲：金石堂本卷三《五言律》作"飯"。
［26］吉州：金石堂本卷三《五言律》作"吉安"。
［27］巷：《篋衍集》卷四、《江西詩徵》卷六六《國朝二》作"港"。
［28］錢塘：金石堂本卷四《七言律》作"錢唐"。
［29］多：金石堂本卷四《七言律》作"中"。
［30］老：金石堂本卷四《七言律》作"裹"。
［31］贏：金石堂本卷四《七言律》誤作"嬴"。
［32］缺：金石堂本卷四《七言律》作"乏"。

[33] 還：金石堂本卷四《七言律》作"返"。
[34] 旅櫬：金石堂本卷四《七言律》作"旅襯"。
[35] 江離：金石堂本卷四《七言律》作"江蘺"。
[36] 炤：金石堂本卷四《七言律》作"照"。
[37] 還：金石堂本卷四《七言律》作"返"。
[38] 申：金石堂本卷四《七言律》作"伸"。
[39] 姬人：金石堂本卷四《七言律》作"吳姬"。
[40] 站：金石堂本卷四《七言律》作"跕"。
[41] 南昌：金石堂本卷四《七言律》作"西昌"。
[42] 周家失于江寧海亂：金石堂本卷四《七言律》作"周失家于海亂"。
[43] 寨：金石堂本卷五《五言絕》作"塞"。
[44] 虔州：金石堂本卷六《七言絕》作"贛州"。
[45] 只防：金石堂本卷六《七言絕》作"不防"。
[46] 錯：金石堂本卷六《七言絕》作"却"。
[47] 滑庸：金石堂本卷六《七言絕》作"朱顏"。
[48] 故户部：金石堂本卷六《七言絕》無此三字。
[49] 銀州：金石堂本卷六《七言絕》作"六州"。
[50] 羊凤井：金石堂本卷六《七言絕》作"羊鳳井至紫荊關雜詩"。《羊鳳井》詩共三首。
[51] 狐迹：金石堂本卷六《七言絕》作"狐踪"。

# 曾庭聞詩第三集

## 曾庭聞三集詩叙

　　庚戌之夏，①曾子庭聞貽書及我，告以出世之志，于時兩目幾盲，未及省苔也。今年相見湖上，方袍芒履，骨相洒然，余深異之。既出其第三集詩示我，吾又異焉。曾子詩大抵蒼涼雄深，鉥心劌骨，一以爲唐之東野，一以爲宋之皋羽，而不知彼法皆自漢樂府中來也。始曾子少年，馮其高才奇氣，角藝東南孝秀之間。曾子雖意義鮮敦，顧其風流文采，往往傾其座人，人無不動容，推服者本貴公子加負海内重名。當是時，如琪花瑶草，曳漾於烟露之前，是一曾子也。既而自啓荒世，入殽函，涉岐鳳衺斜之道，抵掌王幕。決筴窮微事，裝束健急，單馬往來，類雄夫偵將者之所爲。甚至逐水草，無城郭，張、吳、元昊之所竊争，韓、范二帥之所畫守，所謂寧夏者，止而家焉，是又一曾子也。庚戌之役，闈中亟薦，其卷以三四策字繆誤失雋。僕夫竊其貲逃去，曾子憤甚，嘆歲年之已邁，危功名之不立。不顧家，一向東南道，取馳至天目山，求藥師老人者而參禮焉。老人以慈親在，不聽許。然旅逐大衆後，循行念佛。觀其洗衣捧鉢，冷食肺寒，取火然鬚，感恩長跽，是又一曾子也。且吳姬三年始乃得訃，子身一僕，颮爾形銷，所爲觀化而化及我，雖曾子亦且奈之何。今又躑躅焉將溯江流返舊廬，易文衣，上七十慈親之觴。以詩招其弟京師，念男女婚嫁、讀書，此真人

---

① 庚戌：康熙九年(1670)。

倫不可少之事。曾子又豈得異於人哉。雖然，曾子固異人也。莊生有言："始時所是，卒而非之。"①則未知今之所是之非四十九年之非也。曾子行矣，今而後，曾子且不自知，吾又何足以知曾子也。

時康熙辛亥仲春禹航同學弟嚴沆頓首題。②

## 五言古

### 雜　咏③

半年隱天目，荒庭迹如掃。氣靜神智生，寡慮絶機巧。雖則不悟道，亦可終身老。一自老僕死，萬事縈懷抱。瑣屑不能爲，冷食黍與稻。風雪蔽山扉，眼暗踏泥潦。失足百病乖，顔色先枯槁。

人人具菩提，不生亦不滅。却從迷妄來，三界自縛結。貧賤不暇愁，富貴不皇樂。傷哉衆生心，生死何由切。流浪五十年，探討色力弱。鞭逼一加功，牙齒痛如灼。有舌不能拔，有飯不能嚼。飯嚼不下咽，砂礫牙格格。反覆形影間，直欲亡營魄。翻畏衆人知，鍼砭各異説。茗源爲我漱，梵聲爲我藥。六根且解脱，何患車輻削。

雙趺坐無難，一坐香一炷。未必感神天，僧伽咸驚怖。[1]謂我夙根深，立地性具足。聊且爲游劇，垂老投祇樹。咄嗟三昧心，能不懷此故。

朝禮三世佛，暮禮三世佛。歌咏三五聲，天地自消息。胡跪再長拜，肅然無一物。不悟真如心，佛祖徒自屈。

夙昔弄柔翰，毫素縱所如。韜精浮玉山，參學除[2]詩書。身世謝珪組，禍患辭名譽。几案無楮筆，寂寂蒲團俱。終然昧死生，那復識

---

① 參見《莊子·寓言》："孔子行年六十而六十化，始時所是，卒而非之，未知今之所謂是之非五十九非也。"
② 康熙辛亥：康熙十年(1671)。
③ 《雜咏》詩共八首。

性初。生處未得熟,熟處日以疏。生熟亦何辨,我心貴有餘。

饘粥糊余口,何曾擇精麤。所恨臟肺冷,味暖只斯須。三日非不食,中乾陰血枯。願將青精飯,燀炙香積厨。

冬來袒褐重,偏側交相纏。悶瘡爬搔苦,表裹衿肘穿。挈領領復垂,攘袖袖且連。朝愁披衣絆,莫愁解衣眠。嗟我章縫士,緇素何不然。煩促嬰世網,長短意内牽。

卞急性好潔,愈潔愈溷濁。祖堂馨香餘,捐袂勤洒濯。楣橑欻莊嚴,丹艧塗榱桷。小便忍胞中,黑夜難躑躅。道侶入門來,愁我疾脹腹。乞鄰得溺器,出入穿圭竇。侵辰沃瓶水,戟手傾袖角。遠愧張無盡,踢倒悟正覺。

### 法雲庵有獻豬頭訕願天醫堂者感而賦此

入肆餤豬頭,布袋以爲寶。亦嘗飲米汁,混迹迹如掃。仙人非彌勒,肸蠁何顛倒。深目而長喙,癡蠢焉可保。博大肥腤中,彭亨脹腹飽。道人畏且憎,神豈鹽其腦。矯誣祀淫昏,愧辭祝以禱。不如腶脯羞,觸烝糦梁稻。

### 傭 奴

入山爲僕逃,出山爲僕死。雪氣滿頭顱,山風吹骨髓。昔如喪家狗,今如釜中鯉。出處由他人,其心實愧恥。新春藥裹中,左肋生兩痞。饗人恣奸貪,詭故難役使。冷食亦乖方,冰霜割牙齒。攪我惻隱心,顧頷嚏恚起。嗟我有漏因,令我無倚徙。

### 奉辭戴岵瞻廷尉供饌

吳越洿下區,井水出溝洫。勺飲脾腹脹,如厠不得息。陰淫六疾生,尩羸無終極。主人愛敬客,簠簋列黍稷。銀燈照華堂,光怪射顏色。安得虎跑泉,熬煎虎林側。

## 春日嘆

嘉蔬滑腸胃，憨睡生尤愆。不慮形變化，常恐病不痊。孤院寄僧舍，[3]參差魑魅前。萬一沉痼疾，奮瘛相紛纏。棄置復棄置，身命不得捐。扶掖任他人，藥餌無一錢。侘傺叫蒼天，蒼天乃寂然。所幸魂魄強，不爲厲鬼牽。胡跪禮千佛，約心眷諸天。館人早相背，飽食更安眠。學道亦如此，居身何不然。日對一株梅，夜臥七尺氈。平生雕胡飯，宿昔錦穀懸。

## 謝嚴顥亭戴岵瞻先生解衣爲贈

拂衣志未成，頓然返初服。感君念故人，一時遺雙穀。朋友正衣冠，折簡相逼蹙。謂我非乞士，染緇頭未禿。磬折學惠休，且爲辭山谷。濁世薜荔多，影響馬爲鹿。規求一無度，鬼神縱貫瀆。再拜聽誦言，服膺志范叔。

## 謝龔伯通贈衣

入山天目。僅半年，出山遂三月。借人僮僕俱，僮僕更偷竊。綈袍賴故人，冬裘而夏葛。偷竊一何巧，在笥陰相奪。爲我棄紵縞，悟彼百鶉結。居心誠太厚，安可忘拯拔。獨有老人贈，天目老人贈衣並竊。道服非黼黻。如何亦取攜，敢於犯生佛。龔君出皋亭，皋亭，地名。禮懺開津筏。示我一函書，五輝六烐。見弟京師札。燦弟寓書龔云有亡弟之變。京師且朔南，家鄉竟秦越。展讀不兩行，中言有弟卒。有弟五六人，驚聞誰者歿。相對各無言，吞聲次肌骨。撫膺見襟肘，拭泪迸裋褐。黑夜入齋壇，薦亡位虛設。同氣已坏土，異姓翻嗚咽。衣我虎蛻繡，慰我鶺鴒折。珍重君子心，長此如饑渴。

## 哭六弟炤①

汝生一二歲,我年十九時。氣運全盛日,京師清且夷。朝客接軫至,我父正委蛇。珥冠與繡弁,顛倒錯相施。襁褓索果餌,學語幽并兒。我來覲省歸,風塵怒馬馳。牽衣背面啼,恍惚慘別離。

九歲背我父,汝母不能守。出入五兄俱,總角如朋友。故鄉兵火中,我獨中風走。仲兄亦遠行,賦役浮八九。飛灑恣官吏,追呼到雞狗。自汝仲兄歸,清理無逋負。鬻舍瑣屑餘,取汝中饋婦。不知誰教汝,松菊愛詩酒。詩酒縱何妨,英發傷汝壽。

同居三十年,乃上郊外廬。婦言蠅蚋小,何用離索居。諸兄勸汝歸,汝已丹臒餘。營貸飯草堂,揮金如積儲。親戚酤美酒,孌童薦嘉蔬。笙簫半年內,風雨暗琴書。空餘數椽桷,索逋徒窮閻。

兩兄嘗作客,汝亦學遠游。書畫滿江西,筆力何輕遒。便當春吐氣,年命乃不秋。一杯愛陶謝,半生輕伊周。蓋棺今則已,徒使骨肉憂。

末俗干請塞,萬里投故人。故人書爾爾,開緘喜且嚬。假資泛大江,藏櫝托諸鄰。即辭白茅峰,<sub>地名</sub>身死黃河津。童僕一二人,蒿葬置荊榛。歸里求墓木,舉家慘傷神。經年得歸櫬,稍慰堂上親。

無病即溘然,駛僕曾否知。侵辰稅夙駕,乃見床頭屍。故斷涕泣聲,愛根從此辭。所恨不聞道,徒爾殉下邳。合掌祝西風,生汝蓮花池。

楞嚴懺佛日,<sub>時浙江佛日山禮楞嚴懺畢</sub>。余附故人舟。故人出燦書,具言荊花憂。須臾驚魄墜,閉口泪難收。黑夜設瑜珈,神歆果在不。

聞汝死之夕,把酒對月明。濡筆寄所歷,一日百里程。展冊墨未

---
① 《哭六弟炤》詩共十二首。

乾,形骸荆棘生。楚漢争戰地,陰風萬馬鳴。英雄一瞬目,蕭曹橫高塋。左俯麒麟塚,右睏呂梁城。附列具精魄,壯哉豎子名。

彭城江太守,爲我夙昔友。豈料吾弟死,乃在汴灘口。隔歲收衣冠,風雪奠杯酒。解劍古人心,再拜俯雙手。

歸拜慈幃下,羅列少二人。燦也旅食久,焰也旅櫬新。悽惻赴荒郊,欲哭翻忘身。痛極更無泪,念我出世真。所嗟汝妻子,零丁屈曲貧。

兩嫂先後逝,一侄昨年亡。白骨成灰燼,松檟無一行。不封亦不樹,淺厝各異方。牛眠卜吉少,麥舟徒悲傷。苟活得不死,都爲礦穴藏。

清夜禮千佛,時爲弟禮三世佛。蓮葉瓶中開。蕭械燈火内,新鬼故鬼哀。冷風飄颯颯,陰房長緑苔。生者爲兄弟,死者爲塵埃。

## 咏魯哀公瓊州作

鼷鼠食郊牛,改卜何所司。南氏生男子,肥也竟殺之。正常不能立,却負季孫斯。告朝即奔衛,共劉奚足爲。儒書誤兩國,高蹈齊邾出。未遑責稽首,先爾至陽穀。除館周道來,傳告空往復。既在齊軍中,敢勤齊人僕。周禮制貪饕,吳人徵百牢。雖則晉過十,宋飱無乃勞。徒使漚菅者,引師覆爾曹。多殺國中士,無益吳中豪。飲酒忽不樂,食言言自惡。郭重何其肥,飲虺何其虐。不獲從君行,翻與君相格。五梧一杯酒,仇讎同愧怍。不見夏二斟,終爲過所侵。族姓不足恃,斟鄩禍相尋。少康歸有仍,乃得虞思心。一旅□夏衆,澆殪同時擒。爾乃有尼父,爾棄之如土。栖栖喪家狗,累累公庭舞。失志則爲昏,失故則爲侮。我君兩失之,恐不殁于魯。

## 澄邁縣丁向垣署夜聞六博聲吊古

即使丁謂竄,吾不進蒸羊。小事不用牲,何況盛筐筥。要之同一逐,思怨應相忘。鄙哉寇萊公,縱酒何所防。杜門不平心,家人徒彷徨。天王既明聖,貶謫臣所當。同是參軍幕,嘈嘈飲博塲。

### 澄邁縣咏項籍

沛公無天命，獨得柔忍姿。相彼重瞳者，嚘喑蓋當時。部署八千人，豪健如熊羆。猛虎而狠羊，家世楚□裨。蟻視會稽守，擾亂府中馳。陳留不得下，劉項無雄雌。引兵收鉅鹿，辟易虜王離。諸侯壁上觀，入關氣象衰。玉玦三舉杯，魚肉空自爲。富貴要歸鄉，沐猴楚冠兒。何能宰天下，大行顧細微。豎子不足謀，戲下分國悲。兒童十三歲，干謁請降旗。七十老鄭公，奇計乃無施。失道迷陰陵，漢軍重匝追。氣奪赤泉侯，劍解都尉屍。身被十餘創，顧盼傷名騅。美人帳中舞，慷慨一闋詞。撥棄不足道，故爲龍虎資。若非良平計，遺患徒西歸。

### 電白縣霞峒

東田鄰西田，刈稻復種稻。一時落水來，<small>高肇人稱落雨爲落水。</small>平川皆成潦。七日始遇山，千里猶在島。牧童淋漓歌，騎犢餵青草。略見荒村烟，風雨慰懷抱。

### 太平驛至那旦

一峰復一峰，奇裂高低中。渡河復渡河，流水繞西東。其中龍鳳穴，真氣如華嵩。我誠于道長，昨已就禪宗。不覺身心寂，但覺愛雲松。一從奉母歸，家計日以窮。思欲深山老，母子餓龍鍾。□側出門去，薄游瓊島宮。島人不好客，棄我無春冬。十旬苦行旅，萬里資糧空。所幸故人收，海北理歸蓬。遠樹帶幽禽，窮淵騫飛龍。道人無不可，去住任窮通。

## 五言律

### 庚戌都門蚤發①

焚書恐不盡，單馬出京畿。一路冰霜結，多應令節違。<small>庚戌先閏臘</small>

---

① 庚戌：康熙九年（1670）。

月，後改二月。兒孫偏失學，慈母日啼饑。只爲僕夫困，長年罷第歸。家人偷逃凡十餘次，己亥、①庚戌會試兩遭之。

### 吳門見會試錄知温智先得雋喜而懷之

一第誠何羨，虔南久已稀。贛南自甲戌後温纔領春官。② 雖然釋毛褐，却似結鶉衣。對策騎驢倦，齊年索米饑。梅江花熳爛，好趁暮春歸。

### 遣姬人

舊侶羈雌散，高樓吊影初。我年今始滿，爲樂定何如。不羨秋胡仕，寧同萊氏居。春山春水外，端爲贛州書。京師寄信老母，候示蘇州，久而不至。

### 尚俶視省天目歸舟遇黿牛浴河中舣船幾覆聞而有作

舐犢吾何愛，虚舟觸汝難。怒雷翻鷺幕，高檜削龍蟠。肉食形無墨，兒痔色槁。山溪雨驟寒。[4]慈航那可渡，禪定敢求安。

### 水　漲

城没將三版，南湖塞越西。南湖係越西畜水之地，今淤塞。滿江千户泛，行潦一山齊。桑樹餘蠶繭，漁梁架稻畦。追呼徒有吏，永夜不聞鷄。

### 中　秋

一樣中秋月，禪心不耐看。徒然留色相，依舊没雲端。眨眼真清净，翻身失廣寒。漸從河漢落，寧復有波瀾。

### 徐世臣染髩十餘年開堂禾郡梵受寺春暮過訪值其講莊子作此懷之

著書悔少作，講席有莊周。蝴蝶鴛鴦渚，鵾鵬烟雨秋。吾徒三毒

---

① 己亥：順治十六年（1659）。

② 甲戌：崇禎七年（1634）。

熾,末法衆生愁。愧我如徐庶,披緇不自由。母在不得祝髮。

## 重　陽

凉風嶔秋月,不辨寺東西。白术藏雲氣,天目產术。黃柑落竹谿。地蒸山霧濕,泉壓水筒低。偃息禪扉久,登高望欲迷。

## 送戴岵瞻廷尉香爐峰

紅葉當衰落,枝枝火欲然。一川朱紫色,十里菊花天。零露含朝旭,寒螿促少年。琉璃燈火焰,囙地佛香前。

## 杭州遇魏和公①

忽然扶病出,却與故人期。嶺北歸何晚,西湖到幾時。牛知函谷氣,驢負灞陵詩。魏從秦中歸。定有傷心處,良宵話未遲。

過眼君羈勺,烏頭戴角巾。對門騎竹馬,乞食荷芻人。魏與畹對門居,少年索果于負薪者。避亂諸峰合,窮交四世親。難兄離別久,相見夢中頻。每夢魏善伯。

華山挤我老,汝意故西行。一綫真如畫,三峰竟削成。燒丹供白帝,攀索食黃精。諸嶽吾游遍,蒼茫獨此并。魏有游華詩。

## 聞會稽姜尚父就嘉興廣文率爾成咏

越甲千人勝,姜生又北歸。倒戈寧在戰,壯士自知機。江凍鴛鷟暖,天寒苜蓿肥。藏身豢老馬,伏櫪且荊扉。

## 浮玉冬夜奉寄合肥龔公十八首

甲戌到庚戌,②相看四十年。先公同釋褐,龔與先公甲戌同榜。賤子

---

① 《杭州遇魏和公》詩共三首。
② 甲戌:崇禎七年(1634)。庚戌:康熙九年(1670)。

苦迍邅。馬失空山道，猿哀獨樹邊。偸生慚父執，選佛答皇天。

束髮虛名久，無端競省元。畹壬午擬元。① 吾徒甘削迹，知已亦深恩。盜賊中原滿，文章魑魅尊。猶傳封事晚，力盡泣西垣。壬癸，②龔官兵垣。

蘄水江黃邑，龔十九歲令蘄水。韶華禦寇難。舉烽群馬到，拽炮萬山攢。聞熊文燦當時炮寄蘄水，龔伏四山，擊賊却走。賦稅論文洽，琴書漉酒看。此中有僧述，天目有蘄水僧。細數夜燈殘。

甲午秋風後，③西京寄一書。故鄉斷消息，絶域正公車。養拙懷金闕，慚文撰石渠。乙未，龔勸畹試中書。④ 畹思祖母，歸不就。良時知不再，蕭颯十年餘。

猶及祖慈見，長懷長者恩。壯心消筆槖，旅食斷江村。木凍晨光散，天目雪日相映，於潛人呼爲木凍。鴉飛夜宿喧。燈花何爛熳，淒切照人繁。

昨年別家母，赤手五湖東。知有老成在，何妨泣路窮。讀書常謝客，射策更傷弓。得意殘生少，眞堪入梵宮。

吳娃殞西土，贛郡没遼姬。百里歸無策，三年死未知。盛寒思暖老，中饋失齊眉。南北小兒女，相煩一解推。

天目老人健，多公寄所思。徒勞三月雁，未報數行詩。龔三月寄詩頌老人。護法須摩詰，當生是藥師。老人每示人稱藥師佛號。所嗟樂庵塔，湮没獨殘碑。

傳聞春榜發，龔主試庚戌。⑤ 把卷益心悲。天地寧無意，升沉亦太

---

① 壬午：崇禎十五年（1642）。
② 壬癸：指壬午、癸未，即崇禎十五年（1642）、十六年（1643）。
③ 甲午：順治十一年（1654）。
④ 乙未：順治十二年（1655）。
⑤ 庚戌：康熙九年（1670）。

奇。拈花迦葉笑，擊竹噓山知。多謝張公子，并州昔所師。張係丹徒人，畹向流寓丹徒聞薦卷出張房。

西江曾瞎子，魏中堂稱畹瞎子。薊北魏無知。側目甘虛席，憐才負盛時。行藏鍾磬後，仙梵水雲湄。亦識浮生困，恩多未報期。

多生定多難，屢致僕夫逃。二場僕又逃。尚有蒼頭在，猶然舉足高。松杉風不住，溪壑雪成濤。日望京書至，扶藜出北壕。[5]蒼頭吳人日望京書，趣畹出山。

入滇資斧喪，歸夏轉生慚。祝壽王門迥，離家侍女諵。寧夏尚有數婢。閻浮同爨槊，鐵壁亦叢鹽。宗門有銀山鐵壁之喻。繆託徵詩賦，焚燒無一函。托龔徵壽王詩而未得，餘皆火之。

胡爲走胡越，聞京師有戲言畹者。雌伏在人間。泉落從流樹，雲飛不上山。洗衣霜灌袖，捧鉢雪摧顏。苦行休相惜，推恩只故關。

舍弟才思鈍，承聞設館初。時燦弟設帳龔府。人師匪所據，應對定何如。封事馬周好，參軍魏絳餘。祇應同紀子，紀伯紫在龔幕。臘盡著殘書。

竊意荒山老，蒲團向夕暉。麂麕同禮塔，橡栗一充饑。剗草慈親在，遺羹舍弟稀。明年春夏水，端望放船歸。

甌駱大兄至，招邀信未休。把書淚難讀，念佛病爲瘳。龔大兄病瘳，畹爲山中稱佛號以祈之。飄笠金貂合，鬚眉掛杖愁。畹僧服出杭，守門軍詰之。征衣付兒子，不是眩人眸。

失學吾孫貫，公孫學有年。共看婚事逼，恐失讀書緣。監庫須危坐，荒莊且種田。賢愚容易辨，教法兩家傳。

燦也相依久，閶門有老親。□嗟甘旨缺，尤覺道途貧。古寺談經夜，他鄉愛日春。極知恩不薄，未及許人身。

## 懷葉具京

一生無定迹,謝汝最相思。不住吳中札,多懷塞北詩。通家經亂後,入道阻良期。三百鐘聲裏,何人解總持。

## 示蘇州老僕①

百呼罕一應,轆軻祖堂來。强笑形如泣,無言頰欲開。爬瘡添衲絮,捉蝨俯蒿萊。不夜貪眠早,明朝趁雪回。

一子逃亡久,鰥居二十年。無牙甘食肉,有志賣荒田。僕有荒田七畝。嬾打晨鐘飯,愁分典座烟。大衆乞火甚難。饑寒吾亦貫,汝意覺淒然。

群奴都掉臂,况復出家身。念汝真菩薩,窮年事故人。吴吟聽漸厭,僧偈喝來頻。一物何嘗畜,無勞側目嗔。

方袍冬底重,大布更裝綿。山氣冷肝髓,僧房對石泉。提携傷汝力,掛搭任繩牽。[6]却憶輕裘滑,凝寒束錦韉。

精粒肺成饐,饑來只飽飧。醫瘡防氣殼,見韉即眉攢。鹽豉瓶中濕,糖酥幀上乾。僕以帽裹糖。炙煤霑袖黑,閉眼若爲看。

莫徇他人轍,窮邊亦飽颶。生憎天目寺,肯就鏌鎁床。一僕自寧夏逃歸,畹欲留在山。有"寧坐地獄,不住天目"之語。念佛三聲住,裝鐙五夜忘。總然無守氣,生死戀家鄉。

## 大雪懷劉止一②

望汝游山屐,杭州雨雪來。養生惟藥餌,趺坐即蓬萊。詩許禪中定,書從別後開。劉爲畹製藥,先有書相聞,值畹出山,歸始見書。不才甘朽棄,

---

① 《示蘇州老僕》詩共六首。
② 《大雪懷劉止一》詩共二首。

歌哭獨徘徊。劉書謂晼笑則真笑，哭則真哭，以詩屬晼論定。

相依饒八日，心事極綢繆。南海千官夜，山東萬馬秋。晼初交劉嶺南，繼濟南。交情得僑札，詞賦失應劉。獨坐溪聲裏，霜風吹不休。

### 長至懷魏善伯浙幕①

舉天皆可見，獨子隔蕭墙。五十過冬至，魏與晼同庚。千峰背夕陽。筆因人借禿，身與世俱忘。牙齒將衰落，高歌殊未央。

少年惟異姓，一別七年餘。令節看都老，兒孫習未除。絕葷甘莧蕨，[7]貪佛乞方書。却喜燈花滅，相將夢故廬。連夜夢魏。

### 悼蘇州老僕②

不臘誰憐汝，浮生亦厭吾。袈裟供麥飯，唄咒薦香芻。骨化從羈越，魂歸莫向吳。一心望懸鼓，昧谷是西隅。

竟爾死天目，山空夜寂寥。一燈坐淒冷，群鼠對飄摇。星月玄冬暗，幡幢紺宇凋。廢飱已白日，嗚咽到中宵。

相逢齊合掌，生死竟何尤。剪紙招山鬼，浮踪拜比丘。灰然一龕火，魂斷百花洲。破絮緇衣濕，林間曝未收。

隔院聲悲緊，今宵漸不聞。坐燒吳會字，回向懺中文。時禮懺。梟鳥鳴高樹，鬼風吹黑雲。革囊餘眾穢，大約有孤墳。

汝死成吾覺，驚心念涅槃。爲時無蒭爪，敢望一身安。食冷胞中轉，年衰肺氣寒。取燈流眎去，鬢鬢已燒殘。晼短視，取火誤然鬚。

老奸原可怪，死後却興哀。爐火燒難乞，寮門凍自開。殘生瓢盎粒，七尺剎那灰。雨雪荒山滿，高低土一坏。僕死後，連日雪不絕。

---

① 《長至懷魏善伯浙幕》詩共二首。
② 《悼蘇州老僕》詩共八首。

血食寧無恨，休同敖氏愁。汝來剛五月，僕六月廿二入山，十一月廿二卒。終始厭山丘。大地那能久，荒田誰與收。屠刀已撒手，不瞑欲何求。僕向業屠宰，未賣荒田，因之不瞑。

爲說西方好，生前不肯知。定然隨惡趣，何用更留碑。常住插碑瘞骨。濁惡諸天刹，莊嚴七寶池。人身縱難得，急切辦歸期。

### 先君諱日奉挽羯磨師①

只履西方去，他生定見師。何當圓寂日，是我薦亡時。積雪鐘聲隔，封龕臘夜遲。蓮花趺坐好，寶樹亂風吹。

浩劫輪回久，彌留疾大加。醍醐應味暖，師喜熟食。衣祴散天華。以此金剛杵，槌開蕆戾車。迦陵聞道處，爲我說生涯。

### 臘月奉懷嚴顥亭都諫

又復餘杭出，思君不見君。長橋地名。河凍斷，隔寺梵鐘聞。貧病緣簪筆，丘園對夕曛。虎溪蓮社在，頭白好同群。

### 西陵寓樓送劉止一山左②

共有慈親在，驚聞疾漸時。趣君歸馬速，似我到家遲。築壩江帆斷，長淮雨潦饑。聞常鎮築壩，挑河淮潦，饑民載道。遥知閭望苦，衰鬢白如絲。

樓頭難聚散，月忌入招提。拄杖吳山破，饑鳥越嶠啼。衣深三尺雪，河覆一船泥。信宿江關凍，苕溪隔雪溪。劉從吳興北歸。

### 褚家堂戴岵瞻廷尉樓坐

極目雷峰望，湖頭十萬家。煨爐融臘雪，闕蕩種蓮花。市隱緣都

---

① 《先君諱日奉挽羯磨師》詩共二首。
② 《西陵寓樓送劉止一山左》詩共二首。

寂,樓居坐不嘩。諸經翻刻就,取次注楞伽。戴樓對雷峰植蓮爲蕩,多刻經注楞伽。

### 法雲庵傭奴①

窮氣侵人毒,豺聲不可聞。豚魚貪市脯,鹽米貫潛分。強祀伽藍竈,時臘月廿四日。愁聽發願文。殘年風與雪,饑鼠動成群。

又借良朋僕,奸深眊視中。側身嘗礙物,火滅不知風。□喜從支遯,生憎事遠公。何當雙鷙鳥,一擊上林空。傭奴友僕先後以逃。

### 歲　暮

除夕棲僧舍,游踪獨此宵。宛然生死過,頃刻歲時消。宗門以生死交接之際爲臘月三十日,盡年盡月盡日時俱盡也。[8]魚梵聞清磬,禪衣脫敝貂。暫辭天目水,坐對浙江潮。

### 夢胡擎天同年

生死拚離別,年年復夢君。滇黔那可到,椒粽與誰分。左纛苗蠻窟,胡改授平西親王下左纛章京。諸侯壁上軍。棄繻共投筆,身隱愧多文。

### 辛亥五十初度②

學易曾無過,知非倏五旬。浮生困僮僕,賴佛報慈親。瓔珞旃檀閣,[9]醍醐瑪瑙春。入山深未得,亦自遠風塵。

### 同年郿州牛麗乾武功楊九如先後成進士  
### 作令東越咸以事免官作詩懷之

只嫌長吏賤,不用悔南宮。解組春風後,吹簫酒肆中。牛喜吹簫爲樂,楊嗜酒。越巫緣鬼嘯,湖稻限年豐。一令松陽,一令諸暨。月自郿州白,

---

① 《法雲庵傭奴》詩共二首。  
② 辛亥:康熙十年(1671)。

青天暗武功。

### 雨水憶弟燦

安穩京都未,吾歸出世初。一生臧獲誤,五十鬢毛疏。雨水愁吳沼,春山隔越書。躬耕胼手足,期汝在親閒。

### 同龔伯通靈隱

靈鷲飛何處,湖山向背中。猿呼林檻水,檀樹石稜風。問法心元妄,參禪耳漸聾。故人頻握手,疲薾任西東。

### 城隍山

雨黑吳山外,江湖柳色中。花鈿逐官幕,牙纛塞神宮。時有投誠海軍宿廟。多病參苓缺,思親書信通。片帆春草動,吾亦任飄蓬。

### 無門洞同曉公錢亦友遲龔伯通不至先別留題

臘客禪關阻,春郊萼吐梅。沙泉白沙泉。擁不退,石壁坐如來。洞有石佛。爨久瓢應滌,爐存火漸灰。杖藜錢起後,薄暮欲先回。

### 病

參學撤琴瑟,多時病不侵。如何到城肆,藥裹倍呻吟。人事齋居集,行藏好惡深。即今湖鷺起,寥廓亦高林。

### 訊陳亮師二首

直似劉楨病,憂勤步趾來。無才羞令德,有過墮塵埃。淑氣蓮花萼,陳篤友于。春風一樹梅。寓梅一樹。詩文討論劇,未許藥籠開。

賴有良醫在,一時三折肱。諸病交作。刀圭自名相,供養愧山僧。入道貧非病,行歌應且憎。撫琴兼學易,不敢負孫登。

## 龔伯通煮虎跑泉飯啖謾題

壺飱今願愜,澗水入春霖。屬厭小人腹,飲冰君子心。碾渦巖石下,花綻洞門陰。一食充虛氣,窮途慰盍簪。

## 梅下望家信

又覺春風到,梅花信不來。隴頭赫連國,庾嶺鬱孤臺。母在虔州。地以青天接,書難白首開。暫收邊徼淚,啘宁夏有婦櫬幼女。長嘯大江回。

## 贈陳爾淵①

往往欣相見,窮愁古道難。入門亂書帙,高論足盤飱。柳折春將盡,絲哀聽已殘。歸心似江水,對汝一洄瀾。

諸子文如此,陳侄年少異才。鸞龍起竹林。吾才非一石,許汝易千金。桃李蹊先發,松筠露必深。舍人得杜句,鳥過有知音。

## 雨

兩年風雨過,未有極晴時。掣電看都暗,汙田熟未期。嚼膚蚊蚋細,寒食鬼神衰。子弟生相棄,江船獨到遲。

## 別嵇淑子太守②

東亂三江去,西浮七澤來。嵇从温州、武昌升杭州。宦情徒若此,吾意亦先灰。鵝愛山陰筆,林深處士梅。長齋已繡佛,不復醉中回。往與嵇飲醉,臨行有詩,贈以炙鵝。故及之。

按藍天目水,却勝武昌魚。遠岫牎中列,高齋郡內居。人歸禪寂

---

① 《贈陳爾淵》詩共二首。
② 《別嵇淑子太守》詩共二首。

後,食絕潦荒餘。[10]一飯寧忘舊,淮陰有故廬。

### 湖上宿載公房

紫林庵名。烏石下,結搆趁湖陰。岳廟從墳起,蘇堤傍柳深。日暄杉漆地,杯渡水雲心。腰脚徘徊軟,鐘聲夜欲沉。

### 竟日餓

一飯從鄰舍,今朝雨閉門。祇應安義命,不敢憶兒孫。蠶豆莖莖熟,櫻桃樹樹繁。無由供養佛,饑餓給孤園。

### 桃花塢友人端陽齋宴

天下吳儂競,龍船滾滾來。可知伍員意,同是屈原哀。鴨戲三江水,蛙噴五月雷。樵蘇寧不爨,飽得食楊梅。

### 放生虎丘歸

放爾歸池沼,蓮花出水香。寺中山一半,塔裏竹千行。唼藻知人性,乘流對夕陽。蒼生如此日,何以救流亡。

### 尋天目僧

已覺寺門近,還聞僧寂然。蛙鳴一池雨,水亂五湖天。絕澗吳儂唱,寒林越鳥穿。依依如石語,悔不坐枯禪。

### 劉婆磯阻風

日日南風正,劉婆又泊船。相看九子立,還是五谿地名。前。搤臂思親劇,棲山哭弟偏。時小山客死。死生雖有數,不得到梅川。

### 八字腦

火風吹水氣,熱熱汗沾襟。漁網腥沙港,米船屯蔗林。沙港、蔗林,地名。炎涼一時競,霜雪昨年深。昨冬盛寒,今夏酷熱。萬事盈虧裏,何須抱膝吟。

### 阻許灣

汩汩新秋夜，[11]南風尚有聲。篙頭沙際立，人背水中行。虀膳三旬過，畹自常州至此，三十日粥飯，虀蔬菜。鰥居百病輕。慈親應望絕，寧悉暮歸情。

### 建昌府泊聞六弟櫬先歸賦此①

河水涸如溝，盱江成一丘。鵜鴣去原上，蟋蟀隔中洲。中洲，地名。大旱親朋困，窮鄉稼穡收。濟時難免咎，只合老山陬。

聞弟河濱櫬，弟死徐州。春風泊此城。誰令汝客死，深愧我爲兄。末世高天影，空山斷雁聲。軍峰沙內轉，軍峰，山名。漸絕近柴荊。

### 甘竹夜行

進艇珠橋夜，珠橋，地名。篙工力已衰。涼風漸到耳，火宅更燃眉。憶母飧都廢，歸家夢亦遲。米船無數泊，未有出溱時。

### 湖東廣昌縣早發有懷劉何魏黃諸子

金精餘百里，猶似遠他鄉。兒女挤南北，畹小兒女客贛州、夏州。親朋肯喪亡。高風秋不落，赤旱草先黃。急趁明星起，溪山夜俶裝。

### 油草灘夢得五嶺三吳句足之

浮客憑高鳥，啾啾夕噪林。又從洲島去，不覺水雲深。五嶺重陽氣，三吳百衲心。江灘終夜轉，清絕梵天音。

### 彈子磯

五馬歸槽處，歸槽，地名。高磯滿峽流。魚鱗烟雨氣，石臼菊花秋。

---

① 《建昌府泊聞六弟櫬先歸賦此》詩共二首。

魚鱗、石臼,皆韶州石名。少食衣嘗進,長眠病不愁。往來得如此,失喜過韶州。

### 湞陽峽[12]

絕壁流湞武,二水名。高帆截古羊鋪名。亂雲化爲石,[13]炎瘴不成霜。浮海窮愁計,長齋老壽方。出山偏病少,端賴大醫王。

### 夜過飛來寺泊清遠峽口

奉母無長策,山居又出門。不辭千里徼,恐負百年恩。峽水鳴秋寺,蠻軍叫夜猿。設有訊兵。沙頭漁火動,鳧鷺更飛翻。

### 那旦見苗頭有生意可愛

十月連陰雨,蠻陬節氣殊。高岡丹穟匝,平野綠苗鋪。學道徒屯塞,[14]逢人倍囁嚅。茅茨三四個,[15]階水到庭隅。

### 五　藍

昔聞海南道,海船從此開。波中飛鳥滅,檣外大鮫來。盜賊皆州邑,官軍掠貨財。祗今疆界定,申畫有烽臺。

### 值電白郭凌海明府出羊城踠更適徐聞留詩寄意①

我到君先出,君歸我復游。螢光穿電白,布鼓逐雷州。雁斷江關信,猿啼嶺海秋。島山居水下,雲望一消愁。

西河真自慟,添我鶺鴒悲。郭子死于楚,踠弟死于徐。生死寧無數,家鄉恐未知。詩憎官命達,賦重洞蠻虧。民氣甘疲敝,科征或後期。

### 宿城月

如是看城月,城中月一灣。沿溪頻見鹿,近海漸無山。露濕沉高

---

① 《值電白郭凌海明府出羊城踠更適徐聞留詩寄意》詩共二首。

柝，藤枯繋夜關。短垣知可踰，幸喜客囊慳。

### 與車子語不得率題

每到游閩粤，人言漸欲殊。依稀無漢語，齟齬似愁胡。終日三緘口，何嘗一疾呼。忻然雙目動，點額是懽娛。

### 自雷州渡邁特坎經倒流水作①

軍縣高樹上，戈壓破籬邊。大蚌漁曾掛，孤豚虎柙眠。一路設柵捕虎，軍營俱置高樹上。花雕林不落，河走月爲穿。裂餅充枵腹，吞沙吸苦泉。

見説張師範，窮追太保軍。爛河人欲渡，敗績海如焚。射馬參差出，射馬，嶺名。擎雷隱見聞。擎雷，山名。此中神鬼厲，百戰有餘氛。

### 濂 濱

茅簷隨意架，日就嶺頭餐。土釜燒蝦菜，犂牛轡馬鞍。草聲蟲唧唧，山勢水漫漫。一望無天際，多應是海安。地名。

### 海安南渡至於海口所②

奔走供慈母，驚波不暇愁。蛟龍真得水，貝玉獨爲州。島闊隨風起，天低入海流。猶聞銅鼓角，地名。翁石更吞舟。

嶺南天地小，瓊島亦如溝。一日輕風過，連檣側港收。鯨埋黎母水，地名。椰掛越王頭。瓊人呼椰子爲越王頭。津吏數行李，蕭蕭對客愁。海口吏查客貨。

### 顔廬夢亡姬

鰥居十九月，常恐夢中違。汝骨西河暴，汝魂南海歸。鹹潮入磋

---

① 《自雷州渡邁特坎經倒流水作》詩共二首。
② 《海安南渡至於海口所》詩共二首。

巷,地名。臭水城名。即香閨。不若蓮池好,深深烏樹園。

## 寄懷徐聞宋又素明府①

生成王伯佐,枉汝宰珠官。邑小墟争米,巫喧鬼築壇。下車疏海戒,化盜絶奸蘭。[16]天末謀臣在,中原定已安。

別久從何憶,相依黿鼉邊。側身驚未定,削迹又南遷。月照城孤島,烟銷海一船。歸期難預卜,端的暮春前。

高雷平楚過,英利地名。亦無山。老樹盤根立,如人伏莽間。泥沙深沒膝,虎豹怒當關。斬木誰通道,岑岑任往還。

緩急惟公在,相思隔海濱。計程無百里,書信動兼旬。冬至揮團扇,輕霜拭葛巾。心知酌椰酒,開口笑人貧。[17]

吾才難出處,心曲少人知。君負長生術,[18]宋好神仙之術。何嫌吏隱遲。顔廬無蚤虱,勾漏有瘡痍。天地萍踪滿,升沉任所之。

歲晏仍爲客,閶門絶望時。慈親還失養,有弟亦東馳。弟京書云將渡江南。香刹容身否,蠻鄉乞食誰？偷潮近時節,瓊潮十一月不測而長,謂之偷潮。柔櫓一相隨。

瓶笠寧無着,慈親意黯然。爲參天目學,失種洛陽田。鶴自勻高翼,琴應不斷絃。蝦虹交辟歷,尺蠖定何年？

譚公開大纛,謝汝極吹噓。折簡抽金僕,橫戈數鯉魚。知臣惟蹇叔,哭楚舊包胥。潭巴東人,投誠服官。同識五侯貴,相逢一下車。

## 歲暮經石山風雨有詩

誰令汝至此,風雨海南濱。平衍沙無性,童山石不春。騎牛如隔世,海南北以牛代馬。憶雁到慈親。行役天涯盡,年華又一新。

---

① 《寄懷徐聞宋又素明府》詩共八首。

## 壬子正月六七八夜夢宗伯龔公①

山中常寄字，海外隔經旬。菹楷陪耕未，神天扈趨新。時報耕籍。獻書頻格主，愛士肯忘身。一夢連三夜，桃花李復春。

北望歸虔化，西馳過下邽。鸝鶵百蠻唱，杜宇一行啼。官詔天顏喜，時展祭三陵，特請頒詔。山陵御馬齊。姓名久叶卜，帝賚夢中題。

### 小舟蛋埸

刳木爲舟地，舟用一木刻成。憑河入海時。要知身不定，寧復計安危。蠍子藏茅屋，海南有蠍。獼猻唱竹枝。其中人面寄，族屬本黎岐。海南二類人。

### 正月十二夜同丁明府徒步看燈嘉其不欲仕之心故咏

家居臨北翟，薄宦轄諸黎。賴酒消蠻瘴，看燈倚杖藜。桐琴釜底爨，馴雉穴中啼。亦似訪丁令，悠悠滄海迷。

### 元宵澄邁縣西私路

上元天末氣，青白萬花開。細葛忻忻煖，藍輿閃閃來。緣崗通一綫，繞澗却千回。令節猶行路，謀生實可哀。

### 森　山

多峰無一岫，下水亦平林。多峰、下水，皆地名。獨此南溟日，全爲北客陰。海風當鬼箭，瘴毒下蜞針。側想邠離意，威加九郡深。

### 早發三營至臨高縣

三營聞夜雨，百舌囀春聲。已覺天將曙，晨鷄不肯鳴。績麻當美隴，美隴、灘名。繅繭趁新英。新英，都名。日飽鐵釘飯，何嫌薯蕷羹。海南

---

① 《壬子正月六七八夜夢宗伯龔公》詩共二首。壬子：康熙十一年(1672)。

多以薯芋爲粥。

## 儋州野望四首

不遠征南將，羞稱馬伏波。折鎚擊鼉鼓，掩耳聽蠻歌。人面同猱獲，山精附蔦蘿。中原民力盡，瓊州有協餉。開拓此如何。

掬筝遠戍語，荷鍤熟黎哀。俗迮頻添稅，田荒不易開。炎風收益智，儋州益智長穗三節。茅屋間春梅。惆悵江陰客，儋州問道來。

載酒堂中像，桄榔庵底瞻。蘇祠在庵，舊址有像。天淵經出處，踪迹任飛潛。荒裔黎諸幰，黎有大小幰。垂腰草一鎌。蘇公才爾爾，吾亦可無兼。

漸與南交近，誰憐宅朔方。蛙鳴未驚蟄，冰凍正繁霜。老樹奔春色，山花度暗香。服車沙氣熱，誠恐陷牛羊。

## 贈通州張崖州①

張騫牛斗去，吾亦泛星槎。西域天人直，南蠻草木邪。遷官寧擇地，飛烏即爲家。自入珠崖郡，題詩復幾車。

儋耳蘇公客，胡銓黎子雲。古人曾唱和，奇甸亦詩文。戴笠吾何許，憐才世有君。但令車宿穩，自儋至崖無人烟，晝夜俱行牛車。不敢避炎氛。

見説藤橋路，生生入鬼門。箐林蜂刺密，蠻樹毒流昏。汲水聞嵐氣，燒牛饜厲魂。黎人燒牛肉祭鬼。受齋脾胃弱，心折此郎温。諺云："不怕郎温鬼，只怕郎温水。"水毒，飲者輒病。

露深眉眼濕，是物胃蜘蛛。腥穢黎人市，淫昏鬼子巫。相思期臘月，入崖，日中沙熱難行，惟臘月稍減。未到算歸途。蘿逕交巖樹，愁猿夜嘯無。

① 《贈通州張崖州》詩共九首。

樹上還生樹,花中更接花。林深天末碎,地盡海南賒。密壘仍防盜,窮官不憶家。時時消息斷,水火放牛車。

清晝衙齋掩,庭蕪吏復閒。四時蟲不蟄,五指海爲山。石蟹榆林港,榆林港,地名。蚺蛇澹水灣。澹水灣,地名。文身黎俗古,生熟結繩間。黎有生熟借貸結繩爲券,雖百世子孫,驗繩償所負。

每年三熟稻,氣候異東西。崖西里如瓊東西,距十里,耕種輒異。馴雉游花縣,飛蝗徙石溪。聞石溪有蝗。文章滄海氣,星月鬼神低。黑夜燒官燭,高歌一杖藜。

麒麟方泣盡,復悼竹林秋。張喪子復喪叔,有《麒麟夢傳奇》。自顧肝腸斷,頻添生死憂。絶墩雅卜崗,雅卜崗,地名。高嶺鹿回頭。鹿回頭,地名。灑我荆花泪,時有兄弟之喪。同深大海流。

交趾雄鷄叫,南風始一聞。崖與交趾對岸。如鐘聲隔岸,崖聞交鷄,聲如鐘響。沃曰夜銷魂。[19]金没多銀水,黎田有金。香沉三亞村。多銀水、三亞,皆地名。蛋船頻竊取,于汝定無存。

## 別張異資崖州

愛向牛車轉,愁經火宅行。炎州十日出,黎水萬山流。鞭血鴛鴦榜,張有《鴛鴦榜傳奇》。潛身雕鶚秋。無由隨五馬,細數海中漚。

## 那壋十數里山水作①

何地不爲客,羈孤奇甸春。氣蒸沙陷膝,風漲海迷人。細碎蚊蠅出,低昂魑魅嗔。高天一俯首,世網隘吾身。

海瀣風兼雨,山窪足稻田。蛟龍不藏窟,星月竟沉淵。命順依人冷,途窮活計偏。古來聞道者,作意任迍邅。

---

① 《那壋十數里山水作》詩共二首。

## 澄邁署夜

不夜貪眠早,終宵少黑甜。遥聽墟上柝,暗數漏中籤。脱兔應難伏,飛龍久在潛。齁齁趺坐起,閉口讀楞嚴。

## 思北渡

二月東風正,海潮南北圓。珠池原洩氣,榕樹竟参天。緩急親朋昧,舟車裋褐穿。寒薤供一飯,猶自數青錢。

## 瓊州雜詩九首

窮猿不擇木,蕭颯海南濱。捷臂覊雙迹,行啼過一春。數奇空托鉢,禪定賴安貧。只可了心曲,無由慰老親。

憶遠慈親苦,凝眸寢未甘。舉家饒有婦,經歲似無男。嶺北同河北,江南與海南。燦弟出京,客江南。欲將黄子木,並達小蘇函。

先公當季世,欲就海南官。辟亂依珠浦,騎牛戴鷁冠。有虞終不臘,報楚已非韓。迫怵孤臣泪,吞聲瘴癘乾。[20]

養親甘旨缺,錯料渡梅關。翳翳琵琶井,地名。昏昏黎婆山。力稀偏軟足,脾弱更摧顔。卜候看流水,瓊潮有東西伏流新舊之別,渡者按候乃行。呼童出海灣。

琁源圓折流,海近珠池,其潮故圓。郡邑島中浮。土舍黎人頭目名爲土舍。擒山馬,獼猴騎水牛。偶然受書困,且與寺僧游。逢晤從街市,檳榔錯亂投。瓊俗,相見輒投梹榔。

黎岐交竊殺,起釁最纖微。六角黄藤帽,中身吉貝衣。二類服衣身半。槌牛濾椒酒,擊鼓賽神旂。獷狂何難制,兵威與德威。

春深看刈稻,臘盡竟耘田。誰以敷畜力,相期播穫先。收書當金帛,采藥誤神仙。岸馬聲初動,海南北名雷爲岸馬。潛蚪已半年。

淫昏班帥廟，海口有班帥廟，爲群奸行淫祭鬼之所。群奸賽神壇。海南名婢爲奸。不夜多行露，長街即合懽。褰裳清易涉，擲果臭如蘭。野合以梹榔爲媒。忠介文莊在，海瑞、丘濬。若爲風俗看。

一氣花争發，荷桃菊與梅。未嘗星火近，好趁暮春回。永夜高文得，殘軍老幕開。瓊戍多衰老。囊空笑鷄口，牛後更徘回。

## 贈李言兌

瓊州李夫子，七十竟長貧。篗米無餘畜，那兒不數人。瓊人以斗爲篗，名奴爲那。彈碁蒼屹晚，飲酒玉屏山名。春。閨閣猶多婦，逢迎何太頻。

## 渡 海①

欲想河頭去，河頭，肇慶地名。先從海口歸。盤餐傷蜆蛤，脱粟笑蝌蟁。[21]儒術曾何補，禪門恐亦非。徒歌商頌出，不制十年衣。

島郡三千里，吾猶濟一川。高檣牙鼓動，天末放歸船。風日如無損，波濤正皎然。拔刀斬衣履，誓不受人憐。

大魚拔山到，時有大魚數十環繞舟前後，舟人大擊板篷而退。鳴榔擊板篷。如何離窟宅，轉似戲潛宫。我有鶂鵬力，愁生鐵颶風。自甘伏春氣，變化海濤中。

披衣蒙面睡，念佛上慈航。儋耳鷄心木，鮫船龜貝裝。風平潮自細，海熱氣偏凉。未有生還樂，徘徊出故鄉。

## 漢口宋又素好言道引術詩以嘲之②

丹砂化金處，黄白盡乘風。不爲神仙術，如何入海中。荆巫祠竈

---

① 《渡海》詩共四首。
② 《漢口宋又素好言道引術詩以嘲之》詩共二首。

鬼，銅器刻齊宮。迂怪嗔方士，少君還少翁。

大人長數丈，隱見巨公身。欲把旗星出，頻看脯棗新。祠雞天帝卜，牽狗柏梁塵。念汝中牟令，東甌壽幾旬。

### 徐聞寄屈翁山

秦娥天下豔，納室晋中歸。<small>屈爲僧，後游代州，納秦女歸。</small>貝葉成芳草，袈裟換舞衣。鰥居親不許，薙髮願多違。料得長齋穩，真如尚有機。

### 懷宋又素錦囊所

我到徐聞日，君車屢次遷。丈田履山岊，沿海察戈船。<small>時宋奉有勘田查船之役。</small>魚眼黃那社，鰲身赤坎泉。<small>赤坎，井名。</small>相依長晝夜，軟飽百回眠。

### 清風亭上①

嚙木蟲聲碎，群鴉噪樹巔。碙州猶碧血，瓊島只蒼烟。老去樓棚陣，其如沉溺天。祥興知不再，尚有漢唐錢。<small>高雷尚用五代、漢、唐錢。</small>

細葉青青落，殘花匝匝開。海邊偏有虎，石裏更藏雷。野曠山川見，城空鳥雀來。甑中寧攪食，不敢棄炱煤。

### 得　信

信自海南寄，仍從海北開。兒孫無一字，僮僕有書來。鹽埠官民困，山田水旱灾。<small>寧都食鹽銷引鹽埠，諸賈壞法奪利，官民苦之。兩歲潦旱尤甚。</small>空囊難自給，且爲老親回。

### 吳川縣三江口就舟下梅菉

大海初歸客，吳川幾覆舟。颶風天欲墜，鯨浪雨争流。諸港通鮫館，千家傍水樓。一篙能泊岸，生死可忘愁。

---

① 《清風亭上》詩共二首。

## 始興江

往往三五里,溪山合迫船。急湍如下坂,快馬不遑鞭。人語風灘亂,江聲夜月圓。故鄉大庾北,天末已經年。

## 梅嶺

兩年都六月,遠道賦歸來。熱氣焚山樏,炎風煆夏雷。三灣天外折,五嶺竇中開。稍喜虔南近,江船日暮回。

## 金魚洲早發

又辭三畝宅,高掛一帆秋。螺石歆南斗,梅江向北流。天將開寺塔,人且混公侯。老我堉垣意,終爲丹臒謀。洲有高閣林樹,修而復頹,睆將有起立塔寺之意。

## 閏秋領五姪尚侃長孫胤讓東下守風吳城散步望湖亭

三世同爲客,新秋作遠游。千家湖水内,一夜亂帆收。蔬食從吾願,長眠任汝愁。鈔書風雨罷,時令侃輩寫書。眼倦且登樓。

## 吳子政謂睆不食肉面腫噲風惡宜酒肉江神作此嘲之

肉食非無墨,何嫌藜藿羹。鬼神寧不饗,鷄豕自餘生。已見驕奢極,猶疑殺戮輕。風濤雖太惡,宰割豈能平。

## 九日至天目值覺老人出關同白松雲居二禪師禮開山塔睆亦冒雨登焉

兩年西目別,東目、西目兩山。重九拜師來。大衆齊傾倒,諸峰獨往回。黄花崖底落,[22]丹葉雨中摧。恰值獅巖會,巖係高峰祖師閉關處,弟子斷崖中峰,兩師望拜,不得見。禪關復一開。①

---

① 金石堂本卷三《五言律》注：時覺老人出關望塔。

## 憶　遠

屢易河西信，無人肯即歸。亦知小兒女，已解說庭闈。歲暮寒初急，窮邊雁遂稀。一生游不死，且復到京畿。

### 春闈後題壁詩① 癸丑，②母命復試春闈，《策問》乃有二氏虛無忌言分別之語，思當不對而出，恐遭再貼，遠拂親心，因題短句於壁

看題思即出，誠恐拂慈闈。寧被主司黜，難言佛道非。塗鴉驚蝶夢，釋褐着襌衣。不是耽奇僻，窮通悟者稀。

高第一生易，蓮池積劫難。彌陀四十八願中云："衆生至心，十聲念我名號，亦遂往生。惟除五逆，誹謗正法。"何庸毁正法，且溺進賢冠。羊角風無力，鵝毛雨最寒。揮毫神鬼動，自算罷春官。

### 榜後接待寺詩③

樂劇憑誰致，燕臺築至今。其如放逐好，偏長道人心。犬吠齋鐘飯，寺犬食施食飯，鐘鳴輒狂叫。鴉飛夕照林。桐琴千古爨，到底有知音。

驚嘶如櫪馬，寧復出泥塵。長夜輕新學，吾才誤故人。踏花春欲暮，種麥早經旬。京師三月不雨。趁此南歸早，開顏見老親。

### 魯完初齋中賦別④

不得聊城下，終當就魯連。春風爲卜夜，把酒對高眠。名任公車廢，詩因過客傳。有客屢誦畹詩于魯者。故人藩邸滿，獨覺大夫賢。

兄弟終友愛，吾生愧鶺鴒。花樓雙萼吐，大被一燈青。設榻懸行李，呼童問客星。時時齋食飽，寧復嘆飄零。

---

① 詩題據詩序意擬。《春闈後題壁詩》詩共二首。
② 癸丑：康熙十二年（1673）。《春闈後題壁詩》詩共兩首。
③ 《榜後接待寺詩》詩共二首。
④ 《魯完初齋中賦別》詩共四首。

不夜憑高枕,長齋禮法疏。時因少陵賦,得見右軍書。<sub>魯詩學杜,字學王。</sub>燕市弓韜後,春江雁斷初。紀公有信使,<sub>畹弟在紀常州幕。</sub>爲我寄雙魚。

三月青青柳,相看易斷腸。鬥雞終得霸,<sub>魯府畜鬥雞甚多。</sub>舞蝶不成行。姓字生烟閣,琴書築草堂。亦知王蔚意,田舍在頻陽。

### 和別四會李相如①

乍晤輕相別,長齋讌會難。群公皆肉食,賤子獨眉攢。下第論文好,窮途即次安。廣東參學處,曾否上蒲團。<sub>李曾參學粵東。</sub>

參軍辭鶴慶,<sub>李歷官鶴慶太守,今入平西世子幕。</sub>筆札舊髯鬚。薄俸難供酒,移家況上都。<sub>時平南王撤兵廣東,李欲移家京師。</sub>戈船鱗甲集,烽火稻梁逋。多少雄藩客,遲回出海隅。

半月同爲客,三年又別君。多應歸栗里,無復作劉□。旱日苗難起,春巢燕漸分。黃沙吹不定,柳絮落紛紛。

### 峒峿道中

安車不可得,金盡此艱虞。削骨供疲馬,談禪慰僕夫。峒高出山霧,河決水侵湖。滿目飛蝗野,春耕罷稅無。

### 茂苑得宋又素雷州訃音哭之②

遂使人流涕,江山一寂然。奇才終海邑,<sub>宋知徐聞縣。</sub>歸櫬信皇天。氣奪神龍劍,魂傷飛鵑篇。舊游談道處,屍解有群仙。<sub>宋好神仙之術。</sub>

今春予落第,汝在定悲涼。豈意擎雷別,翻爲溢露傷。兼金分藥餌,細葛解衣裳。<sub>壬子,宋贈金藥葛布。</sub>③ 多誼慚何報,浮生只悼亡。

---

① 《和別四會李相如》詩共三首。
② 《茂苑得宋又素雷州訃音哭之》詩共二首。
③ 壬子:康熙十一年(1672)。

### 和黃岡杜于皇澂江贈詩①

此生猶見汝，幸汝不佯狂。身世看秋籜，乾坤正夕陽。臺城窮徹骨，夏浦飽經霜。謾說工詩賦，青燈鬢髮蒼。[23]杜有"太瘦驚吾老"之句，現寓江寧臺城下。

忽報老成盡，時聞龔宗伯訃音，與杜相對欷歔。轉添離別悲。死生徒有約，貧賤見無期。月黑烏號子，天低雁伏雌。淒涼餘我輩，雙淚到江陲。

### 十信庵奉別六解和尚

繭若荒城下，茆茨拄杖深。大江通曲沼，寒磬響空林。解脫無生法，平常不二心。終年謝緇素，面對雪山陰。

### 甲寅東壩道上②

中江舊時路，傳此築高堤。一綫如溝水，三秋信馬蹄。壩斷陸行。村連山澗北，浦斷石橋西。略傍慈鴉樹，淒涼恰恰啼。

### 蕪陰

故園知又隔，未有一帆來。落日天無信，老蛟秋不回。湘川烽火斷，徽歙羽書催。時調兵徽州。直入高岡上，慈雲望或開。

### 八月十四日宿溪口

歸從何路出，涇縣戴星行。溪涸舟偏大，秋高雁不鳴。征衣虧典價，禿髮借僧名。消息看熒惑，此日火星入昴。中原正甲兵。

### 泊船

中秋天下月，偏到水東明。水東，地名。相對茶瓜久，保無雲霧生。

---

① 《和黃岡杜于皇澂江贈詩》詩共二首。
② 甲寅：康熙十三年(1674)。

河流千嶂急,石落一帆平。半世逢嘉節,年年旅夜驚。

### 歸贛取道陵陽不見姚六康明府復還乍浦慨嘆爲詩

石埭人難見,歸心劇轉迷。水流山屈曲,蓬轉日東西。秋氣先紅葉,灘聲暗碧溪。丁鴻無鮑駿,瀕海一羈棲。

### 清弋江歸舟

爲愛清溪水,倦游心不違。蒼涼真滑熟,碧綠見纖微。君子交如鑑,漁人釣亦稀。呼童饒汲甕,相載一船歸。

### 又出灣沚

明白風帆斷,歸心豈遂灰。仰天持唄咒,晼日誦摩利支天咒。問卜出江隈。衣食全憑客,窮通總不才。夢魂知憶母,繞膝故鄉回。

### 屏迹乍浦雜詩①

吳越無天險,艱虞避地窮。九峰溝洫內,諸港市廛中。湖盜騎文馬,歌兒射竹弓。燕丹烏不白,何處問歸鴻。

蝸居群鼠鬥,卑濕更無樓。粥薄思秈米,天寒質敝裘。蘆花風滿渚,漁火雁驚秋。□喜扶桑近,鞭橋石血流。

出門舟楫逼,客至□□聲。人語篙頭起,溪風水面生。憂葵防晉馬,懸磬輟吳羹。刈盡荒城草,秋山墜葉鳴。

流寓苟全計,寧論吉與凶。日光長化蜃,潮勢急如春。有鳥填精衛,無人豢臥龍。百川歸大海,吾意亦朝宗。

裝書因逸少,架筆學徐陵。俯仰此中畢,歲星移未曾。園蔬誇牧豎。瓿醬乞山僧。毒瘤經時發,時苦臀瘤。瘖痍痛可矜。

---

① 《屏迹乍浦雜詩》詩共八首。

老親三載別，胞弟且杭州。陽鳥啣蘆岸，饑烏跕水樓。役徵鹽竈困，塘築海門愁。直似無家好，飄零任九秋。

依人顔面拙，嚬笑寸心違。直氣伸難絀，諛言是亦非。海曾駐秦帝，宮竟設天妃。只慮風凄緊，無綿御祫衣。

疏拙成吾性，看人醉復醒。廄空存一馬，檄到即雙鴒。時多雙羽警報。菱芡鵝塘熟，魚蝦海市腥。喜無親故識，只合掩柴扃。

## 瓶桂

丹桂月中發，瓶中著一枝。寧無衰颯意，開放正堪期。秋露滴盈把，天香散未遲。沅湘蘭芷隔，聊此慰東籬。

# 七言古

### 曾懿歌① 龔伯通虎林出兒孫相見曰："我五世於茲矣。孫生，家大人京師命名曾懿子，盍爲我歌之。"於是曾子作《曾懿歌》

汝陰先生誰與儔，韋平甲第冠皇州。先子同籍我受知，交情世誼兩綢繆。君家奕葉多文采，庭前芬芳同蘭蕙。龍門鳳穴衮衮來，龔尊公宗伯庚戌主會試，生曾孫。暖眼春風盈四海。四海之人慕春風，共羨君如魏元忠。昂郎魁梧丈夫子，彦伯行將邁阿翁。昔我王母年九十，我亦有孫隔鄰邑。時孫生盰江。未遂報劉縗袯歸，虛傅五世舞斑立。君孫頭角已嶄然，若搏扶搖直上天。我欲歸謀詁厥立，囊空那得孝廉船。君方汗漫西湖曲，對我亦增岐路哭。舞蹈且爲曾懿歌，草是芝兮樹是玉。誰其命名宗伯公，高曾以下將無同。曾子今且見八孫，誰爲命名荀氏龍。

### 題西江問字圖

從來師弟本天親，在三之誼何其尊。吁嗟此道棄如土，於今劃見

---

① 詩題原無，據詩序擬。

嚴與文。<sub>文謂燈嚴公也。</sub>嘉禾司李校士日，顧盼詞塲不皇食。中有光怪風雨生，一匣雙收龍劍得。我友鯤庭<sub>陸鯤庭</sub>。又顥亭，<sub>嚴顥亭。</sub>一死一生天地驚。圯橋程門多君子，眉山接迹本廬陵。伊昔佗儜地維拆，去就升沉難自適。夫子黃冠隱故鄉，門人珥筆備前席。侃侃讜論糾天家，建白瑣闥有光華。雲亭深閉揚雄宅，詎知門外立侯巴。侯巴執經來問難，太玄先生同憂患。繪就西江問字圖，千古倫常知復旦。文公與我父齊年，<sub>甲戌同榜。</sub>① 庚辰西湖始執鞭。② 嚴子結交三十載，乘興戴笠還比肩。孔李道氣皆無匹，嚴子顧我悲惻惻。兼金雜佩製荷衣，使我披圖三嘆息。君不見，甓湖宰相愛士多奇謀，常爲康子小范作曹丘。<sub>高郵王鐵山相國常贊助小范壯游。</sub>又不見，戒灘雪堂熊少宰，哀輓門人韓聖秋。余亦受知錫山陸夫子，愛我高歌唱和何綢繆。如此師弟恩私曠代無，五濁惡世耶難求。吁嗟錫山今已矣，音容髣髴惟劍履。幸有柴桑先生不閉關，請得蓮社追隨從此始。

## 七言律

### 庚戌天目禪寺和合肥龔公贈大覺老人韵却寄③

五燈曾照會元心，失却菩提直至今。架上鸚鵡能解語，庭前柏子已空林。早知天地生成誤，何用詩書涉獵深。合掌酬恩難補報，即從參學痛加鍼。

### 壬子南粵清明婦女車④

東郊又聽黃鶯囀，淫厲嵐山鬼妾眠。墓上妖桃偷玉面，車中珠箔鬥晴川。依人玳瑁歸無計，<sub>玳瑁，地名。</sub>哭弟徐州劍未懸。<sub>弟死徐州。</sub>謾

---

① 甲戌：崇禎七年(1634)。
② 庚辰：崇禎十三年(1640)。
③ 庚戌：康熙九年(1670)。
④ 壬子：康熙十一年(1672)。

打楊花吹葉管,半年春色泪痕邊。

### 懷宋又素雷州

聞君輿皂清明出,屢捲行囊屢發囊。黑石星星雷火動,紅沙歷歷竹雞翔。都因敝履遲歸棹,不是逃禪懶俶裝。饑渴躶身蓬蓽去,又看窮迫故人糧。

### 徐聞寄懷彭飛雲廣州

黃堂齒坐終危席,弟從瓊守署,得彭書云:"劈荔酌椰應,遂買山之願。"海北海南春雨聲。甫絕親朋過□都,還看書信下羊城。樓船陸賈金珠泊,帳甲任嚻蟻蝨生。弟時彭在提督幕。未遂買山輕出島,荔枝椰子已抽莖。

### 懷郭電白同年

偏是雁行臨北額,北額,寨名。不聞蛇竇出南巴。南巴,城名,時有茂名令行取者。十年作吏詩都廢,一歲方新亂又賒。電白春正有海警。海寇腳穿梨木屐,官軍頭插素馨花。每聽風雨林邊過,却似春回電白車。

### 鄱陽湖望五老峰

蒼然葱翠兩三灣,欲載匡廬出故關。水合江湖歸萬里,地分吳楚接千山。老蛟吹雪波濤白,高髻懸崖薜荔班。自愧偏隅非華岱,也稱喬岳俯雲間。

## 江　行

不信秋分秋社日,但看蘆荻亂帆中。三年山海藏征客,睌庚戌天目一年,辛亥冬月入瓊州,壬子七月乃歸。① 一月江湖鬥朔風。北風一月。衣綻常牽慈母綫,食齋猶挽健兒弓。大雄誓鎧春歸後,問鼎終須入梵宮。

---

① 庚戌:康熙九年(1670)。辛亥:康熙十年(1671)。壬子:康熙十一年(1672)。

### 癸丑題楊椒山先生像及疏稿遺筆①

大笏峨冠執戟鬚,誓將衰季比黃虞。可憐馬市交通罷,猶使忠臣涕泪枯。陵谷貿遷終有數,音容雖在亦非吾。傷心左建凝脂密,獨把遺弓吊畫圖。

抗疏明廷亂後存,懸知墨迹尚銜冤。聞遺筆屢失屢得。嘔肝歷歷翻星窟,纖指絲絲見血痕。百折餘生惟半菽,臣辜瀕死亦君恩。談言微中非初願,諫諍從來忤至尊。

### 宿羊流店

不算公車驢背出,只如行脚扣禪關。廿年春去惟逢雨,十日南歸又見山。萱草祇成兒女債,宮花常在亂離攀。他年峴首看碑處,乞與龐公採藥還。

### 甲寅西湖寓樓②

虎林凋敝任群雄,微火燒殘市井空。時杭州火,焚十萬家。兩月雨沉雙日盪,三月三日黑白日摩盪。百花春老一枝紅。樓船湖海橫戈舞,鬢鬢笙歌畫角中。斬木伐桑餘戰地,滿兵伐桑殆盡。誓將肝腦備江東。

### 二月十九日百步塘禮水月和尚

善眼仙人與世疏,蓮花百億喜逢余。師謂畹爲善人。數椽茅宇供諸佛,三徑春桑剩一廬。不惜維摩多病後,師有痞疾。肯辭鶖子上乘初。微言趣我西歸棹,師諄諄趣畹急歸,莫蹈不孝。乞腦剜身願未舒。

## 七言絕

### 遥輓秦氏③

取汝九年嘗別離,今朝離別似齊眉。我歸净土君長逝,火裏蓮花

---

① 《癸丑題楊椒山先生像及疏稿遺筆》詩共二首。癸丑:康熙十二年(1673)。
② 甲寅:康熙十三年(1674)。
③ 《遥輓秦氏》詩共三首。

合葬時。

死去三年始一聞，非關下第入空門。無多辮髮莖莖白，剪取零星共汝焚。

集中長續憶君詩，塵土荒墳夢豈知。自此蒲團輕色相，三生石上好相離。

### 次和雲居和尚贈詩

自學參禪浮玉住，賓中作主主中賓。無常生死頻催我，欲把偷心賣與人。

### 絳州白松和尚自義興海會來喜賦

曾逐汾河過絳州，泥沙擁急斷行舟。不知中有慈航渡，却在荆溪海會流。

### 送清江雲居和尚還宜興磬山①

中秋漸復逼重陽，老桂花開又菊黃。莫謂陶潛三逕遠，磬山歸去即柴桑。

結伴秋山萬籟鳴，年過七十每先行。心無高下丘陵過，總似川原道路平。

### 悼秦氏② 秦氏死丁未夏州冬，③不知何月日，庚戌立冬日禮懺以薦之④

期汝先生安樂國，金沙池畔見彌陀。重逢應現男兒相，不是深閨無定何。

---

① 《送清江雲居和尚還宜興磬山》詩共二首。
② 詩題原無，據詩序擬。《悼秦氏》詩共二首。
③ 丁未：康熙六年(1667)。
④ 庚戌：康熙九年(1670)。

婆娑五濁輪回苦,一朵蓮華好托生。莫羨竹枝江上曲,妙香天樂梵中聲。

### 坐

净土重修未了功,多生念佛此生工。堦前松鼠簷前雀,探食忘人在定中。

### 十一月十七日寄壽合肥龔公①

瑞雪霏霏山刹入,拈香一瓣盟幽燕。誰知此日彌陀臘,直是宰官眉壽年。

三十六莊今漸熟,衢州府有三十六莊。感恩同作報恩身。佛前長跪爲公壽,却是深山不第人。

### 中秋後

每聽吳語似家鄉,又過山塘又半塘。子夜歌殘輕櫂入,芰荷秋老桂花香。

### 九龍山下悼亡②

萬里辭家住柳堤,賀蘭草堂多柳。那知生死異東西。空教羅綺沉砂磧,陣陣罡風黑水迷。

年年射策罷京畿,每過雄州怨落暉。機下更番迎色笑,鴛鴦織就不同飛。

邊城七月燕巢低,蒲草初生葉葉齊。一匹青驟嘶兩岸,空馱白骨返梁谿。

潼關歷盡又函關,野燒連雲萬仞山。捆載亦同趺坐穩,不從西去

---

① 《十一月十七日寄壽合肥龔公》詩共三首。
② 《九龍山下悼亡》詩共八首。

不車還。

悵望秦川秋氣早，風如箭鏃月如弓。征人多少陵園下，不在山陽橫笛中。

秋風落葉滿秦關，夫壻浮沉未得還。漸對彗山施粉黛，不如魂繞賀蘭山。

館娃宮外真娘墓，葬爾雙親同一丘。枯骨歸來焚萬里，也應腸斷故鄉秋。

小女伶仃啼膝下，爲言阿母七年違。衣衫半是生前製，一路斜陽拭泪歸。

### 天目送趙羽明還毘畫

散髮披襟逐隊行，非緇非素不勝情。好將説法廣長舌，歸化浮漚陽羨生。

亦羨空山染鬢人，謾緣妻子困囂塵。涅槃生死須臾事，解脱須知積劫身。

### 賦得人生七十古來稀爲淮上慧濟大士祝

道侶相將挂杖歸，人人作賦別緇衣。西方聞説壽無量，七十寧誇僧臘稀。

### 麥莊廟題壁詩① 甲寅四月五日，②
#### 同顧與山明府詣石陞門訪水月老人不遇，題麥莊廟壁

爲聞誠實貝多歸，此度參師獨掩扉。自笑彭宣戴崇至，管絃卮酒各相違。

---

① 詩題原無，據詩序擬。《麥庄廟題壁詩》詩共二首。
② 甲寅：康熙十三年(1674)。

一卷連經等授書，師授《普門品》及《摩利支天》二經。教人持誦亂離初。尖頭無量針鋒在，散盡天花破廟居。

## 【校勘記】

[1] 怖：金石堂本卷一《五言古》作"佈"。
[2] 除：金石堂本卷一《五言古》作"棄"。
[3] 院：金石堂本卷一《五言古》作"踪"。
[4] 溪：金石堂本作"深"。
[5] 壕：金石堂本卷三《五言律》作"濠"。
[6] 掛：金石堂本卷三《五言律》作"袿"。
[7] 莧蕨：金石堂本卷三《五言律》作"薇蕨"。
[8] 盡年盡月盡日時俱盡：《江西詩徵》卷六六《國朝二》作"喻年盡月盡日時俱盡"。
[9] 旃：金石堂本卷三《五言律》作"栴"。
[10] 餘：金石堂本卷三《五言律》作"饑"。
[11] 夜：金石堂本卷三《五言律》作"後"。
[12] 滇陽峽：同《江西詩徵》卷六六《國朝二》，金石堂本卷三《五言律》作"滇陽"。
[13] 化爲：《江西詩徵》卷六六作"都化"。
[14] 徒：金石堂本卷三《五言律》作"多"。
[15] 茅茨三四個：金石堂本卷三《五言律》作"茆茨三四屋"。
[16] 絕奸蘭：金石堂本卷三《五言律》作"信衣冠"。
[17] 貧：金石堂本卷三《五言律》作"頻"。
[18] 負：金石堂本卷三《五言律》作"有"。
[19] 沃曰：金石堂本卷三《五言律》作"對月"。
[20] 乾：金石堂本卷三《五言律》作"難"。
[21] 蝌蝛：金石堂本卷三《五言律》作"蚜蝛"。
[22] 花：金石堂本卷三《五言律》作"華"。
[23] 燈：《晚晴簃詩匯》卷二十七作"釵"。

# 曾庭聞文集

## 曾庭聞文集序

　　歲壬午，①余讀書於吴趨之二株園。每論文角藝，辰而往，酉而歸，所見東南孝秀之士以百數，求其抑塞磊落、負英雄之色者百不得一二焉。一日，軟裘駿馬直入園中，主人起而肅客，客執禮甚恭。余以旁訊之，知爲江右曾子傳燈也。時年甫踰弱冠，與余抵掌論天下事，講究師友淵源，可可否否，不稍鯁避。余臨别而目懾之曰：此異人也。自壬午至甲午，②又十有三年，余計偕，過都下，聞秦中有曾子畹者始舉於鄉，傳其古文、詩歌，悲壯頓挫，有冰車鐵馬之聲。余讀之而悚然曰：此異人也。乙未春二月，③都下初雨雪，余騎款叚出門，特特泥淖中，見有並轡而過者，顧盼偉如，揖余而言曰："余二株園所遇之曾子也。"握手道故，相得歡甚。因出其古文、詩歌以爲贈，而後知秦中所傳聞之曾子即其人也。

　　嗚呼！曾子豈非異人哉。曾子自南贛走吴楚，入函谷，度雲棧，由天漢至於夏州，去家幾萬餘里。塞外草枯鷹健而兔肥，射之血注馬蹄，飲酒酣，呼吹籥篥，以爲笑樂。登高而俯賀蘭，望靈武，山川奇險，雪虐風饕，虎豹森立。觀元昊、張吴之所以戰，韓琦、范仲淹之所以守，何其壯也。出入於賢王之幕府，幾數年不能一見。天子令尚書給

---

① 壬午：崇禎十五年（1642）。
② 甲午：順治十一年（1654）。
③ 乙未：順治十二年（1655）。

筆墨，觀書于石室。而僅把三寸弱翰，賫油素四尺，與東南孝秀之士較其短長得失，又何衰也。杜少陵曰："青絲絡頭爲君老，何由却出横門道。"①横門者，長安去西域之道也。古之英雄據鞍躍馬，與老驥之驤首嘶風，亦何以異。曾子豈非異人乎？抑塞磊落，雖屢易其名字，而卒不蓋用於世。至今日而余與曾子亦將老矣，可勝嘆哉，可勝嘆哉。

康熙戊申廣平同學弟宋實穎題於讀書堂。②

## 曾庭聞文集序

曾庭聞自萬里歸，己酉正月，③會酒于三巘，盡歡。壑風千尺，[1]倒上吹墻屋，汹汹有聲，雨雪雜下。庭聞盡出其所爲古文，使余論定。庭聞之文句，格法昌黎，而蒼莽勃萃，矯悍尤多秦氣。予與庭聞爲童子時同學。庭聞天資甚魯，終日讀不盡十行。長省尊大夫于京師，數過吳門，與吳中名士游，其文斐然一變，而庭聞之名盛於東南。近二十年則出入西北塞外，嘗獨身携美人，騎馬行萬餘里。最好秦中風土，至以寧夏爲家。而庭聞名在西北，其文又一變。庭聞間歸，相見予于山中，毛衣革鞜，雜佩帨，帶刀礪，面目色黃黝，鬚眉蒼凉，儼然邊塞外人。回視向者與余咿唔筆硯間，及細服緩帶爲三吳名士時，若隔世人物。

嗚呼！庭聞之文多秦氣，何足怪也。文章視人好尚，與風土所漸被。古之能文者，多游歷山川名都大邑，以補風土之不足，而變化其天質。司馬遷，龍門人，縱游江南沅湘、彭蠡之匯，故其文奇恣蕩軼，得南戒江海烟雲草木之氣爲多也。

余讀史，嘗怪赫連氏初無功德，而興之暴。西夏強且久，與宋室爲終始。此必有所以自強固者，不獨恃甲兵之力。間披輿圖，按其處，距長城外河西數十里，自分力劣弱，終身不能一至，詳考其興亡盛

---

① 參見杜甫《高都護驄馬行》。
② 康熙戊申：康熙七年(1668)。
③ 己酉：康熙八年(1669)。

衰之迹。而庭聞乃竟以是爲家,邊徼風土人情,叛服治亂,必有深知其故者。他日著之文章,當不止如史傳所紀載也。[2]

同里友弟魏禧題。

## 讀曾庭聞文集九則

南昌八十四叟李明睿題。

寧夏當恒洮、河朔之南,黃河、黑水以西,爲趙元昊飛揚跋扈地,重以宋韓、范二公之驅除,僅能弭耳,蓋介胄用武之地。庭聞,文人也,從漢南走荒徼,車轔轔,馬白顛,以江漢游子,彈劍擊築,崎嶇秦關,百二非宜。不知庭聞蓋有所用其有餘,以審時而趨勢也。古英雄豪傑、有志之士,寧在邊不在廷,寧在外不在內,將欲發舒其偉抱,非用武之地不可。班定遠投筆從玉門關外,萬里封侯,即此意未易爲俗人道也,試讀其文蓋可知也。

文之有氣,從道義結根,浩然發脉。然必塞天地,橫四海,雄視崆峒,并吞雲夢,乃能出奇無窮,高標跨乎宇宙,英風義烈,莫可端倪。庭聞平西一序,序其鞠師黔蜀,奄壹梁州,炳炳琅琅,有清廟明堂、王侯將相氣,有深山大澤、虎豹龍蛇氣。當是時,雷雨之動,滿盈天造,草昧宜建,侯而不寧,所謂雲雷屯,君子以經綸之文也。

庭聞之序曰:"我戰則克,祭則受福。"此孔子之書也,而庭聞述之。又曰:"滇黔既已大定,軍民未盡蘇息,稍與更生。"又引周公之告召公曰:"天壽平格。"①此於王何等分義,乃能忠告若是。夫以周公、孔子之道告□王,此豈曳裾王門,希寵望恩者乎?宜其有知己之感也。

文之有韓、柳,如泰山、北斗,可望而不可親。然韓從瓊州來,柳從永州來,皆邊徼也。文雖奇,韓不過驅逐《鱷魚》一篇,柳不過《鈷鉧潭》諸記,何如庭聞之文,百美具備,傑搆雄裁,未易一二數也。

---

① 參見《尚書·君奭》:"天壽平格,保乂有殷。"

愛國憂民之心，盤互糾纏而無以自解，其於政治之得失，公卿大夫之舉動，有裨於國計民生者，痛哭言之，無如《修城記》一碑。披誠露膽，潔而不刻，剖肝劈肌，如籌其家事。此雖爲韓公言之，實即杜少陵之和《舂陵行》也。千古照映，同一忠懇，以此知文須有爲而作，舉一可以例其餘。庭聞之文，孰謂其無關于天下國家也哉。

詩文難兼，古有是言，如花之美者不能結果，然果則成矣，花亦未嘗不美。燕趙蘋婆，吳越楊梅，以至閩廣之荔枝，有一不膾炙於人之口者乎？其實蘋婆不如楊梅，楊梅不如荔枝。夫物則亦有然者矣。東坡在惠州有詩曰："日食荔枝三百顆，何妨長作嶺南人。"①唐人又曰："一騎紅塵妃子笑，無人知是荔枝來。"②足明荔枝之爲尤物，乃能使佳人才子嗜愛之如此。庭聞詩文，是亦閩廣之荔枝，世有見江瑶柱而不朵頤者哉！

庭聞之文，學韓而鄙柳，不襲南豐。其所懷來，實本《史記》。蓋《史記》麗潤而清紆，後來韓得其髓，而歐承之。今之八大家雖云並美，然實豫章爲多，又皆歐門人也。三蘇無論，即王、曾亦屬其門下士。庭聞以韓、王、歐爲雁行之友，以文孫而繼文祖，自闢乾坤，光大南豐之業，此何如力量？較之沉鬱頓挫、步步欲繩祖武者大不侔矣。

庭聞舊刻，有蓮山問天制藝，爲楊維斗、周介生、朱雲子、錢吉士所評品，價重南金。鼎革以來，乃專攻詩賦、古文，今雖厄于南宮，嬉笑怒罵皆成文章，乃天欲老其才而大用之。旗鼓中原，登壇樹幟，非庭聞而誰。

庭聞來自寧夏，爲其父執以文見贄，索余序之。予讀其文，如金翅摩空，神龍戲海，不可捉摸。不欲挫其鋩穎，又以今之爲序文者如敗絮蒙頭，木鳶罥頂，無一生氣。俊語殊堪嘔噦，不作可也，乃庭聞不

---

① 參見蘇軾《食荔枝》，一本作"日啖荔枝三百顆，不辭常作嶺南人"。
② 參見杜牧《過華清宮絕句》。

能已已除。是以神龍金翅籠罩其上,庶與牟尼寶珠相稱。爲書數則,以告世之讀庭聞之文者。

# 序①

## 送寧夏中丞憲評劉公序

康熙四年正月辛卯,京師地震,上諭無内外官許條奏利害。時有以督、撫不宜並設奏者,上許可,詔去留有差。於是,寧夏、贛州巡撫並裁焉。贛,畹故鄉也,南介閩,西連楚,又南控粤之南韶、惠、潮,亦大江以西之極邊也,與寧夏形勝無異。兩撫之可裁與否,草野何知?但贛距夏凡九千餘里,往往家信一二年至,至皆堂上尊人嗟諮愁苦,賦役、盜賊、瑣屑之語,絶無一語之及於大官有司也。然而,庇於大官有司者固已多矣。畹輕去其鄉,離其父兄子弟之樂,得一廓於西夏爲家,三年以久,其間去國懷鄉之感亦復何限?而消沉滯湮,得其衣食歲月之資,忘其托足爲關塞客者,實我中丞劉公力也。公静而有體,氣肅而旨祥,操縱設施一本于寬大,而治之若爲無事者。生平精於筆墨,厭于經史、圖畫,古文大家出則語人曰:"余何知耶?"與人接待,和顏色,以盡人,終日情;而無一切苟且泛浮之詞,以相謾餙。雖生長福澤,尤善體人飢寒屈辱,莫可告愬者。又絶類飽於窮厄、久於羇孤者之所爲。公之度量,何必古人,豈不重可愛畏哉!今公以詔趨闕下,故老子弟一時惶惑,咸有天地失所之憂。夏州雖絶漠,其地際河渠,以田無旱潦之憂,無流迺之患。稅繇完給,不乏於有司,獨平慶新隸所治,積逋頻仍,屬吏之參罰,蹙我公者至矣。公遽離其位,又何莫非天地之心也。公得天地之心,而公之屬與故老子弟乃不能得公之天地以爲生。且今天下巡撫之可裁者,不獨寧夏、贛州爲然。而今天下獨於寧夏、贛州爲然,得非爲畹之生長、羇旅於其間,而亦欲畹之不得

---

① 本題係整理者所擬。

與天地以爲生焉者否耶。公行矣，畹有僮僕胠篋之難，戚戚忡忡，出慶陽、西安，謀西歸卒歲。今歲晚矣，畹不能歸，持一盞，執一匜，涕泗縱橫，交流道左，送公於大河之濱，且不得同公之屬與故老子弟削碑紀言，以頌公七年之德，附公之祠於不朽。而公之遲速就道，揚旌出關，又不知何途之從。瑣尾崩波，徙倚失勢，徘徊想慕，側首傷心。欲歸贛而不可，欲歸夏而尤不可。今而後，畹即歸夏如無歸焉。今而後，夏之庭無畹迹矣。夏之庭欲見畹之迹之日而不可得，而況公乎？

## 慶陽詩序

慶陽詩者，太守竹君傅公之所爲唱而父老屬吏之廣而和之者也。其詩不必盡可傳，而太守之心，蓋天下共見之矣。慶蜩螗，先天下，偪處延涼，川原破碎，賦役弗均，髫童耆耋，黑面相向，四時盡皮毳服，夫妻迭袴襦相出入，穴居野處，敢於思亂，亦其勢也。中間奸胥黠氓，因以盜賊、水旱、田賦、逃亡、飛灑、沉匿種種，以蠹其州縣者，不可勝數。太守則縣以隱陋舉首法收除之。符於册者聽，舛於册者，根治之乃止。於是五屬之田荒熟，列如指掌。李思齊據寧州以抗明，城平而倍其賦稅，法與明祚相終始。我國家兵不血刃，而城以降而寧，賦重如初。父老轉死溝壑，賣室贅子，求爲他邑血食不歸之鬼，以緩須臾，鞭扑死者皆是也。太守奔走涕泣，風雪道途，皮帽祫衣生蟣蝨，爲之請賑恤，爲之請蠲，請罷省於其上，而若儦焉不可終日者，此其心天下共見之。而父老屬吏雖人人誦德感恩，其亦果有以知太守之心否耶。韓氏之言曰："爲政者，初若小煩，旬歲乃稱便。"今太守之政，未嘗久也，而知其政，知其心，慶陽之詩於是乎傳矣。

## 送姚大夏南歸序

朔方處黄河、黑水之西，晉趙諸人所爲恃河山之力以雄一方者也，故其俗好武而羞文。居恒握手比肩，氣勢激烈，僕馬倡狂，左狎伎而右彈箏，叱咤喑啞，使酒罵坐，角觝蹴踘，而不可以逼視者，皆武人也。天下文章之士，棄樂土而至於其鄉者，蓋亦寡矣。及余至，文子園公又至，姚子大夏又至。姚子因觀察至，文子因大帥至。觀察、大帥，賢者也。而文子賢，姚子又賢者也。然後知棄樂土而至於其鄉者之未嘗寡也，然後知晋趙諸人之猶足以動人感慨也。今姚子歸，文子不歸，余又不歸。然則天下之棄樂土而至於其鄉者，獨余與文子哉。他日姚子之徒問姚子曰："今其叱干、張、李之迹，猶有可爲傳述者乎？"爲之謝曰："今其賓服，稱臣妾，贄水土，物惟恐其後至者，皆是徒也。惟觀察賢，大帥賢，文子與姚子至又賢，惡知移風易俗不較勝於晋趙人之所爲乎？"余無以爲姚子相贈處也，請以是言。

## 壽朱秀才序

余家夏州凡四年，得一人交，爲允升强子云。一日，强子言於余曰："吾之友駿聲馬子崛起而郡佐劇徽也，吾之友殿公陳子以材武崛起而冠秦中軍也。吾不才，舉於北闈，亦得與二三子後先崛起如是也。凡此皆吾師文淵朱公之所以教吾二三子以有成，吾一日不敢忘也。"已而余問其師所以爲人於强子，强子曰："能忘富貴，樂善，好讀書，失父母，早事大父，有孝名。撫諸弱弟，極友道以教之，而冠婚之禮以成，學亦以立。鄉之子弟歸之，一如其子弟。教之則曰：'汝能無惑、無怠、無戲謔於汝師之説耶？無貴無賤、無長無少，終身憚憚以守汝師之説耶？無攻惡、無挾鬥、無畏難、無阻善，無恭而諛、安而惰、遜而蕩、寬而佚、惠而瑣、直而徑以岐越於汝師之説耶？'夸而無恥、狂而肆躁而忍人者，吾師不與也。博通而無守，好名而矯柱，忿怒而强辨，色厲而口佞，而無常道者，吾師不與也。嗜酤酒，好陸博，行其庭而不見其人者，吾師不與也。積貨賄，急功利，臨事而弱，嫉人而貪，自得强有力以即於剛償者，吾師不與也。不寧惟是，丙子，①匹夫之亂驟發，一時師排難解紛，不遺餘力，河東西賴以寧。當大亂而不顧，邁大

---

① 丙子：崇禎九年(1636)。

難而不回者,吾未能以儗吾師也。今五月二日,師於是爲辰六十矣。吾諸弟子思所以壽吾師者,不獨吾與馬子、陳子也。吾鄉人之言,無以爲天下信,爲吾師重,吾願以此屬子,子其爲吾言。"於是曾子頓首,再拜起而言曰:壽考作人,胡不萬年。洵如强子之言,二三子之光大其師之業者,豈但已哉。

## 送米紫來理刑贛州序

天子之禁,大司寇掌於内。而畿服以外,所爲詰奸刑暴者,督撫爲之也。督撫所爲詰奸刑暴者,郡國推官爲之也。今一事之大小,一罪之重輕,參駁動二三年,拘提至數十人百人,莫不自推官上之提刑,提刑上之督撫,督撫上之司寇,以上之天子。推官曰其情止於此矣,督撫亦曰其情止於此也。推官曰其情又有甚於此者矣,督撫亦曰其情必有甚者也。推官曰法至此無以加矣,督撫亦曰法至此無加也。推官曰法至此而尚有可議矣,督撫亦曰法至此洵有可議也。舉天子一切法令、民命,豪末之死生,皆於推官係之。

丁未春,①贛推官闕銓衡,以紫來米君應天子選,余聞之而色喜。蓋贛處上游,去京師絶遠,聲教法度,百姓恒有所不及。知米君生長首善之地,習見天子欽恤至意,行將體督撫哀矜審克之心,捐滌煩苛,斟酌律例,不在科條文墨。庶幾絶遠之民,嘗有天子之聲教法度,至其耳目,然後重犯法息訟獄,不敢以身試司李之庭,豈非贛之幸乎?

於是曾子拜手而言曰:"維桑與梓,必恭敬止。贛,畹恭敬之所也。"于是請于君曰:"贛殷庶則民好訟,贛不殷庶而吏因以爲殷庶。然則何以治之?"于是請于君曰:"贛多盜則民好訟,贛不多盜而吏因以爲盜。然則何以治之?"于是請于君曰:"贛有積牘則民好訟,贛無積牘而吏因以爲積牘,然則君又何以治之?"君曰:"吾將體天子欽恤之心,以行天子之法,以報督撫,其庶幾無負贛人乎。"

---

① 丁未:康熙六年(1667)。

昔何堅以進士舉，歸道州，韓愈送之，望其唱州人以服陽公之令。余久處西陲，聞君往亦將歸贛，率贛人如服陽公之令，以服君。且道處湖之南而贛處嶺之北，其風俗大都不甚相遠，君賢如道州，其亦無慮賢無湖南帥者乎？

## 山東鹽運司使魏公蠲課序

昔者富強之勢在齊，其水躁而復埌，滯而運，其俗葆詐而好勇，貪粗而重貨。管子因之伐菹煮沸，問口讎鹽，相其君以霸於諸侯，諸侯稱寬焉。

乃考其時，地未加廣也，人未甚衆也，財未甚溢也，而食梁趙宋衛濮陽之鹽三成六千鐘，坐收其成金一萬一千餘觔，故國富而民可走。及其後以萬乘之齊，千乘之魯，并一二東而公室坐耗，反不如昔者一隅之沃饒而擅利焉。毋亦聚散之勢不均而爲之圖者，不足與蘇其困耶。以余觀于竟甫魏公，則有異齊河陼洪灘竃沉商無升斗之獲。公曰："備矣。"曰："將割沒。"我曰："將厚荚。"我曰："將斂我於匪額，將變化。"我曰："將殘苟我。"公曰："嘻，逋賦之貸民者爲已悉矣，其諸貸民而厲商乎。"

於是請之制府，請之中丞御史臺。御史臺可其議，白於朝，朝廷從其議，下令曰："聚也不如其散，東運之逋，積一萬四千二百餘者悉與貸。"而商之困一蘇。齊不雨者，六月隕霜，殺菽赤旱，老弱噛槐榆，死者無算。中丞以白於朝，朝廷下急令，使逋臣巡災癘，誕賚餓羸，一夫不獲者恤之，而薦草中鹽之壚，曾不得較例悉貸焉。公曰："膏壤者、斥鹵者同，若之何其不悉貸也？且吾民之逋於商者倍，天子貸之，惠其可以獨偏乎？"

於是請之中丞御史臺，於是中丞御臺台交白之朝，於是天子從其議曰：斥鹵者、膏壤者同。於是歲免竃一萬四千三百餘課。而商之困又一蘇。至今讀蠲課二篇，蓋與海王諸書相表裏云。自吾論之，管子處富強之勢，其利國也；易公處殘敝之餘，其利國也。難審於聚散之故，而灼然爲之圖。公蓋王者佐哉，不觀之屠酤肥汁之事乎。齊民貧而商富，小白欲殺商以益民，管子爲之決瓊洛之水通抗莊之間，如是者期年，然後貧商而富民。由此觀之，齊之君臣一時補苴之術得矣。乃其所以別商於民者何也？恐亦無辭於王者之世矣。

### 代宗主五經博士募修萊蕪祖廟序

宗主諱聞達，萊蕪侯六十五世孫。

吾曾廟之廢也久矣。西漢中，吾曾徙於江西，垂二千餘年而廟浸以廢。明興，正統丙寅廟乃成。① 丁卯，② 大參馬公始遷萊蕪，公於廟東置萊蕪廟焉。萬曆己卯，③ 中丞趙公、直指錢公復理新之，至今八九十年而無有新之者。

某嘗過闕里，行汶泗，見孔顏孟仲之廟，構櫨根闑，世世堂堂，而嶄然以新，獨吾祖廟澷漫不治，其故何也？蓋孔顏孟仲之廟，在騶魯鳧嶧之間者孔道，士大夫蹄輪所過，縱觀車服禮器，莫不目擊心動，閔閔焉，有棟折榱崩之憂。

顧祖廟僻處嘉祥之南武山，士大夫之至於其邑者少矣，至於其邑而又即至於其邑之鄉者，抑又少矣。毋怪乎頹然以廢，莫比於孔顏孟仲之廟。如此，其新之易也。先是邑君張柟者憂之，爲計其修葺繕完之費，大約以兩計者得一萬七千，既以費之不訾不果就。

嗟夫，天下多故以來，民生未休息，財賦未充，而慨然欲舉大費，勢誠有所未易。然今烏巷衣服飲食日漸豐豫，士大夫車旗宴好，宮室一日之費，一物之成，足當編戶之業，而浮屠老子之宮，焜耀於寓中者，不可勝數。則其財力猶有足以爲者，況萊蕪廟制稍儉，其功易舉，不及萬七千三分之一。

某帥，武城人，先新是廟，當無難，而祭田廟戶之共憶，尚愁然未

---

① 正統丙寅：正統十一年(1446)。
② 丁卯：正統十二年(1447)。
③ 己卯：萬曆七年(1579)。

足,猶欲與天下士大夫共成之。史遷曰:"學者多稱七十之徒,譽者或過其實,毀者或損其真,均之未睹厥容貌。"① 今當世之士大夫,倘有馬公、趙公、錢公其人者,升紸爪之臺,入曬書之堂,而睹厥容貌,未有不目擊心動,即事量工,以比於孔顏孟仲之廟之嶄然以新者,無難也。

## 嘯碧堂唱和詩後序

自畹西域彎弓上馬出入,逐水草,無城郭,終日不見人迹。大風起,沙礫擊面,往往止氊幕。如歸止則羶肉酪漿,小兒女環坐進飲食,甚匪甚恭,極歎此方之尚可以爲教化也。比至東南,襞積寒綃縠纑漆絲金錫珠璣丹砂犀瑂瑁之屬,列於關市,人物繦至,而輻輳爭競較量錙銖如兵革逐馬聲者,不可勝數。竊歎此方之矜富擅利,去太古之風遠矣。及遇宗伯李公於長洲苑,負劍周旋者旬餘日。而宗伯與猶子石臺、大參,唱和爲詩,則以命畹序。

嗟乎!畹何人,敢序宗伯之詩哉!宗伯之門弟子梅村吳司成者,文獻之所歸望。宗伯不遠千里,溯彭湖長江之險,講孔李之舊扁舟,皓首相見,談經樂詩酒,風雪寒暑不少衰。師弟子四十年,盡忘其八十、六十,以老而教愛禮讓,懽若一日者,豈可易得?畹始歸東南,而悲其俗之遠於古,翻然有西望之心。今見宗伯之於其弟子如此,於其猶子如此,而又視畹不啻如其弟子猶子又如此,畹將浸淫於東南唱和之中。賴文獻以自老,而又何西域之教化爲?

畹是以忘其固鄙,而爲之序。

## 梁溪高母張孺人壽序

大凡人之壽其母與母之冀其子之壽於其母者,無貴賤少長。莫不思悉其生平之懿德孝行以相稱道,以光顯其門庭。然非里人言之,族人言之,天下人言之,其説不備而其事不著也。孔子之言閔子曰:"無間

---

① 參見《史記·仲尼弟子列傳》:"太史公曰:學者多稱七十子之徒,譽者或過其實,毀者或損其真,鈞之未睹厥容貌。"

於父母昆弟之言。"①由今以思，無貴賤少長，要之，内行賢世足矣。

梁谿高君子調太母張孺人者，以明年戊申五月壽八十。② 其里人、族人皆有言，而天下人如畹何等者，顧安得無一言佐高君加壹飱。蓋梁谿者，學道節禮之鄉，而畹之師友、婚姻在焉。畹昔與其鄉先生唐采臣者以文章交懽久，會唐司餉銀州，畹托迹藩邸。欲具知關内阸塞、富強、興替之處，與采臣塞下相見不能去，留瀰占籍。家信罕通，然每每與梁谿人走書，南北不絶。甲午，③受知於座主陸石齋先生，先生廢師弟子禮，托父子兄弟之情以懽接於畹，一切脯資餼牽，皆推予之。每當流覽山川，藏否人物之時，輒憶梁谿學道節禮之鄉。今尚有其人者乎？

及余戊戌下第，④先生分巡濟南，召予至。諸客食濟南者數十輩，要皆鹵莽苟食息者，不可與言，即與言亦多不合。獨高君爲母老家貧，客游旦夕，冀得甘毳以養親。與計古今得失、論機勢是非、辨人材邪正，語言私説，無不先獲余心，蓋志念深矣。余退而告先生曰："彼高君者，其諸學道節禮者乎？然非内有其行，烏能至是。"

明年，余讀書梁谿，先生假之宅，時時與高君往返。頃之，余有浩浩育育之思，董振擇以爲室，而莫之取焉。有秦氏女者，二十而未嫁聘，爲流言阻。謀之高君，高君曰："可。吾孺人者，以仁善信教聞於鄉，此當爲汝白焉。"明日，以流言故白。流言輒定，至今十年。女歸予西州，曾無一旦不保傅而宵下堂者，豈非太母之力哉。

太母出梁谿望族，高君祖父又望族，畹師友人又梁谿文獻者流，而女又動履中規矩繩墨，或者不墮其家世，以無忝於太母之所成，則太母之仁善信，教梁谿人言之，固不如畹言之也。畹未敢遠於事情而推之天下，即其鄉之事，其鄉之人，爲之發揚稱道，以答高君壽母之

---

① 參見《論語·先進篇》："子曰：'孝哉閔子騫！人不間於父母昆弟之言'"。
② 戊申：康熙七年（1668）。
③ 甲午：順治十一年（1654）。
④ 戊戌：順治十五年（1658）。

意。睕雖爲天下之言，不過爲梁谿之言以無間然已爾。抑梁谿俗無貴賤少長，具初衰禮者，率皆舉於春王正月。

今高君以耕讀自善其身，上以蒙天子親政無事之福，下以席忠憲公諱攀龍。學道節禮之休，克孝克忠，紹修前緒，士之貴於內行賢世者，匪虛哉。睕將筮上日，衣皂布衣，乘牛車，登高君之堂，拜太母膝下，更爲梁谿"竹枝辭"以爲壽，然後酌酒而退。

## 江蘇佟方伯壽序

清興二十五年之間，江淮似富而非富，非貧而似貧，其故何也？其故非有水旱之害、盜賊疾疫之灾。米至腐敗露積極充溢之數，而等於無藏蓋者，其故在於富而不能善用其富，以至貧而又不能善用其貧也。

韓人賣美人數千人，而其國益貧。楚人收漁鹽蠃蛤之利，其國益富。貧富之間，非有定勢，蓋其用之者異。與余休止關塞，出入天水、隴西、北地、上郡，過並汾澤潞，道闚燕趙齊魯間，以知閭閻羸罷之風，不獨江淮然也，而江淮爲甚。他州之俗，曲席而坐，傳器而食，織杼而衣，拆節爲儉，嗇力田畜，無耳目淫巧之玩，朋酒、伏臘、刲羊、擊豕，無奇珍異羞以悅其口，故雖甚貧而猶不失爲富。江淮好作浮淫，歌鐘絃管之聲不絕於耳，妖冶靚服不絕於目，鼎俎之羞，窮工極味，然將相或不能具饘粥以應客，公卿徒步與齊民伍，而胥史、俳優之徒游手自豪，興服室廬，男女飲食，往往上儗王公無度，外似富而中極貧，以故末作害本業，賦稅不登，風俗在下，累之及上。

自壽民佟公握算以來，而江淮之貧富定矣。江淮集重兵者三州府，餽饟皆輸之三督撫，京口則輸之制府，揚琅則輸之督漕，雲間以訖上海崇明，則皆輸之江撫。所與責成於藩牧間者，不過郡邑文移，一總會計之數而已。目未嘗見朱提白鏐，手未嘗稱銖兩，而千萬什伯轉輸菽粟芻蒿之檄如雨，皆於藩牧較其盈縮。公力崇節儉，能使江淮間士庶人皆安其貧之實，而憂其富之名。一切供具，無不約其儀文，去其煩重，裁成變化有概，使人忘之不倦，於今五年矣。公之言曰："吾總握東南户口財賦，無秦晉燕齊之實，而濫竊其名者，亦足羞也。"昔晉人欲去故絳，謀徙郇瑕氏之地，韓獻子曰："近寶，公室乃貧。"①夫金玉寶貨不足以佐公家之富，而徒益閭閻之貧，民貧而國安得富。公較然於貧富之故，民不困輸而國用饒給，非公之善用其貧，烏足以致此哉。

畹往來南北間，嘗過淇水之上，竊嘆衛稱沃土，爲河北大都會。其後男女僅七百三十人，牛羊豕鷄狗，門材夫人之魚軒，一無所有。而文公以大布之衣，大帛之冠，務財訓農，通工惠商，遂至革車三百乘，騋牝三千，享國長治，幾三十載，古之善用其貧以致富者，蕃祉老壽類如此夫，遂舉以爲公壽。

## 平西親王六秩徵詩序

今上己酉之明年，②庚戌秋七月朔二日，③爲平西親王歲誕之辰，蓋五周星紀矣。親王大有造於皇家，功在天下。天下郡國萬城，薄海内外，絶徼荒裔，奉職之區，無小大遐邇，咸思壽王永爲天子柱石。畹因公車走南北，謀集滿漢元老、鉅卿詩歌以爲王壽，敬先以請。

畹先大人與親王相厚善，畹獲以故人子謁王漢中。甲午，④又獲與王女夫胡擎天同舉陝西省試。庚子，⑤王五十，畹貧無貲，不獲試春官且壽王。甲辰正月，⑥世子來，畹再上春官，不得從世子再見王水西。丙午，⑦趙總兵良棟西夏人來，畹始得爲序一篇壽親王，肅拜使者以獻。初，王委任文武，參錯滇黔，凡士有一技足録者，罔不奔趨輻進受職事，得以才自見。獨畹不得負羈絏從王，沾天子升斗之禄，豈自

---

① 參見《左傳·成公六年》："國饒，則民驕佚；近寶，公室乃貧，不可謂樂。"
② 己酉：康熙八年（1669）。
③ 庚戌：康熙九年（1670）。
④ 甲午：順治十一年（1654）。
⑤ 庚子：順治十七年（1660）。
⑥ 甲辰：康熙三年（1664）。
⑦ 丙午：康熙五年（1666）。

違其遇哉。蓋讓於德能，自以爲於時未可用，王豐功偉績垂三十年，其燦然臚列史册者，大書百十不能盡。雖天下至愚極賤之人，皆能言之，何必畹？惟王方辭總握文武之任，保天子之寵命以有成功，此非能忍人之所不能忍，讓人之所不能讓，必不能應時行之，以求合於古人持滿止足之道。

唐代宗時，進汾陽王尚書令，汾陽推讓，言太宗嘗踐此官，累代不敢置員。用兵已久，借賞者已兼數官，今凶醜既平，作法審官其時也。代宗嘉之，具所以讓者付史官，其部曲宿將數十皆位至於幕府，六十人皆將相，極貴顯。然汾陽終以歌舞娛樂，滋致其休。西平王李晟辭鳳翔節度，入爲太尉，與馬燧同朝，兩家鐘鼓聲不絕。稍間，中使至，曰：「今日何不舉樂。」裴晉公以司徒移節河東，爲綠野堂，激流階下，與白居易、劉禹錫賦詩飲酒相唱和，四裔皆聞其名。凡使者至外國，其君長必問度年歲幾何，容貌何似，朝廷用否，以爲天下安危。彼度、晟其亦聞汾陽之風而善用之者，與今王與郭、李諸人何多讓？

《易》之卦六十有四，吉、凶、貞、悔者半，惟蹇與謙大有爲，備吉而乾坤之惕亢，疑戰不與焉。王初以匪躬連朋濟蹇，開闢草昧，爲大有之亨，終以謙尊，行師征邑國，所至無不服。王一身功名，富貴康壽，好德於古今爲最備，即合天下爲誦聲，豈復有重輕於親王者哉！顧《蒸民》之詩曰：「吉甫作誦，穆如清風。」①其在《崧高》曰：「其風肆好，以贈申伯。」②故同朝不廢贈言，被之金石，采之太史，義取諸此。下至巷婦、里兒、征夫、勞士，咸思微吟，輒達朝廟，本庶民之俗謠，即以爲天子之風化。

畹不敏，自分庸賤，無氣力以揚扢我親王之高深，播之遐極。王雅好文，今在朝，如燕、許、枚、馬、班、揚者豈乏人，思如《二南》之誦豈弟樂壽考，詩歌賦頌錯之簡編以成。畹萬里壽親王，以壽國家之意敬

---

① 參見《詩經·大雅·烝民》。
② 參見《詩經·大雅·崧高》。

爲之，引端各具箋於外。

**附：乞言事略**

平西親王甲申引兵從高奴上郡抄李自成後，所過無不下，直趨西安。乙酉，①由荆襄下江左，與豫王會師白下，遣將分擊金華，破之。戊子，②軍南鄭，會王永強、賀珍，圍西安。王突出，解圍追賊，府谷、保德皆破之。己丑，③東擊蒲城，蒲州河東西遂破之。壬辰，④身先士卒，披堅執鋭，獨騎破劉文秀，軍保寧。劉文秀敗走。乘勝復成都，而全蜀屬焉。戊戌，⑤取滇南，收緬甸，而孟艮之功最著。甲辰，⑥攻比喇，分隴胯的都朵你阿架四則溪以爲平遠郡，攻大方分法，戈火著木胯架勒四則溪以爲大定郡，攻水西，攻烏撒，分以著剝窩雄所、三則溪爲黔西郡、威寧郡。戊申，⑦西邊康東王雄視北勝州，中甸親王不煩一兵，不遺一矢，匡飭宣威，而西師却，此皆親王二十餘年赫然可紀之績，其他薄伐餘功，固無待論已。晼黴詩序中所不能及者，謹再約略其成效，惟執事采焉。

## 劉止一詩序

劉子止一之詩，其真矣乎。余初遇止一於嶺南，方地維崩坼，戎馬警郊，激烈慷慨，有擐甲死綏之志。又十一年，遇止一濟南，則怒馬揮戈，賦詩行酒，汝唱我和，相得益章。又十年，與余濟南再遇，而止一有青蠅之賦，然猶奔走部曲，若平生一唱三嘆，有征夫怨婦之聲也。又四年，止一客武林，余方習禪天目，適爾相遭，不知爲歌爲哭。而止一顧浪浪泣下謂余曰："子哭則真哭，笑則真笑者也。"既出其新舊律

---

① 乙酉：順治二年(1654)。
② 戊子：順治五年(1648)。
③ 己丑：順治六年(1649)。
④ 壬辰：順治九年(1652)。
⑤ 戊戌：順治十五年(1658)。
⑥ 甲辰：康熙三年(1664)。
⑦ 戊申：康熙七年(1668)。

詩俾余論定。余一言以蔽之曰："真而已矣。"余與止一交二十五年，升沉變故，倏爾博帶衰衣，倏爾毳衣皮帽，倏爾圓頂方袍，極播遷艱苦之況，而余棄諸生，學禪定，亦將以是老矣。固不意攘臂之後，復得讀止一詩也。止一之詩，意氣倜儻，而聲調琳琅，其足爲世雅俗人見而稱嘆者，往往而是，至其詩之獨有真意，則人或不得而知也。世之言詩或歸中原，或歸竟陵，而吾則以爲苟得其真，則皆可以傳。余與止一嫉惡嚴，而好善篤，出處同，好惡同，筆墨同，即至鹽豉辛酸，肥馬輕裘，飲食男女，竟無不同。

嗚呼，止一之詩，止一之人也。余之論止一詩，即余之人也。止一其肯以詩人老乎？其進於此，則余悵乎後之矣。

# 記①

## 刻修城記碑陰

古者天下無事，四方殷饒，人民樂業，公卿、士大夫於其地方之因革廢興，獨行其志，無苟且倖免畏避之心。其後法愈繁，官民愈困，公卿、士大夫日夜救過不贍，而望其有裨於國計民生，斯亦難矣。蒲坂韓公以名父之子，元輔之裔，侍從天子之班，改官莞榷於西州之惠安堡。惠安處斥鹵不毛之地，鑿井爲池，應手爲鹽，聚族而處者百十户。要皆流離徙業、羈窮委懦、遠近失勢之人，而市閭菽井，極目莽蕩，有磧沙之氣。居恒販負、什一之夫，往往裹足不前，而國課亦因之告絀。公至則招徠引掖，如籌其家事。於是裨販百族，慕義嚮風，聯檣□來輸將恐後，不期月而國課倍於昔焉。當此之時，公即坐享其成，泮然一無所事，誰或議其後者。而公以爲凡事之關於國計民生者，何力之是遺也。惕然有復隍之憂，於是出帑金，徵役書，車兩載道，瓴甓構櫨，極數十里。而備致物土巡功，不日而睥睨、屏壘、樓櫓、溝塹之是

---

① 本題係整理者所擬。

新焉。夫《春秋》謹土功,重勞民。然如宣叔之修賦、繕完,君子以爲知難有備。而臧文仲亦曰:"修城郭,爲旱備,即饑而不害。"①今四方饑饉,流亡見告,夏州稍有年。惠安爲輪蹄孔道,其間扶老挈幼,就食而至者,豈其乏人,安得無備乎?余既爲公城碑之記,而重書碑陰,使天下後世見公於國計民生憂勤無已如此,且知所取法焉。

## 芥園記

芥園者,浙東辰如丁先生爲余而作也。辰如從大帥劉公芳名。客西夏,余因度支唐公德亮。客西夏。度支築四柳亭以館余,取柴桑田園之義以彌客心,意甚厚也。居四月,辰如延余於城東十里之所爲漢渠堂者,余樂而止焉。蒲葦果樹雜於亭園,因嘆昔人恃河山之美以爲畜牧者,今獨不可爲化文采之俗乎。歸而語之,度支乃集一邊之子弟朝夕課業焉。子弟之不得於度支者,往往因辰如以達於余,余因辰如以達於度支,至今彬彬稱文采其人。其人者,豈非度支之功?然吾以爲辰如功固不在度支下也。甲午,②余別辰如,辰如執余手曰:漢渠顧域外坰耳。吾將築室國中,以待汝歸。余頷之而別。不數月,國中之室落成。辰如顏之曰:芥園。寓書於余,余不果來,度支又尋去。辰如爲之啓芥園,集多士,課六藝,給筆札,推衣食,賑妻子,毋有毫末事以亂其心。伏念邊州不舉於鄉者且十餘年,辰如請之大帥,請之中丞,黃公圖安。請于朝,比宣大之例,棄商學,於額用四學,以三年舉者二人。烏乎,辰如之有功於西夏也,夏之人能言之,豈在芥園。余僑居芥園凡二年,見四柳之亭在茂草漢渠之堂亦浸浸毀頓,而芥園獨巋然存。余爲辰如來芥園,顧余來不浹旬而辰如受幕於中丞,劉公秉政。經年如萬里別者。及中丞北行,辰如始出幕。又不浹旬而辰如南徙

---

① 參見《左傳·僖公二十一年》:"夏,大旱。公欲焚巫、尪。臧文仲曰:'非旱備也。修城郭、貶食、省用、務穡、勸分,此其務也。巫尪何爲?天欲殺之,則如勿生;若能爲旱,焚之滋甚。'公從之。是歲也,饑而不害。"

② 甲午:順治十一年(1654)。

以歸，若回避者。豈真芥園之作，爲余而作乎。他日夏之彬彬有文采者，無忘其初。羈旅之人，自他有耀競，用以有成其四柳之亭，草者芟之，漢渠之堂毀者新之。然則辰如之喜可知也。芥園成，度支有記，今余復記之如是云。

## 一草亭記

明神廟間，東林先生講道樂群，行志擇誼，取舍進退，去就是非，一軌於正，何甚盛也。其後東南篤學之士，加之陶鑄，助之聲勢，刻其文爲復社，蓋與東林相表裏云。今年，余遇婁東周子子俶於京師，執手道故，反顧今日集闕下應禮部之選，爲當時馳聲吾社者，吾與君二人而已。榜發，皆下第，相與含笑而別。周子南歸，余謁故人武觀察於壽張。故人延之上座，諮嗟吁咈，委曲慰勞。一日，指其几席曰："若非范令匪莪施君之所爲集詩者乎？"予讀之，目睛不轉。意昔者馳聲吾社，其姓氏嘗至於吾耳者，必其人也。於是，起而上馬，出祝口遙望，范縣浮寄孤懸，隱隱有烟火之氣。而赤地無人，鳥竄沙飛，烟草蔽障，蒿榛塞塗。人馬饑渴，至則不見。城郭中有一竇，俯而入之，乃范縣也。縣鄙之吏如鳩鵠，城垣皆泥沙墳起，木壞石崩。數健兒繫馬於樹，大道從孔子廟中旁穿側出，心竊傷之。既而見遺像，墨漆如垂，淋淋在風日中，似與弟子相失，獨立東門時狀。余下馬徘徊，瞻望不能去。因念聊攝以東，姑尤以西，蓋爲榆園戰場十年矣。比至縣署，土木相枝撐，銷藏委翳，似又不得門而入者。忽然聞鼓聲，有頃，匪莪葛衣藤帽，吟哦而出，相與拜手，既悼古今不絕口，回念昔者東南之社多有不可再見者，與周子之言皆然也。坐余一亭，供帳飲食之器皆具，指余曰："此吾令范來所爲一草亭者也，汝盍爲我記之。"於是曾子頓首而言曰："匪莪讀書在吾徒之列，筮仕鄒魯，不能爲孔子廟塗而新之，其限於力也明矣。"匪莪若曰："吾宰是邑者凡九年，不聞絃歌之聲，而使君子小人有嚮道慕學之意，吾庶幾聖人風中之一草云爾。"君子謂匪莪之不愧復社其人者，有以也夫。

## 寧都曾氏記

畹著籍西夏，則將爲西夏氏之始祖。畹不能闡明祖功□德，以垂其子孫，而令後之人不辨其宗出自何里，與宗之所以分所以合，是誰之責歟？江西無二曾，其本自山東嘉祥無疑。今考江西諸譜，有溯自太子巫公始者，有自萊蕪點公始者，有自宗聖參公始者，有自據公南徙始者，又有自文定鞏公、襄敏榮公始者。若畹之于襄敏，則一十一世，文定則二十二世也，據公則五十一世也，宗聖則六十五世，而萊蕪六十六世，太子則六十九世也。余始祖泰公者，今虔化干宋家高街，蓋今二十一世，是爲萊蕪四十六世裔矣。置太子而始萊蕪者，蓋譜者之意也。萊蕪之支，在寧都者，高街其一也；塔頭、新大街、石橋頭、削箸巷、背街、劉屋巷、獅子石、合工城、下拱辰橋、下西門族二，分之蓋十有二族云。其支在寧都之鄉者，則有曾坊、陵村、田埠、烏村、洋溪口、棠溪、釣豐、七里、坎頭、順義、萬斛也，則有南漢、永樂、水口、陳團坝、社園下、小源族三也，則有流田、中布、安福、李村、黃册、固厚、石隴、新安、黃柏塘也，分之又二十有八云。由城之十二族與鄉之二十八族，分之則寧都，而合之皆萊蕪之裔也。且萊蕪之裔散處於江西郡邑間者，要皆與寧都合派而不及考。以余所知，若南城逢年者固文定二十一世，則萊蕪六十五世裔也。若永豐魯得者、臨出應星者、清江寅者、豐城之晟者，與逢年皆近舉於鄉。泰和法孔者、養者皆以世職顯於靖南王下，皆與畹同出萊蕪後，而皆未得其譜系。考之亦皆未知其所以分、所以合矣。惟寧都削箸巷爲最繁衍，其舉於明鄉試者亦三人而孝廉，昔賢者固畹之所稱爲兄行者也。考其始徙寧都來者，爲原距萊蕪五十三世，與嘉祥貞字行等則皆萊蕪六十六世裔。向者載於癸酉、①甲戌、②丙子齒錄中者其誤矣。③下西門族二，一出於坎頭，今

---

① 癸酉：崇禎六年(1633)。
② 甲戌：崇禎七年(1634)。
③ 丙子：崇禎九年(1636)。

百人；其一則孝廉益其者之宗，益其者固畹之所稱爲云孫者也。益其與畹同出時達公後，時達公之冢孫景福者，吾始祖虔化公十一世孫，固萊蕪五十七世裔也。益其之祖景福，猶畹之祖景順公也。其合而分者，自福、順二公始。畹距順公十世，益其距福公固已十五世。向者載之丙子、癸卯齒錄中者又誤矣。① 吾宗居南漢者自少七郎始，少七郎者太子四十六世，萊蕪四十三世也。自少七郎傳至進士就義則已二十八世，太子七十四世，萊蕪七十一世矣。其載於甲戌、丙子、戊寅、癸卯諸錄中者，向皆誤矣。他如永樂、小源之顯於明，拱辰橋進士益濟、處士蒼山之著名於宋者，吾皆無考焉。獨新大街、曾坊之祖處顒者，固吾始祖虔化公之玄孫，而萊蕪公之五十世裔也。垳頭之祖文鑑者，固吾十世祖景順公之曾孫、而萊蕪公之六十世裔也。若拱辰橋、陵村，若田埠、烏村，若七里、坎頭、順義、萬斛，皆出虔化公後，則皆吾高街之裔也。當時族大，別爲宗，或里役煩重，或軍戍足爲累，或慮族合附葬其祖先墳域，或弱或散處，執業久而不可歸者，而其宗又無聞人，將何考焉。然則吾宗之分合在耳目聞見之外者，又豈少哉。合而分之，寧都之族，城與鄉異。城與城、鄉與鄉又異。分而合之，新大街由曾坊出，石橋頭由削箸巷出，下西門由坎頭出，其本一也。下西門、垳頭、新大街、拱辰橋、曾坊、陵村、田埠、烏村、七里、坎頭、順義、萬斛，皆吾虔化公後，則皆吾高街之裔，其本又一也。後之人不原夫寧都之族所以分與所以合，而江西已無據矣。況山東乎，況西夏乎。

## 欽賞銀彝記

明崇禎戊寅，②直隸山東凡五十餘城皆陷。事平，天子出絡金齎內閣兵部兵科，凡六十兩、四十兩、二十兩、十二兩有差。是役也，樞臣掣大帥肘，大帥不恤士卒，而介胄士出死力者，皆沉抑不得志。畹

---

① 癸卯：康熙二年（1663）。
② 戊寅：崇禎十一年（1638）。

父業業以臣罪當誅不當賞爲請，不得辭。於是以兵部職方郎受賞二十兩。敬以上賜金，使人治爲彝。植耳二，耳下于于，下袥焉錯以優曇花蔕八，之旁饗饕口銜環，動搖者二龍四盤，繞兩面，鼓鱗爪，首勢相向，各抱欽賞字。優曇花若龍若字，間處間以琺瑯爛然。畹於是憮然嘆息曰："烏乎，物之存亡於三十二年，與人之存亡三十二年，俱不知其數，豈其無奪之者。而畹守先人之物，三十餘年而不失者，亦僅僅較諸弟諸姑姊妹守先人之物而不失，豈非藉天子一日之覜，與先人之所以致敬於其覜者，庶幾得保賴之，以至於今乎。"於是記而傳之。畹長子倣，倣長子胤讓，世世子孫，以次相傳云。

## 蓮花山僧田碑記

均之爲施濟，而施濟之有益有損者蓋存諸其人。寧都蓮花山，與雲都青塘道陌相望。余昔從先君子讀書其處，施僧以青塘之田十余畝，計糧十余石。比年田糧荒，重僧困，正課之外有雜徭焉，僧遂逸。山廢落已。辛丑，①余請之雩都李邑君，比雲居寶華章山景德之例，以罷諸徭役，勒石於山。蓋李君之仲父，與先君子皆甲戌成進士，畹用是得遂所請。昨年歸，見新邑君張公。張公與畹無生平之舊，而蓮花山僧復以徭役請之畹。畹不揣，又請於張公，公慨然如李公之例罷之。自張公之後，復如二公例者，遞罷之斷無疑也。於是僧復請記於余，以勒於石。

余觀古賢良涖其上者，境內之山川壅者闢之，廢者興之。是故有禱祀之典，有豐殖之勤，倣乎古者國必依山川之義，凡以爲民也。他如記亭新臺，資於游燕。蘇文忠言："士大夫宣力之暇，亦須行樂。"②亦足以見太平泮奐優游之象。蓮華山自晋始，雖但爲禪刹，然往往能興雲致雨澤，士大夫過是者，亦屢登覽焉。然則二公之所以慨然罷兹

---

① 辛丑：順治十八年(1661)。
② 參見蘇軾《上神宗皇帝書》："士大夫捐親戚，棄墳墓，以從宦於四方者，宣力之餘，亦欲取樂，此人之至情也。"

山諸徭役者，蓋古賢良之意，且以施諸鄰之境，非止以益僧，且以爲睌也。李公名祐之，山東長山人。張公名瀲，湖廣黃梅人。

## 浮藍渡三墓碑記

嗚呼！不孝睌、燦於甲寅十月，①先後自蘇、浙聞先淑人昔浮伏依徙崎嶇於鋒燹，今正月二十有五日達寧都，登三巘砦，始得伏殯下觸地哭。嗚呼痛哉！於時有兵警，睌兄弟謀曰宜速葬。遂卜二月十有四日，合窆於先司馬之墓。先日夜，開壙者來報曰："壙右剚，深五尺，有泉水淫淫出。即司馬公宜改葬。"睌、燦、煇驚痛甚。十九日，睌率兄弟子孫返先人之室，親賓皆吊服，叔侄兄弟咸在。有臨告者曰："司馬公先代名臣，葬不得宜。宜速遷，遷於地宜難。吾族凡祖墓，子姓不得厠葬，葬有重罪，惟司馬公於吾祖世爲特出，宜有特例。今服屬咸在，吾祖隴在浮藍渡者，宜可葬。"睌、燦、煇起，趨伏階下，泣應曰："幸甚！諸服屬許以高祖塋左隴葬先司馬，睌子孫其何以報先祖之遺德與服屬之賜。吾他日子孫更不敢有所與。"衆者皆曰："諾。"睌泣，既又仰啓曰："先司馬墓相者咸吉，今尚水。若太淑人墓咸云不吉，若何？今許祖隴葬先司馬，其先太淑人、先淑人得蒙並葬否？"衆又曰："司馬公朝大臣，朝錫封，他不得及。必及太淑人、淑人。況我家人、吾子姓亦將刻碑於塋，示後世子姓不許冒以例及，及者重罪。"睌等於是啓視太淑人墓，蟻盡於楄柎，及於幹。嗚呼痛哉！遂卜二十有八日，奉三柩於高祖之墳左，畫營兆而葬。先數日，睌等集服叔侄兄弟於庭而告曰："先人葬有日矣，吾祖遺德與服長幼之賜，犬馬無以報，縣之南有田，歲收租百石，願以供祖祭胙饗，祖墓碑凡圮舊者，願供貲以修。"衆皆曰："可。惟他日子姓不得援所供田爲附葬例。"睌等皆應曰："惟命。"於是，睌遂記其語刻於石，立先司馬墓右，俾來世有考。

---

① 甲寅：康熙十三年(1674)。

# 書①

## 答李屺瞻書

　　蒙教。涇陽人謂畹不近人情,然畹之不近人情,豈猶夫人之近人情者哉。天下之人軟媚滑熟,奔走於豪貴家,縮頭傷氣,納交左右,一意諛佞。主人之所是者,委曲以鳴其是;主人之所非者,委曲以鳴其非。天下之人以爲如此,而後近乎人情也。畹以爲必如此而近人情,必不如此而亦非不近人情者也。記畹束髮從先大人游於吳,與天如、受先、維斗諸先生先後抗行。其時金沙諸子,謂艾東鄉大不近人情,某固東鄉之鄉人,而攻東鄉謂非某不可。畹頓首謝曰:"畹與千子同里之誼,其近情與不近情,雖畹不獲深知。然觀其於程朱訓詁之旨,固自有得。方今天子門户有禁,立社有禁,諸先生毋我謀也。"當時有怪余不近人情者,至今三十年以久矣。無怪乎今之人,指謂覽之不近人情也。顧嘗語人曰:"畹口吃,吃似鄧士載。性卞急,似王藍田。輕詆似謝靈運,納誨似王處仲,放直似張徐州。要皆合於古人,不與今人合也。"涇陽人謂畹之不近人情,何其似知我也。畹行矣,然終不敢以不近人情而不復言者,以屺瞻筮仕之後,得無歉於學乎。歐陽永叔得韓文於尹師魯,亦在舉進士後。屺瞻乃謂今之視詩文者如瓦釜然。今之視能詩文者,又不啻如儈父然。此言出之市井則可,出之屺瞻則大不可也。屺瞻早掇一第,以富强之年,肆其力於詩文,抑何所不至。而終日變動,不自愛惜,居不安而食不飽,而徒以不近人情之言,塞畹之口,乖天下之望,畹甚爲屺瞻惜也。他日之人,以屺瞻爲不好學,而又以屺瞻與曾子交游久,曾無一言以好學進。天下後世之視畹爲何如?而視屺瞻又何如也?

---

① 本題係整理者所擬。

## 答吳四書

丁向垣舉子文，僕再四反命不欲爲。足下以向垣之意己之，謂他人之言，不足以垂後世，子何可使塞下事不傳也。語絶可聽，至于再三。僕不得已而爲之。里人既繕錦帳以進，向垣極口稱謝。聞有指其旁者曰："此譏君也。"向垣不再反顧，用筆抹掇以宴客，以簡賤於僕。噫，僕豈衆人所得而簡賤者耶！接札果然歸咎於足下。閉門而詢之，宜也。雖然，僕之爲文，結搆、起伏、頓挫，皆髣髴古人，不肯飾詞以欺天下。要使天下之人，聞其言而咨嗟感慕而後已，此何足爲衆人道。但其謂僕有譏彈之詞，不宜直發其隱，此尤可笑。齊桓公謂叔牙曰："何不起爲寡人壽乎。"叔牙奉爵而進曰："使公無忘出如莒時也，使管子無忘束縛在魯也，使寧戚無忘飯牛車下也。"桓公辟席再拜曰："寡人與諸大夫無忘夫子之言。"①信斯言也。人臣對君亦非諛佞之所宜出，況其下乎？且向垣孝友之事最著，天地鬼神，陰牖其衷，既使僕之文有以見於世，苟有肝心者讀之涕沾袍，惟恐其腕下格格不得雪白，乃其所見在此不在彼，此洵非衆人之過也。固亦其文之不至也。昔揚雄所爲經，門人侯芭謂其過《周易》，而班固用以覆甕。韓昌黎大奇之文世人大怪之，小奇者小怪之。他如薛大順文有氣力，擢第爲武人作書奏，軍中傳以爲笑。僕不逮古人遠矣，何足怪哉。

## 答　人

伻來正弟小恙後，精神惘惘，耳聾目眩，不能語。時甫定，取來稿削方墨筆，視之乃觀察胥徒也。是其人能傾鄉里者耶？能傾民社者耶？能傾國法者耶？未可知也。余雖不敢以西土之人度山東之吏，然而庶人工商之業雖賤，而可以長年，未聞刀筆筐篋之中有仁壽焉。

---

① 參見《管子·小稱》："桓公、管仲、鮑叔牙、寧戚四人飲，飲酣，桓公謂鮑叔牙曰：'闔不起爲寡人壽乎？'鮑叔牙奉杯而起曰：'使公毋忘出如莒時也，使管子毋忘束縛在魯也，使寧戚毋忘飯牛車下也。'桓公辟席再拜曰：'寡人與二大夫能無忘夫子之言，則國之社稷必不危矣。'"

所當與日者奉祠弟子之文,同日絶之者也。若以足下之命不獲辭,爲之祝曰:"五福之先爲壽,六極之先爲凶。短折其壽也,凶也。吏自爲之,而非自天爲之也。"吾無以爲若壽也,爲之祝曰:"考終命而已,夫吏莫富而貧,吏莫康寧而憂極也,天將以福報之。吏舞文弄法而惡,則六極之事皆備。天雖錫之福,而吏不受也。吏不受而曰:'予攸好德,日取士君子之文,而樂誦之,其何辭於考終命乎。'"

## 與閩縣家公望孝廉書

嘗讀蘇氏族譜引,稱一人之身分而至於塗人者,畹甚戚焉。昨歲至嘉祥拜廟謁林訪族人,南武城山見嘉靖中木塘徙歸北居者,今僅四十餘人。不過六十二世又六世而止。要皆質樸,務耕鑿,即襁褓提一童子出,亦教以尊卑長幼之稱。畹雖戚而甚樂也。博士叔出家譜與稽,其自宗聖八世至漢尚書令都鄉侯,後傳至十一世長沙房,十三世武威太守,十四世冀州房、青州房,皆代有通顯,名聞山東。及十五世南徙永豐、廬陵諸郡,十六世散居虔州,三十四世又散居雲蓋、撫州、樂安、南豐諸地。二十六世侍御史、江州都押衙以及真州刺史、銀青光禄大夫、太子洗馬、果州兵馬都監,而江西之族一大振。再傳而四十二世,以迄五十一世,登有宋甲第者二十餘人。再傳而五十五世,自襄敏公掇巍科於前明者亦四人。其他科目相望,代不乏人。再傳而五十九世,奉詔北徙,承襲翰博。則知大江以西無二曾,由於山東所自出也。山東所徙歸,由於江西所自出也。宜夫諸直省溯本窮源,而推吾宗所從出者,亦莫不以江西爲正矣。今足下支自新淦徙入福州者,不知肇自何世?而畹所爲散居於虔化者,蓋自四十五世,於今已六十五世矣。然當時繆以畹爲宗聖六十九世裔,及合南北族,詣而稽之,其謂畹爲六十九世者,蓋溯自巫公始。若省宗聖公,至畹亦止六十五世。向之所稱爲六十九世裔者,在畹亦已誤矣。大宗孔氏部派有"公彦承弘,聞貞尚胤,興毓傳繼廣,昭憲慶繁祥"十八字爲世次序別之。稱吾宗與顔、孟二氏,皆因之。以故如畹者,亦班在貞字行中。向之所稱爲傳字行者，畹舊名傳燈。在畹又已誤矣。同出南北一支之人，而世遠風遥，一誤再誤，不可互説，況其他乎。今足下不循新淦宗派所稱，而乃謂畹與乃伯叔甲午同譜，①則宜以伯叔行相稱謂，此豈其可哉！烏乎，同爲一人之身，泛泛從科第先後中繆相倫次，其能無笑於先人乎。孔子曰："名不正，則言不順。"②願足下考宗系後先之叙，正其名稱，幸甚。

## 寄豐城家如日孝廉書

頃者，離豐城，宗主遠處彭方，恐勞擾，亦未寓書別。辱元世臣族譜，歸即合宗聖志考之，又合高街、削箸巷二譜考之，其中不能無異。世臣固先達，其他書法筆力不及知，而於譜系多所增減。畹竊不知其所謂宗聖志者，山東之信史也。高街者，則畹一支之譜也。削箸巷者，則寧都曾氏之望族，其譜較備於他支。故合三譜折衷之，然後可以定疑，信矣。世臣載巫公一世以至十四世皆無異，推之以至千百世，亦何莫不斷自巫公始。巫公十五世至斿光，三譜皆稱斿光兄弟。世臣則曰："斿生光，光生明，明生嘉。"則斿之下又三世矣。斿八世孫培，培十世孫興。世臣則曰："興與培也，固兄弟矣。"三譜稱培之於巫，皆二十三世。而興則三十三世也，然則減十世矣。三譜稱興之嗣子曰隆，隆之子曰鈞，鈞之子曰謀，謀然後生丞，丞於巫蓋三十七世。世臣則曰："丞者，興之嗣子也。"然則又減三世矣。丞有子珪、舊、略，於丞之于巫，特其次焉者也，三譜稱之矣。世臣則曰珪、舊、略，皆丞之雲孫，而巫之四十一世裔也。奪父子而相孫之又二世矣。略有子可徒可從，則巫之三十九世。從撫州、臨川、南豐、南城者其是也，而三譜並稱之。世臣則曰："珪四十二世孫者，則可徒也。略不得有其子。"又爲巫增四十一世矣。可徒三譜稱其子弘立、洪立者，四十世子

---

① 甲午：順治十一年（1654）。

② 參見《論語·子路》："名不正，則言不順；言不順，則事不成。"

巫矣。世臣則曰："弘立、洪立者,蓋兄事徒者也。"略不得有其子,徒亦不得有其子,然則又減巫一世矣。世臣之所增,殆四十六世,而其所減,又十四世,且可徒傳至九世禰,乃徙豐城石坑,禰至世臣執筆之年,又已一十六世。巫至世臣亦僅僅六十四世,而世臣之所謂乃自居於九十六世,何其誤繆乃爾。由宗聖至文定者四十四世,由文定至畹至今者纔二十二世,合之不過六十五世。世臣乃謂巫至文定已七十八世,而又謂譜出自南豐者,豈足信哉。宗聖生周敬王丁酉,①由丁酉至於今,蓋二千一百七十餘年。人之生降,年有永有不永,世次相承,猶拾級之不能越,少可增減者,世臣所云似於三十年一世之説,排算而稍增之,尤足怪也。

烏乎,世臣之譜,自禰先者皆不必具論列,其自禰後至宗主者,以遞考之,則世系較然畹本支伯叔大半無存。每當入廟薦饗,時常恨不復從人子孫列坐,人後坐,若世臣之所稱,則宗主之坐,畹又當瞠乎後矣。請以三譜之合者正之其前,而以其後者序次之,安知畹不後宗主坐乎。質直之言,至於毋狀毋罪。

## 與嚴顥亭書

都門與陳胤倩時時往還,相得歡甚。入試七藝,極不暢意思。不意二塲復有童僕胠篋之難,胸臆煩擾。三塲三四問,乃書三四策,此寔天欲使畹猛省回頭之時,已將生平撰著及制舉業盡付一炬,平日恩怨亦已置之度外。吴中婢妾亦已開後園驅之盡,西夏數椽并諸御者,亦已令兒子鬻價,歸以養老母。畹可以放下屠刀矣。故里雖赤貧,幸有兒孫弟侄三世二十餘人,足爲堂上懽。從此火宅三車,近善人,聞善言,行善事,亦未始非報答罔極之恩,此皆胤倩開示之力。以爲非天目和尚不可爲慈航度者,遂于二月廿三日出都,三月十七日率爾入山。和尚不知所自,躊躇未許。又復別去,决絶吴中諸事。今已一口

---

① 丁酉:周敬王十六年(前504)。

斵斷，一刀截斷，心如鐵石。經四月，不少遷移，此念頗能取信于同人，不能取信于和尚。而於臨之際，又少交游，無可爲畹取信于和尚者。聞檀越所在，都有思得一言于和尚，以見曾生三十餘年忘分之交涉，歷極久極深極透，事事認真于學道，斷無二心，斷不可慮其有他故。畹既翻身空門，何難艱變易姓名，不求衣鉢一瓢一衲，飄然行脚，如陸麗京之所爲，而顧息極窮谷自甘苦行，侍奉于大善知識之教，實非從國師。是見胤情之言如此，畹又親灸如此，讀其客問工夫說又如此。蓋師擇弟子，弟子亦擇師，所以傾心天目者，急思變化其氣質實，制其心性以續如來一燈，非僅僅辟世辟地，苟且以養其天性已也。河山可移，此念不奪，屏息關外，分宜躬詣申懇，以禁步城市，特求先生成就故人生死大事，不必更賜手復，即于和尚露函中勸勉策勵，如同面談。只此數行，便了一生干請之事矣。

## 寄田西家周野進士書

甲午，①宗主與廣昌叔祖同舉於鄉，畹舉於關内。乙未，②都門同榜宴集，止得與叔祖見，無由見宗主。甲辰，③黃旗胡總戎府中遇臨川客，云："宗主到，可見。"比一日不到。舊年吳門晤升侯，略悉數年旅食之故。其時畹決志出家，亦不復通聞問。竊謂吾宗甲戌自先父及吏部君同榜後，④至今三十年乃有宗主孫田叔姓氏在春榜中，一時亦足喜也。江西無二曾，其說詳於《寧都曾氏記》及閩縣、豐城族人二札中。但聞臨川田西出文昭公後，豈太子巫公之三十九世可徒，可從者之徙於撫州者邪。然非有譜合宗聖志參之，恐復爲豐城、彭方之續，同出萊蕪之裔、嘉祥之支，而不得較。然於譜系支派間名位混殽，不亦貽笑外宗乎。畹寧都之先自今虔化公始，蓋非據公文定、襄敏之

---

① 甲午：順治十一年(1654)。
② 乙未：順治十二年(1655)。
③ 甲辰：康熙三年(1664)。
④ 甲戌：崇禎七年(1634)。

後。而自宗聖志推之，則於文定公爲二十二世，襄敏公爲一十一世也。田西果出文昭後，則宗主與畹之分較然不爾，請於便中録家譜一册相郵寄，則井井當報命矣。

## 寄某縣令書

前留足下書，勸足下毋以喜怒斃人，至有不敢言者。此聞道路之人，皆言足下性褊急，尤以喜怒斃人杖下。僕竊自念國初舉兵，亦曾置人於法。自去年天目受戒後，即至蚊䗊蜎蝡之類，皆迨而捨之，今閲十九月不敢有懈。由是知天下極殘忍人最易爲善，如好赴火者，知其焦爛，則見水惟恐不得也。古者好生之主，莫如堯舜，當時一堂之人，禹功德最著。身爲天子，而有天下。教如契，養如稷，雖不於其身，而子孫皆有數百年天下之報。獨至於驅猛獸，焚山澤，象刑而殺人者，不與。非聖人之治有異同，而生殺之報有異同也。夫焚物殺人，未嘗無傷聖人之心，而聖人殺一物、殺一人，爲可以利天下萬世，故有所不辭。聖人寧不欲其身與子孫受美報於天下，而必行其志、用其法，以除萬世之憂，則聖人之公也。聖人生殺之報，猶且如是其不爽。今吾輩之傷物而殺人，則何所爲耶。足下縱不從釋氏之言，寧不考古帝王之事乎？孔子曰："苛政猛於虎。"①僕過高雷，虎多而盡不殺人，則高雷之虎亦知有所重矣。僕與足下同榜十八年，僕自知褊急，不可一日立於民上，以故吳王進取滇黔時，屢有勸僕稅駕，援故人之誼，得一官以終身者。而僕屢自退思，卒然恐得一邑，褊急不可以居民上，以故強項白首，求愜慈親之望，取一第以爲榮，至今日而尚與兒孫小子甘心爲帖括而不之恥者，則自知之明如此。今足下且作令六七年，道路之言猶如此，審如此則非僕之所冀者矣。比嬾作書，既渡海南，相見尚早，因其心之所不敢言者汲汲獻焉，足下審之。

---

① 參見《禮記·檀弓下》。

## 奉畣魏宰相書

　　前歲祝母出山，伏接手書，獎寵矜嗟，開慰長育之旨甚俢，而尤勗以孝爲至大。此言當終身，父母、師保之反覆愧悟。竊自思惟所以致閣下愛勉德施之隆者，未知所出也。睕自梵俢以後，雖其遇于命者，不至於富貴。然百折一回修省惕厲，時時在虎尾春冰中，比于富貴萬分有幸者，其出閣下造就蓋已無量。但中睕一進士，不過今生一進士而已，乃幾幾得之，而又幾幾乎難之。令其翻身悔悟，當下回頭，此成睕萬世之恩也，實不敢忘。睕雖不能沾一命之榮，以光寵其母，顧反得吾相一言之榮，一觥之賜，來自遠天，洗腆致慶，所以勸人之至情，而動人之孺慕者，亦復何限。乃歷三四年間始得寄一聲，掰手引愧謝，此睕之所大懼也。睕自辛亥歸里，①老母又課以舉子業，謂非得一進士不可爲人子。夫得一進士乃遂爲人子，則人子所以恐失其父母之心者，又當復何顧惜。于是刻苦二年，下帷揣摩，成制藝已得百十餘篇，頗爲同人之所稱許。而癸丑闈中②七藝又能出奇正之師，以擾敵人。而不意失利，則父母愛子之心，與閣下愛才之心，其亦可以已乎？睕嘗謂闈牘之售不售，猶投胎者之幸不幸。其幸者，至于天、至于人，不則至于阿修羅。其或不幸者，則乃至于三惡道，而爲驢肚，爲馬腹，無所不至，何足怪者。夫衡文者，固六道出入之所□□。庚戌，③至于阿修羅，蓋自爲之也。癸丑，至于三惡道，蓋非睕自爲之也。夫固有裂肚腹以俟者耳，然皆屬前因，無足怪。但前手書云："學禪有益于晚年人，無益少壯者。"夫人生幾何，自少至老，至死只一呼吸間，日月逾邁，若弗云："來此道年高者，固當了徹，少壯亦當研求，人生自有形骸，皆從無量積劫染習迷妄中來，生生不已，鈎鎖連環，即及時正信立志，以期解脫，猶恐一息不來，四山交逼，地黑天昏，胡亂奔竄，無

---

① 辛亥：康熙十年（1671）。
② 癸丑：康熙十二年（1673）。
③ 庚戌：康熙九年（1670）。

安身立命處,更何敢知而唐喪一擲再擲耶?"手書又云:"畹出先賢裔,不宜學禪。"夫堯、舜、禹、湯、文、武、周公、孔子之徒,皆佛應世出者也。三代以前,風俗醇古,佛亦隱其名而百億化身,養之教之,生之殺之,以救萬古之人。如以身飼餓虎,而佛之名不著,及後衆生爲情妄所牽,日甚一日,佛于是不得已顯明應世,而以其名灼然昭著于天下,使天下正信立志,以其覺察其身心,三教聖人之旨,原無異同也,閣下不深信畹言,則請于燕居退息時略翻大藏一二部,自然心目開豁,知畹言之非強聒,而信從相悔之曉,則畹今日爲此説,不亦贅而無當乎?畹不揣狂侮爲性學,故白。

### 附:魏宰相書

庚戌之役,①滿望高發,以爲海内讀書種子勸,而不意先已命中,後乃有策策之災,此亦命之無可如何也。然人生遇合,何常有大賢焉而不得收入彀中,斯亦主司數奇也,豈盡兄之不幸哉。晤令弟,知向天目山學禪修靜,此道晚年人爲之,亦可以澄練身心,壯年人爲之,則無益。且兄爲先賢之後,家有老母,又豈宜有此生,竊爲兄不取也。令弟翩翩俊品,歸壽萱親,嚙指心切,古今豈有易乎?自當安命進修,益理健翮。人生斯世,孝爲至大。佳咏忙中不及細閱,然深得少陵意,豈今人所能?今暫歸,上壽詩草草,鼎杯一隻附上爲壽,臨楮不盡。

## 志 銘②

### 皇清誥封夫人張氏墓志銘

吾友盧氏允襄鄭公之夫人既卒,將於某年某月某日卜葬於某,以其銘來,屬之余。余與允襄有傾蓋,舊見聞,熟見其情之哀而辭之切也,於是乎志之。

---

① 庚戌:康熙九年(1670)。
② 本題係整理者所擬。

崇禎間,中州亂,英雄失路。允襄好結納,賤金錢,雄健之士多歸之。登城夜呼,無少長,皆帶甲望烽燧,徒步舉刀,爭先奮勇。夫人絮衣屬鞭,尸饗致糗,牛馬椎割,以佐允襄。斬首俘馘於一方,其有傷痍者,夫人爲調藥療之,無論厮役扈養也。以故允襄得士之死力,而卒以成其功。甲申天下亂,允襄棄桑梓,率夫人斬棘上馬,從亂軍中踰巫峽,燒蜀棧,踔鬼方,走鐵索,跨洞庭,下象郡,破羊城,薄大海,收洞蜑猺蠻,連天霧瘴,鳥道崎嶇,張機發矢,極東南天地之際,以萬里鞍馬撞搪,剗刮群凶,歌舞戰鬥,雖屢挫而夫人無怨憚之色。然猶來輔允襄,扶踣創鉏,振臂一呼,腫腐皆起。當此之時,死傷燼餘曾不足以膏一軍之皷。允襄收合徒旅,招集流逋,莫不悲憤,叱咤鑿空,抉梗以雪其淪喪之耻。夫人曰:"父老苦兵革久矣,凡吾所以犯危難而佐君於脆脆者,非爲侵暴也。"允襄釋然悟悔,下令軍中曰:"破民廬室者,殺;攻抄子女者,殺;殽亂□鈔者,殺。"一軍之聲,赫然振天末。當此之時,拓土恢强,甲冑盡蟣蝨,軍符甫下,倉猝就征無愆期,而戈矛未鍜,介馬未馳,夫人繕完細碎,經畫應時,而就允襄。杆不穿而皮不蠹,夫人之力多也。允襄性卞急,麻列侍媵,喜則連手歌謳,怒則鞭笞交下。夫人往往假與顔色,慰恤之言,皆朗朗可聽,御臧獲治,居第生産,綽有條序,撫諸子如已出。四方之賓從,至者普薦銅羹,組織綺縠衣裳羞饋之禮如一日,四方之人樂誦之,而余亦親見之也。夫人姓張,荆楚人也,失父母早,十七歲歸允襄,以允襄從義王官阿思哈哈番夫人受皇朝誥封。夫人生於丁卯三月初六日子時,①卒於丙午十一月二十一日未時。② 子尚仁,恩廕生,尚中;側室子尚智、尚義、尚禮。長孫慶生,尚智生。銘曰:

鄭有夫人,質性慈良。未遘嘉會,於世滄桑。金戈鐵駟,接迹窮荒。攻城戰野,群姓披猖。相彼夫子,制其搶攘。覆棋爲槊,艾蘭爲

---

① 丁卯:天啟七年(1627)。
② 丙午:康熙五年(1666)。

防。細微必具,恢辦糇糧。撻伐所指,南服筐筐。竿印順軌,島彝梯航。東鞬百粵,西控諸羌。嘬鋒灨濿,逼處夜即。我軍屢挫,其實愈張。二毛不禽,重創不傷。除苛兼弱,刮垢磨光。歸飲帷帳,吹笙鼓簧。從姬歌兒,席以露牀。奉匜沃盥,柔順相將。高門旦開,有客斯堂。盛以旨酒,佐以臐臛。錦組織貝,筐衣及裳。内治斬斬,庶幾孔臧。何天奪之,壽以云亡。虎死皮留,而歸而藏。

# 告 文①

## 祈夢告呂仙文

畹游京師三十年,未知有呂仙祠與呂仙夢如景鄉者。今年春,復以公車至,客有謂畹曰:"子憂患乃甚,曷不呂仙之夢是禱乎?"畹於是齋戒沐浴,起爲辭以禱於仙,曰:

畹束髮爲文,與中原好古之士抗行,自謂一第可拾芥得者。已而連枉有司。當是時,大江以西爲吾土也。剗辱之年,猶未離乎少也。乙酉多故以來,②棄其所學,私謂七尺可以許人,而間道生還,此志不肯以相下。指天失日,釁面吞炭,有所不辭,而何意其至於今也。甲午,③客關輔,出雲棧,踰長河,望賀蘭,求赫連、元昊霸圖之墟,以發其意氣。而風景漸異,蓋父老之聞見眇矣。思欲托迹西陲,長爲荷戈之氓,遂生平之志。而藏身不密,立志不堅,浮沉異國,以至於今日者,爲可嘆惜也。畹羈迹邊陲,凡五六年以久,中間并日而食,望屋而嘆,家人相對,涕泗交頤,與人語輒又嗚咽,不得啼。俯氣引首,比於蟲獸,而義命自安,若將甘心焉,是豈得已哉。丁未之役,④揣摩舉子業既成帙,而馬斃、僕逸,赤手騎驟,躑躅關山,側聽羌笛,周遭淒楚,頓

---

① 本題係整理者所擬。
② 乙酉:順治二年(1645)。
③ 甲午:順治十一年(1654)。
④ 丁未:康熙六年(1667)。

挫而行。甚則徒侶失道，晝夜獨走，嚼雪餐風，喘息櫪下者凡數數，猶然慷慨悲歌，吟咏不絕。時或得意疾書，呵凍成篇，輒復面墻垂泣，憂憤思慕，跋扈飛揚。佩短刀，斬荆棘，目精不瞬，煨火行酒，然後得□侶而歸之意。以爲天生畹必重困畹，而終亨畹者奈何？至再至三，愈遲愈迫，而愈不得達也。昔有一舉不第，歸爲散人者。亦有行年六十，而猶對賢良策，七十而號爲五老榜者，何去何從，孰是孰非，舉平生一切浩然之志，至此而無所適從也已。今日者，畹寧歸老，蓽門耕田，奉母以自終其年。抑匍匐滇黔，乞資於萬里之王門，以養其親也。或築室塞下，終其身爲河西太平畜牧之人。或盛氣，莫挫壯心，且來再試於庚戌之禮部乎。① 仙其許我願以明告。

## 辛亥秋七月告張睢陽令公文②

無天人神祇皆好生例。舟之泊吳城者，皆具牲血灑廟，□壁饗神以云報云祈，以吾觀之，其神意耶？非神之意耶？畹自天目受戒歸，凡此祭饗用牲之例，皆約所值以放生，以爲神祐，今母年高七十期矣。舟距吳城僅二百里許，應時可到，而風阻長江二十日，雖風之順逆，神不得主之，神得而假之也。意以所值放生以祈，反風爲神祐，即神不得主之，其主之者，豈曾不好生。以神之力，假頃時之風，救多生之命，亦神之祐已。乃大江北四十日，不北風地赤旱，人物枯槁焦炭色，神乃南風日競，乃不好生，乃將血食其寧。即日反風，即日大江北，皆風皆雨，即日吳城之泊舟者，約所值放生以爲神之報，其寧五日，南風無使江上片帆入湖口，而大江北皆北風不雨，是亦神之靈奇，而牲之不幸已，凡此順逆生殺由神，神其酌之。

---

① 庚戌：康熙九年(1670)。
② 辛亥：康熙十年(1671)。

# 祭　文①

## 祭鄧伯勉先生文

　　烏乎！先子之交於先生也三十年，睆之獲交于先生也二十年矣，而今遽長往耶。今年正月，睆北歸，取道旴水，喜一見先生，而先生病矣。先生病而喜見睆，力疾以出。睆甚虞先生之病且殆也。竊謂天祚其德，仁者必壽，而不意奪先生之如此其速也。而先生竟死，豈不痛哉。

　　先生生長貴富門庭，肅穆賢人，仁者之譽，洽於州里。《書》曰："位不期驕，禄不期侈。"②先生履盛益謙，豐於接賓友而自奉甚薄，古所稱恭儉惟德者，先生既優爲之矣。昔西漢石氏以孝謹著稱，北魏楊氏以純孝顯，睆慕先生之克世其德也，而願與先生之子爲婚姻，遂以睆之子托先生也。今睆之子有子若女爲群矣，而皆長於旴。睆不羈，有四方之志，足迹及天下大半，往往七八年一歸，歸不能以終歲，而何暇爲田舍謀。長養子孫，且復望其成立，爲鄉長者所齒數乎。睆有子而若未嘗有子也，不知所以教養其子，而卒愈於人之子之身，親其父之教養之者。

　　烏乎，先生之德，何可忘耶。夫以先生耆德，當如崔孝伯之於魏明，于思敬之於周武，庶幾訓式後人，移風善俗，而遽爾長往，千載不窬，古人稱死生之際亦大矣，豈不痛哉。雖然先生死矣，先生有子克承其家，而諸孫岐嶷，先生爲不死矣。然而睆之生者，其將何以爲心，烏乎痛哉！

## 祭袁茂林先生文

　　烏乎！公其遽逝耶。公生而吾莫長相依也，公病而吾莫親相侍

---

① 本題係整理者所擬。
② 參見《尚書·周官》："位不期驕，禄不期侈，恭儉惟德，無載爾僞。"

也,公死而吾莫知其時,莫知其與家人婦子永訣作何語也。畹西旅,經四年,其間往來於西安、平慶亦復不少。而依違遲久,乃更哭公於五年之後。烏乎,死者日以遠,生者日以疏。生者不易見,死者不易哭,於今爲已甚矣。余初入關,適漢南,飛槍岐鳳,風雨晦明。望公太尉村名。之耦園園名。而如歸,公道冠法服,見則悲喜慰留,或詩文,或花樹,或園圃,或就鄉鄰里社之酌浮屠道士之家,必牽余手聯余轡,而余唱余和,勤勤如也。與人語曰:"曾生蓋天下奇男子哉!"有貴顯於公者,與公連縣,與余族人皆有同榜之誼。余至輒戒門以絕,觀其蟒玉頒斌,車馬焜燿,似將百世不斬,即其意態施施,足以屈王侯之郤。見余布衣敝驢,踉蹌依人,如蠛蠓醯雞。然公獨異,其弟立仲適館授餐,累月無厭倦之色。及余策名於鄉,再行雲棧,向之戒門以絕者,惟恐其足之不一至焉。向之灼灼施施屈人郤者,惟恐其意思之不媚焉。向之視爲蠛蠓醯雞者,惟恐其一旦爲麟爲鳳不可測識焉。公聞而頷之。余再造其廬,與余一見而別。烏乎,前乎此者,余未必其果貧賤也,而人貧賤之。後乎此者,余未必其果富貴也,而人富貴之。夫富貴貧賤,皆天之所以嘗試夫人而漸以邀之者也,而人貧賤之、富貴之,其亦蔽於理矣。則公之慶長越人,豈待言哉。烏乎,公所以期畹者,豈必富貴,而畹之所以負公者,亦豈必貧賤。今余雖哭公,余何恃而庶幾不負公於冥冥中耶。烏乎,公之死者如此,而畹之生者亦復如此,是可哀也夫。

## 祭繼室康氏文

壬午,①鰥于室,十三年未有伉儷,而不知所以繼之者,有子幼而長也。乙未,②京師依太乙胡公。公與外舅同旃遼左,有兄弟死生之德,而毅然以汝備我内室,委禽布幣,棗栗服修,問名告期,皆胡公。

---

① 壬午:崇禎十五年(1642)。
② 乙未:順治十二年(1655)。

十三年不知所以繼者,一旦實慰我祖母,母望子若媳,媳孫之歸成其家者,胡公之意爲厚矣。壬寅,①挈汝與梁谿之婦皆西行,而汝之親戚以汝有令女子之娠,阻汝于贛。與余阻南北者七年。余每公車至胡公,胡公輒以此望於我。舊年歸,方期挈汝與汝子若女以西行。五月道閩中,聞胡公三月死。竊意汝之聞此,而與我同慟胡公。及七月歸,入門拜堂上。有頃,諸子白衣冠拜堂下。余然後知汝之死於贛,即余聞胡公之死之閩中之五月也。烏乎哀哉！今我于家,日飲食我母而不見汝,日抱諸孫而不見汝。汝之子若女皆在贛,而我不見汝之子若女以見汝。梁谿之婦,近知其死邊州三年,而皆無以見汝。朝夕謀一抔土爲汝啓靈舉於贛,[3]以歸葬先塋,而卒無以葬。烏乎！胡公之死而未葬,于今一年矣。余及胡公之死而未葬,率汝子北渡,猶得撫胡公之棺以哭胡公之死,而告汝之死。然後歸而謀葬于汝,亦庶幾無負胡公之意。汝有靈□其鑒之,故先抆淚以告。

## 書　後②

### 書張仲子自銘後

戊戌,③余游陽丘,聞處士元明張先生者,處十里郊西之蘆花石自娛,足迹不入城市。余往而請謁,至自賓階有三老人,儀貌甚古,軒衣執爵,似三百歲中人。而坐一堂中者,取次問之,一爲竹潭劉先生,一爲夷門侯先生,其一則張先生也。三老人問余族里外,不交世事一語。指户外之山亭中之樹與石,石中之池之魚之鳥相與樂甚。先生曰:"酒來,吾與若飲之。"劉先生曰:"我與侯子圖之。"先生又曰:"吾與若賦之。"余於是乎賦三叟詩,厥後時時過先生。然已不復與劉、侯兩先生啣桮酒矣。先生出自娛詩示余,余讀而知其於陶、孟、元、白之

---

① 壬寅：康熙元年(1662)。
② 本題係整理者所擬。
③ 戊戌：順治十五年(1658)。

間,不期而自合,匪世俗之所知也。他日,先生遣其子肩甫入城,肩甫復授余一卷。視之,乃肩甫制藝也。余讀而嘆曰:"先生之詩如此,而嗣君之文如彼可愛也。"遂別去。己亥,①余爲書一紙,屬其邑大夫牛天宿者問先生。甲辰,闈中②與張某者連席。問之,則陽丘人。問先生,則曰:"噫,陽丘人曾不識張仲子者乎。"問先生子肩甫,則曰:"未幾乃死矣。"余哽咽久之。既而吴江計東別余之陽丘,余喜而悲曰:"陽丘有隱君子張元明與其子肩甫者,而肩甫已死,爲書一紙附之。"今年春,余與計子、牛大夫相見京師,計子未接席輒稱先生,如吾所以見先生者,且曰:"先生兩孫皆卓然。"牛大夫則稱先生繼令子而没矣。先生己亥有答余書、贈余詩,寄而未達。余哽咽不能語。至客歷下,又書一紙寄先生之孫,求先生己亥之書及詩。他日,先生之詩、先生之書,字迹磨滅交致歷下。余益哽咽而讀之。未幾,先生冢孫璘自陽丘至,問先生之廬,廬在矣。問廬之花石,花石在矣。問先生之友劉某、侯某,曰先生生死者數年矣。問先生之子與先生皆殯乎,曰殯矣。於是出先生之所爲自銘者以授余,余遂述十年間與先生父子、祖孫三世往來事,書於銘後,俾歸而藏之焉。

## 書思子亭記後

余嘗嘆春秋之世,子之自棄其父與父之自棄其子者,一何多也。傳曰:"父慈而教,子孝而箴。"③使父慈而莫之教,猶棄其子也。使子孝而莫之箴,猶棄其父也。吾友計子甫草既教其子,以童子闈明濂、雒、關、閩之正學,使天假以年,將必父作子述,克教克箴,乃不幸長殤以久,而甫草歷數年之哀而不輟,又於築室之傍而置亭焉,且請於長

---

① 己亥:順治十六年(1659)。

② 甲辰:康熙三年(1664)。

③ 參見《左傳·昭公二十六年》:"禮之可以爲國也久矣,與天地並。君令、臣共,父慈、子孝,兄愛、弟敬,夫和、妻柔,姑慈、婦聽,禮也。君令而不違,臣共而不貳;父慈而教,子孝而箴;兄愛而友,弟敬而順;夫和而義,妻柔而正;姑慈而從,婦聽而婉:禮之善物也。"楊伯峻《春秋左傳注》,中華書局2009年第3版,第1480頁。

安鉅公,題爲思子亭而記焉。烏乎,甫草之情,無乃太過乎？夫西河之慟,吾先公之言,既明於天下後世,不知南陵北陵,而尸其子以哭,與歸來望思,以識其悔悟之深者,其於教爲何如也。甫草追思三年之哀,無過不及,以抑其思子之情語曰:"愛其子者,内之於禮。"然則甫草之所以教其子於既死者,乃其所以爲愛子之至也。余不能爲剿襲雷同之説,其説如此。

## 【校勘記】

［1］千尺:《魏禧詩文集》作"十尺"。
［2］紀載:《魏禧詩文集》作"記載"。
［3］抔:原文作"坏",形近而訛。

# 附　　錄

## 曾庭聞二集詩序①

　　寧都曾庭聞游寓秦川，所爲詩沉鬱頓挫，觀其出塞諸篇，音調悲舊，居然《車轔》《馴鐵》之遺響也。已乃輕去其鄉，挾吴姬置諸塞下，匹馬絶大漠，并長城，歷秦、晋、燕、趙之墟，每積草邊，沙冰棱雪，暗時烟火斷絶，夜無幕廬，則枕卧馬腹下以爲豪。然所至輒有旗亭觴咏之樂，故其詩復多情至之語，豔思藻句與悲壯之聲雜出，蓋視《初集》又一變也。庚戌春下第，②僕人胠其篋以逃，困甚。於是悉燒平生著作，獨策蹇南歸。歸則盡遣去諸婢妾，入天目山，禮玉公和尚爲師，求薙髮，不聽。今年復隨計偕入京，持戒精嚴，儼然一苦行頭陀矣。

　　予謂古今詩人，皆有情人也。論詩者惟曰：發乎情，止乎禮義。陶元亮嗜酒，著《閒情賦》。不入遠公社，然遠公聞其至則喜。謝靈運奉佛甚篤，而公謂其心雜，則遠公之取舍必有在矣。白樂天、蘇子瞻皆深通佛法，而未能忘情於聲色嗜味。然樂天自信生兒率天，子瞻爲戒禪師後身。後世之學佛者，於二公皆無譏焉。是情固不足以累道也。

　　庭聞詩以豪氣而兼柔情，其斥遣愛好，皆豪氣之所爲也；以云槁滅，未也。吾願庭聞吟元亮之詩，去靈運之雜，學樂天之佛，參子瞻之禪。不必忘情，亦勿越於禮義。以是爲詩，即以是作佛，則天目和尚之不聽薙染，或亦與予有同見乎？臨别，出兹集見示，因書此以爲之序。

---

①　録自錢澄之《田間詩文集》文集卷十四。
②　庚戌：康熙九年(1670)。

## 曾庭聞詩第三集序①

余與曾子庭聞先後受經于徐文靖公之門，庭聞未弱冠，文靖公亟稱其才，庭聞亦鏤心章句，以争四方之壇坫，四方翕然稱之。壬午得省元雖不果，②而其效已見矣。既而天下大亂，庭聞從其尊大人修戈矛，誓同讎，與楊機部、萬塗茹兩先生刁鬥壁壘，横槊賦詩，椎牛享士，犄角邪許于章貢之間。軍潰之日，不肯面縛乞降，以博大官，歸卧田間。久之忽走絶塞，入幕府，昏遼姬，捷棘闈，上公車，俯首畢牘之間，唾手一第，以畢其章句之積習。荏苒十有餘年，漫説戰場，空迷五色，下第之日，亡馬出門，不言所向，其故人嘲之，故集中有"何爲向胡越"之句也。庭聞則開後閣，驅姬侍，入空山，學禪定，綺紈去體，肥甘釋齒，雖歌舞雲回，射獵雨驟，而聞見雙寂，恬淡自如。於是擔擔而躓道路，奉匜而觸屏風。方袍芒屨，散髮垂垂，以候太夫人之命。既不得請，故人復加以初服，爲刻曾庭聞第三集詩，至吴門示余，且曰："余雖夢寐中萬緣俱盡，獨文字之積習未除，子其爲我序之。"

嗚呼！學不必成，事不必遂，豈特子羽之書劍已哉？錢宗伯云："庭聞之詩，朝而紫塞，夕而朱邸，涼州之歌曲與凝碧之管絃，奔赴交作於行臺之間。"至今猶是也。集中之詩雖歸心禪定，托詞鐘梵，而雄駿之氣沈之愈重，慓悍之色斂之益深。苟置第三集于方外集中，知不可以欺天下後世也。

嗚呼！三十年前，與余雁行履影於雪窗絳帳之側者，庭聞也；三十年後，與余傍徨太息於雲山隴陌之間者，亦庭聞也。鐘鼎烟消，紅妝青塚，三十年來亦略見其效矣，而獨於文字之積習未盡，何哉？

## 書曾庭聞詩集後③

予邂逅庭聞於都門，蓋七年矣，而未知其工於詩。癸丑六月，④庭聞至吾宜，攜其詩三集見贈。予讀之，亟賞庭聞之詩，然又爲庭聞惜。蓋庭聞屢躓春官，鬱鬱不得志。庚戌被放後，竄身佛氏以自肆，故其第三集中多崇佛背儒之

---

① 録自顧苓《塔影園集》卷四。
② 壬午：崇禎十五年(1642)。
③ 録自儲方慶《儲遯庵文集》卷八。
④ 癸丑：康熙十二年(1673)。

語。噫！庭聞過矣，士君子服膺聖賢，以求所嚮往，亦期不背於指趨而已，豈以榮辱得失易吾素志哉。今庭聞一不得志，即憤然墮儒者之防，放身寂滅，思以移易其所守，庭聞豈真有所見而然耶？不過功名念切，進無以建立於當世，故返身逃虛，爲此絕俗之行強自解脫耳。如謂庭聞有見於道，道孰尚于孔孟耶？庭聞誠不以功名爲念，而以見道爲期，即舉向所習者以自勉可矣，何必舍我所學而從人耶。庭聞之詩，其才當配古人，而使之淪落不偶，以至於放棄若此，是可嘆也。若夫，世之汩沒於佛氏者，吾何言焉。

　　任王穀曰：讀答書書後，清遠閑放，當勝魏冰叔贈序，有真賞者自能辨之。

　　叔同人曰：學佛而有所見者，吾聽之大都有激云爾，此切中文人之疾。

## 原　序①

　　寧都曾侍郎二濂，有才子曰傳燈字庭聞，傳燦字青藜，兄弟皆雄駿自命，負文武大略，而其行藏則少異。庭聞脫屣越嶠，挾書劍、攜妻妾，走絕塞數千里，行不齎糧。俄而試鎖院，登天府，簪筆荷橐，取次在承明著作之庭。青藜與其徒退耕於野，衣褋襫，量晴雨者，六年於此。襆被下估航，出游吳中。褐衣席帽，挾策行吟，貿貿然老書生也。庭聞之詩，朝而紫塞，夕而朱邸。涼州之歌曲，與凝碧之管弦，繁聲入破，奔赴交作於行墨之間。吾讀之，如見眩人焉，如觀侲童焉，耳目回易而不自主也。青藜則以其詩爲詩，晤言什之，永歎五之。其思則《黍離》《麥秀》也，其志則《天問》《卜居》也。夷考彭氏詩史，章、貢之役，青藜年纔二十，獨身揩拄潰軍，眇然一書生，如灌將軍在梁、楚間。旋觀其詩，求其精強剽悍之色，瞥然已失之矣，爲掩卷太息者久之。

　　吾向讀范史，馬伏波在壺頭，中病困臥，每聞升險鼓譟，輒強起曳足觀之。每笑其老不知止，徒念生平少游語也。老而閱內典，緊那羅王奏樂，須彌岠峨，大迦葉如小兒舞戲，不能自持，然後知習氣氤重，不克湔除，伏波之老病技癢，無足怪也。今余既螢乾蠹老，歸向空門，讀青藜之詩，而求問其往事，楚炬秦灰，沉沙折戟，爲之唏噓煩醒，心蕩而不能自已。伏波之曳足與？迦葉之起舞與？余固不能以自定也，知我者亦爲之三歎而已矣。

--------

① 録自《金石堂詩》卷首。錢謙益此序在《金石堂詩》十五卷前的總序題爲《原序》，在錢氏《有學集》卷十九題爲《曾青藜詩序》。可知，此詩本非爲曾氏三兄弟《金石堂詩集》所作，因序中有對曾畹、曾燦的較多評論，故被曾燦移用爲三兄弟詩集的序。

天之生才，以有爲也。青藜兄弟，固不應長爲旅人、爲農夫。自時厥後，其事業當與其言俱立。余倘不死，他日與寓目焉。心灰漏盡，知不復作迦葉起舞狀，更以諗青藜兄弟，追念平生，際文淵、少游何如也？

歲在己亥夏六月十八日虞山蒙叟錢謙益序。①

## 金石堂詩敘②

燦年十四五，即學爲詩已，又爲詩餘騷賦。年二十益多，要無足存。吾伯子爲詩日頗遲，三十則名於天下。天下士皆曰江以西一人也。燦亦以詩聞，乃不及伯子遠甚。然天下往往曰曾氏兄弟能詩。予有六弟炤，年少負才爲詩，無甚久，則又不及予。其風調有足取者，不幸客死彭城，稿多散佚。吾少時好情豔之作，丙戌、③丁亥以後，④課耕六松山莊，詩好清省。及出游吳越閩廣燕齊，則登臨者十三，酬贈者十七，欲求其工難矣。而伯子詩且三變：邊草塞霜多秦涼氣者爲一，曹歌鐘冶服青闥紅樓之作爲一，曹入山求道以還爲一。曹按其前後知其詩即以知其人也。獨六弟不永年，不得成所學爲足，深悲。嗚呼，詩之道難言矣！或百里而無一人，或千里而無一人，吾兄弟六人，叔季皆早死，五弟煇專攻制舉業，學詩者獨吾三人耳。而炤不及予，予不及伯子。今聞人言曾氏兄弟能詩，則未嘗不面慚發赤色，慘然而心傷也。燦有《過日集》之役，伯子屬在他方，未得與校定，僅録其詩。又不敢以三家村語混厠黄鐘大吕之間，爰命兒子侃編次，別録卷末，以就政于大雅云。

寧都曾燦止山題於毗陵之寓齋。

---

① 此句《金石堂詩》的《原序》中無，據《有學集》卷十九題爲《曾青藜詩序》補。
② 録自《金石堂詩》卷首。
③ 丙戌：順治三年(1646)。
④ 丁亥：順治四年(1647)。

# 參考文獻

## 一、古代文獻

### (一) 經部

《毛詩正義》：(漢) 鄭玄箋，(唐) 孔穎達疏，北京大學出版社 1999 年版。
《尚書正義》：(漢) 孔安國傳，(唐) 孔穎達疏，北京大學出版社 1999 年版。
《禮記正義》：(漢) 鄭玄注，(唐) 孔穎達等正義，北京大學出版社 1999 年版。
《春秋左傳正義》：(晋) 杜預注，(唐) 孔穎達疏，北京大學出版社 1999 年版。
《論語注疏》：(魏) 何晏等注，(宋) 邢昺疏，北京大學出版社 1999 年版。
《周易集解纂疏》：(清) 李道平撰，潘雨廷點校，中華書局 1994 年版。
《論語集釋》：程樹德撰，程俊英、蔣見元點校，中華書局 1990 年版。
《詩經注析》：程俊英、蔣見元著，中華書局 1991 年版。
《禮記譯注》：楊天宇撰，上海古籍出版社 1997 年版。
《春秋左傳注》，楊伯峻編著，中華書局 2009 年第 3 版。

### (二) 史部

《史記》：(漢) 司馬遷撰，中華書局 2013 年版。
《漢書》：(漢) 班固撰，中華書局 1962 年版。
《舊唐書》：(後晋) 劉昫等撰，中華書局 1975 年版。
《新唐書》：(宋) 歐陽修、宋祁撰，中華書局 1975 年版。
《宋史》：(元) 脱脱等撰，中華書局 1977 年版。
《金史》：(元) 脱脱等撰，中華書局 1975 年版。
《元史》：(明) 宋濂等撰，中華書局 1976 年版。
《明史》：(清) 張廷玉等撰，中華書局 1974 年版。

《清史稿》：趙爾巽等編，中華書局 1977 年版。
《清朝進士題名錄》：江慶柏編著，中華書局 2007 年版。
《〔光緒〕江西通志》：(清) 曾國藩、劉坤一等修，《續修四庫全書》第六六〇冊，上海古籍出版社 2002 年版。

## (三) 子部

《山海經校注》：袁珂校注，上海古籍出版社 1980 年版。
《列子集釋》：楊伯峻集釋，中華書局 1979 年版。
《管子校注》：黎翔鳳撰著，梁運華整理，中華書局 2004 年版。
《管子通解》：趙守正撰，北京經濟學院出版社 1989 年版。
《莊子集釋》：郭慶藩輯，中華書局 1961 年版。

## (四) 集部

《文選》：(梁) 蕭統編，(唐) 李善注，上海古籍出版社 1986 年版。
《杜詩詳注》：(唐) 杜甫著，(清) 仇兆鰲注，中華書局 1979 年版。
《全唐詩》：(清) 彭定求等編，中華書局 1960 年版。
《洪諮夔集》：(宋) 洪諮夔著，侯體健點校，浙江古籍出版社 2015 年版。
《蘇軾文集編年箋注》：(宋) 蘇軾著，李之亮箋注，巴蜀書社 2011 年版。
《詩觀初集》：(清) 鄧漢儀輯，清康熙慎墨堂刻本，《四庫全書存目叢書補編》第三九冊，齊魯書社 2001 年版。
《龔鼎孳全集》：(清) 龔鼎孳著，孫克強、裴哲編輯校點，人民文學出版社 2014 年版。
《漁洋山人感舊集》：(清) 王士禛輯，據清乾隆十七年雅雨堂刻本影印，上海古籍出版社 2014 年版。
《全唐詩》：(清) 彭定求等編，中華書局 1960 年版。
《篋衍集》：(清) 陳維崧輯，安徽師範大學出版社 2015 年版。
《魏叔子文集》：(清) 魏禧著，胡守仁、姚品文、王能憲校點，中華書局 2003 年版。
《田間文集》：(清) 錢澄之著，載《清代詩文集彙編》第四〇冊，上海古籍出版社 2010 年版。
《塔影園集》，(清) 顧芩著，華東師範大學出版社 2014 年版。

《儲遯庵文集》,(清)儲方慶著,載《清代詩文集彙編》第一二九冊,上海古籍出版社 2010 年版。

《曾庭聞詩》,(清)曾畹著,《禁毀四庫全書叢刊》集部第一六六冊,北京出版社 1998 年版。

《篋衍集》:(清)陳維崧輯,劉和文點校,安徽師範大學出版社 2015 年版。

《清詩別裁集》:(清)沈德潛編,上海古籍出版社 2013 年版。

《西江詩話》:(清)裘君弘編,載《續修四庫全書》第一六九九冊,上海古籍出版社 1998 年版。

《江西詩徵》:(清)曾燠編,載《續修四庫全書》第一六八九冊,上海古籍出版社 2002 年版。

《國朝詩人徵略》:(清)張維屏編,中山大學出版社 2004 年版。

《復社始末》:(清)杜登春撰,載《中國野史集成》編委會、四川大學圖書館編《中國野史集成》第二七冊,巴蜀書社 1993 年版。

《國朝詩人征略》:(清)張維屏編撰,陳永正點校,中山大學出版社 2004 年版。

《吳梅村全集》:(清)吳偉業著,李學穎集評標點,上海古籍出版社 1990 年版。

《亭林詩文集》:(清)顧炎武撰,華忱之點校,中華書局 1983 年版。

《六松堂集》:(清)曾燦著,載《豫章叢書》集部十,江西教育出版社 2007 年版。

《嵞山續集》,(清)方文著,載《清代詩文集彙編》第三八冊,上海古籍出版社 2010 年版。

《邱邦士文集》:(清)邱邦士著,載《四庫禁毀書叢刊集部》第五二冊,上海古籍出版社 1997 年版。

《浮山文集前編》:(清)方以智著,載《續修四庫全書》集部第一三九八冊,上海古籍出版社 2002 年版。

《晚晴簃詩匯》:徐世昌編,聞石點校,中華書局 1990 年版。

# 二、現當代文獻

## (一) 著作

《販書偶記》:孫殿起撰,上海書店 1992 年版。

《〔民國〕固原縣志》:(民國)葉超等纂,邵敏、韓超校注,胡玉冰主編《寧夏珍稀方志叢刊》，上海古籍出版社 2018 年版。

《清人詩文集總目提要》：柯愈春撰，北京古籍出版社 2001 年版。

《聚合與流散》：趙園著，中國文聯出版公司 2009 年版。

《易堂尋踪——關於明清之際一個士人群體的叙述》：趙園著，江西教育出版社 2001 年版。

《易堂九子研究》：馬將偉著，社會科學文獻出版社 2013 年版。

《清代各省禁書匯考》：雷夢辰著，北京圖書館出版社，1989 年版。

《杭州丁氏家族史料》：周膺、吴晶主編，當代中國出版社 2016 年版。

《顧廷龍全集》：顧廷龍著，上海辭書出版社 2015 年版。

《明清進士題名碑錄索引》：朱保炯、謝沛霖編，上海古籍出版社 1989 年版。

## （二）論文

《曾畹交游考》：安正發、李拜石撰，《寧夏師範學院學報》2012 年第 2 期。

《曾畹流寓寧夏考述》：李拜石、安正發撰，《寧夏師範學院學報》2012 年第 4 期。

《錢謙益兩篇詩序考辨——以〈曾青藜詩序〉〈曾庭聞詩序〉爲中心》：安正發撰，《寧夏師範學院學報》2018 年第 12 期。

《"一生走馬向天涯"：論曾畹羈旅詩創作》：陽達、陳妙丹撰，《寧夏師範學院學報》2023 年第 3 期。

# 真率齋初稿

〔清〕楊芳燦 撰　梁　艷　校注

# 整理說明

《真率齋初稿》十二卷,清朝楊芳燦撰,詩十卷,詞二卷。該集今存三種刻本:其一是乾隆四十四年(1779)刻本,四册,每半頁十行,行二十一字。白口,左右雙邊,前有顧敏恒、王昶序。其二是嘉慶六年(1801)刻本,八册,該本是在乾隆五十七年(1792)石渠刻本《真率齋初稿》、《芙蓉山館詩稿詞稿》(詩六卷、詞兩卷)及《桐華吟館詩稿》(楊揆撰)的合訂本基礎上增補而成,前有法式善序。其三是道光十八年(1838)刻本,六册,是乾隆四十四年(1779)刻楊廷錫古歡書屋藏板的單行本之補刻印本,前有顧敏恒、王昶序,後有楊廷錫、汪士侃跋。

楊芳燦(1753—1815),字才叔,一字蓉裳,江蘇金匱縣(今江蘇無錫市)人,善詩文,尤工駢體,華贍有時譽。《清史稿》卷四八五、《清史列傳》卷七二有傳。乾隆四十三年(1778),應廷試,以拔貢入一等用爲知縣,掣簽赴甘肅,先攝西河、環縣事。四十五年(1780)正式任伏羌(今甘肅甘谷縣)知縣。五十二年(1787),以軍工補靈州知州,監修《靈州志迹》。仁宗嘉慶三年(1798),擢升平涼府權知。四年(1799)初,委署寧夏水利同知,同年因仲弟楊揆出任甘肅布政使,其遵例回避,改捐户部員外郎,在廣東司行走。六年(1801),舉爲《大清會典》纂修官,兩年後升會典館總纂修官。十一年(1806),辭官歸家奔母喪,先後出任衢杭、關中、錦江書院講席。十六年(1811),在蜀參修《四川通志》。二十年(1815)十二月,病逝於安縣(今四川安縣),年六十三。其生平資料參見光緒五年(1879)刻《楊蓉裳先生年譜》,十三年(1887)木活字印本《芙蓉山館自定義年譜》,十四年(1888)楊遂甫等纂修木活字印本《無錫楊氏家譜》,同年楊應坦、楊念祖纂修賜書堂木活字印本《楊氏家譜》及楊芳燦家乘之殘册《無錫楊氏家乘》等,亦參見《芙蓉山館全集・附錄》收錄陳文述撰《蓉裳楊公傳》、陳用光撰《墓志銘》、姚椿撰《誥授奉直大夫户部廣東司員外郎楊公墓表》,《碑傳集》卷一〇八趙懷玉撰《户部廣東司員外郎前甘肅靈州知州楊君方燦墓志銘》，光緒七年(1881)刻《光緒無錫金匱縣志·文苑傳》等。

《真率齋初稿》卷一至卷十録詩三百二十五首，二卷詞共一百五十二首。卷一存詩六十五首，輯録《採蓮曲》《題淵明采菊圖》等作。卷二存詩三十七首，輯録《擬唐人塞下曲》《吴門與顧大笠舫夜話》等作。卷三存詩三十六首，輯録《織錦曲擬劉豫章》《滄浪亭吊蘇子美》等作。卷四存詩二十六首，輯録《美人篇》《爲杲溪先生題友松圖》等作。卷五存詩二十一首，輯録《吊金川死事二公詩》《題孔千秋篆册》等作。卷六存詩三十七首，輯録《春感示荔裳》《春閨思》等作。卷七存詩二十九首，輯録《首夏信筆》《秋雨嘆贈顧七韶陽》等作。卷八存詩二十五首，輯録《懷方子雲》《客館孤坐》等作。卷九存詩二十八首，輯録《花燭詞爲平湖蔣永川賦》《送臧子三歸廣陵》等作。卷一〇存詩二十一首，輯録《過高唐》《夏五雜憶》等作。詞卷一存詞七十五首，輯録《滿江紅·咏北齊三才》《念奴嬌·吴門客舍》《鳳凰臺上憶吹簫》等作。詞卷二存詞七十七首，輯録《蝶戀花·爲玉溪題小影》《荷葉杯·寄二弟》《如夢令·閨意》等作。

《真率齋初稿》乃乾隆四十四年(1779)楊芳燦赴甘肅前刊刻，是楊氏將早年生活於江南時所作詩詞輯録成集的單行本，稿以"真率齋"名，皆因舊有齋在邑城北，爲憝高祖聲毓公(楊宗濂)讀書之所，以名齋，志不忘祖。後乾隆五十年(1785)畢沅選刻《吟翠軒初稿》二卷，所收楊氏詩共八十七首，皆選自《真率齋初稿》，後收入《吴會英才集》。嘉慶十年(1805)至十二年(1807)刊刻《芙蓉山館詩鈔詞鈔文鈔》乃楊氏删併《真率齋初稿》等單行本，又益以續得而成，是其晚年手定之本。故名曰初稿，實乃後續各種刻本之始稿。

楊芳燦是乾嘉詩壇才人之詩的名家，在其早年、爲官西北及晚年的詩作中，雖有較爲分明的階段性特徵，但總不脱華艷的一貫風格，這種詩風在其早年詩集《真率齋初稿》中體現得最爲鮮明，對該集的研究具有重要的文獻學及文學意義：第一，楊芳燦存世詩詞集較多，又經數次刊刻，版本複雜，但該集爲後世各種版本之始稿，其可作爲楊氏其他版本重要的參校本，同時對其研究可以幫助理清各版本間的源流關係。第二，楊芳燦早期詩風清新絶艷，賴於他對六朝至唐詩的模擬，這種詩風貫穿始終。中年爲官西北，在西北自然地理環境和社會文化環境的影響下，詩風呈現出複雜的風貌，既有早期詩風的沿襲，又有新變，詩風沉鬱雄闊，衆體兼備。因此，對楊氏早年《真率齋初稿》中詩詞作品的研究可以清晰地展示楊氏文學風格嬗變的過程及其對西北地域文化感知中的多元審美情趣,同時亦是地域變遷對文人心態影響的有利佐證。

整理者主要以標點、校勘、注釋等方式對《真率齋初稿》進行整理。以乾隆四十四年(1779)刻本爲底本,以光緒十七年(1891)無錫劉繼增木活字印本《芙蓉山館詩鈔詞鈔文鈔》(簡稱"光緒本")爲主要的參校本,在此基礎上,又校以乾隆五十年(1785)畢沅選刻《吴會英才集》卷十三、十四所輯《吟翠軒詩》(簡稱"吟翠軒本")。

附録:《真率齋初稿》整理研究成果

《楊芳燦集》:楊緒容、靳建明點校,人民文學出版社 2013 年版。

《楊芳燦及其詞研究》:王麗娜撰,西南大學中國古代文學專業 2013 届碩士學位論文,指導教師胥洪泉教授。

《楊芳燦及其詩詞研究》:杜運威撰,寧夏大學 2014 届中國古代文學專業碩士學位論文,指導教師顧建國教授。

《楊芳燦詞輯佚及其價值》:杜運威、叢海霞撰,《嘉興學院學報》2014 年第 1 期。

# 真率齋初稿序①

昔鈍翁言：②"詩有臺閣之體，有山林之體。磊落華贍，臺閣之詩也；悲呼憤慨，山林之詩也。爲臺閣體者，宜貴，宜大，宜設施；爲山林體者，宜不偶，宜無所表見。"③信斯言以言詩，將畫爲兩戒，區爲兩人，離而不可相兼矣。且何以處夫非山林非臺閣者歟？夫山林臺閣，時之異也。所以爲詩，則豈有異哉！譬諸水，其出於山也，涌而爲濫，縣而爲沃，仄而爲沉。其運於海也，朝而爲潮，夕而爲汐，大而爲瀾，小而爲淪。求之於水，蓋一而已矣。發之有原，匯之無盡，由是因物賦形，將怪變百出，弗可勝紀也。兩體之云，豈通論歟？

楊子蓉裳，於學無不識，於才無不能，落筆爲詩歌，時而悲呼憤慨焉，時而磊落華贍焉。山林臺閣之體，雜然出之，所爲因物賦形，不可以一端求者也。年弱冠，以貢來於都。世之交於君者，望其人迥然以喜，叩其學肅然以敬。及覽所爲詩，若河伯之面海，茫洋咤嘆，適適然驚，規規然自失。謂君非山林中人，將掞其才華以揚光臺閣也。試於廷，當爲令於甘肅。將行，出《真率齋初稿》示余。余讀之，若元虛賦海，景純賦江，所謂天吳馬蹄，閃尸仿佛，雲精水碧，焆曜頍彩者。嗚呼！偉矣！君今進不得居臺閣而膺百里之寄，亦非山林者比。且甘肅界窮邊，風沙蒼莽，山谷岨絶，番戎所據，北凉、西夏所都，魁奇人杰，橫戈百戰之地。往而開拓心胸，發皇聞見，悉其學與才以見于詩。山林臺閣之語，益不足以限君也已。

---

① 本標題係整理者擬。
② 鈍翁即汪琬(1624—1690)，字苕文，號鈍庵，初號玉遮山樵，小字液仙，晚年尊稱鈍翁。江蘇長洲(今蘇州)人。著有《鈍翁前後類稿》六十二卷、《鈍翁續稿》五十六卷。生平參見《清史稿》卷四八四、《汪堯峰年譜》。
③ 語出王昶《春融堂集》卷三九《楊蓉裳吟翠樓稿序》。

君弟荔裳,①兄方叔、②永叔,③咸以異才崛起東南,而賢伯笠湖先生,④世推爲通儒長者,皆辱余交善也。君承家學,與兄弟相師友,蓋猶江海之水,源所從來遠矣!又有分支異派,匯其波瀾而增其氣勢,將見放搏桑,泄尾閭,可量其怪變百出也哉!

戊戌七月朔日青浦王昶序。⑤

---

① 荔裳即楊揆(1760—1804),號荔裳,楊芳燦二弟,江蘇常州金匱縣(今無錫)人。乾隆四十五年(1780)招試,欽取一等第四名,恩賜舉人,授内閣中書。後從衛藏,歷任四川按察使、甘肅布政使、四川布政使。著有《桐華吟館詩稿》十二卷、《桐華吟館詞稿》二卷、《桐華吟館文鈔》一卷,另有《衛藏紀聞》一卷。生平參見《〔光緒〕無錫金匱縣志》卷二十《宦望》、《清史稿》卷四八五、《清史列傳》卷七二、《國朝先正事略》卷四四,另有趙懷玉《四川布政使楊公揆墓誌銘》、秦瀛《四川布政使荔裳楊君墓志銘》。

② 方叔即楊掄(1742—1806)),又字蓮浦,父楊潮觀,楊芳燦從兄,江蘇常州金匱縣(今無錫)人。雍正十一年(1733)邑庠生,乾隆三十九年(1774)舉人,乾隆四十三年(1778)進士,官浙江天台縣知縣。著有《芙蓉湖櫂歌》(又名《春草軒詩存》)、《春草軒詩詞稿》。生平參見《〔光緒〕無錫金匱縣志》卷二二《文苑》。

③ 永叔即楊揹(1746—1806),號蘊山,父楊潮觀,楊掄弟,楊芳燦從兄,江蘇常州金匱縣(今無錫)人。太學生,工詩文,才思豪邁,於書無所不讀,久困場屋,遂弃舉業。客游秦、蜀、閩、楚間,爲大府佐理章奏文案,著有《雙梧桐館集》二十六卷。生平參見《〔光緒〕無錫金匱縣志》卷二二《文苑》。

④ 笠湖先生即楊潮觀(1710—1788),楊芳燦叔父,字宏度,號笠湖,江蘇常州金匱縣(今無錫)人,乾隆時著名戲曲作家。官至四川鄧州知州,著有《吟風閣雜劇》。生平參見《〔光緒〕無錫金匱縣志》卷二二《文苑》、袁枚《楊潮觀傳》。

⑤ 戊戌:乾隆四十三年(1778)。朔日:陰曆每月初一日,《説文·月部》:"朔,月壹日始蘇也。"

# 真率齋初稿序①

　　僕與蓉裳楊君，托膠漆之密契，有葭莩之世親，駏負而蛩趨，蟲鳴則螽躍。淄澠同器，笙磬共音，中心藏之，爲日久矣。乃者裒所述作，錄其詩歌，授簡鄙人，俾爲之序。夫良玉既剖，不待卞和之泣血也；利劍既躍，不待茂先之望氣也。僕學無淵源，詞乏文采。而稷下杜口，早聞魯連之談；東鄰捧心，先識西施之貌。情在於是，烏能無言！

　　君秉氣英淑，負材經奇，襟披蕙風，袂灑蘭雪，清談而霏屑如鋸，列座而無衣不寒。若升堂入室，何遠古賢？但飲酒讀騷，便成名士。篤嗜緗素，頤情典墳，徙倚永日，移魏收之胡床；沉冥下帷，銳管寧之木榻。凡汲冢斷簡，龍威秘文，夷吾所知七十有二代，曼倩能誦者二十餘萬言。庋以陸公之廚，貯以邊韶之笥，胸咽丹篆，掌盈墨書。并遺糟粕，譏菁華，笙簧六經，脂粉百氏。故其所作，如威鳳五色，仙霞九光，錦罽繽紛，花葉麗爾。燃龍燭以照海，建翠旍以翳天，聞者動心，觀者眩目。

　　予季父響泉先生每曰：②"蓉裳之才，可云秀絶寰區。庾蘭成之麗藻，目以清新；揚子雲之瓌詞，謂之淡雅。別有真賞，不同妄嘆也。"憶在弱冠，即罹屯災，王裒廢其蓼莪，原憲羹其藜藿，耕石不富，食糠何肥？時則願爲博士，讀元家之異書，將游大人，挾齊客之鳴瑟。或割氈以遺江革，或倒屣以迎仲宣，見

---

①　本標題係整理者擬。
②　響泉先生即顧光旭（1731—1797），楊芳燦舅氏。字華陽，一字晴沙，號響泉，江蘇常州金匱縣（今無錫）人。乾隆十七年（1752）壬申恩科進士，户部山東司主事，擢員外郎。乾隆二十四年（1759），授浙江道監察御史。三十二年（1767），擢工科給事，三十三年（1768），授寧夏府知府，後署四川按察使等職。歸里後主講東林書院十餘年。著有《響泉集》三十卷及《清溪樂府》兩卷傳世，并考證輯録及篩選無錫歷代文人詩歌作品訂爲《梁溪詩鈔》。生平參見《〔光緒〕無錫金匱縣志》卷二二《宦望》、王昶《春融堂集》卷五四《甘肅涼莊道署四川按察使司顧君墓志銘》、《清史稿》卷三三六、《國朝耆獻類徵初編》卷二一一。

《説難》《孤憤》，願與同游，諷《游山九吟》，幸其并世。人思薦禰，衆共推羊，雖未能問道璇華，校書天禄，而方襒裾以謁吏部，旋束帶以從督郵。仄聞仕宦之鄉，是昔要荒之服，天高日淡，地古沙平，弱水西流，黃河東走，馬嘶風而噴玉，雕睇野而生雲。君於是時，飫黃羊之饌，擁青兕之裘，弦邏逤之檀，酌蒲桃之酒。此間才子，不異從戎，何事參軍，但工蠻語。必且以兒女之情挾幽并之氣，陽關三叠，甘州八聲，混沌高歌，防風起舞。他日者傳之以一雙黃鵠，遞之以千里明駝，當使曲中楊柳倍覺風流，塞上焉支別增顏色耳。兹有事於剖珠，恐見譏於倚市，而君方以廣忠益，集參稽。夫豈海神匿迹，堅避畫工，長康隱形，見欺蟬葉，所可同日而語哉？况乎一別千里，相思各天，尋君紫邏，畏逢吹夢之風；寄我翠鴛，慮有沉波之字。置此懷袖，如聆音聲，是又僕一人之私，而與君兩得其願者矣。祖帳將設，離樽欲傾，聊書所懷，并以爲別。

己亥正月望日顧敏恒序。①

────────

① 己亥：乾隆四十四年（1779）。望日：陰曆每月十五日或稍後一兩天，《釋名·釋天》："望：月滿之名也。"

# 真率齋初稿卷一

### 採蓮曲

採蓮女,玉腕輕搖櫓。翠鈿紅衷湖中流,中流蓮花過人頭,棹歌驚散鴛鴦愁。鴛鴦愁,入花去。兩相思,兩無語。

### 寓言八首①

寶帳芙蓉氣若蘭,那堪開晚怨芳殘。汝南小女原名玉,洛下才人舊喚檀。憐母日多憐婿少,嫁雞事易嫁鸞難。蓬山咫尺稀消息,擬遣青禽鬥羽翰。

桑葉城南五馬留,日高丈二照珠樓。餘香銷盡寒金獸,畫漏傳來響玉虬。月姊獨眠虛顧兔,天孫隔歲望牽牛。神仙猶自嗟離別,碧海黃塵一樣愁。

蜃窗蝦箔鬱金裳,挂鏡珊瑚爛熳光。仙客幾年逢鳳女,孫枝何地覓桐郎。影嬌半掩含風扇,歌緩全飛却月梁。卧後清宵僥悵望,綉衾辜負綠熊香。

珠珮犀簪不受塵,無心同踏斷腸春。空褰鴛幕窺香櫞,漫挽羊車嫁璧人。黛筆難描眉際恨,銀燈自照夢中身。武陵溪上瀠洄水,到否雙魚白錦鱗。

---

① 此詩題光緒本卷一作《寓言六首》,無"口壓雲屏瀲灔紅""一縷柔腸一寸心"二首。

花滿瑤階春滿城,銀雲櫛櫛月朧明。綵鴛十二銜青綬,飛雁千雙上錦箏。曲院游絲縈短夢,文窗小管理閑情。可憐寂寞瓊樓畔,誰聽嬌嫋玉鳳聲。

　　口壓雲屏瀲灧紅,回廊奕奧語難通。蘭舒未受三霄露,柳困偏驚五夜風。雌蝶雄蜂樓上下,雛鶯乳燕陌西東。幽閨不出看春色,誰慣褰裙似卷蓬。

　　一縷柔腸一寸心,藕絲作綫不勝針。東園桃號銷愁樹,西國鶼稱并命禽。麝炷氣濃疑霧逼,鳳羅紋細畏風侵。紅薔空效佳人貌,若個經營買笑金。

　　兩美何時共比肩,霞箋恨字寫鸞眠。可憐日暖雲輕候,[1]不到紅愁綠慘邊。檀暈欲融收墮珥,蘭膏初試貼新鈿。胭脂匯畔船應到,西子今當未嫁年。

### 秋夜曲①

　　斜倚梧桐白露寒,半簹香爐鳳衾單。紅窗一樣團欒月,只許閨中獨自看。

　　玉階瀲灧浸金波,斜背蘭釭奈獨何。懊惱兒身似明月,圓時不比缺時多。

### 秋感四首

　　孤坐忽不樂,撫劍登高臺。白日倏隱見,泱漭雲烟來。梧楸葉如雨,驚蓬逐風回。棲烏與飢雀,叫嘯有餘哀。眺遠興誠佳,恨無菊花杯。悲秋如宋玉,感嘆良悠哉。

　　悠哉賦停雲,憶我同袍友。咫尺如千里,小別數旬久。抱影獨行吟,高懷向誰剖。憂從寂寞生,情以睽離厚。寄言敦古道,何必長攜

---

① 《秋夜曲》詩共二首。

手。緘書欲相報,臨風一回首。

回首望天南,星辰粲可數。慘慘暝色浮,颾颾林響怒。屏翳散浮雲,華月納復吐。美人隔秋水,沉思獨延佇。燈青月甍死,姑惡叫儔侶。寂歷閉重門,落葉紛如雨。

落葉挾暗風,打窗聲悉窣。籬根積幾許,小犬還頻踏。幽人夜不寐,胸襟殊拉雜。念我同袍人,何時復簪盍。疏鐘敲落月,殘析催短蠟。寒螿噤無聲,風扉自開闔。

## 偶 興

寂寞雲亭掩薜蘿,年光如水易蹉跎。清秋風物繁華盡,才子文章感慨多。夜半雞鳴抽劍舞,燈前酒醒擊壺歌。所思遠在瀟湘渚,欲贈瓊英奈晚何。

## 野 眺

獵獵晚風勁,寒空作微雪。延頸望八荒,撲面氣凛洌。草枯殘燒明,木落亂山缺。鳥語因寒悲,人迹向暮絕。野烟聚爲雲,空中自升滅。心隨飛蓬轉,愁共層冰結。塞北斷家書,江南驚令節。登臨發長嘯,憂端不可輟。

## 七 夕

天風吹月明,飛度銀沙城。今夜長河側,應聞鸞鳳鳴。華雲納綺閣,雌霓結玉楹。龍箱藏舊錦,河鼓發新聲。車轉行初進,笙調曲乍成。青鳥閬峰頭,玄波紫貝浮。洞庭窶杵動,緱山喬鶴留。烟光迎斗暗,漢影帶星流。繁釵連愛縷,穿針百子樓。倡樓盼遥夜,鶯閨遣遠愁。同心何繾綣,珀盞屠蘇滿。臂寒羅袖長,鬟重蟲簪短。龍文金錯刀,鳳翼篸纏管。梧庭綠穗垂,蓮浦紅衣散。三更望牽牛,高空目應斷。涼氛透綺櫳,嬌囀滿庭中。逡巡盼仙轂,禱祝托微風。細文雲子纚,結縷鳳兒紅。鴛鴦緑茵冷,翡翠錦屏空。安得靈槎泛,遥將碧海通。蟾光不可掃,簟捲秋風早。瑶琴《廣陵散》,鈿笛臨江調。筵前歡會合,花下聽語笑。願乞九華丹,青髓長美好。蚪箭夜如何,金莖沆瀣多。螢排緑莎出,烏帶碧雲過。蘭釭明孤影,鵲鑪焚四和。腰纖減束素,眼俊見横波,誰令拈綉帶,倚欄看渡河。

## 月夜泛舟蓉湖

夜泛木蘭舟,周矚無不極。長風吹月來,湖明蕩秋色。秋色向空盡,蕭然襲衣裾。星光隨野動,水影含沙虛。紆回繞山行,一折改奔峭。翠色雜暮烟,九峰自縹緲。緣溪緑篠動,隔浦杜蘅香。叩舷發棹歌,風景疑滄浪。流連情靡已,感念鴟夷子。物我付兩忘,飄然老烟水。烟水意悠悠,蛩聲兩岸愁。問誰堪作伴,沙渚有閑鷗。

## 長歌贈笠舫兼寄紫崖①

桑枯識歲秋,雁度知天寒。窮居儻怳不稱意,攀翻桂樹增憂端。蘭陵一棹歸翩然,製霞裂月索古歡。鶖斯搶地何足數,矯翼六合攀龍鸞。空山流水閑余步,自笑煩愁爲誰故。從教蠻觸著兩雄,我織流黄君織素。我效謝朓驚人才,揚波蹴石噴雲雷。遠烟空翠變明滅,人傳中有騷人宅。龍劍挂壁青苔生,喑嗚爲我鳴不平。中夜悲歌起斫地,寒光上決浮雲征。君不見,鬱儀鞭日落西海,流光飄忽不相待。蓬萊雲蟜倘可乘,九芝三秀爲君采。秋風夜吹海色來,芙蓉花落靈均哀。夢游直上衡岳頂,洞庭一掬蒼波開。平原一笑輕豎子,窮途南阮真儜

---

① 笠舫即顧敏恒(1748—1792),楊芳燦外兄,字立方,號笠舫,江蘇常州金匱縣(今無錫)人,乾隆五十二年(1787)進士,蘇州府學教授。善讀書,好詩咏,詞筆婉麗,駢體文尤古艷。長楊芳燦五歲,時人將其二人并稱"顏謝",從學者甚衆。代人撰《昭明太子廟碑》,袁枚嘆其爲"六朝高手"。著有《笠舫詩稿》《古文辨體》《緑蔭軒稿》等,楊芳燦及弟楊揆合刻顧敏恒、顧敦愉、顧敬恂及顧揚憲兄弟四人詩爲《辟疆園遺集》,包括顧敏恒《笠舫詩稿》六卷附《笠舫文稿》一卷、顧敦愉《霱雲草》一卷、顧敬恂《筠溪詩草》兩卷及顧揚憲《幽蘭草》一卷。生平參見《〔光緒〕無錫金匱縣志》卷二二《文苑》。

疑。世人抗墜歌下里,我聞其聲但掩耳。璵璠勿與魚目争,去去無言若桃李。白雲浦上青楓林,携琴彈作蘭芷吟。金徽玉軫發高調,猿啼鶴唳天陰森。塵埃下士何鎖鎖,鍾期已没誰知我。愛君山岳心不移,感君意氣莫相疑。青松努力保霜雪,任他世路争險巇。更有佳人天末遠,臨風莫寄琅玕飾。山中瑶草含緑滋,別後容華未應晚。

### 感 興

等閑歲月赴流波,渺渺佳期奈晚何。命賤難從蜀市卜,調高羞和楚人歌。瑟彈夜月悲芳芷,屋破秋風補女蘿。耐可關心對揺落,空林黄葉暗蛩多。

### 題 畫

緑窗隨意綰雙鬟,玉照臺高不上關。病起眉痕濃似黛,春愁都在鏡中山。退紅衫子稱身裁,凝睇無言立翠苔。花意漸肥人漸瘦,銷魂春是幾時來。

### 秋 怨

雲重凝秋色,霜寒落暮林。可憐南去雁,猶帶玉關心。

### 冬夜曲

雪欲含春語,雲初約夢歸。夜長燈焰短,愁卷楚羅幃。

### 明 月

明月飛青海,徘徊千里光。參軍吟思發,興共碧雲長。雁影沉寒水,鐘聲破曉霜。綵虹如可駕,狂醉勸龍媒。

### 寒夜吟

霜飛緑井寒無聲,夜光如烟映銀屏。幽州思婦憶龍城,心同手語彈秦箏。箏弦絕,幽怨多。風吹夢,越江波。越江波,渺何許。入君懷,與君語。月痕墮水曉鴉啼,夢落空房泪如雨。

### 試燈曲

日沒月當花,餘霞鬥華綵。蓮燈初試輝,麗人早相待。四術溢游人,簫管起南鄰。擲果窺潘掾,攀花賦洛神。邐迤行水曲,印履春芳綠。鈿車文錦茵,寶馬雕金絡。星移燈影微,斜月趁人歸。燭映垂鬟轉,香迎羅袖飛。吳儂掩歌扇,相逢不相見。使君南陌頭,五馬空留戀。步障擁青綃,分頭過洛橋。風光三五夜,同伴早相邀。

### 蓉湖曲

淥水漲桃花,芳洲采蘭杜。儂言江南樂,好在蓉江渡。蓉江節序多,撥棹屢經過。佳期不可駐,齊唱懊儂歌。湖流浩蕩連南北,菌閣蘭窗萬種色。從教畫舫刻龍鱗,好取朱甍垂鳳翼。羅衣珠佩照芳春,日晚湖邊多麗人。黃蝶盤徊依綵袖,青禽來去啄紅巾。紅巾綵袖紛無數,吳娃玉腕輕搖櫓。日映花光艷晚霞,烟開水色橫輕素。別有朱樓夾水斜,停橈借問是誰家?碧玉貌如玉,麗華顏正華。欄前露條脫,花下撥琵琶。的的容光人所羨,王孫驄馬空留戀。願作纖羅近瘦腰,但愁綵扇障嬌面。鸞歌鳳吹斷人腸,鼓枻中流望渺茫。一縷眉痕分月影,半江衣麝雜花香。春來春去傷懷抱,不覺朱顏鏡中老。芳意偏輸比目魚,泪痕空效啼珠鳥。狼籍金尊錦綺筵,玉簫斑管負華年。踏歌歸去逢人少,兩兩鴛鴦沙際眠。

### 春宮怨

草滿宮扉塵滿幃,雲和彈罷泪沾衣。春風多少銜花燕,只向昭陽殿裏飛。

### 折楊柳

春風似相識,忽然度灞橋。灞橋兩岸柳,密葉依柔條。柔條直接建章路,銀臺畫閣紛無數。風輕鶯語合歡枝,月明蝶宿相思樹。紅樓少婦望關山,鐵騎逶遲去不還。隴頭春色少,楊柳爲君攀。茱萸帶拂飛襳袖,龍雀釵垂窈窕鬟。郎如垂柳花,妾似垂楊葉。花落蚤辭枝,葉枯豈堪折。飛絮飄揚攬夢雲,容華憔悴片時春。折芳濺上千絲淚,驛使西來好贈君。

## 閑　居

窮居罕人事,試尋林野娛。養閑頼貧賤,超俗躭琴書。和澤周九春,景物紛華敷。晨興聞人語,披草尋東隅。紫芝誰當採,瑤華久應蕪。流景眇然逝,離思鬱以紆。伊人在天末,賞心不克俱。緘書相問訊,懷抱今何如。

## 咏史小樂府①

### 可給廩

華林園,蛙兩部,前者吹,後者鼓。君曰給廩給廩可,蛙言官家不如我。糲一盂,桃數顆,誰給糈,憐君餓。君不聞,牝雞夜叫天糢糊,齊趙厲吻相吞屠,爲公爲私君知乎？

### 燕軍破

齊城開,出奇獸,五百壯士隨其後,龍文煌鋥帶刀走。帶刀走,燕軍愁,騎劫由來不如牛,孤軍敗沒而懸頭。嗚呼！剪仇讎,復宗祐,宣王曾放觳觫牛,放牛始終得牛力。

### 累老表

豫章司空號博物,梟毛蛇蛻無不識。何物小醜能矜才,敢誇腹笥公然來。妖狸白日作人語,巢居知鳳穴知雨。善言不聽生禍羅,千年老表蒙斧柯,子其累我奈子何！

### 封使君

虎當道,林密山深布牙爪。千人血肉供,一飽虎垂涎。群狐假威

---

① 《咏史小樂府》詩共十三首。

有數千,殺人媚虎取虎憐。虎生翼,村中攫人穴中食。五陵年少不敢射,敲骨剥血胡不仁。生不治民死食民,宣城太守封使君。

### 懷中鷂

虛懷納諫懷不虛,中有一鷂藏其軀。彤廷曉曉諫不止,羽翮摧殘一鷂死。一鷂死,君不嗔。喜今夕,逢直臣。失一鳥,得一鳥。白簡霜飛號早雕,直臣不讓秋天鷂。

### 潯陽射

秦宫噩夢海神鬥,射魚弩發波濤吼。劉徹雄才繼其後,潯陽瘦蛟帶箭走。帶箭走,潑血紅。鱗甲碎,馮夷宫。水族不幸遇英主,巨魚爲鮓蛟爲脯,前秦皇,後漢武。

### 隋宫樂

隋宫螢,放千斛,穿樹粘花照山谷。君王但見流螢飛,不見黎陽鬼燐哭。火炬入江都,宫外間大有人圖。儂野火燃螢火盡,紫焰吐紅輝,迷樓更好景。"他日迷樓更好景,綺房紫焰吐紅輝",①煬帝詩也。後迷樓果毀於火,人或以爲讖云。

### 銜花讖

紅苞紫萼烘朝霞,沉香亭北花交遮。伊尼愛花入花裏,芳根嚙斷香心死。伊尼入,君不知,錦綳綉褓春洗兒,野鹿日在花中居。伊尼入,君不逐,漁陽鼙鼓走駭鹿,函谷無人折其角。

### 洛中書

洛中吴郡隔千里,唤犬寄書犬爲使。沉者沉,浮者浮,當時亦有致書郵,問君能及此犬不?憑捷足,還宛洛,勝上蔡,東門空將狐兔逐。他日銜冤悲二陸,緣何但問華亭鶴?

---

① 宋代傳奇小説《煬帝迷樓記》載:"帝因索酒自歌云:'宫木陰浓燕子飞,興衰自古漫成悲。他日迷樓更好景,宫中吐艷戀紅輝。'歌竟不勝其悲。"小説作者佚名,宋、元書目未著録此書,《四庫全書總目》小説家類著録一卷。明人馮惟訥《古詩記》、張溥《漢魏六朝百三家集·隋煬帝集》將此詩命名爲《迷樓歌》,繫於隋煬帝楊廣名下。近人丁福保輯《全隋詩》,亦歸爲煬帝詩,但今人逯欽立《先秦漢魏晋南北朝詩·隋詩》不載。

### 倉中悟

倉中鼠,食積米,舍中小吏大歡喜,男兒生當如此矣。牽犬出東門,臨刑顧中子。平生摠與獸爲緣,鼠竊狗偷一例耳。嗚呼！倉鼠尚無人犬虞,斯乎乾没亡其軀,斯乎斯乎鼠不如。

### 覆棋賞

沉香亭北晝無事,玉枰對設手談器,一角東南風失利。風失利,狸奴來,局中勝負齊撥開,崖公一笑天顏回。君不見,東控函關西控蜀,唐家天下如棋局。何處狂奴肆爪牙,金甌鐵桶皆翻覆。

### 紅縷繫

搗殘麝臍香更濃,揉碎桃花色更紅。真情千劫不磨滅,孤禽亦解悲春風。杏梁藻井前恩重,空巢久斷濃香夢。繫定柔情一縷紅,颶颶不羨雙栖鳳。蜂喧蝶駐早春天,彈斷蘭閨寡女弦。願將不忍雙飛句,遥繼陶嬰寡鵠篇。

### 半閑堂

半閑堂,多寶閣,蟋蟀閉金籠,姬妾相歡樂。師臣熟習蟋蟀經,我行我法躬督兵。珠金沙頭挑寸草,十萬沙蟲解甲行。木棉花發古庵側,暗風吹雨暗蛩泣。

## 流螢詞

影娥池畔明星稀,蕊珠宮裏華月微。九枝燈影散光彩,悲帷珠閣流螢飛。蘭夜如年人語悄,刺桐花下千回繞。掩抑多情戀苑墻,誰識前身是芳草。飛去飛來稍覺多,麝衾蕙幌奈愁何。微光巧入翻犀押,淺碧依人艷鳳羅。一番凉雨天如練,更逐閶風入瑶殿。鈴索高搴寶炬來,罘罳斜映繁星見。趙女熏香侍玉床,班姬掩泪吟紈扇。縈烟惹草最輕盈,欲落未落似有情。董廉觀裏宮槐暗,鳷鵲樓前天漢明。又見揚輝入窗内,吳姝此夕顰螺黛。碧沼偸窺菡萏開,紅塘沼見鴛鴦睡。君不見,隋宮秋夜誇豪游,熒煌千斛飛螢流。祇今亂草連荒甸,應有青燐帶雨愁。

## 夏　夜

素月未舒光,丹霞先冠嶺。焚香滅華燭,開簾接清景。遠渚樹如浮,深巷人初定。庭虛引天翠,沼淺净雲影。伊余性好静,塵憂暫爲整。衣沾露文瀑,室延夜光冷。天籟悠然來,鄰庵數聲磬。

## 遣　懷①

榆柳陰濃晚吹涼,憑闌望遠極蒼茫。遣愁摩笛爲三弄,寫怨拈毫賦九昌。古寺雲中揚遠梵,高樓花外帶斜陽。紫桐廊下無人到,唯聽鈴聲替戾岡。

一番涼雨洗高旻,暝色蒼然上嶺匀。門巷風流元亮柳,庖廚况味陸機蒓。芳洲採杜思公子,茅屋牽蘿怨美人。記取白雲明月夜,好携詞賦弔靈均。

歲序關心嘆逝波,荆扉閑倚引清歌。溪流自嚙危沙落,鴉背遥翻斜照過。騷客易悲芳草晚,佳人猶隔碧雲多。臨風無限瀟湘意,欲擷蘭茝奈遠何。

星影霞文麗絳宵,愁人獨怨夜迢遥。悠揚逸興詩千首,濩落生涯酒一瓢。數片梨雲疑是夢,半床松月竟無憀。香殘燈炧三更静,誰倚高樓弄玉簫。

## 秋江泛月歌

江妃扶月出紫雲,天香瑞彩含氤氲。嬋娟臨水鑒孤影,七寶闌上嬌蛾嚬。秋空萬里皺寒緑,老兔玄蟾自相逐。水極星搖驪驪珠,潮平月帖團團玉。江頭行客怨別離,倚舷吹啐瓊參差。紫晨擊磬破空碧,天乳濕衣寒不知。軟風壓浪鮫潭冷,酣睡雌龍呼不醒。霞彩空明蕩

---

① 《遣懷》詩共四首。

倒光,琉璃雲母空烘影。迢遥京口迷秋烟,隔舫誰人彈雁弦。安得一杯瓊液酒,遥勸雲中金骨仙。蒼茫海色東方動,扶桑啁哳晨鷄弄。奈寡姮娥自不情,今宵照斷還家夢。

### 桃葉渡曲

素波瀲灩銀塘東,小叠重紋摇碧空。江花玉而雨相向,鏡奩照處新妝紅。雲光不動沉蛾翠,波底嬋娟放韶媚。幽軋蘭橈雪腕慵,棹謳驚起鵁鶄寐。金須綉領紅玉春,燕釵插鬢扶玄雲。[2]風流大令渡江晚,差差愁浪生鯨鱗。柳影蘭叢大堤上,秣陵春暖波如掌。但願郎心似水平,免打橫塘逆流槳。紅菱翠荇相高低,祗今渡口成荒陂。鴛鴦散去夕陽裏,玉沙交頸青頭鷄。

### 燕子磯

颶母揚威吹海立,驚濤夜撼烏衣國。飛雲軒墜大江東,望鄉不到形成石。龍嵸碧嶂高插天,涎涎尾拂蛟龍淵。古臺石磴出交突,尚留一掬滄溟烟。鯉魚風急金陵道,秋潭寂寞江妃老。此地偏餘萬古春,翩翾紫乙尋芳早。寄奴一去霸氣銷,石頭城遠秋雲高。山根束斷海門浪,陽侯出入暗不驕。罷吟浦口如更鼓,破天絲絲逗寒雨。龍伯馮夷鎖鑰牢,莫作零陵石飛去。

### 旅　懷

晉陵書客怨秋風,青衫泪點斑斑紅。紫絲鞭折寒驢瘦,長堤衰柳垂烟濃。蹇修美人隔千里,暗風吹秋天墮水。旗亭痛飲金屈卮,酒力壓愁愁不起。空山蘭蕙凝愁香,紅妝啼血真珠房。盲人不識鳳凰錦,鮫人織罷藏龍箱。興酣擊劍荒臺下,苦霧驚沙滿平野。英雄俠骨没蓬蒿,勞勞誰念窮途者。廣寒桂樹香扶疏,迷魂夜跨金蟾蜍。銀河浪高渡不得,如此男兒坐鳴呃。

## 題淵明采菊圖

臥游忽入南山道,村落無人菊叢老。隔籬喚起彭澤翁,芳尊快與澆懷抱。吾聞金刀初葉人披猖,堅冰氣運先凝霜。士行孫子傲霜客,挂冠解綬歸故鄉。同心愛此東籬種,瓊漿又報江州送。酒酣依約義熙年,冷香叢裏羲皇夢。興來曳杖西園行,迎風挹露餐華英。塗黃嫩白摘盈把,帽檐衫袖飄香清。君不見,菊把賜鐘繇,菊潭飲伯始。① 黃花豈樂蒙此恥,蓬蒿三徑歸來是。

## 寄衣曲

織寒衣,一行眼淚織一絲。機中羅紈剛一匹,半是妾身淚絲織。織成身着有幾何,征夫遠戍白狼河。官家賜衣不得力,年年邊塞西風多。意中裁剪稱長短,別久恐教衣帶緩。願得妾身如此衣,寄向陽關不言遠。阿侯幼小難把筆,殷勤倩人書年月。爲語驛使寄莫遲,得及朔漠飛霜時。萬一征人返鄉國,此衣虛寄亦不惜。

## 青溪詞

雲光不動春塘滿,芙蓉墜粉蘭芽短。綠濕紅鮮逐畫橈,鸂鶒眠熟金沙暖。小姑向曉開新妝,鸞裾鳳帶雙明璫。寶奩露出照膽鏡,花風演漾吹團光。澄潭夜浸桃花月,好與姮娥伴孤絶。玳衾珊枕獨眠醒,一點紅凝守宮血。風車雨馬何翩躚,神雅夜集叢祠前。謝郎走馬射不得,盤盤古木凝愁烟。烟鬟霧髻韶華老,相風竿上孤星小。隔溪白石自無情,巫雲一夢春江曉。

---

① 出宋代蘇軾《以黃子木拄杖爲子由生日之壽》詩"靈壽扶孔光,菊潭飲伯始。雖云閑草木,豈樂蒙此恥"句。

## 黃保儀掌書歌①

玉軸牙籤伴朝暮,鸞雲綾影澄幽素。美人睡起芙蓉屏,爐爇蕓香辟花蠹。南朝新敞澄心堂,墨花叢裹金粉香。玉纖親展篝文錦,龜螭印紐鈐文房。玉釵扶髻紅妝靚,隻影娉婷對鸞鏡。從知文采累佳人,孤星夜照深宮命。桂紅印臂痕不銷,珠愁玉恨傷春宵。西宮新製邀醉舞,周家姊娣誇妖嬈。小苑銅魚鎖寒翠,班姬左女同憔悴。咫尺蓬山無路通,漫勞食盡神仙字。

## 秋夕寄朱大 時客都下

憶昔嬉游伴,相看兩意忺。狂奴初毀齒,詩客最多髯。狎水乘鳧舫,看花卷翠簾。酒濃瓊斝重,詩冷彩毫尖。淡漫文瀾廣,森羅武庫嚴。被堅甲不齘,出匣劍方銛。山海囊中物,蟲魚架上籤。霧深玄豹卧,澗冷紫虯潛。翻勁疇能鍛,言多未許拈。驚心談鬼魅,壯膽說韜鈐。欲應飛騰象,偏成暌渙占。人離故鄉遠,名願大羅僉。落日長堤柳,微風小市帘。夢鬼五夜魘,泪血數行添。人隔天涯查,雲從日下瞻。探驪翻巨浪,斫桂入新蟾。蠻觸知誰勝,熊魚不易兼。果能占壯往,莫便惜留淹。君苦飄蓬轉,余悲落絮粘。薄游同邴子,任達愧劉惔。虛慕凌霄鶴,翻成上竹鮎。攄懷生鄙吝,集益乏針砭。披簡燃紅蠟,摘詞寫素縑。迥聯書早寄,瘀絮韵慵拈。秋老蛩專夜,燈昏月傍檐。懷人情脉脉,抱影漏厭厭。解悶尋黃奶,逃愁枕黑甜。才奇窮鬼妒,性僻俗人嫌。九節丹芝秀,三危瑞露沾。何當偕道侣,養靜竄窮巖。

---

① 黃保儀即南唐後主李煜之保儀黃氏,江夏人,風華絕代,尤工書札。李煜兵敗降宋,黃氏亦從北遷,卒於大梁。生平參見宋代馬令《南唐書·女憲傳》、宋代陸游《南唐書》卷一六《黃保儀傳》、清代吳任臣《十國春秋》卷一八《黃保儀氏傳》。

## 長歌贈映洲上人①

蓮旛寶座珠瓔珞,祇域醫王下寥廓。丹丸投入紫關開,夢中二竪咿嚶哭。斡回元氣天無功,能令寒谷回春容。坎離活火調丹鼎,麟鳳靈香鎖藥籠。昔年隻履游香積,碧殿紺園駐飛錫。虎護珠林石氣青,龍歸鐵鉢雲陰黑。般若仙舟一葉輕,御風又向晋陵行。怪石點頭朝說法,天花散影夜翻經。榻前纔醒維摩夢,收拾丹青作清供。鶴樹檀林佛地春,玉莎瑶草仙家種。上人善畫。興酣洛筆烟雲飛,貫休惠崇未足奇。紅塵世事幻如畫,聊示禪關第一機。丁當藥杵仙禽搗,追逐沉疴疾如掃。十丈蓮舟苦海清,一輪慧日龍泉曉。紺髮青眸白氈巾,高名從此動人群。明年又入京華去,踏遍燕山萬叠雲。

## 過紗帽洲

一幅蒲帆指路迷,漁村沙市晚烏啼。石頭城遠寒烟重,玉樹歌殘敗柳低。雲影不隨飛鳥没,潮聲又送夕陽西。并將懷古無窮恨,十樣蠻箋蘸墨題。

## 秋夜詞四首

半規新月到妝樓,蟬翼輕羅怯早秋。忽訝一襟凉露濕,銀河無影向人流。

水紋簾影蕩瀟湘,香品茶名費較量。誰向風亭調鈿笛,一雙驚起睡鴛鴦。

携將紈扇立中庭,銀燭幢幢背畫屏。落月闌干凉似水,手拈羅帶數秋星。

---

① 映洲上人:僧人。據《楊蓉裳先生年譜》載,乾隆三十五年辛卯(1771)冬,楊芳燦父鷺溪公楊鴻觀抱疾,倚病以爲蠱癥,勢極危篤,忽遇異僧,投以方劑而瘥。異僧僧號映洲,楊芳燦以此詩相贈。

一樹青梧葉乍凋,空簾涼鬢影蕭蕭。階前移過三更月,猶剪秋鐙讀六朝。

### 舟過秣陵口號

蕭疏風柳白門灣,依舊寒潮寂寞還。指點夕陽紅盡處,殘霞一抹六朝山。

### 寒食郊行

偶携吟伴出前村,寒食風光愴客魂。一樹桃花斜照裏,冷烟如夢不開門。

### 記　夢①

敲窗小雨作春聲,涼壓羅衾睡失明。夢到桃花最多處,滿身香露聽流鶯。

### 題韓仲湘紅蕉遺草後②

瓊枝萎露幽蘭死,破冢寒灰泣才鬼。遺文零落委青箱,魚蠹蛛絲兩三紙。記昔游君伯仲間,風流文采恰齊肩。纔看春柳憐思曼,早向秋風哭茂沿。凌云賦就難高第,彩筆淒凉半途棄。始知白首困青衫,猶是文人真幸事。似綺年華過眼忙,虛星黯黯夜臺長。惠連池涸無青草,長史齋空尚白楊。名山寂寞千年後,何計爲君圖不朽。死友憖非范巨卿,奇才應識王延壽。秋齋擁鼻百回吟,不盡懷君輾轉心。鄰家何事吹橫笛,竹下同誰撫素琴。吉光片羽欣無恙,寄語重泉莫惆悵。絶調寧教空井埋,哀音忍聽秋墳唱。殘燭青熒月影寒,夜闌歌罷重辛酸。還憐老屋西頭客,長對秋燈掩泪看。謂景圖。

---

①　此詩題光緒本詩鈔卷三作《曉起記夢》。
②　韓仲湘:韓云俊,字鍾湘,一字雲卿,江蘇金匱縣(今無錫)人,乾隆間諸生。著有《紅蕉遺草》。

【校勘記】

［1］雲：光緒本詩鈔卷一《寓言六首》詩作"風"。
［2］玄：原作"元"，避清聖祖玄燁諱，據改。以下徑改，不再一一注明。

# 真率齋初稿卷二

## 擬　古①

帝女臨河洲，容華何嬿婉。漾漾璇景低，回回翠霞亂。華霓自暗蔼，蘭旍紛宛轉。裾迴艷雪飛，盻美秋波泫。瓊瑤未敢贈，滄波若天遠。遙山淡無姿，行雲焱已散。江渚青楓愁，乘鸞竟不返。

我登少微宮，舉手攀明星。飄颻碧雲裏，肅然聽天聲。朝弄紫泥海，夕宿銀沙城。路遇羨門子，瓊漿為我傾。借余一青龍，高舉凌紫溟。應寂超象識，玄感入淪冥。永隨天風去，採鉛向蓬瀛。

雨歇無濃雲，花落無嘉樹。歲月不憐人，倏忽容華暮。菱鏡委浮埃，綃帷掩輕素。深恩不再來，韶顏坐相誤。欲陳決絕詞，難忘定情賦。願君如白日，回光在中路。

採萍萍無根，種蘭蘭不芳。佳人眇天末，碧雲暮無光。蕙帳積素塵，椒戶迎夕涼。風悲寒棕碎，露冷衰蠻傷。團團無情月，偏來照空床。中夜三嘆息，良會安可忘。

## 擬唐人塞下曲②

荒壘千營暮，金門一望賖。沙翻旱海浪，雪放早春花。合弩圍鷄塞，連旍認虎牙。思歸腸已斷，不假聽蘆笳。

---

① 《擬古》詩共四首。
② 《擬唐人塞下曲》詩共二首。

日落長城暮,云行故國秋。可憐紅粉泪,不到黑河流。猿哭兼清角,雕飛避畫旐。臨風看長劍,誓飲月支頭。

### 賦得簫

蠶窗蝦箔隔虹橋,碧玉參差響沉寥。乞食市傍吳客調,懷人江上楚辭招。舟回赤壁潛蛟舞,仙去秦樓綵鳳遥。贏得宮娃傳賦手,漢家王子舊丰標。

### 賦得琵琶

銀浦雲紋咽不流,檀槽調迥繞珠樓。和親絕塞秋風泪,送客寒江夜月舟。金屑拍殘周后怨,銅弦彈斷淑妃愁。甚時買得雙鬟就,更遣殷勤唱石州。

### 冶春詞①

翠暖紅香夢雨天,嬋娟何事惜韶年。青溪夜月窺香玉,粉鏡春風喚小憐。錦羽穩栖生色畫,沉檀細注并頭烟。西飛迷雀東羈雉。腸斷蘭閨蜀國弦。

貽椒佳節採蘅朝,渌水斜通雁齒橋。狎客競拈金葉格,美人偷倚木蘭橈。重開綺席斟碌碗,小步紅氍舞翠翹。爲語東君莫歸去,青樓香粉未全銷。

轆轆樓前走鈿車,青綾步障踏堤沙。游人折盡江干柳,倡婦歌殘陌上花。一抹行雲巫女峽,半灣流水莫愁家。扁舟不到燕支匯,窄袖單衫自浣紗。

一綫春歸羅綺叢,阿甄無力倚東風。鵑啼舊恨斜陽裏,草惹新愁細雨中。麝月平分眉黛破,梨雲早散夢魂空。花樓不啓菱狨鑰,百尺

————————
① 《冶春詞》詩共八首。

蓬山未許通。

畫長貪睡枕琉璃，懶把宜春帖子題。柳絮東風深院静，杏花微雨畫橋低。珊瑚鏡暗銷蛾緑，翡翠衾孤冷麝臍。憨燕雛鶯都嫁了，伯勞何事好單栖。

緑紗窗下試朝妝，細夾裙垂白玉瑭。芳草夢寒蝶粉退，落花風軟燕泥香。弄晴天氣雲深碧，閣雨樓臺日淡黄。一摺紅箋填艷字，鄰姬小約踏春陽。

薄粉輕妝一面勻，高墻步屧印芳塵。含羞俊眼頻看影，解舞纖腰欲倚人。桃樹不銷心曲恨，柳絲曾駐夢中春。流觴泛羽都歸去，日晚河邊賽解神。

殘蛾淺黛倚窗扉，旭日瞳曨暖翠幃。紅咮嬌鸚嫌籠罵，緑毛么鳳抱花飛。桃脂漬粉朝勻面，莢藥煎香夜浣衣。製就懊儂歌一曲，山南山北送春歸。

### 隴頭水①

朔風吹隴水，回流帶冰咽。天山雲霧愁，壯士肝腸絶。驚湍濺馬蹄，寒光照衣鐵。都護逐北歸，刀頭洗餘血。

征人一掬泪，長繞邊城流。寒波玉關月，哀響金微秋。照影飛雁墮，逐浪沙蓬浮。願將祁連石，填此萬古愁。

### 觀朝雨

朝雨江上來，連山渺無際。輕烟濕不飛，閑雲去還滯。幽花解紫苞，野鳥落輕毳。庭樹珠光泫，缺岸環流細。文通麥未收，仲蔚門常閉。窮居衡茅下，坐惜光陰逝。安得萬里風，長空掃氣翳。

---

① 《隴頭水》詩共二首。

## 烏棲曲①

金屑琵琶昭華琯，宛轉吹彈夜將半。明星窺戶月臨河，含嬌聚態爲君歌。

華筵九枝蘭燭明，綠珠弄玉相逢迎。芳茵翠帳春情亂，鯨釭花飛愁夜短。

珠帷綱尸香風逐，可憐夜夜倡樓曲。門前垂柳烏争啼，月痕墮水天河低。

合歡被織雙鴛鴦，麝臍撲枕巫云香。城頭老烏啼達曙，獨持愁緒送郎去。

## 姬人怨服散篇

君不見，邯鄲美人顏如玉，鶯咽妊唱陽臺曲。香風暗入昔邪房，行雲時度踟躕屋。蟬衫麟帶夜開宴，素手争持九華燭。豐容盛鬋已無儔，雙眉生小不知愁。妒花鏡裏勻香粉，待月簾前控玉鈎。汝南鷄唱天河墮，蜀錦文衾壓朝卧。鯨燈花落夜迤迆，貍薦香濃春帖妥。一朝夫婿好長生，豹枕鴛幃無復情。仙禽擣藥巖房迥，玉女翻書畫戶扃。綉榻啼多紅粉落，瑶階人去碧苔生。桑田滄海須臾變，仙家樂事何須羨。姮娥遙夜耐孤栖，織女經年不相見。何如錦水雨鴛鴦，雙宿雙飛春草長。寄語仙郎好相待，會乘秦鳳共翺翔。

## 三日淥潭篇

春潭蕩漾玉爲砂，東流流入莫愁家。樓臺倒影摇輕浪，桃李新妝艷落霞。輕浪落霞相照映，青菱翠荇開奩鏡。掠水頻看燕往來，唼花瞥見魚游泳。連臂吳娃發棹謳，哀絲急管令人愁。風吹嬌囀入雲去，

---

① 《烏棲曲》詩共四首。

餘聲還繞春潭流。春潭一望明如練，瑶草含滋滿芳甸。柳外佳人弄綵舟，花間浣女看嬌面。誰家年少騁輕肥，朱彈雕弧逐鳥飛。鴛鴦浦上流杯宴，蘭杜洲邊試馬歸。紅塵落絮愁難歇，隔岫斜光漸微没。舞影衣香散翠烟，一潭淥水流孤月。

## 即事寄笠舫①

日與塵事遠，塊然守茅屋。屋垂榆柳陰，栖禽暮相逐。斜輝斂細雨，遠皋淨如沐。丹霞麗雲松，蒼烟淡新竹。欲攬空翠光，開軒望山腹。伊余知止足，觀物滌塵欲。取志黔婁生，無勞季主卜。

卷□藹幽綠，夏蘭垂華英。美人在雲山，搴之寄遠情。天氣日已佳，草徑無人行。荇亂數魚戲，樹喧一鳥鳴。冥心觀大化，慮淡物自輕。

白日半西山，暝色萬里昏。丹霄華星爛，高樹孤雲翻。閶闔蕩綠波，天宇增清寒。登高望所思，惝恍生憂煩。情深疲夢想，室遠隔思存。寄言敦古道，歲寒盟勿諼。

## 澄江月夜感懷贈邵大星城儲大玉琴②

青山淡如畫，孤月千里明。長風掃雲歸碧海，銀河中道流無聲。北斗橫空珠錯落，寒光繞樹驚栖鵲。人生得意有幾時，城市山林儘行樂。恨無百斛金叵羅，酒酣對月發浩歌。道逢俗子開口笑，瘦狂奈爾癡肥何？脱帽科頭鸜鵒舞，興來筆力如牛弩。范史曾傳零藋方，卞生自著《蝦蟆賦》。生不得短衣射虎南山頭，馬蹄踏草如星流。又不得

---

① 《即事寄笠舫》詩共三首。按：笠舫參見本書卷一《長歌贈笠舫兼寄紫崖》詩"笠舫"條注。
② 此詩題光緒本詩鈔卷一作《澄江月夜感懷贈邵星城儲玉琴》。按：邵辰煥，字星城，江蘇無錫人，乾隆間諸生。工書法，善詩，著有《傳硯堂集》。儲潤書，字玉琴，號旅農，江蘇宜興人，乾隆五十四年(1789)優貢生，著《秋蘭館烬餘稿》四卷，事具《宜興豐義儲氏分支譜》。二人俱與楊芳燦相交，《楊蓉裳先生年譜》載："乾隆三十七年壬辰(1772)，在澄江與邵星城辰煥、儲玉琴潤書、孫淵如星衍、吕映薇星垣定交。"時楊芳燦二十歲。

龍文金翅橫滄洲，喚取吳娃揚棹謳。男兒二十不稱意，芒芒觸起平生愁。馬坊自教諸奴子，不道英雄竟如此。世間無復常將軍，誰識溫生大才士。金盡交不成，薄俗還相輕。胸中塊磊平不得，裸身大叫千秋亭。感君意氣握君手，昂藏肯落他人後。一笑黃公壚畔春，螺蠃螟蛉竟何有。絲履貽躄者，寶鏡贈盲人。擾擾塵巾子，誰能識君真。君才奇絕誰與鄰，湘江波浪匡廬雲。揚眉吐氣造我語，相對都非僞擬人。還愁兩地雲山隔，倉雁頳魚嘆寥闊。蘭陵美酒廣陵花，相思共望天邊月。時星城就館毗陵，玉琴買舟維揚去矣。風流雲散，言之慨然！

## 懷朱大①

庭院梧桐老，思君又一秋。萍踪無住着，魚信久沉浮。入表停雲暝，三更落月愁。錦函珍重字，爲倩致書郵。

孤館静悄悄，慵彈玉軫琴。懷人當永夜，見月上疏林。紙賬迢遥夢，寒燈索寞心。唯餘蛩四壁，徹曉伴愁吟。

## 夜泊山塘

一枕秋涼蘭葉風，繁華舊國水烟中。蓮花院落歌聲脆，卍字闌干燭影紅。七里鏡塘愁越女，三分璧月夢吳宫。誰憐青翰舟中客，螺墨香箋賦惱公。

## 秋夜詞②

銀河水影漾琉璃，七寶窗開月漸低。連愛纓隨殘夢斷，相思句帶遠愁題。芳幃夜静偎涼玉，蕓閣風微觸響犀。牛女合離誰管領，雕陵烏鵲汝南鷄。

紫磨纏臂玉搔頭，少小珠娘不解愁。綉閣炙笙調鳳曲，花盤瀉水

---

① 《懷朱大》詩共二首。

② 《秋夜詞》詩共四首。

貯蟾鈎。蘅蕪烟冷三霄露,菡萏香殘七日秋。蜃箔蝦簾人不到,獨拈羅帶看牽牛。

冰肌新試麝蘭湯,杏子花紗貼體涼。一剪香風迷迭檻,半床華月昔邪房。銀虬貯水丁丁咽,鐵馬敲更細細長。行過芳塘遮鳳燭,恐教驚起睡鴛鴦。

花琯無聲月杵停,夜雲如水遠空青。涼宵夢壓狸毛席,曲院鐙明猩色屏。酒瀉蘭尊酬七夕,箋書錦字懺雙星。摩呵池畔嬌無那,怕聽風吹九子鈴。

### 碧檻

碧檻通蘭館,琉窗隱翠樓。月從蓮井墮,雲入錦屏流。懷探支機石,槎通聚窟洲。貽椒筝院杳,贈芍瑣窗幽。傅面龍綃粉,膏鬟蘇合油。桂紅春一捻,蓮印玉雙鈎。翡翠酣春帳,芙蓉夢雨裯。酒緣薰髓釀,花爲助情收。嬌鳥青絲籠,金魚白定甌。小詞翻越調,急拍按涼州。草可名銷恨,蟲應號叩頭。傅釵巫女艷,解佩洛娥羞。子夜聲聲苦,辛夷樹樹休。鴉啼金井院,人上木蘭舟。遠盼文禽會,訛傳紫貝浮。空房香膽怯,圓鏡淡蛾愁。寂寞蛩螿夜,飄零菡萏秋。蝶充通夢使,雁作致書郵。錦軸朝彌勒,新詞怨蹇修。銀河一水曲,脉脉盼牽牛。

### 採菱曲

妾家住銀塘,繞塘菱葉香。採菱蕩漿去,水共離愁長。紅巾綠袖搖輕櫓,青鴨灘頭人不渡。西風昨夜吹素波,蕖花凉雨蘋花露。安得菱四角,生向郎車輪。郎車不得行,穩醉橫塘春。橫塘屈曲道,鸂鶒鴛鴦少。莫照菱花鏡,愁多顏色老。爲報隴頭人,歸時須及早。

### 畫船

曲渚魚鱗浪,回堤雁齒橋。繽紛張錦幔,容與泛蘭橈。羅襪凌波步,瓊烟貼水飄。半篙新漲闊,七里淥塘遙。綱戶垂銀蒜,雕窗嵌玉珧。簾編湘女竹,扇剪美人蕉。綵絡調歌鳥,珠鈴繫雪猫。叩舷蕻葉岸,解纜藕花潮。迷迭含芳長,蘼蕪爇火焦。繁華今好在,香粉未全銷。午夜開華宴,辛房出阿嬌。約黃孫壽額,束素小憐腰。粉鏡千回照,雲梳百遍撩。眉長匀翠黛,髮膩斁珠翹。彩釜猩唇煮,碾杯桂露澆。風微衣麝散,帆轉酒鱗搖。射覆圍蟲豸,攤錢喝雉梟。怕成泥絮果,休負雨雲宵。促坐心相印,搴帷目屢招。犀筒銀液減,蛤帳守宮銷。催賜纏頭錦,還留繫臂綃。鴛鴦一夢覺,烟水雨迢迢。

## 姑蘇無梁殿歌

殿純以磚石累成,相傳宋南渡時所建。

寶津樓起京東陌,快馬輕車運花石。土木餘殃尚未銷,貝闕琳宮藏穢骨。突兀銅鳥鐵鳳翔,半空花雨散天香。構成馬寶千尋殿,不用龍身百尺梁。磨磚累甓推能手,不識經營是誰某。世遠寧愁蠧喙侵,地靈好教獅王守。亂草荒榛鼠鼠高,斷碑風雨認南朝。南朝柱石今何處,輸與禪宮結構牢。金牌十二馳飛鞚,風波三字孤臣痛。萬里長城一旦傾,誰與王家作梁棟。此殿翻成讖兆奇,當年謎語是耶非。修羅龍象空神力,甲騎西來勢不支。懺灾祈福虛言爾,雪窖冰天道君死。毳幕千群戰血腥,宮草蕭條土花紫。江水東流作怨聲,偏隅臣構竟偷生。金繒盡付明駝足,那有餘資給化城。罡風吹盡連雲宅,畫棟文楣竟何益。剩得旃檀祇樹林,猶記炎興舊年月。紺宇嵯峨矞目開,摩挲古迹爲徘徊。笑他大廈高如許,祇有釘頭木屑材。

## 酒仙歌

姑蘇王氏女,自號酒仙,名倡也。能辟穀,日惟啜酒啖果,而風貌特異。爲作長歌紀之。①

---

① 真本、吟翠軒本《酒仙歌》詩題下俱有小序,光緒本詩鈔卷一《酒仙歌》詩題下無此小序。

美人家住吳閶路，羅襪盈盈振仙步。借問當壚有幾年，碟碗磁杯伴朝暮。呼來對客笑臨風，酒暈腮渦一抹紅。獺髓神丹匀瑪瑙，[1]璃壺清露醉芙蓉。妝臺珍膳餐桃李，卯飲纔醒試羅綺。自言生小住橫塘，不識猩唇鯉魚尾。橫塘瀲灔麯塵波，象管鸞笙唱棹歌。但得半江成玉液，不辭千盞泛金螺。麝臍香撲玻璃枕，紅玉娥娥薦華寢。檀奴若解送縹醪，抵得纏頭百梭錦。媚眼微含似有情，侍兒扶起倚雲屏。長齋也願皈彌勒，薄命還應嫁麴生。一樽薰髓靈妃送，瑣骨珊珊跨花鳳。盼得他年塵劫空，糟邱臺上游仙夢。撥悶拚教典鷫鸘，遍來消渴長卿狂。歌樓春色濃如酒，不辨柔鄉與醉鄉。

### 姑蘇彌羅閣天神像歌

寥陽寶閣連雲開，銅烏鐵鳳高崔嵬。青霓叩額通帝座，琵琶神物憑虛來。我聞明代真人出，叱鬼呼星擅奇術。綠章夜付小心風，丹鑪曉煉重瞳日。鑄就狻猊噴異香，混元天界瞰微茫。觚稜金爵開玄闕，翠葆雲旍拱紫皇。[2]群神環侍威靈壯，畫戟雕戈屹相嚮。兩面森羅狒狨裝，三霄警蹕麒麟仗。殊形異態窮秋毫，肅立左右如趨朝。身披虎皮血斑剝，腰垂鷹翅毛森蕭。當年召神神不怒，篆字朱符不知數。神龍掉尾下層雲，寶馬搖韁踏寒雨。靈虀華燭光模糊，百靈仿佛來馳驅。獰面魔王被金甲，高鬟天女投玉壺。搏沙範土肖靈怪，燒盡劫灰身不壞。天上曾聞十二樓，人間現陡三千界。我來排云謁紫宮，神光閃爍入眼中。心魂炫晃難自主，坐覺一氣回鴻濛。憑高下視如玄窑，珠斗闌干手堪攬。地古常疑黑霧屯，年深不怕罡風撼。縹緲疑登白玉京，翩翩欲跨紫鸞軿。瑤墀碧瓦曾相識，我亦星曹舊有名。從知造物真豪縱，列缺蚩廉走群從。手攀鐵鏁下丹梯，嗒然若醒鈞天夢。

### 夜探若冰洞

山氣夜冥冥，陰崖守巨靈。松荒聞鸛語，洞古帶龍腥。一徑破雲白，雙峰削玉青。坐來煩慮遣，泉韵入清聽。

### 盂蘭盆歌

毗盧澆酒荒山庵,紙錢燃火紅酣酣。青霓叩額供伽藍,左魂右魄趨趑趄。彩虹搖尾秋潭去,一徑烟蘿鬼相語。荒荒圓月青無光,幽壙秋螢散如雨。妖狸拜斗戴髑髏,夜深破冢松杉秋。畫弦淺促素管愁,空山陰雲凝不流。黑風吹霧野田下,蒼鼠成群踏殘瓦。一派嘶聲蒿塢空,鬼伯避人鞭石馬。蠟光黯黮旐檀銷,郊原碧血悲號號。山魈攫飣歸古墓,千載冬青啼老鴞。

### 訪邵大星城幽居①

孤館忽不樂,言訪仲蔚園。稚子啓柴扉,邀客坐前軒。殷勤故人意,款曲清夜言。幽栖城市間,疏曠如荒村。衰草被古石,垂蘿絡頹垣。夜涼秋在樹,月明潮到門。堪領物外趣,杳無塵中喧。握手相顧笑,古道期勿諼。

### 夕泛蓉湖因訪某氏廢園

秋色在蘆花,明湖浸斷霞。停橈漁子渡,看竹野人家。古堠迷歸騎,平林落暮鴉。栖栖兔園客,怊悵負年華。

### 秋 夜

老樹得秋色,虛牖延夕涼。幽人愛清曠,躡履下高堂。時當仲秋節,雲物蔚蒼蒼。華星入池静。明河界天長。悵悵人有懷,迢迢夜未央。松巖月色古,花林露華香。風景非不佳,同心隔兩鄉。願待重九日,遲君醉壺觴。

### 客館孤坐

孤坐聞西風,離愁夜來積。徘徊巡前除,秋氣何寥寂。庭延露氣

---

① 邵大星城:參見本書卷二《澄江月夜感懷贈邵大星城儲大玉琴》詩"邵大星城"條注。

寒,池浸烟華碧。冷蛩揚哀音,征雁厲歸翼。景物日淒戾,羈懷苦煎迫。休文既善病,何堪長作客。明日束輕裝,願言理蘭楫。

### 吳門與顧大笠舫夜話①

三更青海月,流影滿寒林。喜與故人話,不知秋夜深。風威搜暗牖,露氣冷枯琴。對此感遲暮,還爲游子吟。

### 舟 中

孤客踪無定,停橈便是家。水深魚跋浪,礌冷雁眠沙。落月淡楓樹,疏燈明葦花。懷愁不成寐,斗柄又西斜。

### 懷星城②

細雨聞孤雁,思君泪滿襟。登樓望天末,愁與白雲深。蟲嚙狸毫管,[3]塵淹玉軫琴。欲持丹橘贈,共勵歲寒心。

芙蓉墮殘露,湖水淡無波。不與美人共,其如秋色何。雁行依斷渚,蛩語伴殘莎。[4]離思渺安托,臨風時浩歌。

### 偶效長慶體四十韵

亞字紅墙畔,交鐶洞户邊。冶游逢小小,雅步認娟娟。髩棗斜侵雁,妝菱巧襯蟬。額塗黄子薄,翹挿紺珠鮮。唇窄猩猩艷,腰纖燕燕翩。羞郎回笑面,彈鵲舉嗔拳。廣襪蚊毫織,單衫蕙葉纏。帕依榴子染,袖效柘枝揎。乍見柔奴面,因之別緒牽。相思乘月訴,密信托風便。青鳥雙飛翼,蓬山百尺巔。愁多成夢幻,思發占花先。擊節歌聲脆,鸞弓舞影躚。桃腮匀膩粉,笋指傳香鈿。黛帳烘獅錦,瓊樓簸翠錢。瓜犀憑檻剥,荓鳳向爐煎。珊鏡千回照,金針半晌穿。回腸攢束

---

① 真本、吟翠軒本、光緒本詩鈔卷一詩題俱作《吳門與顧笠舫夜話》,無"大"字。
② 《懷性城》詩共二首。按:星城即邵辰焕,參見本書卷二《澄江月夜感懷贈邵大星城儲大玉琴》詩"邵大星城"條注。

竹,暗泪霣紅泉。葵扇捎蝴蝶,琁窗聽杜鵑。烏絲題往事,錦瑟負華年。茗艼非關醉,朦騰不爲眠。銀虹飄落蕊,粉麝斷雙烟。雲閣晨朝佛,蘭衾夜唤天。綉成花婀娜,書就字迴聯。萱草凝長恨,梅花報可憐。寶奩金屈戍,苿幔錦連乾。翠暖紅香候,薰風遲日前。璇臺休蹴踘,彩板折鞦韆。佳會今虚矣,行蹤昔宛然。游曾過鶴市,館爲啓芝田。消渴三年病,當壚一日緣。弓弓拾翠迹,宛宛采菱船。月九竽笙鬧,春三士女喧。鶯花同繾綣,泥絮兩纏綿。唾裏留華碧,分釵願鈿堅。行雲人薄命,抱日夢難圓。愁緒金城鎖,啼痕玉箸濺。嚙殘青鏤管,寫遍衍波箋。去日煩珠記,幽衷昐葉傳。盤塘紅豆熟,相望涕潺湲。

## 懷朱大

蕭寺在何處,疏鐘隔水聞。樹聲全作雨,山氣半成雲。問世誰知我,臨風獨憶君。哀吟天北雁,亦似惜離群。趙壹窮如此,休文病到今。高懷正寥落,日晚倦登臨。駿馬千金骨,神鷹萬里心。惜哉時不遇,歲暮百愁侵。

## 驄馬驅

龍劍金塗鞘,犀霸玉篩鞍。報讎言一諾,射虎路千盤。月黑陰山險,風高易水寒。封侯何處覓,揮手渡桑乾。

## 過錦樹林吊玉京道人墓①

嬌魂夜泣茱萸嶺,泪花飄落燕支冷。流作山根一掬泉,冥冥照出棠梨影。仙姬蛻去荒山巓,衰螢如雨飛愁烟。古臺石磴人不到,土花

---

① 玉京道人即卞賽,明末清初秦淮名妓。字雲裝,又稱"賽賽",别號"蕙香",因避清兵之亂,出家爲道士,自號"玉京道人",江蘇上元(今屬南京)人。能琴,知書,工小楷,善畫蘭,風枝褭娜,一生與"江左三大家"之一吴偉業(梅村)交往甚密,死後葬於無錫惠山祇陀庵錦樹林。《梅村詩話》中存吴偉業爲其所作《卞玉京傳》,亦存二人交往見證之《琴河感舊》《聽女道士卞玉彈琴歌》《過錦樹林玉京道人墓》等詩。生平參見吴偉業《卞玉京傳》、余懷《板橋雜記》中卷《麗品》。

千點圓如錢。秦淮流水鍾山月,斷雨零雲歸不得。半畝黃蒿長似人,下有舊時歌舞骨。巖頭飄落椒花紅,淒淒破冢吹桐風。游魂莫戀板橋路,雌龍悲嘯秋江空。慘淡楓林夕陽下,蒼狸踏碎鴛鴦瓦。一剪幽蘭帶露啼,錯認卿家寫生畫。向空澆酒傾銀罌,西陵翠燭光熒熒。風鬟霧髻渺何處,老鴉吊月啼冬青。

### 夜來香

知爾媚人處,秋宵枕簟涼。有花皆似葉,無夜不生香。磁碗薰新莽,<small>吳人取以窨茶</small>。瓊臺助晚妝。繞欄多菊嬋,未敢妒芬芳。

### 獨不見

曲徑長蘭芽,春歸盧女家。愁妝掩鸞鏡,別夢繞龍沙。桂月圓留影,鯨燈細吐花。含情獨不見,玉箸萬行斜。

【校勘記】

[1] 瑪瑙:真本、吟翠軒本《酒仙歌》均作"瑪瑙",光緒本詩鈔卷一《酒仙歌》詩作"鞦韆"。
[2] 狌:光緒本詩鈔卷一《酒仙歌》詩作"眊"。
[3] 狸毫:光緒本詩鈔卷一《懷星城》詩作"青縷"。
[4] 殘:光緒本詩鈔卷一《懷星城》詩作"寒"。

# 真率齋初稿卷三

## 織錦曲擬劉豫章

華風吹薄寒,璧月流輕素。樓中織錦姝,含情朝復暮。玉勝綴珠徽,朱絲垂伏兔。琮琤雜佩鳴,簌簌金梭度。綱户掩青苔,秋蟲向晚催。天寒絲縷脆,欄高杼響哀。[1]橫波巧能語,彎蛾鎖不開。盈盈坐綺房,的的見紅妝。杏子衣裾短,蓮花裙帶長。一叢金翡翠,八幅紫鴛鴦。殘絲不可斷,似妾愁心亂。機中艷彩凝,機頂流蘇顫。鬌滑髀瑤簪,衫輕露粉腕。細文魚子纈,雜寶鮫珠串。剪來雲縫迮,洗出霞光炫。永夜獨含愁,良人戍隴頭。襯以寒蠻褥,兼之鸓子裘。風霜滿西塞,刀尺在南樓。征衣宜早寄,爲倩致書郵。

## 普梨曲

東魏爾朱榮作,今亡其詞,即借以咏其事。

祁連池畔聞簫鼓,白面蠻奴健如虎。手中七石寶雕弓,射殺襄垣一雙兔。五千赤榛追陰風,馬蹄踏處妖氛空。貂袍鷥帶趨紫禁,將軍跋扈矜奇功。西林校射開華宴,鏘鏘彩仗流蘇顫。馬汗橫流碧玉鞭,雕翎巧避烏號箭。城陽起舞何婆娑,酒酣拍地歌回波。宮中美人舉長袖,滿空颯纏玄雲羅。河橋甲騎烟塵亂,妖星森索橫天半。白虯天子握金刀,十指狰然夢中斷。伽邪陳留王小字。留客華筵高,恣傾百盞紅蒲萄。醉魂沉沉唤不醒,血醒濺上千牛刀。

## 里巫謠

日次角尾年壬長,冬氣和且溫。陰氛雨濕薰蒸,鄉邑疫癘,訛言沸騰。里中一老巫,能作迎神送神舞。自云見鬼面目,識鬼言語。遣人迎之來,戚戚泣涕告以故。[2]老巫瞠目大言,鬼神俱怒汝。一巫從外來,百鬼踉蹡後頭隨。齒牙作光怪,空屋索索陰風吹。室中離立翁姥,一一面色如土灰。曰:"擇月之日,冥鏹百萬誠當治。"可憐鄉老公,扶杖匍匐前致辭。牽率衆童稚,再拜稽首乞哀。釃清酒,烹黃鷄,家貧無肴神鑒之。老巫色忽變,代傳鬼神旨:"遍檢地府籍,汝壽當止此。我神微有權,爲請上帝宥汝死。"鼓鼙鼕,香烟熅,風車雨馬趨且奔,分肴醵金巫出門。里人愁,老巫樂,合家閉門嚼復嚼。東鄰糶斗粟,西家典破屋,荒郊寡婦三日哭。

## 夜過楓橋

湖水綠迢遥,中流漾畫橈。雲埋齊女墓,山鎖伍胥潮。狎客青驄馬,嬌郎白琯簫。繁華看不盡,乘月過楓橋。

## 秋　晚

竟日雨霏霏,尋秋客到稀。幽花寒不落,獨鳥夜還飛。石罅泉聲細,峰頭樹影微。誰憐張仲蔚,寂寞掩園扉。

## 懷洪稚存①

雲擁陽烏去,風隨朔雁來。故人不可見,孤抱幾時開。牢落安仁思,凄涼庾信才。行行臨水柳,吹葉入荒臺。

---

① 《懷洪稚存》詩共二首。按:洪稚存即洪亮吉(1746—1809),字禮吉,號稚存;又字君直,號北江,晚號更生居士。江蘇陽湖人,乾隆五十五年(1790)榜眼,授翰林院編修,官至貴州學政,以博學工詩兼擅駢體文辭著稱。一生著述豐碩,有《北江詩話》《更生齋詩餘》等集存世。生平參見呂培纂修《洪北江先生年譜》、《清史稿》卷三五六、張維屏《國朝詩人徵略》卷四七、趙懷玉《皇清奉直大夫翰林院編修洪君墓志銘》、謝階樹《洪稚存先生傳》。

獨立蒼茫外，霜花冷佩刀。他鄉消息隔，昨夜夢魂勞。明月蛩吟苦，寒風雁影高。蘭苕盡搖落，休續楚《離騷》。

## 雨中南軒賞菊呈蟗谷四叔氏①

種菊軒之南，幻成衆香閣。霜葩盡拆裂，翠甤相交格。飛仙下三山，繁星羅六幕。瑪瑙盤熒煌，珊瑚枝戌削。九光紛陸離，千色争灼爍。颭颭被甲麟，矯矯掉翎鶴。麟甲、鶴翎，菊種之最高者。烟霞歸部伍，沙石就鐫鑿。奚奴運瓴甋，園官握鉏鑺。幹弱截竹撑，枝曲掔棕縛。剥蘚護根株，篩泥去确硌。偃石見尻脽，缺崖豁齦腭。有如伏獅豹，或似立猱玃。隊隊各異態，一一非苟作。軒窗八面開，斗室數弓拓。廣除屢掃灑，素壁新粉堊。琴彈柳雙璈，棋共井三簿。小爐宣德款，古帖元和脚。虛堂陰沉沉，鼻觀香漠漠。天公酷相妒，雨師惡作劇。鶺鴒一足跳，黑蜄千頭躍。雲烟互變滅，昏旦兩參錯。長湖翻波瀾，遥山滅巆崿。蝦虹伏不出，陰氛黶而惡。滑澾掩紫荆，瑣碎劇藜藿。一錢買粔籹，十日餐餺飥。街衢積泥濘，朋舊遂疏索。三冬吟興同，幾處相思各。幸我東籬景，負此黄花諾。吾家老嗣宗，才思浩且博。示我倒井篇，清詞謝丹臒。是日，叔先出《苦雨詩》見示，極工。移時相招呼，取金出私橐。言成竟夜歡，奚止百錢釀。座上無雜賓，分班叙華萼。張家敷演鏡，劉氏威儀綽。探幽談罔兩，説劍辨干鏌。冥茫心觸兵，詭怪夢應噩。須臾陳圓方，雜沓羅杯勺。細炙通印魚，爛蒸披綿雀。商量及醽醁，狼籍到羹臛。犀尊一手擎，羊裘半臂著。覆從盤底射，鈎向暗中搈。拇戰叱亦叱，頤張嚼復嚼。被罰互揶揄，得雋大嗢噱。有觸即成趣，善戲不爲虐。枯腸生光芒，愁城脱扃鑰。蕭寺半夜鐘，譙樓百聲柝。徑醉我不辭，曰歸卿且莫。樺燭紅漸銷，鳳茟翠初瀹。莫問地主誰，爰叙天倫樂。酒懷各昏酣，豪興愈騰踔。神鷹摘鏇條，駿馬

---

① 蟗谷即楊蟗谷，楊芳燦族叔。《楊蓉裳先生年譜》載："乾隆五十五年庚戌(1790)，在靈州，蟗谷叔到署，主講奎文書院。"次年三月，蟗谷南歸。

脱羈絡。曼倩喜恢調，長卿少落魄。日月雙跳丸，古今一邱貉。會須放形骸，胡乃自束縛。我聞老農言，今歲稻新穫。安得黑白秋，釀成下上若。與酒同死生，對花歃盟約。邀客亂觥籌，呼兒縛郭索。醉許臥芬芳，醒便餔糟粕。狂言自驚妎，一笑天宇廓。

## 月　夜

忽見高峰月，光含萬里愁。兼之玉關雁，聲散一天秋。落葉寒無影，涼雲淡不流。年來豪興淺，怕上庾公樓。

### 亦齋兄出險韵見窘作此答之即用原韵

詩骨無緣脱凡近，螻蚓蛟螭不堪問。寄人籬下竊自笑，陶謝曹劉強依隱。鋭師屢出壓孤城，豚上何堪瘠牛僨。蕭齋吟咏日兼夜，燃盡膏油重束緼。祇云狗尾願續貂，莫笑佛頭偏着糞。韵穩應同精騎排，格嚴莫似殘絲紊。頻展硬黃吟好句，便思浮白傾良醖。推敲險似角強敵，位置難於治劇郡。礱磨雕錯出人工，磊砢權奇任天分。直言肝膈盡傾吐，不向史書誇摭捃。兄也雄驍脱羈鞅，追隨那許如駸靳。相逢擬效轆轤體，屢次遣賡瘀絮韵。三椽茅屋耐奇窮，十紙新詞泄孤憤。將文吾欲守其樸，翼伏者飛跼者奮。荒園離立筆成冢，破袖斕斑墨生暈。可憐雕琢費精神，詎云炫耀求聲聞。任他塵世笑書滛，自署蕉窗曰墨隱。

## 深　院

深院雙梧樹，連宵作雨聲。西風吹不住，涼意滿江城。葉脱寒蟬去，巢孤倦鳥驚。高齋人未寢，坐待月華生。

## 古　墓

黃爐一片瘞繁華，壞道年深塌淺沙。魅氣着人狐拜月，燐光照骨鬼思家。古碑字滅苔添篆，病柏根枯菌作芽。猶有兒孫來上冢，夕陽争飯噪飢鴉。

### 可園 姑蘇作

柳陰行幾轉,斜日畫眉啼。仄徑界寒竹,飛梁橫小溪。風塵容暫憩,泉石似幽栖。莫道秋光淡,旱蓮開欲齊。

### 滄浪亭吊蘇子美[①]

蛾眉遇謠諑,湘水哭靈均。何意盛明代,偏餘放逐臣。文章留勝迹,口腹累才人。我亦狂歌客,臨風泪滿巾。

暮鴉啼不住,斜日滿空亭。芳草四時碧,吴山一面青。風霜凌檜柏,龍象護碑銘。爲續騷人些,精魂去杳冥。

### 聞砧

我本無衣客,時愁霜露侵。那堪當永夜,不寐聽寒砧。明月閨人夢,西風游子心。哀音吹不斷,爲爾泪盈襟。

### 懷可齋兄

何處吹長笛,嗚嗚作羽聲。愁人懷遠道,孤坐數寒更。魚壘妖星動,蠶叢鐵騎行。倘逢西去雁,爲我寄離情。

### 落日窗中坐擬盧武陽[②]

斜日照雕梁,秦娥罷晚妝。衫輕露珠釧,裙長垂玉璫。花壓垂鬟影,風傳細語香。寄言同心伴,明日踏春陽。

---

① 《滄浪亭吊蘇子美》詩共二首。按:蘇子美即北宋文學家蘇舜欽。"滄浪亭"始爲五代十國吴越國孫承祐的池館,後荒廢,蘇舜欽以四萬貫錢買下,傍水造亭,因感於先秦《孺子歌》中"滄浪之水清兮,可以濯我纓;滄浪之水濁兮,可以濯我足"句,題名"滄浪亭",自號"滄浪翁",并作《滄浪亭記》。

② 盧武陽即隋代詩人盧思道。

## 戲場轉韻擬薛司隸①

吴趨佳麗地，士女重遨游。華筵徵趙舞，曲部選齊謳。衣香散蘭閣，花影護珠樓。臨衢金絡擁，夾道鈿車留。倡女紅裙襦，妖童綠幘韝。相逢各斂笑，對面不成羞。鼛鼖畫鼓搥，百戲迭相誇。團欒歌扇麗，周遭綵幔遮。妙舞如翔鵠，高髻若盤鴉。帶裁鴛鴦錦，袖織葡萄花。細腰生楚國，玉貌出盧家。燈燃蘇合油，屏列靈麞燭。竟夕按節歌，當場吹管逐。細度《廣陵散》，慢撚《漁陽曲》。鈿笛和鳴鳴，金槽彈續續。彩仗顫流蘇，假面塗朱綠。漏滴玉虬寒，宵深興未闌。既躍公孫劍，旋弄宜僚丸。袨服生光耀，婉轉回宮調。白雲停不流，[3]華月低還照。千回檀板敲，一面紅妝笑。翠釜點駝酥，金壺沉瀅多。桂樽陳百味，[4]猊爐焚四和。姗姗曳長袖，的的見橫波。坐有多情客，聞歌喚奈何。

## 裁衣曲擬劉庶子②

星光懸綺閣，月華燭幽房。愁人不能寐，夜起裁衣裳。細錦蒲桃色，[5]輕羅蘭麝香。針孔穿衫袖，花枝綉襠襘。初懸陽燧珠，旋爇驪龍燭。霜落鴛鴦瓦，雲度蜘蛛屋。雙雙垂襻帶，一一成袷複。臺横象牙尺，榻展狸毛褥。自憐纖指寒，爲憎緹光促。盈盈綱户前，雅步最嬌妍。紅簾一桁捲，茱幔半鈎懸。絮用同功繭。熏將百和烟。裁縫猶未半，泪點斑斑滿。不知腰大小，猶記身長短。雙鈎剪刀響，八幅回文亂。屑金塗熨斗，斵玉纏籈管。休同細葛捐，好代雕爐暖。獨夜自沉吟，相思力不禁。水冷雙魚杳，雲高一雁沉。好憑隴頭使，寄向燕山陰。胸前雙却月，千里照君心。

---

① 薛司隸即隋代詩人薛道衡，有《和許給事善心戲場轉韵詩》。
② 劉庶子即初唐詩人劉希夷，有《搗衣篇》。

## 近而不見擬王左丞①

陳后長門愁，班姬別宮老。碧檻落衰螢，瑤階長秋草。花影轉房櫳，雲屏徹曉空。霜凋庭下綠，病損鏡中紅。盈盈鳳樓上，含情各相望。銀蒜水精簾，珠繩雲母帳。弦吹趁風來，西宮夜宴開。[6]舞扇裁圓月，鈿車應薄雷。君恩渺何許，憑欄泪如雨。銀河一水間，脉脉隔牛女。

## 題永愁人集後　集爲邑才媛龔静照著②

七寶樓前侍書女，身跨青鸞入瓊圃。剩得紅箋一卷詩，猶是九天珠玉吐。怨雨愁風不可聽，從來香粉易飄零。蒿墳鬼唱魂銷句，瑤瑟人彈腸斷聲。卿家少小金閨倩，白玉爲膚花作面。妝閣朝翻翡翠箋，鏡臺夜洗琉璃硯。東南初日照秦樓，未嫁羅敷不解愁。綉譜新描拈黛筆，夾衣初試倚香篝。鸞歌鳳吹嬌鬟勝，畫堂誤受紅絲聘。可憐文采泝浮塵，爲有才華宜薄命。[7]荆棘銅駝帝業殘，蒼茫漢月照衰蘭。靈均竟賦《懷沙》去，弱女空閨血泪斑。年來年去空惆悵，含愁倦倚芙蓉幌。悔同謝女擅風標，詎意王郎在天壤。拍碎珠徽玉軫琴，此生拚不遇知音。條條斑竹空樓怨，苭苭紅蓮獨夜心。緑窗朱户葳蕤鎖，微吟猶擁書城坐。[8]酒覺多情入夢酣，花憐有劫隨風墮。用集中成句。一瓣心香懺上真，願兒莫作有情人。祇今䖝尾蠶眠字，猶是珠啼粉泣痕。[9]燃脂弄墨文焉用，身世淒涼爲卿慟。零紅蕩漾怨東風，流水桃花春一夢。"桃花流水漾零紅"集中句也。

---

① 王左丞即南朝梁文人王僧孺，有《爲人傷近而不見詩》。
② 龔静照：清代閨秀文人。字冰輪，號鵑紅，江蘇無錫人，龔廷祥女。工書畫，嫁同邑陳氏，有《永愁人集》，一名《鵑紅草》。清人丁紹儀《聽秋聲館詞話》卷一六評價其"静照工書畫，所適非偶，故語多淒怨"，徐乃昌《小檀欒室閨秀詞鈔》收錄其詞。生平參見徐世昌《晚晴簃詩匯》卷一八四。

## 爲李大笠塘題狂飲圖

橘皮欲脫椰花黃,龍頭點滴冰蟻香。披圖一笑認渴羌,玉缸滿貯蒲桃漿。金錢半囊那足惜,大呼索郎召歡伯。觚船行酒計以百,醉來不覚中區窄。會尋括頸雙車輪,留客劇飲客莫嗔。如泥爛醉銅鞮春,李郎果是青蓮孫。黃公爐頭春日暮,脫帽科頭鎮西舞。歸來著得酒人譜,洛市中山盡千古。官奴醉共群豕争,幾卿笑拉三騶行。鄰家甕底眠初醒,拍浮酒池了一生。人言覆瓿布易朽,卿説糟醃更耐久。生前好盡一杯酒,身後虚名復何有。我昔曾醉東皇家,瓊杯瀲灩飴丹霞。嘈嘈仙樂箏琵琶,女兒勸酒嬌如花。前緣零落那能記,鎮日凝愁轉成醉。稽生狂嘯阮生泪,乞食行歌不得意。世人鼻間生酒魔,一滴入腸已覚多。鸕鷀長勺鸚鵡螺,有酒不飲奈酒何。劉伶墓前長秋草,得酒應須放懷抱。魚鳥流連隨處好,速營糟邱我將老。

## 舊姬有怨

衾寒夢不成,夜永愁偏重。花發去年枝,人懷舊時寵。

## 咏照鏡

誰贈盤龍鏡,高城百媚郎。長眉輕貼翠,廣額細安黃。對影雙鬟笑,迎人兩面妝。還疑紅菡萏,流艷到銀塘。

## 薄暮動弦歌擬梁元帝①

青海月初上,朱樓樂未央。風吹珠襯冷,花落玉釵香。媚靨遮檀扇,清歌繞畫梁。莫愁歡易散,虬漏入秋長。

## 橫吹曲

好女嫁健兒,鴛鴦配鶉子。鶉子飛不歸,鴛鴦抱花死。可憐隴頭

---

① 梁元帝即蕭繹。

水，只向陰山流。邊地風霜多，凍碎鐵鉔鉾。獨坐空房中，妾心愁不樂。箱箱錦襧襠，郎去那用著。南園好花樹，怕被春風吹。老女無好顏，持此屬阿誰。擔飯常苦飢，逐馬常苦疲。郎不得女力，焉用同居爲。

## 歲暮有感

霜落荒雞咽，城高急柝哀。一年愁裏度，[10]萬響静中來。古樹鷹風勁，平沙蚌月開。燈前看雄劍，銹澀漸生苔。

## 讀《楞嚴經》

維摩榻畔炷沉香，佛土端嚴七寶裝。苦向瑤清尋故我，好從金葉問空王。微禽化蛤千年劫，弱絮爲萍兩世忙。悟得浮生無別語，塵緣濃處早回光。

## 玉簪曲爲徐榆村作

美人家住吳趨坊，雲髮鬖鬖覆額長。寶盒細勻桃瓣粉，金針新繡藕絲裳。風流公子徵歌舞，曉日香奩畫眉嫵。鳥骨簾開凭玉闌，鷗筋弦急調金縷。自言少小住珠樓，小字生香菡萏秋。當筵訴出飄零苦，一剪嬌波泪暗流。羨君年少輕華子，不惜紅顏爲君死。象床蛤帳暖香融，歡愛白頭從此始。交頸文鴛戲綠莎，橫塘打鴨起驚波。紅膏空印綢繆字，綠綺難忘宛轉歌。溪頭狼籍衰桃片，阮郎一別何由見。繡被烟寒鵲腦爐，銅壺漏斷蓮花箭。擲碎搔頭碧玉簪，好憑花使寄知音。卷葹甘作無心草，翡翠原名并命禽。相思判守情天老，嬌獰玉鳳佳音報。寶斛平量衛尉珠，鈿車緩出青樓道。麝衾豹枕九微熏，抱日檀奴癡若雲。花底笙聲呼小玉，風前鬢影看文君。從來美事多僝僽，長條幾折他人手。花盟繡譜舊姻緣，他年好續章臺柳。

## 月 夜①

一彎珠海月，送到可憐光。影射倉琅鐔，寒生蘇合房。

越蟾晴吐暈，秦桂迥含霜。織錦誰家婦，停梭怨夜長。

## 鄭櫻桃歌②

霧綃衫袖珠襠襦，纏腰寶帶雕珊瑚。娥娥花顏白玉膚，不讓霍家馮子都。粘雨樓前陳百戲，蘭燭熒煌照金翠。按拍當筵宛轉歌，綵雲艷雪紛紛墜。可憐越女紅粉妝，屑檀作飯輕軀香。羊車不到深院閉，盤龍明鏡愁無光。温香渠繞離宮下，淺笑輕顰鬥容冶。四時浴室貯燋龍，七寶射場盤宛馬。黃頭郎君作弄臣，一身占斷椒房春。象床夜薦琥珀枕，鈿車日坐駕鴛茵。妖星屬地金戈動，鄴城門外誰陪從。錦障瑤瓶踏作泥，芳塵臺觀春如夢。

## 陳宫曲

無頭小兒船底喚，今年安樂明年亂。黃奴此際還無愁，離宮更起齊雲樓。蠻弦八拍曼聲變，錦箋五色珠光浮。葡萄百斛連宵飲，玉樹瓊枝薦華寢。剩水殘山持與人，換得新詞艷於錦。蟲飛天北聲如雷，高原盛草燒成灰。長江衹一衣帶水，北兵投柿橫飛來。碧雞曉唱樗桑頂，珊枕癡魂呼不醒。結綺臨春未足誇，藏嬌別有燕脂井。

## 詠 薑

白日長饞自荷鉏，霜前露下出嘉蔬。相如有賦名曾托，子野無緣饌久虛。紅指儘供畦叟俸，白芽新到故人書。許他秦桂堪同傳，辣性生成老不除。

---

① 《月夜》詩共二首。
② 鄭櫻桃歌：唐代詩人李頎有樂府詩《雜歌謠辭·鄭櫻桃歌》。

## □　□

城頭黃雀啄楊花，吹入城南少婦家。少婦幽閨怨春色，拾得飛花淚沾臆。道似長安輕薄兒，去來消息少人知。七香陌遠尋春早，百戲場開入宴遲。挾彈探丸杜陵路，走馬鬥鷄朝復暮。燕市爭誇俠骨奇，秦樓誰惜紅顔誤。蠹粉黃侵文桂梁，鴛幃綠爐鬱金香。空巢燕去殘泥落，瓊砌人稀碧草長。春深小苑繁華競，可憐孤負新妝靚。紅豆拋殘不教歌，紫珍拍碎慵看鏡。日暮鴉啼金井闌，貂褕翠袖淡生寒。一彎珠□□□月，掩却銀屏不忍看。

### 冬夜寫懷三十韵和顧大笠舫①

寒月挂松杉，光流百尺巖。良朋占渙散，積悶費鉏芟。華岳千峰矗，龍牛二鳥銜。燃脂翻薤篆，築室貯琅函。利器韜鋒鍔，蛾眉避謗讒。着鞭爭道路，尋味異酸鹹。并命蠻將駈，攻瑕功與瑊。相思碧雲暮，托意錦書緘。破鞘青銅劍，荒畦白木欃。途窮慙趦趄，語拙每詁諵。好古余真誤，耽詩子更饞。才招窮鬼愛，書遣墨神監。星宿憑掎摭，玄黃畏刻鏡。高文光爛爛，雅奏響渢渢。鬑髮嗤劉峻，爨薪效畢諴。奇材儲栝柏，絶力扼熊羆。事業千秋在，牢愁兩地咸。難謀千日醉，蚤着七斤衫。世味如雲薄，人情類兔毚。全身栖枳棘，裹足避巉嵒。莫笑卮言妄，休嫌筆陣儳。蓉城花是俸，麯部酒爲銜。磊砢才無敵，驍騰骨不凡。韝鷹張健翮，櫪馬趁驚帆。玉軸千緗插，[11]雕詞八寶嵌。射生旗獵獵，執燭手攕攕。[12]乍捩衝風柁，旋回架海帆。竭來誇軼宕，崛起謝扶攙。名許丹青勒，歸將苓术劇。男兒懷已遂，從此老歊嵒。

### 行行且游獵篇

昨宵雪壓赤亭口，黃塵匝地寒雲厚。玉帳齊開射虎弓，平明好試

---

① 此詩題光緒本詩鈔卷一作《冬夜寫懷三十韵和顧笠舫》，無"大"字。

擒生手。百里圍場獵火燒,龍旐蛇幟捲雲高。錦襠八幅蠶錦暖,窄袖雙縫兕甲牢。鳴沙一望平如掌,耳後生風姿颯爽。蹴地名駒赤汗流,帶霜勁箭烏翎響。蓮靴金縷醉顏酡,十五胡姬細馬駄。檀槽慢撥平涼調,蘆管橫吹入塞歌。細柳營中捶畫鼓,置酒張燈月未午。半臂斜披紫鼠裘,千杯恣吸青羊乳。風毛雨血塞垣長,褌褶齊更回鶻裝。鐵鏇鎖牢雙健骹,佩刀斫中一黃獐。碧眼胡兒夜吹角,白狼河北星芒落。但博華筵一夕歡,寧知絶塞千夫哭。儒生悔不渡桑乾,憔悴江關裋褐寒。著得《長楊》《游獵》賦,青燈老屋背人看。

### 狂歌行贈華六雲驤

貴不得,萬户侯。壯不作,千里游。挾鉛贄素上几席,臣等齦齦何所求。平生傲岸知己少,蓬蒿三徑客不到。崑崙山頭海門島,負雲擘浪逢二鳥,喙長三尺儘傾倒。君才俶儻無與儔,蟲書鳥篆窮冥搜。豪健不耐爲詩囚,詞源蓄縮不得流,一瀉恐教星辰愁。燈青月黑孟冬夜,城頭嚴更四五下,翻經摘史未能罷。興酣斫地地成罅,古今竪子何足駡。丹黃狼籍箋《離騷》,陵魚蒼駰降沆瀣,龍堂貝闕雄虹旍。薜荔荃蕙辛夷椒,迸入彩筆光芒高。窮愁騷鬼揶揄汝,公乎莫受靈均誤,何不習農更習賈? 酒闌歌罷我心苦,空山啾啾神靈雨。

### 子夜歌

願將雪藕絲,織作蓮花錦。八幅合歡被,夜夜薦華寢。三尺篁文絹,要郎作誓詞。不願情更厚,願如初見時。

## 【校勘記】

[1] 杼: 光緒本詩鈔卷一《織錦曲擬劉豫章》詩作"杵"。
[2] 泣涕: 光緒本詩鈔卷一《里巫謠》詩作"涕泣"。
[3] 流: 光緒本詩鈔卷一《戲場轉韻擬薛司隸》詩作"留"。
[4] 樽: 光緒本詩鈔卷一《戲場轉韻擬薛司隸》詩作"尊"。

［5］色：光緒本詩鈔卷一《裁衣曲擬劉庶子》詩作"纈"。
［6］宴：光緒本詩鈔卷一《近而不見擬王左丞》詩作"筵"。
［7］爲有：此二字原脱,據光緒本詩鈔卷一《題永愁人集後》詩補。
［8］猶：光緒本詩鈔卷一《題永愁人集後》詩作"獨"。
［9］是：光緒本詩鈔卷一《題永愁人集後》詩作"認"。
［10］度：光緒本詩鈔卷一《歲暮有感》詩作"過"。
［11］軸千緗：此三字原脱,據光緒本詩鈔卷一《冬夜寫懷三十韵和顧笠舫》詩補。
［12］燭手：光緒本詩鈔卷一《冬夜寫懷三十韵和顧笠舫》詩作"手燭"。

# 真率齋初稿卷四

## 天璽紀功碑歌

岐陽石鼓面目古，嶧山秦篆文章遒。史籒李斯作禍首，劓天鐫地無時休。後來碑碣蝟毛奮，銘勒功德紛嘲啾。瘡瘢剡盡萬片石，營運壓斃千頭牛。誰何桓碑立而怒，古藤蒼蘚交相摎。缺畫不辨篆籒隸，斷趺迸碎龍蛟虯。血花土綉色剥落，霜鱗雪甲寒颼飀。手摹口誦怳有悟，東吳年月鐫螭頭。我聞東吳昔開剏，猘兒俊健非凡儔。秣陵片土抗洛蜀，柴桑一旅當曹劉。末孫不肖足可惜，仲謀諸子豚犬流。天禍人國出祅讖，臨平怪物聲呦嚘。渴鯨驚黿馮夷舞，水心捧出琳琅球。平明獻瑞受朝賀，諧臣媚子咸傴僂。濡筆撰述東觀令，蟲書鳥篆工雕鎪。刻石垂後詔曰可，巃嵸岌嶪蟠山邱。阿童阿童銜刀游，誰家三馬雄如彪。上流木柹蔽江下，撾鼓夜發龍驤舟。千尋鐵鎖鎔作汁，繁華窟裏屯貔貅。降幡一片城上豎，泥首匍匐迎道周。徹明野火燒第宅，連營健卒排戈矛。此碑橫被兵燹厄，可憐滅没蒿與蓲。深宵月黑跳猨狖，空山燐暗堆骷髏。爨作馬槽刓作臼，亦常理耳吾何尤。寧知神鬼默呵護，不遣古物淪九幽。轟雷掣電發光怪，排沙抉石相爬鈎。羅致黌序永不壞，敦牂彞虎同千秋。從來劫灰燃不盡，萬事變滅如浮漚。敗壘猶聞弔赤壁，故臺誰復尋環榴。荒陵盜出白玉碗，纖兒擲破黃金甌。争如天璽一片石，屹然閱盡滄桑愁。

## 贈劉古三①

寒梅野橋路，微雨散如絲。以此銷魂景，偏當送客時。生涯書蠹似，心事海鷗知。遠渚搴蘭杜，臨風贈所思。

三弄南樓笛，離聲不可聞。丁年長作客，甲觀蚤期君。歸夢龍峰月，鄉愁鏡水雲。西窗風雨夜，何日共論文。

## 折花曲擬江令君②

花壓蜘蛛屋，香繞昔耶房。嬋娟彼姝女，當窗理新妝。裁金帖圓的，散麝點微黃。衫織連枝綉，裙垂七寶璫。搴帷曳珠舄，上砌折紅芳。折芳好遙寄，春色方韶麗。風敲雕玉釵，露濕纖羅袂。新光映臉霞，艷霧籠雲髻。上頭憐獨萼，入手嫌雙蒂。桑蛾繞樹飛，海蝶縈空戲。顧影獨含愁，看花轉凝睇。凝睇不勝情，南枝帶笑迎。羃歷紈巾影，琤瑽瑤釧聲。葉高粉腕怯，枝軟細腰輕。鬥艷雛鬟戲，分香同伴爭。殘花不可掃，遙憶關山道。雕苑落櫻桃，芳汀萎蘭草。花落花更開，人愁人易老。朱顏偏易改，綠鬢難長好。中園鵙鳩鳴，芳時知不早。薄暮渭橋邊，歸途趁翠烟。綺霞初映水，華月乍流天。踏歌送佳節，望遠惜華年。願君早旋返，折妾片時妍。

## 長歌寄顧大立方朱大紫崖③

長風吹明月，初向南樓見。把酒懷故人，憑高淚如霰。憶昔握手南城壕，骨胳俊健如生猱。虎頭下筆最神俊，髯也磊落人中豪。機才岳藻足驅使，秦碑漢篆争爬搔。墨狂禿盡千兔穎，<sub>紫崖喜書。</sub>書淫捆載

---

① 《贈劉古三》詩共二首。按：劉古三即劉汝暮，乾隆四十五年(1780)進士，授四庫館繕書處分校官，詩文俱佳，《粟香隨筆·粟香二筆》卷八載劉太史汝暮著有《寄春吟草》。

② 江令君即江總，南朝陳代文學家。此詩擬江總《閨怨篇》，詩中云："愿君關山及早度，念妾桃李片時妍。"

③ 此詩題光緒本詩鈔卷一作《長歌寄顧立方朱紫崖》。

三牛腰。元長年少卿莫問,昭略狂瘦公休嘲。抵頂交跖卧虚室,談空說怪嘩中宵。可憐此景大不易,咫尺今無尺書寄。輾駒不展追風足,飢鷹尚剩凌雲氣。世許才華敵古人,天留糠籹貽吾輩。買劍將從俠客游,簪花且擁名倡醉。乍學毛公隱博徒,恥共揚雲飽奇字。江南三月春草青,新妝祓服照眼明。高崖破空雲淰淰,獨樹臨水花盈盈。皁莢橋頭駐金犢,櫻桃樹底啼流鶯。短衫白帢入山去,長杓巨盞當風傾。胡爲局促不出户,嗟子畢竟非狂生。周家小兒笑破齒,挾鉛資素可憐子。誰能學此取富貴,適意唯有大槊耳。噫嘻乎!信如卿言良足多,明朝射虎南山阿。

## 春夜獨坐有懷

養拙避紛喧,閉門即巖壑。農書緘竹笥,丹經庋塵閣。春暮妍景馳,夜靜烟光薄。巢危文羽栖,庭空雜花落。暝露泫草華,明星粲雲崿。佳人隔洲渚,獨居負然諾。煉藥劚芝英,贈遠拾蕙若。孤坐有所思,清樽對影酌。

## 爲鄧鳳舉題望雲圖

一春門掩桃花雨,有客敲門作吴語。入門再拜問起居,持册殷勤索詩句。極目浮雲萬里陰,飄蕭兩鬢旅塵侵。披圖我識圖中客,并識春輝寸草心。自言少小多顛簸,欲話愁腸泪潛墮。趙壹探囊計已窮,蘇秦負郭謀終左。男兒貧賤一身浮,孤劍單衣入洛游。此去蓼莪終古恨,歸來風木萬重愁。梁公舊迹曾凭吊,太行險絕前年到。爲憑畫手寫悲懷,不似群兒漫留照。落拓袁家一憨孫,板橋茅店黯消魂。生綃一幅斑斑污,半是丹青半泪痕。嗚呼!君之先人我中表,明珠綉假相於早。夜雨翻書小閣西,春風蠟屐遥山道。當年兩小痛孤窮,相對芝蘭臭味同。賣歷航頭悲茂遠,負薪郭北哭文通。黄蒿青櫟荒原路,不堪風景都非故。杯酒難招屈子魂,隻鷄誰上喬公墓。可憐門户日蕭條,望爾傳家有鳳毛。一曲歌殘回首望,白雲無際暮天高。

## 春　晚

閉户無來客，翛然半畝宫。燕歸疏雨後，人坐落花中。斜景明孤嶼，芳池漾斷虹。相思不可寄，惆悵拂絲桐。

### 醉紅軒賞牡丹長歌和劉大仲彝①

庭紅雨東皇老，名園芍藥唐以前不名牡丹，即木芍藥。花開早。誰教奇卉殿晚春，亂發繁英媚晴昊。劉侯示我好詩句，暈碧裁紅擅詞藻。鏗鏘球磬和八音，宛轉流蘇垂七寶。乍展霞箋炫心目，擬探苔徑開懷抱。誰其假我半日閑，不辭爲花百幣繞。主人有頃呼園丁，洒掃几榻開窗櫺。一邱一壑揖客入，千枝萬枝照眼明。亂捲江霞色翕靤，碎纈蜀錦光瓏玲。朝眠未足臉潮暈，卯酒欲醉瓊酥凝。張孔笑憑結綺閣，尹邢愁倚琉璃屛。圍香步障烟淡淡，護花檐鐸風泠泠。朱輪繡幰崇敬寺，鵾弦鵝管沉香亭。繁華過眼幾千載，忽移妙境來軒楹。昨夜三更風雨急，蓉城飛下催花牒。海客高擎瑪瑙盤，花工净洗玻璃葉。茜袖斑斑飛燕唾，璃壺顆顆靈蕓泣。惜艷宜將錦傘遮，藏嬌莫放檀纖捻。擬遲晴日借高軒，爲約狂朋移步屟。十盞紗籠絳蠟燒，九宫法曲紅牙擪。吾家花發軒之南，妙香小閣空潭潭。黄蜂紫蝶來唼喋，雛鶯憨燕争喃諵。不如君家更奇絶，輭紅歐碧回春酣。挈伴好携鸚鵡檻，貰酒願典茱萸衫。百觚莫笑飲量窄，七字忽破詩腸緘。主持良會子爲政，追逐强韵吾能堪。

### 醉紅軒賞牡丹即席呈杲溪先生四十韵②

曲院紅椒壁，回欄青漆房。周遭種珍卉，取次坼濃芳。密葉調蛾

---

① 此詩題光緒本詩鈔卷一作《醉紅軒賞牡丹長歌和劉大仲彝》。按：劉大仲彝即劉汝器，字秉彝，號菽原，乾隆四十五年(1780)舉人，陽湖(今屬常州)人，工詩文，有《栖心閣詩鈔》。生平參見《〔光緒〕武進陽湖縣志》、洪亮吉《卷施閣集·文乙集續編》的《祭劉汝器同年文》。

② 杲溪先生即劉寅賓(1713—1785)，乾隆九年(1744)舉人，陽湖(今屬常州)人。其子劉汝器、劉汝暮，孫劉嗣富、劉嗣館皆以文名，并與楊芳燦相交。《楊蓉裳先生年譜》稱："乾隆三十七年(1772)，同里劉杲溪先生諱寅賓，延主其家，授諸孫經。"

緑,檀心注麝黄。翠狨雙宛轉,蚊翅五文章。豐草垂長佩,輕烟飾下裳。藏嬌移扇影,學舞彈釵梁。頮玉盤三量,縹紋錦七襄。殢人殊旖旎,照影轉熒煌。鳳子分香俸,蜂王斂蜜糧。深深結綺閣,艷艷鬱金堂。賢主時相召,名花許共望。邐迤登棧閣,曲折步斜廊。採朮淵明徑,吹笙向翖床。[1]窗開銀屈戌,鐸響玉丁當。艷句奚囊小,清談麈尾長。金槽壓酒熟,土銼焙茶良。花葉千回數,形骸一笑忘。搜奇辨干鏌,促坐展縹緗。美景交春夏,長天亂雨雱。高檐停急溜,穠蕊炫新光。瑳碗三危露,銀盤九蘊湯。醉嬌朝日嫩,浴顫晚風涼。餘潤沾腰綵,圓珠墜耳璫。阿環紅汗麗,飛燕紺津香。細刻銅牌護,[2]斜擎錦傘障。詎輪崇讓宅,不數善和坊。爲怕芳時晚,頻催華宴張。商量及盤榻,羅列備圓方。香瀉薔薇露,光浮琥珀觴。去毛蒸語鴨,縮頸膾河魴。薑切青絲菜,匙抄白玉粱。調羹釗細笋,作脯糝芽薑。終席無苛令,提壺勸渴羌。公乎情已厚,樸也醉能狂。良會宜牢記,芳華願再揚。當筵抽綵筆,拈韵索枯腸。檀板詞三調,瑶箋字幾行。慙非瓊玖報,持以壽花王。

## 爲杲溪先生題友松圖①

君不見,元禮謖謖如松風,長輿落落如長松。誰其匹者今劉公,骨幹眉宇將無同。公乎掀髯喜清嘯,愛松之人與松肖。嘔呼妙手寫吾照,十丈虬枝夭矯。調調刁刁江風涼,霜鱗黛甲爭開張。我公據石翻縹緗,唱于唱喁狂非狂,脱帽露頂神洋洋。囁嚅翁,支離叟,一生孤直耐嘲詬。朝華夕秀豈足偶,彼蒼髯者吾老友。廿載摩挲最耐久,一任群兒笑衰醜。松乎善保歲寒姿,盟以金石永不移。竭來與子相娛嬉,茯苓琥珀皆松脂。屑而食之甘如飴,良友所贈公莫辭。公莫辭,令公喜,骨青髓綠世莫比。駐公光景三千年,乘雲去友赤松子。

---

① 杲溪先生:參見本書卷四《醉紅軒賞牡丹即席呈杲溪先生四十韵》詩"杲溪先生"條注。

## 子夜變詞

君不見，美人嬌小藏金屋，袨眼新妝採芳藿。玳瑁簾開境似仙，珊瑚鏡照顏如玉。柳外斑騅認陸丞，花下紅弦唱黃督。一笑相逢播搨郎，門前白水近橋梁。邀將月彩歸蘭帳，種得蓮稟抱玉床。裁羅只贈新歡子，倚曲頻翻夜度娘。回身故入歡懷抱，儂作雕爐歡作香。鐵鹿長檣留不住，阿歡向曉開門去。秋雨螢飛并蒂花，春風鶯語相思樹。生憎金縷畫門楣，枉取沉香帖欄柱。背畫天圖子負星，手傾鐵冶儂成錯，蟬衫麟帶幾時還，空寄揚州蒲鍛環。憶得泪淹蠻蚝褥，分明夢到鳳凰山。芳草萋萋二三月，不堪冉冉韶華沒。牛踏沙痕認宿蹄，龍歸藥店存枯骨。黃蘗偏生梅樹邊，含酸忍苦一年年。舞衫抛去瑤釵折，博得旁人説可憐。行雲泥絮空留戀，何處因風托方便。桃葉輕舟祇載愁，芳姿團扇羞相見。與歡相見在何時，玉局空陳未有棋。倦挪皂莢煎衣藥，懶取桃花合面脂。儂説三更書石闕，阿誰解是夜啼悲。

## 雨窗有懷

三徑靜愔愔，蘼蕪日夜深。佳人望不見，暮雨下平林。薄靄漂虛幌，清香蕩玉琴。湘醽空自酌，難遣別離心。

## 題青溪女史蓮花册子

美人家住青溪曲，記得芳名喚珠淑。蘭氣疑餐石葉香，[3]韶顏似琢苔華玉。明慧天然林下風，銘椒詠絮最能工。嬉春不問呼名鴨，視夜常聽待漏龍。弄墨燃脂坐瑤薦，玉臺妝罷無人見。貼地團稟青雀裙，敲風寶粟金蟲釧。丹青結習未能忘，畫本徐黃蜀錦裝。玳瑁窗明朝點筆，琉璃硯冷晝研香。雁來燕去韶華暮，鳩鳥爲媒坐相誤。可惜羅敷未嫁年，早跨飛鸞入瓊圃。蟬文蠹簡總飄零，鬼唱秋墳不可聽。剩得鏡奩三尺絹，芙蓉花底憶娉婷。風鬟霧鬢湘江道，羅襪凌波自娟好。可是卿卿自寫真,芳根渡出污泥早。想見湘簾小閣邊,抒衫搢袖譜清妍。拈來香粉真如夢,點到明珠不肯圓。此日休誇寫生手,圖中惆悵君知否。蛺蝶雙栖并蒂花,鴛鴦穩傍同心藕。冷香寂寞奈愁何,願證無生優鉢羅。不羡橫塘小兒女,畫船輕槳采蓮歌。亭亭瘦影田田葉,露重烟寒那堪摘。自憐妾命不如花,誰説花顏勝如妾。仿佛湘娥贈錦衾,調鉛吮粉費沉吟。個中不畫青蓮子,恐被旁人識苦心。熒熒犀角珊瑚暈,不爲殘秋減丰韵。標題綠皺衍波箋,[4]壓尾紅鈐辟邪印。苦雨闌風長板橋,斷腸碑碣小墳高。寒宵鼯鼠巢荊棘,黑月鵂鶹哭葦苕。花魂凋落增悲痛,嚴霜剪盡相思種。蓮座應皈選佛場,蓮舟好做游仙夢。天葩吐艷世無雙,冉冉紅衣照碧淙。錦袱珠囊好珍重,莫教紅粉墜秋江。

### 首夏有懷邵星城儲玉琴洪華峰諸子①

遁迹慕幽居,耽閑閉玄閣。得遠人世喧,何須卧丹壑。幽禽刷文羽,餘花坼紅萼。芳池細流聚,遥岑暝雲薄。丹經緘竹笥,農書庋塵橐。遐憶同心子,不共泉卉樂。徘徊成首疾,湘醽不能酌。

絕弦多急響,窮鳥多哀聲。離人多苦辭,惻愴難爲聽。荒園蘼蕪長,空林鶗鴂鳴。感此節物變,坐令愁思盈。相思昨有夢,惝恍生空精,願君保歲寒,努力樹今名。

泄雲吐華星,喬枝墮殘雨。夏蟲扶户樞,似與愁人語。少歲惜光輝,瑟居慕儔侶。傳書路迢遞,望遠人延佇。握手更何期,思君積歲時。美人隔流水,星漢何參差。

落日下荒墟,陰雲塞空起。撫劍登古臺,莽莽悲千里。問我何所悲,感念同袍子。各爲飢寒驅,飄泊不能止。去日忽已遒,韶顏豈足恃。採芝陵陽谷,斲玉苕溪水。相期煉金液,寸心保終始。

---

① 《首夏有懷邵星城儲玉琴洪華峰諸子》詩共五首。

把酒坐前楹，落花入我郤。喬林結曛霧，懸崖宿孤月。煜煜玉繩高，暗暗瑤井没。露苔染緑滋，風枝墮朱實。對此意如何，夜長愁更多。樹萱堂之背，採若山之阿。

### 遣興四首呈劉大仲彝王二淙雲①

蕭蕭竹木數椽廬，跂脚高眠樂有餘。逐兔未能追佛助，雕蟲或可擬相如。千函迦葉拈香偈，六甲靈飛讀異書。笑折松枝當麈尾，縱談玄理夜窗虛。

邂逅形骸一笑忘，沈家昭略瘦而狂。且須吹火修行履，便擬裁羅製隱囊。步窘無緣齊驥騄，文豪未許誚猪羊。置身材不材間好，悟徹端倪傲吏莊。

一鈎海月挂松杉，此夜高軒興不凡。銀屑金鎚傳餅説，霞箋錦字錫花銜。青衫有鬼遠愁著，黃獨無苗未可劚。大壑藏舟偶然事，會須破浪曳雲帆。

唾壺敲缺引清歌，孝綽風流名理多。坐久明星沉遠渚，語來涼月上垂蘿。共驚面目同蝌蚪，莫笑文章似駱駝。更約東鄰王慧炬，夜闌起舞唱回波。

### 閑　適

微風吹紫蘭，襟袖生幽香。開牖撫玉琴，湛湛明月光。徘徊下前除，清景不可度。垂蘿結飛烟，餘花墜暝露。丹經伴雲卧，愛閑復懷仙。龍鸞不可待，蓬壺路茫然。窗引天翠虛，池涵水華碧。泠然夜已

---

① 劉大仲彝即劉汝器，參見本書卷四《醉紅軒賞牡丹長歌和劉大仲彝》詩"劉大仲彝"條。王二淙雲即王相英（？—1795），楊芳燦舅氏顧光旭之婿，字鶴亭，號淙雲，無錫人，國子生。性穎敏，工詩詞，善書法，終生不應試，飢驅南北，迄無所成，客死湖州。著有《雲中草》《關中草》《珠江草》。顧光旭《響泉集》載乾隆四十四年（1779）八月十八日金匱同游，有詩《八月十八日同吴斧仙、周春岩、婿王淙雲、兒子永之舟過鄒雲瞻新宅，晚至楊簀谷賜硯齋待月得庭字》。生平參見《清朝書畫家筆録》。

深,松峰起寒色。

## 青山莊歌

誰家園枕青山麓,野棘荒榛亂人目。洞户交鐶蝕土青,壞墙澀浪粘苔綠。瓦碎香姜剩故基,摩挲斷碣總然疑。路人指點爲餘説,曾見名園全盛時。名園臺榭遥相接,壯武家聲傳八葉。珍樹春深集紫鸞,蕙欄日暖延紅蝶。冶游子弟盡雕華,連轡經過趙李家。瑙勒珊鞭盤宛馬,綉衫白帢訪奇花。戲馬尋花不知倦,青衣又報開華宴。醉客玻璃七寶杯,贈人蝙蝠雙翎扇。鈿笛銀箏樂未央,鵲爐微炷水沉香。煎酥蠟代勞薪爨,博進錢將寶斛量。孫家荆玉芳年少,莫家瓊樹清歌妙。鳳脛燈明粉靨回,麟毫簾捲紅妝笑。人傳王謝舊烏衣,少俊聊翩世所稀。從道風花春晝永,寧知歌舞彩雲飛。浮生一枕黄粱夢,繁華轉眼成悲痛。蕭庫飛蚨一旦空,紫標紅榜成何用。雕碔文楣持與人,槿籬欹側半無門。到公奇石鑿爲臼,杜老長松伐作薪。潺潺壞道哀湍去,荒徑無人鬼相語。猶有兒童拾斷釵,記得當年教歌處。黑月凄風鳥夜啼,野棠花洛竄狐狸。重題舊事君應泪,欲問遺蹤我亦迷。乍聞此語心悒怏,世途翻覆猶回掌。綠野堂荒麋鹿游,平泉莊廢蓬蒿長。欲去還留倚短亭,夕陽城角不堪聽。無情最是遥山色,閱盡興衰眼更青。

## 潺湲引

《潺湲引》者,令貽伯氏自度曲也。伯氏工琵琶,製此曲。癸巳夏夜,①聞之廣勤齋中,喜爲作歌。

我曾夜宿青山裏,萬壑松泉入幽耳,跳珠戞玉令公喜。今夕何夕聞此聲,檀槽金屑鳴根根。怳疑閬風巔上行,足底水樂流琮琤。慢拈輕攏憂宫徵,一派寒聲赴纖指。綵霞亭亭華月起,寂不聞喧夜如水。

---

① 癸巳:乾隆三十八年(1773)。

忽然入破不可聽，變幻萬象歸空冥。驚狌彈舌韵嗷嗷，老鶴刷羽音泠泠。水明洛渚降窈窕，草枯青冢啼嫂婷。三尺公弦裂秋練，四條瘦玉敲寒星。飛流瀉入金碧浦，瑤漿迸破琉璃瓶。静中不辨泂與渟，叢鈴碎佩鏘瓏玲。我聞此語狂興發，[5]拂袖竟欲凌風飆。人間絶調許誰和，紫晨擊磬緱山蕭。曲終飄落神靈雨，幽修似與湘娥語。潺湲餘響流不住，一片空山冷雲去。

## 偶　成

颼館梧桐樹，先期早報秋。[6]一庭涼雨過，滿地碧雲流。犬吠人爭渡，鴉啼月上樓。誰憐今夜客，又作去年愁。

## 送人入蜀

匹馬秋風又遠行，白鹽赤甲入青冥。愁懷莫唱瞿塘曲，健筆宜題劍閣銘。細雨孤舟前後水，清宵歸夢短長亭。嗚嗚誰弄南樓笛，無那離人不忍聽。

## 長歌贈恒修上人

劉歆《七略》裏肉脯，李充《四部》覆醬瓿。千年秦火燒不盡，門籬藩混隨漂流。赤章緣篆罹黑劫，騷鬼夜哭聲咿嚘。天公憑怒下攝取，役使萬怪蛟螭虬。六丁有脚走不到，飛電著壁無從搜。梁溪上人號寂定，慧心如鏡非凡儔。能施五指驚醉象，突下一棒回泥牛。爇香向空作膜拜，誓發大願完清修。蟲餘鼠耗競掇拾，隻字珍重逾琳璆。歸來丈室運三昧，虹光上燭青幽幽。烟魂墨魄散何處，照映天上白玉樓。星曹昨日巡下界，手持符節麾幢旒。換骨賜以定慧相，雪眉圓頂紺青眸。文字緣從今世結，筆墨債向來生收。一瓶一鉢一束藁，如幻如影如浮漚。迦音梵語盡糟粕，俗僧誦習空喧啾。直須炎炎付烈焰，解脱挂礙還天游，回頭是岸君知否？

## 夜　半

華風吹缺月,半夜上南樓。凉簟回殘夢,明釭照獨愁。葉隨螢影墮,[7]露入竹根流。誰遣眠孤館,悢悢易感秋。

## 游塔映生

撥棹破烟霞,柴門倚水涯。異書談種樹,活火坐烹茶。鳥啄青藤子,蟲吟扁豆花。俗塵飛不到,吾亦願移家。

## 閑　居

竹外一峰暝,輕烟流玉除。林深宿文羽,露冷落紅蕖。人語斜陽裏,鐘聲暮雨餘。雲連河影亂,沙蝕水痕虛。半畝淵明宅,三椽仲蔚居。蟲鳴喧院落,樹色静琴書。彝鼎千年後,文章六代初。簾開金翡翠,硯滴碧蟾蜍。移榻追凉蔭,揮鉏種晚蔬。緘函問親舊,懷抱近何如。

## 美人篇

燕啄樓前楊柳花,紅樓十二美人家。菱貅帳捲含香霧,玳瑁窗開爛曉霞。香霧曉霞相照映,侍兒朝拂盤龍鏡。綵絡垂垂嬌鳥呼,金鈴隱隱猧兒醒。䤆面纔煎五藴湯,褰帷小步下斜廊。螺痕巧畫南都黛,花餅新翻北苑妝。出水芙蕖競朝日,含嬌含態曾無匹。輕擲蚨錢愛賭棋,薄施狸薦親調瑟。慧性玲瓏出化城,穠春何處最關情。櫻桃花下三分月,豆蔻梢頭百囀鶯。南曲長干踏青路,珠扉小立窺紅步。瑙勒雕鞍逐隊來,諸于綉襦尋芳度。誰家年少駐羊車,細語殷勤問妾居。只爲才情憐犬子,也緣姿貌認檀奴。君情妾意相縈繞,萍梗因緣托蘿蔦。貽妾青瑶鸚鵡環,贈君紅錦蜻蜓帽。織女黃姑水一涯,不愁約誓兩難諧。佳期願攬同心結,襪識休成獨見鞋。春鵑秋蟀韶華改,誰識相思易憔悴。怨曲聲聲嘆白頭,冰壺顆顆承紅淚。可憐魚雁久沉浮，烏桕門前盼客舟。待月倦傾銀鑿落，催花怕聽鈿箜篌。夜深響卜青銅片，可許今生暫相見。已挦長恨五留連，誰看艷飾雙行纏。亞字牆東獨憶君，燒殘鳳腦思氛氳。妾身已是沾泥絮，不作巫峰別岫雲。

## 宛轉歌①

洞戶迎涼吹，晶簾凝夜光。愁人不能寐，躡履步斜廊。斜廊寒色裹，露氣清如水。鴛鴦香夢醒，菡萏芳根死。烟彩冷冥冥，娥池漾落星。含情倚羅幌，背面對銀屏。自憐妾命薄，千里相思各。蚪箭水頻催，鯨燈花又落。琪樹為誰攀，征夫山上山。拔開金屈戍，擊碎玉連環。幽懷耿難訴，韶華空擲度。織成魚文錦，寫遍鵝毛素。妾意托春潮，君情竟寂寥。望歡歡不見，玉貌泪中銷。夜永愁相續，形孤影相逐。殘月不成光，濛濛上疏竹。


### 【校勘記】

［1］翃：光緒本詩鈔卷一《醉紅軒賞牡丹即席呈杲溪先生四十》詩作"栩"。
［2］細刻銅牌護：光緒本詩鈔卷一《醉紅軒賞牡丹即席呈杲溪先生四十》詩作"密綴金鈴護"。
［3］疑：光緒本詩鈔卷二《題青溪女史蓮花冊子》詩作"宜"。
［4］標題：光緒本詩鈔卷二《題青溪女史蓮花冊子》詩作"裝池"。
［5］語：光緒本詩鈔卷二《潺湲引》詩作"曲"。
［6］早報：光緒本詩鈔卷二《偶成》作"報早"。
［7］墮：原作"隨"，據光緒本詩鈔卷二《夜半》詩改。

---

① 此詩題真本、吟翠軒本俱作《宛轉歌》，光緒本詩鈔卷二作《夜夜曲》。

# 真率齋初稿卷五

**消夏偶檢填詞數十種漫題斷句仿元遺山論詩體**①

　　太液池頭異鳥翔,彩翎紅咮叩宮商。殿頭臣朔通禽語,偷得餘音播樂章。

　　甲帳新聲艷綺羅,嘈嘈橫吹雜鐃歌。校讎枉費陳思力,無那妃豨缺字多。

　　鳳舼龍舟歸不歸,玉勾斜畔鷓鴣飛。隔江又唱安公子,花月揚州事已非。

　　沈宋仙音擅景龍,雕華猶振六朝風。沉香亭北花如錦,新調還輸白也工。

　　樂府繁華天寶時,雙鬟果是解聲詩。邇來古調全零落,誰唱黃河遠上詞。

　　脆管繁弦百態新,溫韋才調更無倫。關卿何事馮延巳,怨曲聲聲感路人。

　　側艷流傳滿教坊,曉風殘月太悵悵。玉人爭汲井華水,貪學新歌柳七郎。

---

① 元遺山即元好問(1190—1257),字裕之,號遺山,金末著名文人,有《論詩三十首》。

天涯芳草泣羅裙，杜宇枝頭不可聞。吹到柳綿腸已斷，一聲河滿葬朝雲。

取次翻新譜艷歌，當筵不用唱回波。金元院本流中國，會見填詞取甲科。

迤邐檀槽唱北宮，詞場關馬足稱雄。豹頭鳳尾當時體，大有幽并俠士風。

水調聲清戞碧玲，白公筆墨最精靈。瀟瀟南內梧桐雨，蜀道歸人不忍聽。

酌酒臨風破客愁，貫喬才思也風流。紅牙拍碎么弦斷，人說精神恨太遒。

細點銀毫緩頰吟，北音從此變南音。貫珠瀉水都微妙，誰識詞人苦用心。

南音作手數東嘉，獨步驊騮語太夸。舉止不無寒儉態，可如餓隸出嚴家。

才調如君未足珍，獨憐出語任天真。就中令我情移者，南浦秋風送遠人。

唱遍江湖浪得名，只憑點綴得佳伶。荆釵拜月無才思，好教村姑里婦聽。

蕃馬胡笳血淚流，誰歌孤雁漢宮秋。李陵臺上黃昏月，訴盡明妃去國愁。

侵曉猧兒撼寺鐘，雙文遺事記蒲東。銀箏譜出凄凉調，千古人才拜下風。

杯酒西風夕照斜，眼中人又隔天涯。聲聲是淚長亭曲，奪得江郎夢裏花。

強敲音律譜南詞，庸妄爭嗤乳臭兒。懊惱吳儂不解事，錯教嫫母替西施。

　　桃花流水若耶溪，記取兒家舊姓西。一曲浣紗饒寄托，吳王臺上晚鴉啼。

　　按拍誰精南九宮，王康自是出群雄。霓裳法樂人間少，天寶鈿蟬剩兩公。

　　金閨鎮日盼鷄竿，滇海風烟路百盤。珍重吉光留片羽，記他微雨釀輕寒。

　　璇萼銀潢絕世才，摘詞何事倩鄒枚。金梁橋上彎彎月，曾照當年度曲來。

　　飛花如夢柳如烟，彩板鞦韆二月天。惆悵牡丹亭下路，每逢春好即潸然。

　　紅牙掏遍教歌兒，玉茗花開譜艷詞。識破繁華都是夢，臨川猶是爲情癡。

　　師師犖犖擅風流，熱趕郎君逞狎游。愛唱楚江情一曲，江南花月屬西樓。

　　妙舞盈盈掌上軀，可憐長信久荒蕪。新歌一串勻圓甚，銷得樓東滿斛珠。

　　叢林密箐夜猿號，跋扈徐郎一代豪。此曲莫教商女唱，好從沙塞醉弓刀。

　　半壁江山叔寶家，誰教狎客擅才華。紅箋燕子風流絕，壓到陳宮樹樹花。

　　三影堂西擘鳳箋，葉兒樂府也清妍。他年買得簪花伎，紅豆新聲記浪仙。施子野,①字浪仙,有《花影集》,散曲最工。

羯鼓聲高曲未終,吳郎衰鬢哭飄蓬。銅盤金掌咸陽道,羨殺還家沈侍中。

紈扇桃花血未乾,哀絲急管雜悲歡。世人莫笑雕蟲伎,當作南朝野史看。

天上人間抱恨長,玉環紅泪點霓裳。傳情別有生花管,古驛千秋艷骨香。

吳音誰似李郎多,僅按秦箏妾唱歌。贏得市兒開口笑,未能免俗奈君何。

藥煮鶗鴂竟不靈,蛾眉謠諑誤娉婷。人間我亦多情客,冷雨幽窗哭小青。《粲花五種樂府》中《療妒羹》爲最工。②

歌殘紅雪下高樓,占斷詞壇最上頭。菩薩心腸兒女泪,莊嚴七寶也風流。蔣苕生,③丈填詞十餘種,冠絕一時。紅雪,其樓名。

三生緣斷惜分携,碧海青天路總迷。唱到錢郎腸斷句,兩行箏雁一時啼。錢曙川,④有《碧落緣》《鸚鵡媒》樂府,皆悼亡後作。

三椽草閣署吟風,認取吾家蘇長公。爲倩教坊雷大使,銅弦鐵撥

---

① 施子野即施紹莘(1588—?),字子野,號峰泖浪仙,華亭(今上海松江)人,晚明著名詞曲作家,著有詞曲集《秋水庵花影集》五卷。生平參見清光緒五年(1879)《〔光緒〕青浦縣志》卷一九《文苑傳》。

② 《粲花五種樂府》:劇作合集,又稱《粲花齋五種傳奇》或《石渠五種曲》,明末清初傳奇作家吳炳撰,包含《西園記》《綠牡丹》《療妒羹》《畫中人》《情郵記》五種。

③ 蔣苕生即蔣士銓(1725—1784),清代著名文人,字心餘,又字苕生,號藏園,又號清容居士,晚號定甫,江西鉛山人。乾隆二十二年(1757)進士,官翰林院編修,詩詞文曲,無一不工。生平參見《清史稿》卷四八五。

④ 錢曙川即錢維喬(1739—1806),亦作錢惟喬,字樹參,一字季木,號曙川、竹初居士、半園遺叟等。乾隆壬午科(1762)第三十一名舉人,曾任浙江遂昌、鄞縣知縣。工詩擅畫,命運坎坷。著有《竹初詩鈔》《竹初文鈔》《竹初樂府》《碧落緣》《鸚鵡媒》《鄞縣志》等。生平參見《〔光緒〕武進陽湖縣志》《〔光緒〕遂昌縣志》《〔光緒〕鄞縣志》《湖海詩傳》等。另有今人陸尊庭《錢維喬年譜》。

唱江東。家伯氏,①著有《吟風閣雜劇》。

東南孔雀幾時還,妾採蘼蕪獨上山。譜得羅襦新樂府,衍波箋紙泪斑斑。

## 狂歌贈吳斧仙②

飢鷹能啄肉,倏爾凌九霄。餓驎不噬人,誰爲落一毛。男兒失足墮塵劫,斷蓬飛絮隨風颻。但令胸有三尺錦,筆有五綵毫。凌轢屈宋驅雄褒,家無儋石亦足以自豪。生不讀《致富書》,死不入《貨殖傳》。莫言洒削與賣漿,齷齪錢愚吾所賤。市兒哆口笑不休,如君自合終窮愁。聞言不答掉頭去,扃扉吟嘯聲咿嚘。居無華堂卧無被,窮年薪水難爲計。[1]拔劍空爲斫地歌,擊甌尚有干雲氣。世人吝一飯,餓死韓王孫。義不受人惠,區區寧足論?吳兒木石心,如君最耿介。才名溫八義,禮數方三拜。咳唾紛珠玉,著作高等身。青蓮去已久,倜儻無其倫。成言可一家,流輩推爲伯。人生良已足,何爲坐嗚呃。朝不食,夕不食,出亦愁,入亦愁。安得葡萄十斛恣拍浮,下視俗物如蜉蝣。我曹踏地有千古,金紫貂蟬那堪數。局局甘爲轅下駒,營營肯慕倉中鼠?蓐收虎爪持霜金,御風昨夜空中行。城頭嚴更四五聲,滿庭秋氣寒棱棱。脱帽狂叫爲君吟,繁音促節傷我心。傷我心,泪盈臆。腰間寶弓勁如鐵,可憐有虎不得射。

## 澄江送儲大玉琴之東臺③

去年話別蓉江濱,芙蓉流水相鮮新。今年握手澄江道,滿眼霜風

---

① 家伯氏即楊芳燦叔父楊潮觀,參見本書卷前王昶《真率齋初稿》序"笠湖"條注。
② 吳斧仙即吳峻(1723—1779)),字一峰,又作揖峰,號蕭仙、斧仙,江蘇金匱(今無錫)人。乾隆十二年(1747)副貢生,《〔光緒〕無錫金匱縣志》稱其"姿稟絶人,博通律吕勾股之學,詩兼衆體,上溯漢魏,迄於三唐,無不窺其堂奥,尤以風格音調擅場,同時作者未能或之先也"。著有《寄淮草》《泠游草》《尋樂軒詩稿》《坤游草》《隨意草》《咏物集句》《梁溪詩事雜咏》等。《芙蓉山館文鈔》卷三録楊芳燦作《吳蕭仙詩集序》一文。生平參見《〔光緒〕無錫金匱縣志》卷二二。
③ 儲大玉琴:參見本書卷二《澄江月夜感懷贈邵大星城儲大玉琴》詩"儲大玉琴"條注。

長秋草。逢君令我懷抱開，旅舍十日同徘徊。自言綵筆干氣象，直視俗士皆塵埃。索楮笑題《鸚鵡賦》，賭酒共醉珊瑚杯。西風吹君不肯住，別我又向東臺去。世路崎嶇作客難，男兒貧賤依人苦。東臺卑濕沿海濱，煎水熬波屯穢蠱。地壓江潮避惡風，火爇鹽井蒸濃霧。濕烟沙雨變風景，紅蚶綠蠣供朝暮。可憐羈旅困英雄，磊落襟懷向誰訴？對此茫茫我欲愁，牽衣把袂不可留。登山臨水話怊悵，好作九辯悲清秋。是日狂颷勁如箭，黃塵黯淡吹人面。雲鎖荒城畫角哀，草枯平野蒼鷹健。孤棹將催旅客船，夕陽欲下空王殿。廿載相期交誼深，一身如寄詩名賤。戍鼓烟鐘不可聽，臨岐別淚爲君零。暨陽城下寒潮水，送我愁心過廣陵。

## 贈錢三曙川即題其集後①

蘭陵霸氣今已銷，山川靈異生詩豪。詩豪獨步無與偶，錢郎江左知名久。廿年踪迹判雲泥，沉魚翔鳥相差池。秋風夜吹客帆到，相逢却在澄江道。相逢一笑莫相疑，倒篋示我平生詩。赫蹄小紙一百幅，蠶眠細字蟠雲絲。驪珠顆顆相輝映，注眼熒煌看不定。歸來兀坐更呼燈，拄頰高吟忘夜永。君才猛銳不可當，抵突韓杜凌蘇黃。世間碌碌兒子輩，詎敢角勝爭鋒鋩。興酣伸紙幻萬像，琉璃硯水翻成丈。百尺蒼崖騰健鶻，千盤巨浪浮香象。干鏌煒煒出奇光，金石淵淵發洪響。詞場已看一戰霸，筆陣推作千夫長。瀏離醉墨足自豪，絡繹名章期共賞。羌余總角耽詩篇，耕心織舌徒窮年。夢中曾奪邱遲錦，座上恨乏江郎氈。殘鱗剩爪競掇拾，棘猴玉楮空雕鐫。遇君精騎退三舍，羸卒數萬不敢前。陽源袖草竊自愧，君苗燒硯亦可憐。跳丸兩兩歸西海，爲語韶光不相待。記取心期一旦傾，相期事業千秋在。狂言磊落懷抱開，惜無醽醁斟千杯。錦書別後須頻寄，龍嶺蓉江盼雁來。

---

① 錢三曙川：參見本書卷五《消夏偶檢填詞數十種漫題斷句仿元遺山論詩體》詩"錢曙川"條注。

### 邵大星城赴浙東書以贈行①

蒼鷹嗷天末，古道暮雲愁。持此一樽酒，送君千里游。壯心空慕藺，旅食愧依劉。詞客生涯賤，臨岐泪共流。

西子湖如鏡，紅裙蕩畫舡。此行逢一笑，久住即三年。人逐寒潮去，愁隨落日懸。曼聲誰與和，揮手兩茫然。

### 董小宛貼梅扇子歌同錢曙川賦②

九華宮扇裁紈綺，錯翠鉤紅世無比。寧須漢殿織麟毫，[2]不向謝家誇塵尾。活色生香點綴工，折枝梅萼影重重。孤山萬樹花如雪，飛入卿家便面中。奪得仙人掃花帚，收拾冰姿出塵垢。畫圖嬌面試春風，未要徐熙誇妙手。纖指拈來上碧綃，忍令香粉逐春潮。招涼曲院藏羅袖，待月西樓傍翠翹。吳儂小掐紅牙脆，掩映歌唇逞妍媚。吹到嗚嗚鈿笛聲，恐教顆顆冰花墜。烟魂月魄太分明，入手翩翩蟬翼輕。借問當年誰鬥巧，依稀記得董雙成。雙成家在金陵住，門前便是長干路。射雉參軍正妙年，飛梁架就銀河渡。錦幕文窗貯粉兒，明霞爲骨玉爲姿。劇憐妾命如花薄，偏遇霜欺雪壓時。當筵曲唱家山破，高家兵馬闌江過。細雨關山正斷魂，淡妝恐被塵埃涴。歸來魚鑰鑰重門，寒食東風度好春。妝閣新翻方麯樣，一枝爲贈遠游人。素英狼籍梨雲凍，一去珠宮騎綵鳳。塵世難逢萼綠華，師雄空入羅浮夢。箑頭點點泪花圓，剩墨零紈總可憐。君不見謝娘團扇曲，一般辛苦五流連。

### 暨陽客舍雜興③

平楚蒼然暝色開，荒城眺遠獨徘徊。無端畫角迎秋起，不盡寒雲

---

① 《邵大星城赴浙東書以贈行》詩共二首。
② 此詩題光緒本詩鈔卷二作《董小宛貼梅扇子歌同錢竹初賦》。按："曙川""竹初"均爲清代文人錢維喬號，生平參見本書卷五《消夏偶檢填詞數十種漫題斷句仿元遺山論詩體》詩"錢曙川"條。
③ 《暨陽客舍雜興》詩共四首。

送雁來。人到窮愁銷壯骨,詩從登覽出雄才。那堪滿目悲搖落,敗葉隨風上古臺。

興酣曳策上嶙峋,翠巘蒼崖着此身。磵石苔荒疑有字,僧寮門閉迥無塵。風高鷹隼盤空健,潮落魚龍戲水馴。滿眼江山懷古恨,可無杯酒酹春申。君山望江。

木落吳江雁影高,送君南下解輕舠。禦窮那免依人苦,入世休誇結客豪。別酒當筵傾鑿落,離聲隔院拍檀槽。臨岐愧乏千金贈,笑脱腰間龍雀刀。別玉琴諸子。①

擊劍狂歌意氣投,西風江館共淹留。翩翩白帢新游伴,葉葉青旗舊酒樓。我是袁羊工作達,君如衛虎善言愁。莫教閑却持螯手,爛醉黄花度晚秋。遇錢竹初。②

## 廢　寺

松杉鬱然深,遥指空王宅。入門無人聲,栖鶻驚磔磔。卧鐘苔篆青,頽墻土花赤。塵埋狻猊首,泥坼龍象脊。古鼎冷不燃,殘僧瘦如臘。宵寒鬼吹燈,徑僻犬疑客。飛鼯互格鬥,鳴螿聚啾唧。銷磨匪自今,繁華記猶昔。劫灰歷千載,慧眼纔一瞥。變滅殊無端,持以問禪伯。

## 攬　鏡

攬鏡私誇絶世人,明霞爲骨雪爲魂。入時高髻盤鴉色,新樣長眉罨黛痕。香閣慣曾聯女伴,蓮臺無計懺情根。東鄰姊妹多相妒,翻道儂家倚市門。

---

① 玉琴即友人儲玉琴。參見本書卷二《澄江月夜感懷贈邵大星城儲大玉琴》詩"儲大玉琴"條注。

② 錢竹初即錢曙川。參見本書卷五《消夏偶檢填詞數十種漫題斷句仿元遺山論詩體》詩"錢曙川"條注。

## 爲杲溪先生題添香讀書小照①

碧烟如霧明蟾起,靐靐華星墮寒水。雙鬟夜敞芙蓉屏,手撥沉灰暖凫子。博山舊樣來漳宫,晶熒獸焰噴烟紅。蚪鬢公子青雲客,熏香宴坐蘭堂東。鈿雲不動蟬釵墜,兩兩嬋娟趁韶媚。纖指輕拈蕃錦箋,慧心解識真珠字。紫臺小篆如蠶絲,墨痕照眼光參差。彩鸞簾額轉花影,檀霧滿庭人不知。茶經注罷翻眉譜,彩筆風流映千古。笑他甲煎沃沉香,只向紅樓照歌舞。

## 穹窿山歌贈趙映川②

我登姑蘇臺,凭高覽群峰。岡巒起伏抱城走,但見一氣青濛濛。就中奇特推穹窿,懸崖峭壁撐晴空。深叢宿鸛鶴,巨澗跳狼狖。俗人屐齒走不到,楠杉檜柏吹陰風。平原公子好奇者,意氣軼宕凌華嵩。擔書一千卷,徑往攀龍嵸。千床苴席數椽屋,呼吸上與風雲通。有時騁望到絕頂,雲端練影來搖溶。茫茫具區幾萬頃,洪濤勢欲吞蒼穹。日車碾浪紅破碎,烟鬟罨霧高玲瓏。興酣揮彩毫,灝氣蟠心胸。詞鋒俊健揌雕鶚,墨池隱見翻魚龍。湖山助人有如此,精力回斡參神功。君不見,館娃舊址連梧宫,珠簾绣柱圍重重,青樓珠翠紛妖穠。金車玉作輪,寶馬高纏鬃。日間置酒夜張樂,搔頭傳粉趨吳儂。君獨何爲好寂静,閉户隔斷浮塵紅。垂瓶汲山緑,倚檻看山容,清凉界現繁華中。君乎拔俗有仙骨,奇峻亦與兹山同。嘻嘻嚱!我家在九龍之麓,蓉湖之東。嵐光倒影入波底,素波蕩漾千芙蓉。山靈折簡倘招我,青

---

① 杲溪先生:參見本書卷四《醉紅軒賞牡丹即席呈杲溪先生四十韵》詩"杲溪先生"條注。

② 趙映川即趙懷玉(1747—1823),字億孫(一曰億生),又字味辛,號映川,晚號收庵居士,江蘇武進(今常州)人。乾隆四十五年(1780)恩科舉人,授内閣中書,嘉慶六年(1801)任山東清州海防同知,後升登州、衮州知府。晚年主江蘇通州文正書院、陝西關中書院及浙江湖州愛山書院。趙懷玉繫清乾嘉時"毗陵七子"之一,工詩,著有《亦有生齋集》五十九卷及《亦有生齋集續集》七卷。據《楊蓉裳先生年譜》知楊芳燦與趙懷玉定交於乾隆三十八年(1773),楊芳燦於嘉慶十九年(1814)爲趙懷玉《亦有生齋集》撰寫總序。生平參見《清史稿》卷四〇九、《清史列傳》卷七二、《國朝耆獻類徵初編》卷二五七、《清代毗陵名人小傳稿》卷五、趙懷玉自編《收庵居士自續年譜略》。

鞋布襪甘相從。

### 雨夜喜洪大華峰趙大映川過訪①

　　暮雨黯平林，江雲莽無際。隔墻榆柳葉，策策鳴軒砌。目極南雁飛，心傷北風厲。董生園不窺，仲蔚門常閉。忽聞剥啄聲，喜見故人至。得慰飢渴懷，且略寒溫例。深衷互傾倒，軟語及瑣細。憶昔我與君，相望有年歲。兩函魚雁字，千里金蘭契。牢落賦停雲，飄零嘆秋薺。今夕是何夕，良朋許聯袂。呼童掃蓬蓽，促饌供粗糲。堆盤煮蔬笋，沃釜烹鱸鱖。君爲盡十觴，我愧無兼味。落落忘形骸，怡怡叙昆弟。酒闌促坐語，商略盡文藝。詞壇日蛙黽，雅道方凌替。努力愛盛年，等身富清製。南溟鵬欲化，碧海鯨當掣。決雲千仞翔，臨風九皋唳。曹劉競豪健，李杜誇雄麗。古人今不作，絶業君其繼。入世葆聲華，立言務根柢。苦辭慎勿忘，前修永爲勵。飢烏啼獨樹，秋旻忽澄霽。巖高初月沉，參横衆星嘒。嗚嗚哀角喧，黯黯青燈翳。匆匆撤殘榼，凄凄送歸枻。相逢纔破顔，話別重揮涕。去矣莫復陳，川原正迢遞。

### 寓　感②

　　倚竹蕭蕭彩袖寒，爲誰憔翠帶圍寬。思如園客繭千尺，泪似鮫人滴滿盤。慵奏新聲調火鳳，頻封密字托青鸞。中庭檢點閑花草，莫種相思種合歡。

　　少日人誇咏絮才，華年如水苦相催。獸鐶銅澀花樓閉，鳳腦香銷黛帳開。記得小名書玉册，曾因歸夢到瑶臺。蕊珠幾許游仙伴，不爲多情不下來。

　　珠帷貼地掩蘭堂，寂寂銅蠡漏水長。[3]楡塞路遥稀候雁，針樓瓦

---

① 趙大映川：見前條注。
② 《寓感》詩共八首。

冷下寒霜。時當搖落難回首，人爲聰明易斷腸。獨向合歡床畔坐，愁眉慵鬌不成妝。

庭院深深道韞家，白銅鋪映綠窗紗。朝妝懶試金跳脫，夜被空熏玉辟邪。閑展畫叉臨北苑，每尋仙籙憶東華。懺除慧業渾無計，願上瑤壇掃落花。

任他豪竹間哀絲，未抵儂歌子夜悲。壠落店中餘瘦骨，燈明罝上只空棋。浪乘幽夢尋梧子，獨守虛幃咽蘗枝。剪盡田田千萬葉，也應天有見蓮時。

亞字欄干猩色屏，羅衣如霧倚娉婷。彎環月照雙魚鑰，蘊藉風遙九子鈴。小砑鸞箋填恨字，自持犀盞酌湘醽。隔牆徹夜檀槽響，那管愁人不願聽。

迢遞蓬山路幾千，怨他鳥使不相憐。定情空贈琉璃匕，佳約難傳翡翠鈿。鏡裏朱顏銷往日，夢中紅淚泣韶年。來生願作青萍葉，傍着鴛鴦個個圓。

聞道慈航慧海過，挈儂成佛到修羅。也拚舊誓銷烏鰂，不遣新愁上黛螺。一卷金經翻貝葉，半爐檀篆禮維摩。還憂小劫難偷度，阿母偏逢九子魔。

## 冬夜書感寄顧大笠舫

獵獵狂颷勁，吹來白雁聲。窮冬風景惡，孤館夢魂驚。月魄窺虛牖，霜威逼短檠。空梁飢鼠鬥，敗砌冷蟲鳴。怊悵懷人思，淒涼感物情。心兵頻擊觸，泪霰黯縱橫。憶得兒時事，曾隨君輩行。袤衫常換着，梨棗記相爭。謝氏聯昆弟，郗家聚舅甥。高文光粲粲，雅論氣英英。古簡奇同賞，新詩妙共賡。頗能拈競病，奚止識風丁。交誼千秋在，心期一旦傾。兄時呼爾爾，我自慣卿卿。狂戲追孩稚，偷閑畏老成。芒鞋尋遠近，博箭賭輸贏。按曲紅牙譜，催花白琯笙。呼燈捕秋蟀,挾彈逐春鶯。每笑談經叟,頻嗤作賦儈。顛狂招詬罵,跌宕炫聰明。去日難留駐,歡場易變更。三彭興禍祟,五鬼忌才名。文籍徒該博,飢寒竟合并。累將山岳重,命只羽毛輕。似此真騎虎,何心説射鯨。運應遭坎壈,天豈鑒精誠。推枕中宵起,拈毫萬感盈。荒城飄叠鼓,空室戛寒筝。解渴思瓊樹,凭高望玉衡。唾壺敲欲缺,拉雜叙生平。

## 題孔千秋篆册①

我聞混沌初,文字本烏有。誰泄天地藏,倉頡禍之首。中間李蔡輩,接踵尾其後。鬼神苦陵暴,山谷遭擊掊。石驅橐駝運,碑遣靈鰲負。玉簡授龍威,金薤垂岣嶁。曾觀古器皿,一一篆蝌蚪。若盂盉醫甗,若彝勺尊卣。藏之志年月,貽厥付誰某。摩挲字可辨,刻畫製不苟。可憐蜾扁法,去我忽已久。俗儒强摹仿,得一遺八九。膨脖豕腹脹,壓縮鳧頸醜。弱如蠶絲卧,亂若犀迹内。穠纖訛點畫,詰屈昧跟肘。誰能邁淳古,具此好身手。繄唯我孔君,聰明自天牖。側聞卯角年,墮地跳而走。刻作鄭元碑,瓦屑卵汁溲。兒時擅三絶,壯歲探二酉。鉤摹篆籀隸,經歷澤山藪。每逢舊印章,飛出古陵阜。爛銅苔銹青,破玉土化黝。鬱律蛟螭文,缺齾獅象鈕。十五部將軍,二千石太守。官銜認仿佛,稜角漸銷朽。傾囊貰之歸,寶護若瓊玖。鄭識黄初鼎,何辨亡新斗。搜奇君大癡,嗜古世無偶。乘酣騁鐫鑴,作氣極抖擻。渴驥脱轡繮,乖龍掣械杻。飛騰神欲活,劈裂勢逾陡。器將心共古,石與名并壽。昨朝得會面,依依意彌厚。十載望清徽,一見得良友。樹杪風舒舒,檐牙雨瀏瀏。天氣殊未佳,汝定成行否。且住爲佳耳,此語君聽取。男兒貴作達,萬事等芻狗。嚴冬正寒冱,何可不與酒。君誇雕龍伎,我騁懸河口。繆篆肯餉予,予將拜而受。

---

① 孔千秋(1732—1812),原名孔廣居,號瑶山、瑶珊、堯山,江蘇江陰人,布衣。敦行好古,精究六書。工篆隸,尤擅摹仿秦漢印章,著有《説文疑疑》二卷。《説文疑疑》中附楊芳燦從兄楊揎所撰《孔千秋小傳》。

## 當公無渡河行　　弔朱、陳二生也

二生,靖江人,癸巳科試,①補博士弟子員。渡江溺焉,余悲之,作此以弔。

大江直下掀天關,崔嵬巨浪如連山,凭高四望無人烟,但見黃風黑沙奔騰其間。荒蘆何蕭蕭,沙岸多崩摧。一一攢集千檣桅,云是大估富商載取珍珠玳瑁盈艘回,到此目眙口噤三日不敢開。彼儒生者何所求？使者舉臣秀才星夜赴命無稽留。買船長江濱,刺船江中流,公欲渡兮天爲愁。狂濤萬斛芒無涯,直下千仞乃是蛟龍家。長鯨舐䑛怪,螭盤拏浮骸。相拄血人于牙,公無渡兮歸來些。音沙。公竟渡江,江神嗔,雷轟電掣聲砰訇。鬼馬踏浪東南奔,裂帆截棹一去如飄塵。挂骨魚齒間,安望登青雲,嗟嗟浮名累人。爾室有莞蒻,爾田有黍稌。白首望子常倚閭,盤盛魚膾炊雕胡。瓦甒濁醪美可沽,舍此被髮乘流何爲乎？叫天兮,無辜平明使者臨江濱,赤幡黃蓋雙朱輪。弔爾酹爾爾豈聞？陳椒觸,薦雜俎,楚覡歌,越童舞。道旁躑躅涕如雨,魂招不來奈何許？

## 爲許大麟石題看鏡圖小照

誰染生綃作橫幅,金題綉檁文犀軸。依稀識得畫中人,茌茌丰姿絶塵俗。筠廊竹几一床書,攬鏡低徊認故吾。半破紫珍看玉度,一泓淥水轉清矑。陳思對鏡誇姿貌,王濛撫鏡憐風調。塗鉛傅粉著悄頭,紛紛閨態君應笑。昂藏七尺世無儔,中夜尋思萬戶侯。爲持一片空明色,照入千端黯淡愁。君不見,飈輪馭日落西海,流光漂忽不相待。難將銅片鑄容光,空見霜華換眉彩。擊節高吟伏櫪歌,壯心千里易蹉跎。年來那免傷哀樂,顧影茫茫喚奈何。骨胳權奇君自賞,鳶肩火色應騰上。好駐韶顔幾十春,莫愁華髮三千丈。潦倒風塵眼倦開,蹇余

---

① 癸巳：乾隆三十八年(1773)。

刺促實堪哀。學書學劍都非計,且向街頭磨鏡來。

## 晚　眺

遙山淡無姿,雲歸日西夕。徑古不逢人,亭皋落秋葉。

## 吊金川死事二公詩

金酋不靖,抗逆王師。癸巳歲,①吾邑王公、楊公相繼死事。嘆舊,昭忠形諸筆墨,代《楚些》之招云爾。

### 故刑部主事贈光祿寺卿王公日杏②

王公真天人,玉立姿昂藏。嶷然負衆望,崢嶸楚琳琅。弱冠登賢書,三十侍中郎。貂冠儼豐容,瑤佩鳴清鏘。四十典大郡,報政稱循良。二千石太守,媲美龔與黃。還入充部曹,肅穆登玉堂。追隨鵷鷺班,重向天池翔。蛇年建巳月,小醜群跳梁。天狼下舐地,枉矢森森張。九重按劍怒,遣將征鬼方。臨軒策三軍,戈甲金銀光。赤幡豹尾纛,金印螭頭璋。問誰作良副,盈廷各傍偟。交口薦王君,智略能兼長。帝曰佐元帥,爲朕清封疆。公也拜舞出,行色何慨慷。蹀躞紫騮馬,玉勒精鏐裝。大軍如雷霆,伐鼓臨龍荒。摧陷無堅城,么麼悉破亡。頓兵入重地,刻日擒鬼章。祅酋善剽突,狡黠不可量。堂堂貔虎師,遽受蜂蠆傷。半夜度嶺來,鐵柵空遮防。極天鼓角震,匝地風砂揚。我公冒鋒鏑,殉死分所當。鬢髯怒尼磔,碧血沾襟裳。精靈竟不泯,姓氏猶餘香。鹽叢萬里道,赤甲千重岡。燐飛兵後火,鬼哭生時瘡。思歸有溫序,收骨無朱瑒。聖主褒純忠,丹詔來煌煌。游魂如有知,乘風返江鄉。焚椒薦俎豆,千載祠國殤。

---

①　癸巳:乾隆三十八年(1773)。
②　王公日杏即王日杏(1720—1773),字丹宸,號漱田,江蘇無錫人,乾隆十八年(1753)舉人。善書,授內閣中書,入直軍機處。乾隆三十一年(1766)任銅仁府(今貴州銅仁)知府,乾隆三十六年(1771)從軍入川,贈光祿寺卿。生平參見《清史稿》卷四八九。

## 故酆都縣知縣贈兵備道楊公夢槎①

妖星照魚海,竟夜光熊熊。広麼遂跳梁,戈甲屯蠱叢。連營飛羽檄,夾道傳邊烽。九重赫斯怒,命將擒西戎。公時宰酆邑,惠政安巴賨。軍門需巨炮,奉命監百工。鞴爐扇烈焰,鐵汁平銷鎔。飛輂運硝石,高架連鉤衝。坐看堅城摧,不藉雲梯攻。回兵縛賊酋,計日收邊功。高秋夜方半,鬼哭郊原空。頹雲如壞山,墮地聲碻礧。蠻奴呼哨來,殺氣凌蒼穹。刀光耀月白,炬火燒巖紅。都尉格鬥死,甲士成沙蟲。手無尺寸刃,何以當矛穜。舁公一肩輿,頃刻超龍嵸。平明入賊巢,群賊攢如蜂。森森戟門開,左右張刀弓。摐金擊大鼓,蠻酋坐當中。公時怒目視,眥血凝雙瞳。好語爭慰勞,不應如盲聾。迫公發九炮,回炮當賊鋒。天心鑒孤憤,神力誅奸凶。瓦石亂飛鳴,列缺鞭豐隆。斃其十七八,糜爛隨蒿蓬。公笑酋忽怒,戈鋋交撞舂。殘生墮虎口,斫頭穴其胸。肉飛西塞草,血灑寒山風。男兒不惜死,報國捐微躬。精魂叩九閽,幽恨無終窮。生為千人傑,死作眾鬼雄。

## 【校勘記】

［1］水：光緒本詩鈔卷二《狂歌贈吳斧仙》詩作"米"。
［2］殿織麟：此三字原脫,據光緒本詩鈔卷二《董小宛貼梅扇子歌同錢竹初賦》詩補。
［3］寂寂：光緒本詩鈔卷二《寓感》詩作"寂寞"。

---

① 楊公夢槎即楊夢槎,字再騫,號誤仙,江蘇無錫人。乾隆二十一年(1756)舉人,官四川酆都縣知縣,贈兵備道。生平參見《清史稿》四八九、《清碑類鈔·忠蓋類》。

# 真率齋初稿卷六

## 短　歌①

公莫舞,聽我歌。繁音促節傷坎軻,泪痕沾袖斑斑多。生前一杯酒,身後一邱貉。問君何爲慘不樂,途窮自合困飢寒。身賤何妨委溝壑,嗷嗷征雁求其曹。夜闌歌歇風刁騷,搔首仰望明星高。[1]

跨鶴將安歸,騎虎不得下。家徒四壁苦無藉,撫劍悲歌向中夜。愛博竟無成,放顛輒遭罵。不從薛公博,倦學樊須稼。身世茫茫足悲咤,食牛倘得五羖皮,且向豪門問奴價。

謝朓割氊來,伯桃脱衣贈。稱貸無端累友生,我躬貧薄天所命。萬端耿耿橫心胸,窮交今古誠難逢。少來義不當人惠,到此愧報難爲容。冥報相貽虚語耳,男兒飢餓倘不死,苦負公恩有如水。

柘絲利屣五文章,躄者著之無輝光。錦囊身毒八銖鏡,[2]盲人持照不見影。靈珠委泥沙,白璧沉草萊。珍奇棄置良足哀。男兒富貴須及早,誰能刺促相看老。

誰積萬斛粟,易京走麋鹿。誰藏千窖錢,金谷生荒烟。黄頭郎君竟餓死,銅山摧塌殊可憐。搜括金刀聚珍寶,蕭家阿六生活好。紫標紅榜散如沙,齷齪錢愚何足道。

---

① 《短歌》詩共十三首。

衡門風雪寒蕭蕭，中有一士方縕袍。半床苴席積塵土，旁觀嗟惜妻孥嘲。道逢癡肥兒，聯翩數十騎。黃金絡頭青絲轡，蹀躞交衢炫都麗。汝曹但足誇兒童，脫下衣帽欲何計？

欲耕作，無良田。欲行賈，無金錢。男兒讀書真大錯，一卷青編飽花蠹。豈有陶朱《致富書》，空作揚雲《逐貧賦》。他年整頓鉄裲襠，臂鷹放犬南山岡。

嚴城隆隆四更鼓，空室精靈聚相語。陰雲滿野昏不開，老樹鵂鶹嘯寒雨。南來征雁謀稻粱，蘆汀沙渚群飛翔。我獨何爲困溝壑，不得搏扶上寥廓。

獰風怒號雲氣惡，嗚咽荒城響哀角。黑月人愁鬼車樂，[3]今夕何夕歲欲徂。朔氣凜冽皴肌膚，銅盤殘蠟青糢糊。腸中九曲轉愁縷，握筆酸呻不成語，躑躅空庭涕如雨。

少讀《東華錄》，曾慕求神仙。更遇方外士，授我《黃庭篇》。閉口嚼紅霞，輕身凌紫烟。追征僑，侶偓佺，鞭鸞笞鳳紛翩躚。金丹久不成，四顧心茫然。君不見，鮑魚一石腥風起，茂陵桃樹蟠根死，漢武秦皇尚如此。[4]

學仙既不成，不如圖作佛。斗室焚旃檀，琅函展金甋。西方舍衛國，峨峨青蓮花。三十二相觀如來，千八百佛朝頻伽。人生如電復如泡，火宅煎熬人易老。六根八苦永糾纏，兜率天宮豈能到？

龍劍忽鳴嘯，誰望長安發大笑？丈夫生世有壯懷，何辭跋涉適長道？跨馬出門去，逾巖度嶺嶠，玄猿跳梁杜鵑叫。擊節高歌《行路難》，虎牙銅柱金牛關，摧輪折軸胡不還？

君不見文通貧採樵，叢中拾得黃金貂。僧孺少鬻布，道逢騶卒溝中墮。朝吁暮喈愁不歡，古來才士多孤寒。子升賃馬坊，褚生困牛屋。鬱鬱終天恨不銷，誰憐風樹皋魚哭？

## 和晴沙舅氏謁惠陵作[①]

益州險塞今何在？四尺蒿墳尚屬君。孺子無心綿帝祚，譙侯多智識天文。鹽梟王業三分定，貔虎雄師一炬焚。終古英靈遺恨在，峽流嗚咽不堪聞。

玉壘山川拱帝都，[5]樓桑片土啓雄圖。普天齊奉黄初歷，大統終歸赤伏符。八陣風雲長護蜀，千年魂魄悔征吴。相臣逝後降車出，難問流離六尺孤。

回首荒宫是永安，棧雲關樹路千盤。沙沉斷碣文章碎，峽鎖危祠劍佩寒。此日村童喧社鼓，當年上將築靈壇。行人駐馬斜陽外，一薦蘋蘩恨渺漫。

## 王氏漢銅印歌

吾鄉王殿撰爲秦中學使，時大吏窮治部民盜冢事，王公因得漢印數百以歸。余於其曾孫光顯齋頭見之，已散失殆半矣，爲作此歌。

北邙山勢何嶄巖，聚斂魂魄歸蒿薇。墳封馬鬣土脈旺，碑劖蚪篆刀鋒銛。兕皮作椁堅且韌，蜃灰塗壁幽而潛。深林祇有陰霣語，黯隧不見陽輝暹。健兒嘯聚試身手，黑夜竊發揮鉏鐮。石扉雙閉脱扃鑰，鐵鈎碎落無帷帘。碧玲唾壺頽玉碗，雲母卧榻青銅奩。墓前椎碎捧燭玃，懷中盜出滴水蟾。最多纍纍古印檢，取去一一抛蓁薕。可憐棄置賤如土，誰能購取酬以縑。王公遠宦越險阻，古物入手窮該兼。奇踪詭迹搜欲遍，爛銅殘鐵求無厭。俸錢探中已罄竭，古癖刻骨難針砭。裝充翡翠不足羨，車盈薏苡寧傷廉。携歸幽齋自摩玩，未許俗客來窺覘。匣將鈐瑑暨徽尾，配以觥觿和盦罌。土花斑剥鸚鵡銹，血暈拉雜

---

[①] 《和晴沙舅氏謁惠陵作》詩共三首。按：晴沙即顧光旭，楊芳燦舅氏。參見本書卷前顧敏恒《〈真率齋初稿〉序》"響泉先生"條注。

珊瑚鈐。龜螭壓鈕妙刻畫,虯蛟蟠字驚觀瞻。嗟余好古生苦晚,韓句。<sup>①</sup>對此懷舊情難忺。雙眸諦視屢眴轉,寸喙噤斷空䶄䶕。官銜缺齾辨融扁,篆籀佶屈如疇龖。中樞權勢山岳重,部曲號令風霜嚴。虎符制閫牘頻押,龍章降省名同僉。奇物閱世久仍在,<sup>[6]</sup>餘威炙手今已熸。吁嗟乎！山陵半入劫灰黑,玉石莫逃野火炎。世餘此物未磨泐,天豈有意存微纖。荒原颷瑟伴狐兔,幽巖黯黚叢蛇蚺。精光夜上觸牛斗,靈神默護趨屏黔。爲幸精英盡泄露,旋恐零落無留淹。著書重訂琳琅譜,蘊奇密鎖瓊瑤緘。未央宫瓦礐作硯,上林苑竹磨爲籤。蕭齋得此足三絶,縱有奇物無容添。<sup>[7]</sup>

## 雨沙

疑是蓬萊清淺時,海塵都向石山吹。半床鼠躅長留印,一桁鶉衣恐化緇。豈是唱籌煩道濟,未須障扇避元規。朝來農叟談黃雪,預卜今年麥雨岐。

## 錢忠懿王金塗塔瓦歌<sup>②</sup>

背有篆文曰："顯德二年乙卯,<sup>③</sup>錢王弘俶製。"向在西湖寺。

貝闕琳宫啓華閎,云是錢王布金地。椒墻剝落帖花樫,龍帳森寒鎖幽魅。訪古人來叩法扃,摩挲神物易飄零。天衣中坼青猊座,劫火延燒白氎經。剩有嵯峨相輪在,土蝕塵埋經幾載。什襲欣看趙璧完,護持不共梁甌碎。刻畫丹青入細氄,幡幢瓔珞現修羅。遍傳大衆優婆塞,共禮前朝窣堵波。相傳此是宫中物,錢王舊事人争説。虎落雄圖十四州,龍天慧業三千佛。良工當日試雕鎪,朱火烏金躍冶流。七級浮圖初鑄就,人天珍重勝琳球。無端納土京師去,蒿草蕭條故宫暮。內府圖書秘色窑,流落人間不知數。瓜子南金賂趙公,十瓶海物尺書封。裹跪輸去黃華盡,那有餘貲給梵宫。塵寰無路求回向,不如

---

① 出唐代韓愈《石鼓歌》。
② 錢忠懿王即錢俶(929—988),初名弘俶,五代十國時期吳越國最後一任國君。
③ 顯德二年乙卯：公元955年。

去逐降王長。[8]談禪早已放屠刀,鏖戰底須排甲仗。麟帶貂袍拜太師,一家湯沐奉恩私。始知北面朝元日,即是西方證果時。閑來日寫金經誦,此塔依然作清供。翻笑癡兒卧榻旁,等閑不醒維摩夢。斷鐵零金總可憐,劫灰寒灺不重燃。幾行蝌蚪書名字,并識柴家乙卯年。好奇今有平原子,購得奇珍歸趙氏。余友毗陵趙映川購得之。① 瑣瑣飢蠹蝕碎黄,斑斑古血凝殘紫。洛下銅駝荆棘荒,仙人流泪别咸陽。古今一例難回首,幻影空花悟法王。

### 春閨思

掠削妝新倚繡楹,攤門竟日不安横。袖沾甲煎龍綃重,鬢著膏蘭蟬翅輕。薄暝簾櫳飛燕影,細風庭砌落花聲。無聊又掩屏山睡,一枕春愁夢不成。

### 瑶宫仙子掌花曲

碧鷄曉唱扶桑枝,白榆照眼光參差。盤龍明鏡鑒嬌影,蕊珠宫裏新妝遲。雀扇圓圓掩神女,花前顧影低徊語。璃壺一點貯雲膏,洒向枝頭作香雨。迦陵仙鳥雙紅翎,銜書密約千娉婷。當筵小飲不成醉,蘭颸宛轉吹幽馨。娃鬟悄遞蓉城信,催花小牒泥金印。綺閣新更舞鶴衫,犀梳巧掠鳴蟬鬢。油幢雙引朱斑輪,陌頭款款追輕塵。仙芬星座染花骨,桃腮柳眼都含顰。閑來自掩文鱗鑰,蒜影低垂壓簾箔。凉露如烟麗草香,春風無影瑶華落。欄前千頃瓊田寬,斑龍懶耕玉子寒。夜深獨坐校花册,蠶眠小字絲盤盤。人間鵜鴂呼春早,零落嬌魂滿屋道。一樹棠梨傍夕陽,碎紅顆顆如錢小。

### 寒食日九龍晚歸②

買得蜻蛉一葉輕,[9]叩舷歸路不勝情。那堪佳節逡巡去,又背名

---

① 趙映川即趙懷玉,參見本書卷五《穹窿山歌贈趙映川》詩"趙映川"條。
② 此詩題吟翠軒本作《寒食日九龍山晚歸》。

山宛轉行。新水遠浮菱荇緑，夕陽低傍鷺鷥明。無聊剩有微吟興，遙和漁童欵乃聲。

### 廢宅行

殘蘿絡墻苔覆瓦，雙掩朱門夕陽下。路人説是將軍家，珠歌翠舞曾繁華。昔年籍没入官府，六印嚴封少人住。雕欄寂寞凝暗塵，衰桃墮紅吹古春。樓頭野鳩來哺子，鼠閉空廚飢欲死。深宵黑月照斜廊，虛響疑人復疑鬼。彈指滄桑能幾時，麋游兔窟不須悲。君看今日桑麻地，半是當年臺殿基。

### 古冢行

白楊三丈巢訓狐，群飛樹頂爭哀呼。髑髏歲歲葬秋雨，血花迸作紅珊瑚。拜壇高處苔錢濕，漆炬宵來抉沙出。棠梨吹霧冷冥冥，春風到此無顔色。墓前松樹三兩窠，野蠶蝕盡空枝柯。樵人持斧斫將去，至今望裏黃蒿多。麒麟僵卧左肢折，斑剥紅脂似凝血。豐碑篆字半模糊，移作前村浣衣石。

### 夢中句

筠簾不捲燕歸遲，細雨斜風薄暝時。曲曲回廊人不到，櫻桃花發兩三枝。

### 神仙

神仙不可求，蓬壺渺無際。世不見神仙，與死何以異？辟穀厭芻豢，生世欲何計？纍纍古人墳，半作耕耘地。

### 答朱紫崖

閉户翛然物外情，緑窗烏几有餘清。張衡好賦憑虛子，沈約閑身太瘦生。繞架芸烟蟫粉落，隔花鈴語蝶魂驚。江南二月春光麗，擬喚蘭舟載酒行。

## 與劉三羹堂夜話有感

　　一春兀兀抱愁坐，面垢冠欹任慵惰。良朋三五隔天涯，對影呻吟苦無那。辟除妄念學枯禪，諷誦金經當清課。書床不整卷縱橫，硯田久荒塵堁塿。忽聞君自蘭陵來，倒屣相迎積愁破。互看顔色憐枯槁，共話生涯悲轗軻。五言妙手出偏師，三耳雄談驚滿座。忼壯幽州馬客吟，凄凉楚澤騷人些。嗟余少小丁憂患，回首風波苦掀簸。胸襟自昔誇豪宕，骨胳而今變柔懦。子卿痛泪洒牛衣，許靖餘生憑馬磨。隘巷捶車悲寂寂，大澤迷途陷左左。飢鷹縫目上新鞲，駑驥垂頭戀殘莝。囊中只剩一錢在，桑下那禁三日餓。舉世言愁亦欲愁，窮年得過權須過。羨君俶儻才無敵，壓軫連箱富奇貨。明珠有價莫輕投，利器新磨寧忍挫。當前人物愛卿狂，長此窮愁哀我癉。軟語嘈嘈堪達夜，倦僕頻頻又催卧。殘燈照壁鼠窺覘，寒柝敲更卒巡邏。微霜入户夜氣清，明星墮水寒芒大。布衾如鐵枕手眠，愁夢闌珊不堪作。

## 泛　舟

　　笋鞋棕笠爲春忙，竟日沿洄繞野塘。蕭寺遠猶聞粥鼓，扁舟寬可著琴床。一陂新水蒲牙净，兩岸繁花蝶粉香。無奈吟情近疏索，小奚歸去只空囊。

## 飛龍宮歌

　　潞州城上黄龍起，潞州城中瑞雲紫。龍種作事非尋常，鐵騎宵飛入宫裏。歡譟人趨白獸門，李家重闢舊乾坤。黄麻旦下恩如水，緹仗晨排騎似雲。升平樂事今朝見，鯷海鷄林慶清晏。報道官家幸潞州，虬車昨下神龍殿。凝箎清吹來故宫，嵬峨榜額名飛龍。捶牛釃酒縱高筵，[10]漢祖不須誇《大風》。屈指龍飛年十九，比户年年歌大有。[11]玉敕飛來禁捕魚，恐教龍落漁人手。端正樓頭夜宴高，[12]嘈嘈橫吹閑秦簫。翠盤舞破霓裳曲,不道龍髯竟作妖。[13]從此漁陽鼙鼓動,[14]豬龍撼海驚波涌。苦霧愁雲入劍門,[15]江頭宮殿空如夢。回首烟氛一掃開,哀鵑啼血喚歸來。雙魚夾楫春江渡,父老争看龍馭回。射生五百持弓矢,阿瞞此日幾兵死。辟穀角宫鎖鑰嚴,滿眼凄涼怨龍子。餌石燒丹總渺茫,鼎湖歸去路途長。行人欲識龍蟠處,蔓草斜陽金粟岡。

## 胡園①

桐帽棕鞋避俗嘩,厭他裙屐鬥繁華。蘭叢水漲迎鳧舫,柳絮塵香逐鈿車。猶有閑園依僻地,爲携俊侣訪孤花。此間不許春人競,寥落居民自市茶。

門掩青巖一徑幽,偶來剥啄亦成游。繞籬野刺牽人住,坐樹流鶯絮客愁。山静泉聲通竹圃,雨餘虹影帶花樓。芒鞋歸踏堤沙軟,未要横塘棹小舟。

## 寄題袁簡齋夫子園居②

不是迎詩客,經時掩竹扉。草深行藥徑,花覆釣魚磯。石古苔成篆,花香蝶换衣。春來足佳味,白薤帶霜肥。

傍石藤爲架,臨溪樹作橋。藥欄飄鶴毳,萍渚鬧魚苗。酒料封春瓮,詩九納水瓢。[16]何當拂桂棹,問字不辭遥。

知足猶耽讀,忘機不廢詩。晚風猿甀落,新雨樹蛾滋。去鳥有遺響,遠山無定姿。美人隔天末,憑眺足相思。

---

① 《胡園》詩共二首。
② 《寄題袁簡齋夫子園居》詩共三首。另此詩題光緒本詩鈔卷二作《寄題袁簡齋師園居》。按:袁簡齋夫子即袁枚(1716—1797),字子才,號簡齋,晚年自號倉山居士、隨園老人,浙江錢塘(今杭州)人,"乾嘉三大家"之一。袁枚乃楊芳燦恩師,早期楊氏文學創作深受袁枚"性靈説"影響。二人交往見於《楊蓉裳先生年譜》《隨園詩話》等。

## 暮春清華從祖招籫谷叔亦齋兄小飲寶綸堂時牡丹蕙蘭盛開即席命作①

銀雲櫛櫛鋪纖羅,半規蟾影沉微波。春風笑人人自笑,不飲如此良宵何。七寶香車五明扇,百卉爭呈晚妝面。才子工吟鏤雪詞,主人早敞催花宴。相邀南道阮嗣宗,更約東頭陸士龍。酣歌共惜蘭夜短,沉醉莫放螺杯空。花紋榻子烏皮几,揮塵高談衆香裏。鈿影蟠蟠寶篆明,蠟珠顆顆銅荷紫。滿庭烟重月斜時,和芍烹椒入宴遲。供饌笋應刳玉版,堆盤魚盡膾銀絲。落落高雲墮烏鵲,嚴城欲上菱蕤鑰。滴水生憎銀箭催,當筵更引金壺酌。良會芳筵欲別難,夜深花暝露華寒。卷簾重看千年藥,把盞頻澆九畹蘭。出塵標格傾城貌,宛轉風前共鞏笑。湘娥倚竹影迷離,妃子熏香態妍妙。小步名園六曲廊,酒闌百感正茫茫。我憐癡絕王家叔,誰識多愁衛氏郎。[17]昭華小琯花前㩳,更數花房摘花葉。九枝燈影傍花明,驚起花心綠蝴蝶。爲祝名花歲歲開,緘書招客約香來。[18]金鯨壓酒觥船滿,一月花開醉百回。

## 和唐張夫人拜新月詩②

拜新月,拜月出疏櫳。簾隱螺痕碧,香煨獸頸紅。拜新月,拜月妝臺畔。翠幔上龍鈎,珠樓弄花琯。拜新月,拜月暗尋思。記得妙年時,憑欄看樹影,映水掬雲絲。蘼花開盡陽春暮,迷雀西飛雉東去。魚信難傳碎葉城,蟾輝空照衰蘭路。麝枕檀篝伴獨眠,低頭彈淚落金鈿。那能三五團欒月,長照紅閨二八年。

---

① 籫谷:楊芳燦族叔,參見本書卷三《雨中南軒賞菊呈籫谷四叔氏》詩"籫谷"條注。清華即楊芳燦族叔祖楊德沖。

② 《全唐詩》卷七九九收《拜月詩》,署名爲張夫人。詩云:"拜新月,拜月出堂前。暗魄初籠桂,虛弓未引弦。拜新月,拜月妝樓上。鸞鏡始安臺,蛾眉已相向。拜新月,拜月不勝情,庭花風露清。月臨人自老,人望月更明。東家阿母亦拜月,壹拜壹悲聲斷絕。昔年拜月逞容輝,如今拜月雙淚垂。回看衆女拜新月,却憶紅閨年少時。"楊芳燦《和唐張夫人拜新月詩》當和此作。

### 淥水曲

淥水映梨花,花邊少婦家。不栽烏桕樹,怕聽夜啼鴉。

### 蓉湖曲

屋角殘虹架綵橋,灘頭新水長紅潮。無邊烟景明於畫,幾個輕舟蕩短橈。

### 許大麟石藏書詠

羽陵蝨簡高連屋,氣壓鄴侯三萬軸。把卷宵隨月影看,移床夏趁涼陰讀。買盡青緗不厭貪,幽齋小築近城南。風飄錦袱雙垂組,日麗牙籤五色函。寒余日擁書城坐,子敬青氈當膝破。搜殘柳篋鎮長貧,不賣斑書寧忍餓。入市觀書亦大癡,世間還有鬼名嗤。欲充儉腹從君借,惜少床頭酒一鴟。

### 水仙祠偶成

斜港流花影,輕雲逗雨絲。愛聽漁子曲,獨過水仙祠。宛宛春深候,騰騰酒病時。雛鶯知有恨,啼斷綠楊枝。

### 過蔣大重光齋頭談去年穴地得古棺事感賦①

棺中人宮妝儼然,蓋蕭梁時妃嬪也。

荒烟白草蘭陵路,黃土如雲葬眉嫵。通替棺歸妃女魂,轆轤碑記宮嬪墓。陵谷遷移閱幾秋,劫灰飛盡鬼神愁。昔時青櫟叢高冢,今見朱門起畫樓。怪底秋齋漆燈出,穴地驚看得奇物。石塋斑斑兕椁開,梅灰朏朏犀釘脱。玉容猶是故宮妝,九樹花鈿作兩行。殉葬未曾頒

---

① 此詩題光緒本詩鈔卷二作《過蔣重光齋頭談去年穴地得古棺事感賦》。按:蔣重光(1708—1768),字子宣,號辛齋,江蘇吳縣(今蘇州)人,藏書家,著有《昭代文選》三十八卷。生平參見彭啟豐《芝庭先生集》卷一六《贈奉直大夫蔣君墓志銘》。

玉碗,招魂不用拾香囊。桐棺七尺無銘志,[19]苔鏽模糊不成字。[20]廢井争傳梁苑基,才人解説蕭家事。可憐金粉委蓬蒿,零落殘骸認六朝。麗質幾時花底活,穠歡早向掌中銷。蠱雁無光沉壞道,髑髏那得重妍好。夢破誰歌瓊樹花,魂來應化金蓉草。是處《夷堅》紀異多,千年遺迹未銷磨。秋墳鬼唱黄華子,舊浦人逢鄭婉娥。我亦三生怊悵客,擁鼻微吟泪沾臆。月落陊門陰甓寒,雨零石室愁燐碧。三徑依然蔣詡家,墙東便是玉勾斜。春風怕到銷魂地,桃樹年來罷作花。

## 落　花

落花吹不盡,春亦戀江南。日照犀簾押,人窺玉鏡函。砌香留碧草,筐暖長紅蠶。歲歲銷魂候,芳辰三月三。

## 游大樹園呈劉大菽原①

一徑穿蘿薜,軒窗爲客開。遥山似圖畫,滴翠入亭臺。鬭雀行階草,游魚唼水苔。微吟不成咏,繞柱久徘徊。

飛蟲低避燕,戲蝶暗隨人。偶爾尋幽徑,難忘是晚春。花房承泫露,日隙看流塵。更愛蓮塘静,從君乞釣綸。

## 李夫人

紫絲複帳輕如烟,蕊宫飛下瓊瑶仙。嬌鬟低擁黯無語,一朵梨花泣香雨。珠樓小鳳聲咿嚶,鳴環戞月寒錚錚。花雲如夢無留影,吹作烟絲墜秋暝。銅蠡滴水更欲殘,茱萸灰燼猊爐寒。回首明星爛如石,天乳無聲點衣碧。

---

① 《游大樹園呈劉大菽原》詩共二首。按：劉大菽原即劉汝器,參見本書卷四《醉紅軒賞牡丹長歌和劉大仲彝》詩"劉大仲彝"條注。

## 寄懷錢三竹初①

葡萄美酒瀉千鍾,憶昨蘭陵雅會同。南國清才推謝朓,東隅狂客認王融。[21]曉寒簾幕藤花雨,暝色林塘燕尾風。此日相思眇天末,[22]爲君惆悵句難工。

一舸寒江袂易分,歸來孤館賦停雲。六朝金粉還餘我,兩晉風流最憶君。彩散魚霞明遠岫,花開燕麥漾斜曛。何年招隱山南北,好策虛皇十賚文。[23]

彩筆江郎別恨多,芙蓉江上水層波。尺書寄去煩青鳥,遠夢歸來認綠蘿。小搦狸豪慵作字,偶敲銅斗不成歌。相期射鴨菇蒲裏,獨速舫頭無短蓑。

玄亭寂寞掩藜蒿,偶有人來聽解嘲。睡起亂抽蟬簡讀,吟成虛費麝煤鈔。紅珠的皪櫻垂子,青玉參差竹破苞。更拾汀洲芳杜若,臨風爲贈歲寒交。

## 賽神會

鏗金鉦,曳大斾,三月春郊賽神會。東家西家喧小兒,攔街叫跳如狂癡。須臾馬蹄來特特,黃金絡頭珊瑚勒。馬上人持紅錦勅,神從中央來奪隘。聲喧狹神從門前過,市人不敢坐。緋袍窣地穩稱身,蟠絲孔雀銀麒麟。當興旌蓋交繽紛,路旁富兒指而笑。昔年曾捨三千緡,相追逐歡不足罄,金錢娛土木。君不見,寒女衣單不掩身,老農夜守空倉哭。

## 蓋神廟

匠人來,築臺觀,運甓磨磚二年半。匠人朝不來,太保行相催。

---

① 此詩題光緒本詩鈔卷二作《寄懷錢竹初》。按:《寄懷錢三竹初》詩共四首。錢竹初即友人錢維喬,參見本書卷五《消夏偶檢填詞數十種漫題斷句仿元遺山論詩體》詩"錢曙川"條注。

廟中夜掣銀鐺鎖,廟令大呼神怒我。觚棱金爵高刺天,一臺築就十萬錢,捶肥牲喧紙爆天。平明蓋神廟,明神坐中央。廟令群趨蹌,布商米估爭解囊。解囊來,記誰某?貧人錢落富人手。布五尺,米一斗,入市嗷嗷求速售,一貫蚨錢九十九。富人萬金賤如粟,貧人一錢惜如玉。抽得貧兒手内錢,施向神祠種神福。九級階,十丈廊,裁金嵌碧光熒煌。土馬泥人立階阤,夜聲啾啾衆鬼喜。廣厦萬間有如此,何不移來庇寒士?

### 春感示荔裳①

侵曉空林鶗鴂鳴,愁多不耐餞春行。半池水氣蒸雲濕,一角霞輝抱日明。到處揶揄應笑我,此中空洞儘容卿。洛生咏罷支頤坐,一任人嗤老婢聲。

九辨摹成楚些歌,一通小字寄清河。落花風定新詞富,芳草春深昨夢訛。[24]紅爛櫻桃垂畫檻,粉香蛺蝶戀晴莎。無端烟景添惆悵,幾度登臨唤奈何。

前身結習破書堆,蠹簡零星散麝煤。慧業生天誇阿客,精心奉道笑方回。閒塗故紙酬詩債,細拾殘花當酒材。正欲劇談無客到,東頭老屋盼君來。②

玄亭門掩不通輿,倦枕琵琶午夢餘。懶誦維摩金字偈,細鈔靈寶玉函書。女床聞集青鸞鳥,磆浦誰乘赤鯉魚。浪説游仙歸路近,五城樓閣是儂居。

### 爲亦齋三兄題策驥圖照時將北上即以贈行

平堤十里旗亭下,烏帽黄衫控生馬。尺幅吳綃點綴工,回策如縈

---

① 此詩題光緒本詩鈔卷二作《春感》。按:《春感示荔裳》詩共四首。荔裳即楊芳燦二弟楊揆,參見本書卷前王昶《真率齋初稿》序"荔裳"條。

② 此句光緒本詩鈔卷二《春感》詩後有批注"謂荔裳"三字。

最都雅。特特瑩蹄白蹋烟,虎文龍脊貼連錢。臨流好解青絲障,争道先抽碧玉鞭。權奇俶儻來西極,上爾浮雲有餘力。鞍磨瘦骨帶銅聲,汗溅旋毛噴血色。此去燕關賦遠游,曉烟涼月度蘆溝。孫陽應識千金駮,王濟休誇百里牛。高秋八月霜蹄迅,晾鷹臺下沙風勁。燕角弓開寶月圓,烏翎箭脱珠星迸。取次看花灞滻傍,銅街蹀躞不驚香。拊將便面嘲張敞,挽住絲韁認陸郎。蹇余十載閑中伏,顧影酸嘶縶雙足。虛名何意作黔驢,炉口每聞呼栗犢。羡殺輕裝上帝都,承華天厩飽青芻。懸知此日翹材館,已展燕家買駿圖。

## 答顧二學和①

丹穴飛來五色鸞,美人隔水贈琅玕。字粘金粉銷難盡,墨暈銀鈎拭未乾。紅雨林塘新漲闊,翠陰簾幌落花寒。德柔故是江東秀,脱手清吟若彈丸。

手把英瑶倍愴神,舊歡如夢復如塵。無端愁病辜芳景,幾度登臨憶故人。落絮入池紅蒂淺,枯苔綉石緑花匀。嵇康柳樹依然在,鷄酒相從莫厭頻。

新署書齋號墨莊,社南社北種青楊。逢人漫説貧非病,入世何妨瘦且狂。麈尾携來毛落飯,鸞箋書就字盈囊。移床好上城樓坐,一唱陽春大道王。

## 珠江曲送徐大景春之廣東

芙蓉湖頭春水流,芙蓉峰畔春雲愁。沙棠雙槳木蘭柂,送君遠向珠江游。珠江曲曲環南國,丁星金翠繁華窟。蠻鄉怪物載龍編,海國

---

① 《答顧二學和》詩共三首。按:顧二學和即楊芳燦從弟顧敦愉(1767—1792),字學和,太學生,善讀書,有《鬻雲草》一卷,收録於《辟疆園遺集》中。學和又是楊芳燦妹婿,乾隆辛酉(1781)春,楊芳燦官甘肅伏羌(今甘谷縣),招學和爲伏羌山長,主講朱公書院,從游者百餘人。生平見於《〔光緒〕無錫金匱縣志》卷二二《文苑》、《梁溪詩鈔》卷四九、《辟疆園遺集》卷七楊撰《顧學和詩集小傳》。

方言通象譯。蜃雨魚雲積水東，山川形勢霸圖雄。誰尋葛令丹砂井，莫問劉鋹碧玉宮。珊瑚扇子猩紅展，珠江佳麗人争説。抹厲花開艷雪香，檳榔子熟晴雲熱。珠江淺瀨漱金沙，素足珠娘慣浣紗。日暖章魚齊上水，樹深么鳳共銜花。富商巨估相誇衒，奇珍入手如泥賤。蚝甲堆成亞字欄，鮫絲織就冰紋練。君去珠江南復南，珠官風俗舊曾諳。秋深桂嶺争鑽蠹，春到花田學種蚶。誰誇羅襪凌波步，葉葉花舡粵溪渡。怕被嬋娟一笑留，莫耽香粉三年住。無端送別黯銷魂，把袂臨岐未忍分。我所思兮望明月，君之出矣逐浮雲。渭城三疊殷勤唱，碎曲零歌惹惆悵。礫碗斟來且莫辭，布帆吹去應無恙。十八灘頭走急瀧，計程五月下珠江。倘逢庾嶺歸來使，寄我羅浮繭一雙。

## 閑 居①

水晏林嬉慣，郊居已十秋。花跗當檻落，豆角榜畦抽。濁酒招元亮，新詩寄德柔。隱囊高齒屐，擅絶晉風流。

戲編花鳥册，唤作小陽秋。錦字奚囊貯，牙籤鄴架抽。蕉心隨日轉，燕尾剪風柔。是處耽幽賞，移橈溯碧流。

## 錢二十二韵

魚伯飛來後，平添利海波。斷銅耶水曲，鑄幣歷山阿。輕影翻鯨甲，花紋皺鳳羅。五銖工剪鑿，四柱細摩挲。輪郭分烏瀧，文章備隸蝌。穿沙驚雀舞，斫樹畏蛇呵。臺上形成鴨，爐頭眼似鵝。好從牀腳繞，誰向夢中磨？個是繁華窟，真成安樂窩。齊奴雄洛下，姹女富清河。蕭庫懸標榜，吳宮衛甲戈。營中贖才士，帳下買青娥。藏處聞牛吼，行來倩馬馱。無緣休慕孔，有癖定歸和。積窖千緡朽，當筵一擲多。裁皮嗤大業，剪葉記闍婆。只我偏窮薄，終年嘆轗軻。逐貧空有賦，得寶不成歌。的的收榆莢，圓圓愛蘚窠。書堆將紙印，山庫用泥

---

① 《閑居》詩共二首。

搓。壁立已如此,囊空將奈何。畫叉三十塊,挂壁羨東坡。①

【校勘記】

［1］仰：真本、吟翠軒本俱作"仰",光緒本詩鈔卷二《短歌》詩作"迎"。
［2］銖：光緒本詩鈔卷二《短歌》詩及吟翠軒本《短歌》詩俱作"珠"。
［3］黑月人愁鬼車樂：此句光緒本詩鈔卷二《短歌》詩作"黑月無光鬼車哭"。
［4］皇：吟翠軒本《短歌》詩作"王"。
［5］山川：光緒本詩鈔卷二《和晴沙舅氏謁惠陵作》詩作"川山"。
［6］奇：光緒本詩鈔卷二《王氏漢銅印歌》詩作"微"。
［7］物：光緒本詩鈔卷二《王氏漢銅印歌》詩作"賞"。
［8］如：光緒本詩鈔卷二《錢忠懿王金塗塔瓦歌》詩作"知"。
［9］蛉：光緒本詩鈔卷二《寒食日九龍晚歸》詩作"蜓"。
［10］高筵：此二字原脱,據光緒本詩鈔卷二《飛龍宫歌》詩補。
［11］有：此字原脱,據光緒本詩鈔卷二《飛龍宫歌》詩補。
［12］高：此字原脱,據光緒本詩鈔卷二《飛龍宫歌》詩補。
［13］妖：此字原脱,據光緒本詩鈔卷二《飛龍宫歌》詩補。
［14］鼙：光緒本詩鈔卷二《飛龍宫歌》詩作"鼙"。
［15］門：此字原脱,據光緒本詩鈔卷二《飛龍宫歌》詩補。
［16］水：光緒本詩鈔卷二《寄題袁簡齋夫子園居》詩作"木"。
［17］多愁：光緒本詩鈔卷二《暮春清華從祖招貧谷叔亦齋兄小飲寶綸堂時牡丹蕙蘭盛開即席命作》詩作"愁多"。
［18］招：光緒本詩鈔卷二《暮春清華從祖招貧谷叔亦齋兄小飲寶綸堂時牡丹蕙蘭盛開即席命作》詩作"邀"。
［19］桐：吟翠軒本《過蔣大重光齋頭談去年穴地得古棺事感賦》詩作"銅"。
［20］銹：光緒本詩鈔卷二《過蔣重光齋頭談去年穴地得古棺事感賦》詩作"綉"。
［21］客：此字原脱,據光緒本詩鈔卷二《寄懷錢竹初》詩補。
［22］思：此字原脱,據光緒本詩鈔卷二《寄懷錢竹初》詩補。
［23］虛皇：光緒本詩鈔卷二《寄懷錢竹初》詩作"華陽"。
［24］芳草：光緒本詩鈔卷二《春感》詩作"草芳"。

---

① 光緒本詩鈔卷二末題有"原本受業周爲漢校訂"。

# 真率齋初稿卷七

## 首夏信筆

蕭蕭白帢晚風凉，四月清和勝艷陽。爲構奇文頻蹋壁，愛吹橫笛慣登床。翠陰覆地流雲濕，紅雨平階泫露香。蠹粉芸烟勞結習，無端怊悵不成狂。

瘋沓天風吹面凉，憑高擊節唱迷陽。棋緣争道常投局，博喜成盧便繞床。鞲上胡鷹新摘鏇，車前宋鶻細熏香。一身兩役城南獵，我愛張郎果是狂。

## 梨花莊歌

相傳吴興富民置妾於此。妾愛梨花，曾植梨萬本，今廢址不可問矣。作歌記之。①

荒村路繞蓉湖曲，中有豪家舊金谷。不見梨雲照眼明，生憎草露粘衣緑。鏤檻文榱盡已傾，繁華過眼易漂零。空留壞道埋殘甓，誰向重樓問故釘。昔年此地花娥住，愛花曾作名花主。蚕蚔氈鋪散玉塵，蟏蛸窗掩圍瓊樹。玉塵瓊樹擅豪雄，人是吴興小沈充。買得嬌郎吹笛妙，携來姹女數錢工。文魚兩兩隨蘭楫，夜向蓉湖渡頭歇。粉鏡妝成唤窈娘，金屏開處迎桃葉。愛種交梨萬樹花，萬花深護美人家。雪明簾額栖香蝶，月到樓頭噪玉鴉。陽春三月韶光裏，朵朵寒香覆池

---

① 吟翠軒本《梨花莊歌》詩序後有小字注"吴興富民沈萬三"。

水。[1]冶葉還遮種璧田，交枝直接燒金壘。蠟碗膏球夜宴游，最憐香霧罨珠樓。綃衫舞罷迎人笑，素面勻來對影羞。露脚飛飛風草草，狼籍穠華滿層道。舊井唯栽北苑桃，廢基留種東家棗。回溯風流亦可憐，荒苔何處葬花鈿。緑珠艷骨銷成土，紫玉嬌魂化作烟。黄蒿青櫟埋殘壠，倩誰重取芳根種。擘紙慵賡江令詩，看雲且續王郎夢。吊古閑來酹夕曛，[2]瓦棺玉雁鬱金裙。多情應化紅心草，歲歲東風護小墳。

### 夏夜苦熱因懷亦齋三兄

藜蒿不剪三椽室，晝積炎歊夜猶熱。星影争輝密似沙，月樞欲出紅如日。飢蚊嚼膚那得眠，推枕起坐心茫然。桃笙蒻席亦不惡，底事着體同針氊。憑欄遠望心如醉，雲漢摇溶雜光碎。垂釣思爲北渚游，浮瓜誰赴南皮會。苦憶金門射策人，驟車竟日逐朱輪。江南水國尚不樂，何況長安十丈塵。

### 讀趙璞函先生詩集即以吊之①

趙公倜儻真奇才，獨立南國風烟開。詞場已推萬人敵，墨池欲引千瀾回。少年薇省燃官燭，旋賜牙緋直天禄。妙選應歸劉秘書，詞人解識王寧朔。劍外蠻兒竊弄兵，虎符龍幟大軍行。憂時定遠甘投筆，出塞終軍願請纓。白鹽赤甲重山繞，鐵騎無聲踏邊草。爲試千言倚馬才，寧愁萬里盤羊道。幕府將軍擁節旄，飛書馳檄愛枚臯。鮫文劍重霜華冷，燕角弓開月暈高。銅鐎蘆管邊聲惡，萬帳弓刀排柞鄂。才子能翻破陣歌，征夫盡唱從軍樂。狡黠妖酋竟陸梁，鐵菱鹿角少周防。尸塡柳港人無主，箭盡蘭山事可傷。身是三吴好男子，七尺微軀

---

① 此詩題光緒本詩鈔卷三作《讀趙璞函先生媕雅堂詩集即以吊之》，吟翠軒本作《讀趙農部文哲詩集即以吊之》。按：趙璞函即趙文哲(1725—1773)，字升之，又字損之，號璞庵，又號璞函，高行鎮(今屬上海)人。博雅能文章，尤以詞賦名，沈德潛所選"吴中七子"之一。年十九補博士弟子，乾隆二十七年(1762)南巡召試賜舉人，官户部主事。乾隆三十八年(1773)殉難金川，恤贈光禄寺少卿，著有《媕雅堂集》《嫩隅集》。生平參見《清史稿》卷四八九。

明白死。拚將朽骨葬沙場,剩有才名照青史。生死終隨大將營,望鄉腸斷沈初明。誰憐玉笋金閨彥,聽盡冰車鐵馬聲。千盤蜀棧鵑啼苦,颯沓旍旗走風雨。英魄猶提甲盾行,遺文應遣蛟龍護。蠹簽携來一卷詩,掞華抒采是吾師。還從擁鼻悲吟裏,想見銜鬚畢命時。會看勒石巴關口,不遣雄文出公手。一曲淒涼楚些歌,招魂酹酒公知否?

### 吳大黼仙告余有敬亭之行作此送之①

我聞敬亭山色幽且奇,雲英石黛相參差。遠游不得理輕策,十載空讀青蓮詩。吳郎款門造我語,別我揚帆敬亭去。携將竹杖着芒鞋,欲覓青蓮舊游處。嗚呼!青蓮蜕去經千春,長星黯慘無精神。青山面目尚如昨,冷眼閱盡登臨人。一般歸骨青山路,未許青蓮誇獨步。斷碣猶題小謝城,喬松深拱長江墓。<small>賈島墓亦在敬亭。</small>君到荒墳酹濁醪,焚蘭薦芷楚詞招。靈旗下食魂常在,彩筆成塵氣不銷。捫蘿附葛探巖谷,寂靜丹房待君宿。底須餐玉學三茅,不用泥金圖五岳。身輕似挾青龍飛,目力所到窮烟霏。濤頭直突然犀渚,皎月長懸慈姥磯。斑狸捧硯青猿走,醉魄騷魂入君手。[3]破悶傾將酒百杯,嘔心著得詩千首。蕩蕩晴雲生遠愁,送君夜上木蘭舟。名山有約何時踐,千里隨君作夢游。

### 次彭雲楣夫子贈洪稚存韵即以寄洪②

君不見,寒陵片石溫生筆,壓倒魏郎邢阿吉。常公一顧登青雲,倏若鷗鵬傅雙翼。男兒不合生衰門,馬坊賤客名公孫。失職文人古所嘆,憐才高誼今猶存。我友洪君負才地,乞食蘆中不得意。八歲空

---

① 此詩題光緒本詩鈔卷三作《吳黼仙告予有敬亭之行作此送之》。按:"吳大黼仙"又作"吳大斧仙",即吳峻,參見本集卷五《狂歌贈吳斧仙》詩"吳斧仙"條注。

② 彭雲楣即彭元瑞(1731—1803),字掌仍,一字輯五,號雲楣(一作芸楣),江西南昌人,清代著名學者。乾隆二十二年(1757)進士,改庶吉士,散館授編修,直懋勤殿。生平參見《〔光緒〕江西通志》卷一四〇、《清史稿》卷三二〇、《清史列傳》卷二六、《國朝先正事略》卷一七、《〔嘉慶〕大清一統志》卷三〇〇。另洪稚存即洪亮吉,參見本集卷三《懷洪稚存》詩"洪稚存"條注。

傳善屬文，十行枉自誇强記。豐城干莫森有芒，鹽車驥騄驍且强。鉛刀未敢角利鈍，駑駘那許爭低昂。白石爲糧不堪煮，阿誰識得寒儒苦。學士爲修硯北書，經師稱住淮南土。平生自許非常儔，得一知己他何求。門墻我亦感恩者，讀此涕淚緣纓流。更攀桂樹思君子，金石盟言誓終始。爲囑雙魚莫浪傳，廣陵江上寒濤起。

## 秋　感①

經案繩床半畝居，分甘遲暮孰華予。溪山深處招康樂，邱壑中間著幼輿。階草落紅依古石，池萍沉碧襯文魚。閑來結習銷難盡，又擲精神賦《子虛》。

蠹粉芸烟困此身，臣精銷減不如人。爭看碧漢翔威鳳，誰識空山泣餓驎。擲鏡底須誇骨相，登樓猶自憶星辰。百端交集傷哀樂，未到中年已愴神。

一曲狂歌擊玉甌，好天良夜倚層樓。露凝清影隨雲散，星帶寒芒入漢流。記續《齊諧》工志怪，賦成《楚些》慣悲秋。年光半爲愁孤負，滿架蟲書懶挍讎。

清泪無端沍客襟，凌秋小病瘦惛惛。三生空鑄金爲骨，百劫難磨石作心。喚鶴銜芝雲路杳，隨狙拾橡暮山深。聲塵寂寞尋常事，伯玉何緣便碎琴。

## 喜汪大容甫過訪長句贈之②

汪生儗儻出世姿，短衣孤劍將安之。江湖流浪苦復苦，人說才奇

---

① 《秋感》詩共四首。
② 此詩題光緒本詩鈔卷三作《喜汪容甫過訪長句贈之》。按：汪大容甫即汪中(1744—1794)，字容甫，江蘇江都(今揚州)人，清代乾嘉時期揚州學派著名學者。乾隆四十二年(1777)爲拔貢，後絕意仕進，遍讀經史百家之書，卓然成家。能詩，工駢文，精於史學。著有《述學》《廣陵通典》《容甫遺詩》等。生平參見《清史稿》卷四八一、《清史列傳》卷六八、《國朝耆獻類徵初編》卷四二〇、《國朝先正事略》卷三六，汪喜孫《容甫先生年譜》、王引之《汪容甫先生行狀》等。

窮更奇。相逢每恨來何晚,掃室殷勤開酒盞。糝將何點白葵羹,捧出休源赤倉飯。狂來不顧世眼驚,相對拉雜談生平。文人失職有同病,出吻各作寒號聲。君言稚齒飢寒迫,棄擲詩書最堪惜。弱冠方傳作賦才,壯年始奪談經席。五經復興魯叔陵,纍纍著作充箱籯。心開突突深莫測,面若刻畫森有棱。奔走風塵飢欲死,撐腸萬卷徒爲耳。肉食難分博士羊,草衣且牧公孫豕。羌余少小趨雕華,斧藻繡帨相矜誇。愛儲奇字未滿腹,慣拈強韵空聲牙。千秋絶業不同傳,君入儒林我文苑。須識夔蚿總可憐,何當蠻貊聯爲伴。坐談不覺日影移,榜人催上河之糜。即今一見復奚益,翻令千里勞相思。留君不住我心苦,握手臨岐涕如雨。他時相望越王臺,何日同澆趙州土。布帆無恙凌風飈,秋來應看錢塘潮。潮頭倘有雙赤鯉,盼君寄我英瓊瑶。

## 秋　夕①

暝色半長林,栖禽晚争赴。登高散遠愁,愁逐秋風度。螢色翳涼草,蟬聲咽清露。流景不憐人,棄我忽如鶩。戚戚抱空意,栖栖局遐步。墻下幽蘭花,萎蕤怨遲暮。結根不得地,孤生更辛苦。

幽廬匝叢薄,戾戾凉風生。孤燈曖修夜,入耳皆商聲。鶂鳩嘯荒隅,蜻蜓號前楹。撫時念陳事,承睫涕泗盈。沉憂阻清夢,幻想勞空精。微軀困溝壑,幾時樹修名。

## 和吴大斧仙韵即以贈之②

桂華騫樹兩依然,底事君家作謫仙。一轉風輪殘劫夢,半龕雲影現身禪。飢餐庾杲籬邊韭,貧儗張融岸上船。世路崎嶇雲路杳,此生無計了愁緣。

---

① 《秋感》詩共二首。

② 此詩題光緒本詩鈔卷三作《和吴斧仙韵即以贈之》。按:《和吴大斧仙韵即以贈之》詩共六首。吴大斧仙即吴峻,參見本集卷五《狂歌贈吴斧仙》詩"吴斧仙"條。

懷刺匆匆越故鄉，凍雲泥絮又飛揚。春江送別人千里，遠道歸來字半囊。京口濤聲春客枕，敬亭山色照行裝。但教一拜青蓮墓，憔悴窮途總不妨。

依人心事最無聊，水驛山程暮復朝。旅食三旬餐饘飥，秋風一夢落團焦。祗應橘叟隨林住，多事桃人逐浪漂。從此天涯游興倦，故園堪隱不須招。

去本無端住亦難，胸襟牢落不成歡。神麃在野呼爲馬，惡草充幃目以蘭。剩有悲聲歌獨漉，并無佳夢到邯鄲。靈方檢得銷愁劑，願向金仙乞一丸。

蘗裏香餳苦復甜，頻伽妙偈六時拈。更携短鋤朝栽樹，獨對殘燈夜織簾。入世有緣能作達，求人無術轉疑廉。樂行苦住君應悟，莫問墻東季主占。

醉鄉深處易勾留，歡伯相邀便解愁。破鏡蛾眉雲璺月，虛窗龍氣劍花秋。雄心不死抽金鞘，好句如仙咏玉鈎。倚酒懷人清不寐，今宵鮑照在南樓。

### 秋雨嘆贈顧七韶陽①

西風作商聲，嗚咽不肯住。吹聚秋空萬叠雲，竟夕淋浪雨如注。荒階汨汨盈塗泥，茅檐逼側如鷄栖。苦吟杜老秋雨嘆，捉鼻未免聲酸嘶。感君有情能念我，十日柴門九相過。劇憐同病話悲辛，誰遣頻年困寒餓。短衣破帽顔如灰，坐受俗物相填豗。雄文百軸復奚益，治生無術休言才。狂踪落拓栖榛莽，親串經時罷來往。肥馬當風避市兒，枯魚响沫憐吾黨。空思懷刺浮江湖，足迹到處皆窮途。無錢誰識趙元叔，索米耻詣陶胡奴。如此幽寒坐嗚呃，逢人未肯低顔色。客來莫解身上襦，顧郎本是難衣食。崚嶒傲骨無與儔，如君未合終窮愁。悲

---

① 此詩題光緒本詩鈔卷三作《秋雨嘆贈顧韶陽》。

聲激激歌楚調，雄心憤憤看吳鉤。男兒不灑牛衣涕，何事差堪快人意。萬口争傳白雪詞，十年未減長虹氣。勸君且止聽我歌，歌成其奈聲繁何。君行不答掉頭去，着屐撩衣踏秋雨。

### 呈鄒寶松太守三十韵乞臺灣府志

島嶼窮溟外，波濤積水東。領符分虎竹，懸篩繞蛇弓。驂從專城貴，旌旄列郡雄。海疆來杜母，蠻俗仰羊公。威惠三年遍，謳謠四野同。歸裝辭越嶠，鄉思值秋風。異境超區外，奇觀入眼中。此行凌渤澥，真擬鑿洪濛。蜃市吹噓幻，魚雲刻畫工。颶風晴颭颭，陰火暝熊熊。水豹翻層浪，花鷹捩遠空。金沙華蛺紫，鐵網女珊紅。漢石堆殘錦，秦橋界斷虹。路疑圓嶠近，穴豈沃焦通。夜泊鉛爲碇，晨裝錦作幪。衝波回鷁舫，搗鼓渡鮫宮。五柳家猶在，千桑願已豐。閑尋《遂初賦》，自署樂天翁。寄興琴書酒，關情杞菊松。室餘廉吏橐，人愛使君驄。許靖鄉評美，玉球族望崇。壺冰開皎潔，佩玉戛玲瓏。昨歲虛投刺，今晨幸發矇。《上林賦》："乃今日發矇。"窮途哀縶驥，末技獎雕蟲。賭墅陪安石，開樽謁孔融。有心希剪拂，刻意自磨礲。鯨島侏儺俗，龍編幽怪叢。可能蒙惠贈，便足破盲聾。跋浪乖奇志，蟠泥抱隱衷。從今誇海運，矯翮待飛翀。

### 寒　村

醉踏霜紅葉，行行出遠郊。敗籬多傍石，矮屋半誅茅。水落魚分子，天寒鵲補巢。尋幽不覺晚，斜日下林梢。

### 秋夜懷亦齋三兄①

曾折離亭柳，依依送畫船。春江千里別，海月七回圓。孤館貂裘敝，窮途馬薦穿。賦成名不達，空谷泣嬋娟。

---

① 《秋夜懷亦齋三兄》詩共四首。

故國秋光好,東園菊滿枝。看花悲異地,把酒省當時。夜靜霜侵牖,燈昏月入池。繁香自盈手,無便寄相思。

風雨聯床夜,新詩記共賡。明珠穿乙乙,玄璧耀庚庚。妙筆雄無敵,清才老更成。弟兄期望意,豈獨在科名。

作計君應誤,君胡向益州。危峰盤一鶴,急浪駕三牛。爲語還家樂,應勝作客愁。裁書憑驛使,勸卜大刀頭。兄擬由燕入蜀,余作書,勸其歸。

## 寒夜曲

數到銅蠡第幾籤,青天絡角夜厭厭。霜寒似水流瑤甃,月淡如塵上畫簾。螭口甕花微欲卸,龍涎一瓣冷旋添。劈箋細寫相思字,樂府翻成昔昔鹽。

## 和吴大公崖山栖①

見說山栖樂,閑身任嘯歌。苔花封石角,松子落雲窩。玄室扉長閉,丹經字易訛。何當躡芒屩,相訪入烟蘿。

老樹如人立,凌風落嘯聲。秋隨千籟發,夢入萬峰清。澗漱寒雲净,窗延古月明。山栖有真樂,何事赤城行。

---

① 《和吴大公崖山栖》詩共二首。按：吴大公崖即吴鎮(1721—1797),原名昌,字信辰,一字士安,號松厓,別號松花道人,又號犛道人、空空老人,室名松花庵,甘肅狄道(今臨洮)人。乾隆辛酉(1741)拔貢,庚午(1750)舉人,授山東陵縣知縣,官至湖南沅州知府,晚年主講蘭山書院。吴鎮一生酷愛文學,著述達三十餘種,有《松花庵全集》存世。吴鎮是楊芳燦隴右爲官期間摯友,二人交往甚密。楊芳燦撰有《皇清誥授朝議大夫湖南沅州知府吴松厓神道碑銘》,吴鎮的《松花庵逸草》《蘭山詩草》《松花庵詩餘》均由楊芳燦選定,并作序、跋。楊芳燦《芙蓉山館詩鈔文鈔》及續刻亦由吴鎮編選。生平參見民國二十二年(1933)王文焕所撰《吴松厓年譜》。

## 寒夜有懷黃大仲則①

荒林葉脫行人稀，嚴霜碎落寒霏霏。初生月魄不照地，列宿錯落鋪珠璣。駕鵝東來屬哀響，十十伍伍排風飛。幽人畏寒不敢出，未到日暮扃柴扉。藜床危坐擁殘帙，一燈暗睒明書幃。懷君竟夕不成寐，反手據案長歔欷。男兒作健好身手，有淚寧向岐途揮。天涯倘得快心地，絕勝窮巷號寒飢。但愁干謁不稱意，坐受俗物相嘲譏。千金辟土置幕府，此風古有今則微。高秋與君一握手，幽齋軟語情依依。留君信宿不肯住，勁帆健櫓如發機。迅焱忽捲歲華去，層冰滿野高崔巍。茅檐擁絮尚不樂，況復遠道驅駸駓。何時壚下賃美酒，對飲立解愁城圍。相思展轉天欲曙，晨風蕭蕭歌妃豨。

## 寄朱大② 岳青

歲晏孰華予，端憂守敝廬。却寒行酒後，抱病罷吟餘。涉世乏長策，報君憑短書。齋前松樹子，楚楚近何如？一片多情月，清光正抱肩。相思無好夢，孤坐撫危弦。雁警殘燈夜，梅開小雪天。何當乘逸興，便泛剡溪船。

## 寓 感③

翠袖蕭蕭獨倚欄，玉琴弦脆不勝彈。移來露井香桃瘦，帖上雲屏粉蝶乾。曉戶不開銀鎖澀，夜衾虛擁麝爐寒。重湖燕去無消息，腸斷閨中郭紹蘭。

---

① 黃大仲則即黃景仁(1749—1783)，字漢鏞，一字仲則，自號鹿菲子，江蘇武進(今常州)人，清代乾隆間著名文人。據《楊蓉裳先生年譜》知楊芳燦和黃景仁於乾隆三十八年(1773)九月定交，二人常有詩詞往來，《黃仲則先生年譜》亦載乾隆四十三年(1778)，黃仲則與楊芳燦、其弟楊揆常常談藝過從。生平參見《清史稿》卷四八五、毛慶善《黃仲則先生年譜》、王昶《春融堂集》卷五八《黃仲則墓志銘》、洪亮吉《卷施閣文甲集》卷一四《候選縣承附監生黃君行狀》。

② 此詩題光緒本詩鈔卷三作《寄朱紫崖》，後無小字"岳青"。

③ 《寓感》詩共二首。

霧幌風簾夜氣侵，凝妝孤坐静愔愔。擘箋纔寫旁行字，添綫還拈獨孔針。書自中央周四角，衣看一袜共雙心。爲憑魚使殷勤寄，從道相思似水深。

## 贈日者

一轉風輪墮塵境，集菀集枯皆有命。火飛水伏理微茫，君能縱談我能聽。暇日來過季主居，羨君妙術握靈樞。持將一卷瓊瑤册，掃却諸家珞琭書。半畝廬中迹孤寄，不向庸人炫奇異。剖析三庚識獸灾，推排六㤥看龍忌。繩榻青帘大道邊，振棋按式自年年。壁間常挂談玄麈，囊底偏餘賣卜錢。乙乙精思窮窔突，探微疑有神靈告。雄談欲折吕才鋒，絶詣寧爲宋忠誚。抱影哀吟暮復朝，賽余生計最無憀。論成辨命添怊悵，誰識平原劉孝標。獨坐書空頻咄咄，壯夫心骨遭摧挫。墮地星精未感狐，誤人命主唯磨蝎。大夢茫茫苦未醒，夢中無路叩天扃。煤黃粱卵朝來具，便擬從君問玉靈。

## 春陰撥悶①

半畝閑齋坐悄然，香爐貝典共延緣。忘機不看麈棋譜，[4]任俠還鈔説劍篇。遮莫風光過上巳，可堪哀樂感中年。好携小榻檐花下，卧過春陰二月天。

冥濛寒雨殷輕雷，深院閑階闃緑苔。時有野禽窺户入，惜無佳客款關來。隔簾花醒前塵夢，經宿香留小劫灰。一自故人千里别，春醪釀就罷銜杯。

殘蠟青熒伴夜分，糝空絲雨白紛紛。人游燕國三更夢，春殢梨魂一徑雲。苦爲閑愁常掩閣，任從佳節到湔裙。怪來觸景添怊悵，昨日河干别卯君。時二弟北上。②

---

① 《春陰撥悶》詩共四首。
② 二弟即楊芳燦弟楊揆，參見本書卷前王昶《〈真率齋初稿〉序》"荔裳"條注。

藥爐茶臼裊烟絲，小院更深坐雨時。幾度拈毫知思澀，偶來欹枕得眠遲。暖風莢藥漰衣句，雪水桃花釂面辭。別有深心托縑素，任人猜作有情癡。

### 懷亦齋兄荔裳弟①

九十春光轉眼中，那堪急雨復顛風。阮家北道行車少，陸氏東頭老屋空。偶欲傳書呼慶忌，可能縮地學壺公。燕臺蜀棧勞回首，一樣天涯信轉蓬。

越布單衣烏角巾，閑招游伴共尋春。時從鬥草拈花地，憶得推梨讓棗人。夢裏歡娛徯後夜，酒闌歌笑認前塵。朝來買取君平卜，又擲金錢問鬼神。

### 晚春花事甚盛因寄懷亦齋三兄荔裳二弟②

去年看花人在家，一春風雨空嗟呀。今年花開春色好，看花人又涉長道。從來勝事總多磨，每向東君喚奈何。[5]九十韶華逐塵土，兩三伴侶隔關河。昨日曾過妙香閣，永晝沉沉下簾幕。蜂聲滿院夕陽斜，一架藤花背人落。歸來孤坐傍闌干，抱影空堂慘不歡。數盡銅籤人未睡，薔薇花底露華寒。醉紅軒駐東皇駕，劉侯酌我來花下。③仙娥高捧赤瑛盤，狂客爭持青玉斝。是處看花勝昔年，紫雲樓閣碧霞天。銷除詩債何辭醉，領取春光不費錢。對影真應放懷抱，底事閑愁倍潦倒。白日惟看北嶺雲，清宵不夢西堂草。春來花事逐翻新，每對新花憶故人。皂莢橋頭稀酒伴，青楊齋裏剩吟身。錦江水暖寅哥渡，紫陌塵高卯君去。鄉信千行托便風，岐途一別悲零雨。東頭老屋更西頭，猶記年年選勝游。袖底新詩飛白鳳，筵前妙令鬥潛虯。別離未

---

① 《懷亦齋兄荔裳弟》詩共四首。
② 此詩題光緒本詩鈔卷三作《晚春花事甚盛因寄懷亦齋兄荔裳弟》。
③ 劉侯：吟翠軒本《晚春花事甚盛因寄懷亦齋三兄荔裳二弟》詩"劉侯"下有小字注"謂古三"。

慣多僝僽，翻悔當時易分手。一語憑將驛使傳，故鄉風物君思否？春事闌珊花信遲，別來何日不相思。櫻桃着子如紅豆，轉眼江南四月時。

### 春暮戲作斷句①

花落江南四月天，多愁人自惜華年。陌頭榆莢塵中絮，輕薄韶光值幾錢。

昭華小琯玉無瑕，新曲傳來商女家。莫向風前翻水調，恐教吹落後庭花。

一摺瓊箋墨未乾，聊憑小句話辛酸。從今參破鶯花劫，只作尋常彈指看。

繩床棐几理清修，篆鼎香溫宿火留。自諷净名經一卷，化城高處避春愁。

連朝小雨不成泥，無恙風光水竹西。聽取東君臨別語，流鶯枝上盡情啼。

午夜無人坐小亭，水明簾子漾空星。夢魂又踏楊花去，剩有銀釭炷暗螢。

題將艷字上芭蕉，愁思尋人暮復朝。一碧春魂隨逝水，不須更着楚辭招。

浪費花神點綴功，苔衣狼籍糝零紅。殘香如夢歸何處，只在蜂房燕壘中。

緑陰青子探春遲，禪榻茶烟揚鬢絲。我似當年狂杜牧，三生惆悵爲情癡。

────────
① 《春暮戲作斷句》詩共十首。

花情鳥思惜餘春，莫更微吟易愴神。好乞樽前歡喜地，醉鄉安穩着吟身。

### 接洪大稚存書詢余近狀作此答之①

碎雨零烟春事終，無多好句付奚童。關情芳訊遥天末，過眼流光短夢中。幽徑尋詩朝點筆，小溪垂釣晚收筒。頻年身作沾泥絮，翻對長風羡轉蓬。

庚郎鮭菜只佳蔬，半畝荒畦自把鋤。奉佛少曾參白足，談詩近更愛黃初。清寒骨相緣春瘦，懶散襟期與世疏。剩有閒愁如亂髮，日來種種不勝梳。

凝塵滿榻舊氈温，不慣將迎自杜門。潦倒千杯誇作達，摩挲一劍待酬恩。未甘侫面從人借，只信情腸歷劫存。蓬廬傭書生計短，會須牧豕學公孫。

君若塵勞我愛閑，相思容易改朱顔。叢殘書篋盈千袠，枯槁齋期設八關。碧盌茗分鸚鵡色，雕爐香劈鷓鴣斑。好移艇子來相訪，無恙溪山任往還。

### 寄懷錢三曙川　時曙川由燕入陝

鍵戶絶將迎，索居少歡意。念我同心人，飄零各天地。憶昔我與君，旅舍欣把臂。從此數招尋，素心訂神契。我齒少於君，君畜我爲弟。文史相嬉娛，金石互磋礪。秋風暨陽城，清樽夜同醉。爲歡無幾時，旋判江干袂。獻歲春之孟，君作北行計。買馬料衣裝，去應春卿試。團雪苦易散，飄蓬本無蒂。會合不可常，踪迹倏離異。時時西向笑，望君掇高第。君本磊落才，千緗富文藝。名不忝翹材，官應典中秘。奈何金門賦，屢上遭棄置。九萬始培風，六月忽垂翅。凄涼抱璞

---

① 《接洪大稚存書詢余近狀作此答之》詩共四首。

心,惻愴回車泪。長安米價貴,居又大不易。席從幾時暖,駕向何方稅。問訊北歸人,語苦未詳細。昨宵聞剝啄,蓬門來驛使。燕臺三千里,弱弟作齊贄。謂荔裳。寄我一札書,道君出幽薊。單車度函谷,意氣頗凌厲。關中昔天府,平皋莽迢遞。巨靈拓高掌,破空出奇勢。秦皇縱博處,箭栝長丈二。鈎梯不可攀,仰望心已悸。長河鼓洪濤,八冰合涇渭。秦嶺瞰九嵕,一氣郁蒼翠。歷歷漢唐陵,豐碑矗如蝟。月黑松楸深,森寒走妖魅。君行恣憑眺,到處頓征轡。奇境人吟懷,奔溢不可制。揮毫書峭壁,乞火題破寺。脫手皆珠璣,錯落盈篋笥。浮名何足論,此實千古事。嗟我獨何爲,草間日憔悴。豈不願騰躍,束縛有家累。懷君百感集,纏纏坐揮涕。擲筆復高吟,天風激凄戾。

## 寄懷劉二古三①

南樓待月據胡床,八尺斑文竹簟涼。健筆凌雲思孝綽,玄言破的憶真長。蓮房俯鏡微波净,茶串盈甌嫩水香。京洛黃塵憔悴否,此時羈客定思鄉。

渺渺蓉湖水似羅,紫菱紅芰漸成窠。故鄉六月風烟好,別恨三秋涕泗多。硯北剪燈談舊事,樽前散雪記新歌。相思覼縷無人識,細寫清吟上衍波。

興酣倚醉獨登臺,北望長安倦眼開。岸上牽舟君好住,車前戴笠我應來。也知鏡裏無奇骨,未信溝中作棄材。昔昔釣魚溪畔夢,乘槎頻向日邊回。

叢書滿架散香芸,甲乙丹黃手自分。謝客不須收白望,掩關且自釋玄文。過時巨瓠堅於石,無用牦牛大若雲。落寞窮居銷壯志,一鞭

---

① 《寄懷劉二古三》詩共四首。按:劉二古三即劉汝暮,《楊蓉裳先生年譜》載:"乾隆三十七年壬辰(1772),同里劉杲溪先生諱寅賓,延主其家,授諸孫經。即今國子生嗣富、孝廉嗣館也。相得歡甚。并得交其長君重彝汝器、次君古三汝暮,俱以博學高才有問於時。課徒之暇,以文藝相切劘。"生平參見本書卷四《贈劉古三》詩"劉古三"條注。

先着已輸君。

### 爲假大蓉皋題修竹吾廬小照

生綃尺幅濃陰重，萬个篔簹森欲動。膩香罨地黑離離，瘦影緣雲青竦竦。誰坐玲瓏綠玉叢，出塵姿與此君同。過江人物今猶昔，標令居然正始風。企脚科頭踞盤石，冷翠空濛沁肌骨。嗣宗散髮待涼風，摩詰停琴佇明月。竹葉何須泛碧螺，竹枝不用譜新歌。三椽草閣遺塵事，象外烟霞領取多。露初星晚常相傍，静色孤根鎮無恙。射鴨從教截作弓，化龍可許携爲杖。愧我宫無一畝寬，更無隙地着琅玕。牽蘿補屋空惆悵，翠袖蕭蕭獨自寒。感君過訪荒齋静，晚歲心期一朝訂。此日從君乞鈎竿，他時爲我開花徑。嫩笋新篁好護持，莫教游客浪題詩。留將百尺青光在，小字行行寫楚辭。

### 久旱得雨

三升乞得官倉粟，十日禁斷屠門肉。亢陽天氣悲枯槁，謀食生涯傷刺促。從來常饌只虀鹽，敢望中厨富羹粥。窮村老農更辛苦，八口啼飢守茅屋。破甑纔支七日糧，空倉那有三年蓄。力耕枉自鞭牛背，燥土真如灼龜腹。朝蹋盤車戽水歌，夜卧荒郊仰天哭。寧知造物憫黔黎，不遣三時困炎酷。龍公試手破天慳，海藏明珠瀉千斛。濕雲模糊吹粉絮，白雨森寒削銀竹。繞畦豆莢綻羊腸，傍舍槐陰張兔目。碧筒翻水遞舒卷，紫角浮波聯出縮。棱棱釵股長蕪菁，簇簇綉紋敷苜蓿。流膏注液不擇物，一霎回黄盡成綠。崇朝滲漉蘇土脉，入夜翻盆更沾足。虚堂燈火愛微凉，漫卷詩書廢宵讀。行看高壠插青秧，應免窮年掘黄獨。卧聽檐溜滴空階，絶勝清音鬥琴筑。

【校勘記】

［１］寒：真本、光緒本俱作"寒"，吟翠軒本《梨花莊歌》詩作"含"。

［2］弔古閑來酹夕曛：光緒本詩鈔卷三《梨花莊歌》詩作"翠燭無光冷夕曛"。
［3］醉魄騷魂入君手：光緒本詩鈔卷三《吳黼仙告予有敬亭之行作此送之》詩作"靈鏡天然落君手"。
［4］忘：光緒本詩鈔卷三《春陰撥悶》詩作"亡"。
［5］君：光緒本詩鈔卷三《晚春花事甚盛因寄懷亦齋兄荔裳弟》詩作"風"。

# 真率齋初稿卷八

## 秣陵城南晚步①

殘柳萬千絲,寒花三兩枝。心期正寥落,况復晚秋時。

蕭瑟秋將老,登臨客未還。暮雲濃似墨,畫出六朝山。

小駐青驄馬,無人問阿歡。南朝金粉盡,空到大長干。

悟得空王偈,回頭總劫灰。栖烏如有恨,啼過雨花臺。

新愁長短笛,舊事去來潮。一抹荒烟裏,逢人問板橋。

## 贈何南園②

我來秣陵城,十日頓征轡。得逢何仲言,一見托深契。示我詩百篇,才情極清麗。朱弦海上彈,獨鶴雲中唳。澄心領衆妙,爽朗絶氛翳。下士競浮夸,邪音久陵替。懷哉陶謝手,非君復誰繼。愧余蓳陋姿,得把浮邱袂。許作忘年交,齊肩若昆弟。君家城南隅,興到輒見詣。形骸互脱略,談噱到微細。悉君邇年况,栖栖苦失意。運去百謀拙,貧來一身贅。昔年束輕裝,浪游越齊衛。風塵困馳逐,山川莽迢

---

① 《秣陵城南晚步》詩共五首。

② 何南園即何士顒(1726—1787),又名士容、士永,字南園。江寧(今南京)人,原籍江都(今揚州)。何士顒一生貧寒,體弱多病,以教書爲生,才情頗高,舒位《乾嘉詩壇點將錄》點其爲"白花蛇何南園"。工於詩,與袁枚交往三十餘年,爲袁枚詩弟子,著有《南園詩選》。《楊蓉裳先生年譜》中談及何士顒與楊芳燦定交於乾隆四十年(1775),時楊芳燦二十三歲,二人與蔡元春,方正澍等人在金陵(今南京)恩師袁枚園中小住兩月,詩句酬唱,一時極盛。生平參見《晚晴簃詩匯》卷九九。

遞。家遥魂夢勞,客久衣裘敝。[1]弱軀漸成瘵,腰脚增疲曳。驅車歸去來,養痾室常閉。荒徑塞藜蒿,窮年飽粗糲。況復嘆無衣,天寒北風厲。淒涼一歲中,生事那堪計?吁嗟文人命,今古同一例。趙岐憫厄屯,吳均悲侘傺。萬事與時違,千秋令人涕。爲君抗聲歌,清商激淒戾。君復顧我言,近頗識通蔽。把書檐際讀,行樂林間憩。吳兒木石腸,樂饑可卒歲。始知騷雅人,胸次與俗異。温柔存古風,灑落見高致。所以篋中作,絶無不平氣。惜我塵累多,匆匆買歸枻。未得諧素心,晨夕相砥礪。愛君不忍别,臨岐淚難制。殷勤進苦言,鄭重申明誓。浩浩長江流,蕭蕭片帆逝。别後倘相思,望寄平安字。

## 贈蔡芷衫①

南都萃人文,蔡侯最英絶。作作龍泉鋒,棱棱渥洼骨。入世寡所諧,終歲掩蓬蓽。所以夸毗人,鮮能識其實。我暫游秣陵,深心訪奇杰。相逢陳孟公,謂古漁。鄭重爲余説。説君抱高才,窮巷悶巾褐。聯袂急訪君,排闥造君室。君爲倒屣迎,一見兩心折。詰朝肯顧我,不鄙我凡劣。累幅贈我詩,雲詭而波譎。軒然俊鶻舉,耆若長鯨掣。㸚㸚篆籀鼎,璀璨金玉玦。拜賜緘篋中,至寶詎敢褻?君才猛且鋭,百氏盡穿穴。撐腸五千卷,文字浩盤鬱。筆底怒作花,[2]眼中森有鐵。勘書霹靂手,論事廣長舌。平談若震厲,刺刺不可輟。我亦誇辯才,對君成木訥。磊落如此人,宜充金閨列。誰使驅風塵,十步九蹉跌。獻策棄不收,謀生動成拙。打頭茅屋低,露肘鶉衣裂。無邊愁苦境,天爲文人設。君言邇年來,萬念逐灰滅。唯餘愛客心,耿耿腸中熱。留我作狂飲,壺榼自提挈。家肴極甘脆,村醖頗清洌。[3]窮交一飯恩,真摯非瑣屑。惜我難久留,歸心迫冬節。暫遇即言離,團雪復散雪。男兒須落拓,快馬須蹀躞。一生重意氣,世事等蠛蠓。渡口唤歸船,

---

① 蔡芷衫即蔡元春(1727—1815),字育奇,號芷衫,江寧(今南京)人,諸生,著有《在山堂詩集》。生平參見《[同治]上江兩縣志》卷二四中《耆舊》、王昶《湖海詩傳》卷四四。

寒潮正鳴咽。星月夜明明，照我與君别。

## 秣陵月夜

如鏡南朝月，和烟蕩冷光。曾從芳苑裏，照過美人妝。小劫三生夢，微吟九轉腸。芙蓉知我恨，一夜褪寒香。

## 題陳古漁詩集後①

一篇傳出八音調，大雅於今未寂寥。名字不緣金榜著，風流直繼玉臺遥。彎弓百步能穿葉，縱博千場定殺梟。可惜詞壇好身手，年年生計逐蓬飄。

觸緒牢騷楚客辭，斷風零雨不勝悲。模成山水才原健，寫到窮愁語始奇。破篋携歸江上路，暗燈吟入夜闌時。天涯知己如君少，把卷平添十倍思。

## 金大荔屏招集簡齋夫子隨園同何南園蔡芷衫方子雲即席成三十六韵②

千載蘭臺聚，風流未寂寥。許參名士會，急赴故人招。地借鱣堂近，游經鶴苑遥。是日先過隱仙庵。問奇應載酒，躋勝遂聯鑣。閏歲冬猶暖，名園景正韶。旱蓮紅瓣瓣，寒柳碧條條。苔皺緗紋纈，篁抽白瑫籛。枳籬懸橘彈，萍沼漾魚苗。盤磴玲瓏鑿，飛樓彩翠描。簾旌垂軟

---

① 《題陳古漁詩集後》詩共二首。陳古漁即陳毅（？—1787），字直方，號古漁，上元（今屬南京）人，貢生，少孤貧，事母純孝。早工文詞，於詩致力尤深，恩師袁枚雅重之，著有《攝山志》《古漁詩概》。《楊蓉裳先生年譜》中談及陳古漁與楊芳燦定交於乾隆四十年（1775），時楊芳燦二十三歲。生平參見《〔同治〕上江兩縣志》卷二四中《耆舊》、《國朝詩人徵略初編》卷三三。

② 此詩題光緒本作《金荔屏招集隨園同何南園蔡芷衫方子雲即席呈簡齋師三十韵》。按：簡齋夫子即袁枚，楊芳燦恩師。參見本書卷六《寄題袁簡齋夫子園居》詩"袁簡齋夫子"條。何南園，參見前條。蔡芷衫，參見前條。方子雲即方正澍（1743—1809）一名正添，字子雲，歙縣（今安徽歙縣）人，國子生。寓居金陵（今江蘇南京），學詩於何士顒，與何士顒、陳毅并稱爲金陵詩人。與袁枚激揚風雅，爭長詩壇，畢沅選《吳會英才集》，以正澍爲第一，著有《伴香閣詩》。生平參見《清史列傳》卷七二。

綉,窗眼嵌明珧。偶語憑虛檻,徐行過小橋。繞林花欲笑,出徑鶴相邀。東閣張筵早,南皮發興饒。奇珍鏤蚶蛤,佳味芼橙椒。綺席蘭饎薦,瓊罍桂露澆。氣豪斟百榼,户小盡三蕉。雅會同游霧,高談競軋霄。傳觴新令甲,佐飲古歌謡。舊手推無敵,群才盡不驕。繁星羅皎月,巨海納回潮。絳帳彭兼戴,龍門薛共姚。締蘭齊臭味,倚玉各丰標。燭秖三分刻,香纔一寸焦。擘箋看錦爛,落筆訝珠跳。青兕才真健,黄獅品果超。酒頻傾畢瓮,詩已滿唐瓢。離坐天曛黑,循階夜沴灪。雲綃圍月額,水帶束山腰。砌濕梅灰脱,欄空蕙葉凋。蝦蟆更緩緩,薜荔雨瀟瀟。班竹留賓榻,紅泥坐客寮。歡宜終此夕,別莫問來朝。密契纔投縞,浮踪偶聚薸。感君陳酒炙,貺我抵瓊瑶。揮麈論千古,聯床夢六朝。他年倘相憶,記取此良宵。

## 鳳齡曲

鳳齡,袁簡齋夫子侍姬妹也。[4]幼鬻某姓,爲贖歸,育之。年十六,媵隋生川增。虐於大婦,投繯死。夫子悲之,命紀其事。[5]

汝南太史人中傑,文采風流世無敵。羊侃筵前舞袖圍,馬融帳外金釵列。我是彭宣到後庭,隔幃絲竹許同聽。酒酣抵觸平生事,向我低徊説鳳齡。鳳齡本是蘇臺女,貧向豪家傍門户。牙郎那解惜娉婷,竈妾由來耐辛苦。携出淤泥一瓣蓮,青衣纔脱便登仙。漫拈郭璞三升豆,判費初明十萬錢。關情三五韶年紀,迺髪初齊試羅綺。碧玉嬌癡未有夫,桃根宛轉長依姊。愛惜盈盈掌上身,恐教辜負永豐春。誰言絡秀堪同老,願把西施别贈人。堂前文宴多賓從,隋郎風貌偏殊衆。照影人誇城北徐,嬉春女愛墻東宋。珍偶相看已目成,許將紅粉嫁書生。重重錦幔憑私語,叩叩香囊易定情。蘭期初七銀河渡,啼痕滿面登車去。從此茫茫萬劫塵,回頭迷却仙山路。銅街别館貯嬌姿,[6]踪跡難教大婦知。綃帳香濃檀枕暖,一絇絲絡幾多時。宜城郡主威名重,搜牢驚破巫雲夢。浪説王家九錫文,短轅長柄成何用。架上抛殘金縷衣,篋中奪去紫鸞笢。粉痕狼籍垂鬟卸,扶入車中不敢啼。檀郎隔絶無由見,秋雨秋風閉空院。九轉柔腸對暗燈,千行愁泪吟團扇。絶粒非關愛細腰,典衣何計度寒宵。[7]膚皴瘦玉心還爇,口嚼紅霞怨不銷。鳳摯鸞笯經半載,[8]九死窮泉更何悔？只是難忘舊主恩,留將一綫殘魂待。更念同根兩地分,蘭幛應亦痛離群。一朝噩夢花辭樹,百種癡情泥憶雲。誰知路比蓬山峻,[9]更無青鳥通芳訊。綉幰頻迎那許還,黃柑遥贈知無分。二句用本事。絮果蘭因去住難,挤將弱息自摧殘。腰間三尺冰文練,百轉千回掩泪看。黃昏人静重門閉,逡巡竟向南枝繫。紅蠟纔灰輾轉心,冰鬘永斷纏綿意。鬱鬱埋香土一坏,長干西去板橋頭。空林鵑語三生恨,幽壙螢飛獨夜愁。浮花浪蕊消彈指,究竟韶顔爲誰死？殺粉親書堕泪碑,燃脂好續傷心史。只悔當初作鳩媒,生將珠玉委蒿萊。縱教採盡中州鐵,鑄錯無成劇可哀。我聞此語心驚詫,潜潜涕泗緣纓下。譜就悲歌付鈿筝,題成恨字盈羅帕。療妒神方秘不傳,塵寰無地着嬋娟。叮嚀好向泉臺住,莫續韋家再世緣。

## 爲吴大松崖題蘭陔圖① 圖係其尊人所繪

城南吴郎數相見,示我篋中三尺絹。鄭重疑傳馬服書,淒凉若捧龍舒硯。爲説先人善寫生,丹青妙譽動公卿。曹衣吴帶天然妙,出水當風別有情。暇時筆墨供驅使,文窗棐几無塵滓。貌出牽衣膝下人,秀眉長爪形容似。不畫王家蠟鳳凰,不圖謝氏紫羅囊。晨餐夕膳兒曹事,記取笙詩第一章。澤畔垂垂長蘭草,帶露摘來顔色好。只憐弱植太離披,誰識靈根早枯槁。哀哀攀柏恨終天,遺墨零星總黯然。一畝墓田依丙舍,兩回家難迫丁年。松崖兩尊人於今春繼殁。相逢莫訴孤生苦,我亦年來痛偏露。衣葛誰憐東里貧,採蘭忍續《南陔》賦。門户蕭條萬事非,題成七字泪沾衣。若論辛苦纏綿意,應勝陽平束廣微。

---

① 吴大松崖即吴鎮,楊芳燦隴右爲官時摯友。參見本書卷七《和吴大公崖山栖》詩"吴大公崖"條注。

## 寒夜書感和諤齋舅氏韵①

霜氣棱棱下玉除，一庭寒色掩關初。挑燈細檢栽花譜，閣筆慵修乞米書。玉軫清聲彈賀若，香臺妙偈悟真如。貧居況味能消領，莫笑斯人用意疏。

夜永蟾輪影半頹，空階落葉漸成堆。情腸不待聽歌斷，文思寧從奏樂來。百鑷冰絲天女贈，七襄雲錦美人裁。才華未是儒生福，那免窮年困草萊。

胸中崒兀起坡陀，無酒堪澆奈若何？劉峻論成知命蹇，陸機賦就患才多。短裘禿速當風曳，古劍爛斑蘸水磨。猶有俠腸銷不得，夜闌耿耿看星河。

無事投箋訴碧穹，閻浮世界本來空。刻猴我亦嗤燕客，得馬人應問塞翁。感遇詩成殘醉後，懷人夢斷峭寒中。逃愁除是神仙國，十二樓臺大海東。

## 爲蕡谷叔氏題揚鞭圖②

寫出秋原試馬天，平蕪淺草影蒼然。誰知兩晉真名士，竟似三河俠少年。握梢應更黃褲褶，看花好貼錦連錢。笑他驢背尋詩客，骨相酸寒劇可憐。

驊子長裘金韡靫，跨將叱撥蹋平沙。沫噴銅坿都成玉，汗濺雕鞍

---

① 《寒夜書感和諤齋舅氏韵》詩共四首。按：諤齋即顧斗光（1724—1786），楊芳燦舅氏，字曜七，號諤齋，乾隆四十五（1780）年貢生，江蘇金匱縣（今無錫）人。博學能文，工詩詞，困於場屋，在家教授諸侄，即雙溪四子顧敏恒、顧敦愉、顧敬恂、顧揚憲及倆外甥楊芳燦、楊揆。據《楊蓉裳先生年譜》載，楊芳燦十一至十九歲間由顧斗光教授其詩文及舉子業，楊芳燦的文學修養與其舅氏悉心教導分不開。顧斗光晚年游於楚，署間，爲黃州書院山長，卒於黃梅（今湖北黃岡），有《翠苕軒》十四卷、《翠苕軒詞》四卷、《列女樂府》八卷。生平參見〔□光緒〕無錫金匱縣志》卷一七、《梁溪詩鈔》卷四六。

② 《爲蕡谷叔氏題揚鞭圖》詩共四首。按：蕡谷即楊芳燦族叔，參見本書卷三《雨中南軒賞菊呈蕡谷四叔氏》詩"蕡谷"條。

别作花。不共健儿誇結束，偶隨俠客鬥豪華。從今樂府翻新曲，罷唱當年《白鼻䯀》。

倜儻襟期我獨知，來回蹀躞逞丰姿。愛裝寶勒排紅玉，新買長鞭揚紫絲。杜曲春深花朵朵，章臺風細柳枝枝。曾從道左看縈策，果是臣家叔不癡。

駿骨雄心兩激昂，眼前何地好騰驤。秋風榆塞盤雕路，春草茸城射雉場。倘向五陵招俊侶，便教萬里束輕裝。浪游本是男兒事，弄戟何須誚魏郎。

### 趙大億生過訪有贈依韵答之①

天際碧雲合，飄然來故人。相看同一笑，不見已經春。酒酌梨花釀，詩題蘭葉新。愛他留客雨，吹面細如塵。

話舊傾深盞，談經岸小冠。風傳街鼓急，雨逼夜窗寒。重有分襟恨，難尋剪燭歡。他年如并宅，共理鈎魚竿。

### 舟過青浦

夾岸山如畫，乘潮晚放船。市聲烟外合，城影浪中圓。薄醉聊欹枕，微吟漫叩舷。今宵如有夢，應繞泖湖邊。

### 泖　湖

遠火兩三星，空波接杳冥。雲英浮水白，月魄蕩烟青。客裏吟懷闊，風前酒面醒。聲聲漁子曲，獨夜不堪聽。

### 題漁隱圖

殷紅日腳浮波面，遠浦澄澄橫匹練。信是丹青點染工，漁村蟹舍

---

① 《趙大億生過訪有贈依韵答之》詩共二首。趙大億生即趙懷玉（映川），參見本書卷五《穹窿山歌贈趙映川》詩"趙映川"條注。

分明見。對此吟懷坐渺然，瀟湘水色鏡湖烟。江蓀花發停舟地，岸柳陰濃矖網天。三春水漲涓流急，罟笠答管萬人集。雜遝黿魚觸浪驚，零星螺蚌粘沙濕。銅斗聲高和醉歌，閑時江岸舞婆拖。只從波底看魚脺，不向船頭拜浪婆。水國由來風景異，落筆蒼茫得真意。漁婦全非時世妝，罟師別有烟霞氣。扁舟昨向泖湖回，遠近茆莊夾水開。漁蓑重重波曲曲，此身真擬畫中來。浦風吹送蒲帆直，好景眼前留不得。浮世難逢范蠡舟，荒基莫問張翰宅。此日蕭齋任卧游，滄波回首迴生愁。未妨標格輸沙鷺，只恐盟言負海鷗。塵中無處閑余步，浮家祇合圖中住。削得桃弓射鴨還，携將草屬撈蝦去。紅蓼青蘋白錦鱗，漁家偏占四時春。高風第一玄真子，長作烟波淡蕩人。

## 懷方子雲①

記昨南都雅會同，雄談揮麈氣如虹。三升酒壯公明膽，萬卷書藏袁豹胸。遠別久疏魚雁信，浮踪虛悵馬牛風。他時倘踐歸耕約，上水田須買百弓。

同心人隔水盈盈，閉户淹旬罷送迎。未信才華能折命，卻緣飄泊悔多情。博經十擲都成𪎭，蠖伏三旬未解縈。何日西窗同剪燭，與君慷慨話生平。

空王香火夙生因，漫道文章自有神。名士襟懷開朗月，美人爪甲灑清塵。通明慧業唯耽隱，子美新詩不諱貧。料得南樓吟眺處，也應遥憶舊星辰。

囊底慙無鑄賈金，清文携得百回吟。湘弦幽咽騷人泪，燕筑蒼凉俠客心。無分芳辰同對酒，每當遥夜憶題襟。衍波箋紙松螺墨，小字鈔成付典琴。

---

① 《懷方子雲》詩共四首。按：方子雲即方正澍，參見本書卷八《金大荔屏招集簡齋夫子隨園同何南園蔡芷衫方子雲即席成三十韻》詩"方子雲"條注。

## 題趙億生雲溪樂府後①

炎劉盛樂章，高與雅頌近。《鐃歌》《郊廟》奏，細不爽分寸。累遭兵燹厄，流傳失真本。陳思校妃豨，殘缺有餘恨。遂令操觚人，任意自增損。白也倡其源，下逮居易積。矯嘵起新聲，擺脫舊畦畛。我友平原子，好古詣無朕。百篇新樂府，一與史筆準。生長南蘭陵，人物最殷賑。鄉邦舊名德，踪迹未云泯。習聞諸故老，軼事出嘲嚬。況有萬牙籤，羅列供摭捃。乘閑弄毫翰，伎癢不可忍。幽幽抽秘思，鬱鬱攄孤憤。光輝炫龍豹，變幻騰蛟蜃。韵調鍾律細，例比陽秋謹。夜窗抗聲歌，金石出唇吻。絕叫擊壺口，燈花若星竇。羨君才力銳，百折愈遒緊。有如萬斛鐘，摐撞出龍□。自愧庸纖音，隙穴噭寒蚓。君顧不我鄙，令我作喤引。佛頂强加污，恐爲識者哂。再拜稱主臣，下走謝不敏。

## 秋夜雜感②

池館秋生竹簟寒，凝情孤坐夜漫漫。酒能引夢休辭醉，書爲排愁不厭看。河漢當樓光絡角，參旗墮水影闌干。魚懸獸檻何須恨，寂靜偏宜索古歡。

數遍銅壺五夜籌，草蟲沙鳥盡驚秋。雲波隔夢難尋路，月露侵衣獨倚樓。未到窮途休怨悵，□嘗離恨始風流。眼前清景堪消領，底用懷鄉悔薄游。

潦倒平生席未温，而今真到信陵門。骨難諧俗如鵝傲，心不通靈類棗昏。浥浥爐香凝曲榭，幢幢燭影照清樽。寶刀懸着中梁柱，百遍摩挲爲感恩。

---

① 雲溪樂府：趙懷玉撰，兩卷，現存光緒江陰金武祥粟香室本廣西梧州刻本，前有袁枚、管幹珍、董曾臣序。

② 《秋夜雜感》詩共四首。

懷人永夜意如何，削札磨殘墨二螺。遠道音書憑瓦卜，故交踪迹共蓬科。平看翻覆龍華劫，謾唱殘唐雀石歌。甚日相逢訴離抱，黃公壚下數經過。

### 客館孤坐

叠鼓聲聲促，南樓客未眠。夜長星替月，秋冷水生烟。憎影移孤獨，凝情擘小箋。故人各異縣，離夢杳無邊。

### 秋夜讀錢南浦先生詩集因題三十韻①

六代新詞藻，三唐舊典型。望高懸北斗，才富溢南溟。古調含宮徵，奇書撼丙丁。冰襟開爽朗，天籟韻流鈴。妙譽宜遐播，名都已飽經。賓僚紅杏幕，宴集綠莎廳。閑訪江郎宅，頻過柳惲汀。雞臺乘款假，桃渡漾艫舲。有客尋芳渚，無人唱後庭。大堤餘弱柳，板渚剩流螢。懷古思千縷，當筵酒半醒。纏綿今舊雨，悵望短長亭。登覽開襟抱，江山助性靈。錦腸攄異采，寶唾散幽馨。吁納烟霞氣，雕鏤花鳥形。波箋翻翠瀲，珠字織華星。魁鼎蚪螺篆，祥鸞綷縩翎。奇詞凌鮑謝，高唱壓溫邢。鏡古深韜彩，鋒銛慎發硎。虛衷勞採訪，雅抱絕畦町。未學徒窺管，庸才愧挈瓶。感公勤拂拭，憐我劇伶俜。問字通萊邴，傳觴醉醽醁。銜恩鐫赤玉，論報看青萍。不信承雲奏，偏教下里聽。携來香滿袖，吟罷月移欞。攻玉須凡礦，摐鐘待雨莛。一詞參未得，萬本寫難停。健筆金天頌，雄文劍閣銘。他年上開府，神化炳丹青。

---

① 錢南浦即錢金殿，字鵠雲，號南浦，錢清履父，幼工詩文，長即究心經世之務。謁選授合肥丞，升江寧令，遷海州牧，擢鎮江守，署理巡視南漕御史，所至多惠政，以勞瘁卒官。官鎮江時，有寶晋書院幾廢，乃廣延名師，并集諸生講論，其後登科第者極盛。著有《静寧室詩鈔》《自信紀言》《金剛經石刻》。楊芳燦二十歲時拜見錢金殿，《楊蓉裳先生年譜》載："乾隆四十年乙未(1775)，謁江安觀察錢南浦先生名金殿，訂於明春至署，授其子詩古文辭。臘月除服。"生平參見《嘉善歷代先賢室名題記考略》。

## 夜 雨

暮雨瀟瀟濕薜蘿，小窗臨水得秋多。燈垂金穗光全淡，書著花蟲字易訛。驚鵲有聲翻岸樹，暗螢無影落烟莎。離人此夕腸應斷，不待吳娘一曲歌。

## 邵 曲

邵曲迷陽總畏途，蕭條書劍一身孤。讀騷未必成名士，作賦真能悮壯夫。謾恃老羆讐貉子，只緣腐鼠嚇鴛雛。胸襟抑塞從誰説，市上來朝覓博徒。

## 贈吳夢伯①

才筆縱橫四座驚，翩翩季重早知名。昔年未遂題襟願，此日真應倒屣迎。老驥歌殘壺口缺，荒雞舞罷劍花明。男兒一寸心難説，脉脉相看倍有情。

津鼓烟鐘愴客魂，半生潦倒幾侯門。塗窮那禁頻揮涕，身賤由來易感恩。絕調罷彈金捍撥，高談欲碎玉崑崙。他年雲樹相思處，莫忘南樓酒一樽。

孫閣初開折簡招，愧余未至厠賓僚。依人王粲才都盡，任俠袁絲氣不銷。可許深盟訂鷗鷺，先貽雜佩採蘭苕。秋齋何限佳風月，佇待清言破寂寥。

神仙富貴兩茫然，魑魅爭光事可憐。堅却胡奴千斛米，恥言元叔一囊錢。輪囷肝膽酬知己，淡蕩風懷倚少年。漁弟漁兄成約在，與君同泛五湖船。

---

① 《贈吳夢伯》詩共四首。

## 採菱曲①

湖上輕風吹面涼，紅巾拂水浪花香。菱絲不解牽郎住，只共相思較短長。

尖尖菱角細如針，不刺柔腸便刺心。望斷水雲郎不見，踏歌歸去泪痕深。

## 懷洪大稚存即用甲午長至日見寄韵

飢來驅人不可當，東西奔走空旁皇。哀吟顧影慕儔侶，面目慘悴無輝光，憶得前年見君再，郭北扁舟喜同載。磊落心期重石交，縱橫意氣空流輩。談經説史君最工，豪情激越風雲中。詞場已推一戰霸，筆力足敵千夫雄。羌余追逐苦未暇，駑駘欲并飛黃駕。柱指同彈鄭緩琴，折蓬共學甘蠅射。同時才筆推黃童，仲則。修軀玉立雙青瞳。興酣伸紙作長句，復見李白生山東。男兒飄泊文焉用，休説狂名古今重。柱草千言石闕銘，未經一獻河清頌。少歲功名已讓人，窮途文采空驚衆。塞雁江魚兩寂寥，春鵑秋蟀相催送。三載懷中字尚新，燈前展讀重酸辛。憶君咫尺無由見，況是燕臺落魄人。時仲則淹留都下未歸。

## 中秋月夜小集用元微之咏月原韵約錢生蔬畦劉生彥佐同作

目送翔陽入，長天湛晚輝。蓮塘殘翠盡，桂苑暗香微。霞嶼遥鋪彩，飈柯静斂威。衰螢明自照，宿鳥瞑相依。客裏吟身健，風前逸興飛。陰鏗移姘銚，高鳳捲書幃。令節秋方半，良宵望已幾。水涵青灧灧，山繞翠巍巍。鶱樹開瓊蕊，姮娥敞粉闈。霓裳飄綷縩，靈藥散芳菲。素影圓摹扇，金波冷浸衣。殷勤照珠閣，縹緲墮雲圻。露午凝玄液，星疑嵌碧徽。入池明曆曆，灑徑靄霏霏。坐客紅泥檻，臨流白板扉。掠檐飛蟋蟀，撲幔落蜉蝛。促坐鋪蘭席，開軒面石磯。且留張率

---

① 《採菱曲》詩共二首。

夢松。住,莫令許詢桐叔。歸。銀蒜簾雙約,金花燭四圍。甌丞宣令甲,麴壘建旌旗。共引深杯酌,寧甘小户譏。放顛偕伴侶,行樂忘鄉畿。暫遣胸襟豁,休嗟心事違。烟波留謝朓,魚鳥戀王晞。乘興抽班管,攄懷出錦機。風情迷甸綫,良會記依稀。離席回燈婢,揮杯勸月妃。秦簫吹欲咽,湘瑟鼓方希。縱酒從劉好,悲愁覺宋非。詩成誇狡獪,隨手撒珠璣。


【校勘記】

［１］裘:光緒本詩鈔卷三《贈何南園》詩作"衾"。
［２］作:光緒本詩鈔卷三《贈蔡芷衫》詩作"生"。
［３］冽:光緒本詩鈔卷三《贈蔡芷衫》詩作"例"。
［４］袁簡齋夫子:光緒本詩鈔卷三《鳳齡曲》詩作"簡齊師"。
［５］夫子悲之,命紀其事:此句光緒本詩鈔卷三《鳳齡曲》詩作"師述其事,作詩紀之"。
［６］嬌:光緒本詩鈔卷三《鳳齡曲》詩作"矯"。
［７］典:此字原脱,據光緒本詩鈔卷三《鳳齡曲》詩補。
［８］鳳摯鸞敍:此四字原脱,據光緒本詩鈔卷三《鳳齡曲》詩補。
［９］峻:光緒本詩鈔卷三《鳳齡曲》詩作"崚"。

# 真率齋初稿卷九

## 九日同嘉禾吕香圃張夢松許桐叔錢劉二生登瓶山賦詩分體得五排即席成二十八韵

瓶山在城北隅。南宋開酒庫於此，多棄瓶罌。好事者壘土成山，故名。

共有題糕興，相將選勝過。良朋欣會合，佳節莫蹉跎。日映星星暈，霞明瑟瑟波。禽華開石徑，雁字度雲窩。殘柳顰眉鎖，秋蓉笑齒瑳。客懷俱淡蕩，風物總晴和。院僻心俱静，山平步不頗。逶迤通曲榭，屈折上危坡。老樹根株朽，荒碑字迹磨。三成空磊凸，十笏自嵯峨。舊事猶能説，方言未盡訛。南朝開酒庫，今日滿蓬科。小立憑虛檻，徐行踏淺莎。香姜遺瓦少，官定廢罌多。彈指微塵衆，回頭一刹那。撫摩新鐵鳳，怊悵小銅駝。鶴苑清樽設，瓊筵華饌羅。半船斟緑蟻，百榼貯黄鵝。促坐行觴緩，當筵起舞傞。指兵原健鬥，觓政不嫌苛。白也鸜鵒杓，微之鸚鵡螺。但教歡意足，莫惜醉顏酡。豪興排詩壘，清思却酒魔。高談追衛樂，妙句繼陰何。擘紙拈花管，分泉瀹茗柯。繁音奏鸞竹，麗錦擲龍梭。宴罷風光晚，吟成日影瘥。莫嗟生活冷，對酒恰當歌。

## 花燭詞爲平湖蔣永川賦[①]

專城夫婿上頭居，爛熳天街軟綉鋪。夾路人争看叔寶，當樓日正

---

[①] 《花燭詞爲平湖蔣永川賦》詩共四首。

照羅敷。一重一掩鴛鴦箑，雙宿雙飛蛺蝶圖。貰得聘錢三百萬，早開織室待黃姑。

金迷紙醉爛生光，脆竹嬌絲沸畫堂。王令成婚過郄氏，杜公選婿得裴郎。紅輪有影障風暖，翠鈿無聲墜地香。莫道秋容今夕淡，芙蓉十丈覆蘭房。

齊牢真見絳雲携，墨會靈書小字題。待月帳應懸寶蛤，辟塵簾乍捲通犀。雙烟一氣香心熱，并蒂交花燭影迷。二十五聲虬漏永，莫教輕唱汝南鷄。

隊隊青鸞接尾來，蓬山芳訊探千回。十番眉向瓊臺譜，五色花從翠管開。雁爪撥弦長短調，龍頭瀉酒淺深杯。吟成霧夕霞朝句，知費何郎幾許才。

### 寒夜讀鄒冷齋見寄詩有感

寒雲翳空葉滿地，客子悲秋少歡意。獨坐偏多嘍啃聲，苦吟總帶蕭騷氣。携得鄒陽贈我詩，行行小字界蠶絲。百回擊節釭花爆，五夜高歌漏箭遲。含商咀徵調清角，楚客么弦漸離筑。忼壯陰山《敕勒歌》，淒凉北國《摩支曲》。回首天涯落拓身，更番歌哭認前塵。無端此夕添根觸，一聽清吟一愴神。嗚呼！男兒富貴須年少，底事窮途嘆潦倒。當世中郎不易逢，得時鄧禹應相笑。勞勞人事日侵尋，[1]蠹粉芸烟損壯心。銷殘一刺懷中字，擊碎千金市上琴。殘羹冷炙侯門下，可憐名士同奴價。窮年無策却飢寒，失路原應被笞罵。對面輸心背面疑，異鄉誰與話襟期？名心未死才先盡，俠氣難銷骨尚奇。到處生涯傷刺促，上車著作空盈軸。記得相憐有故人，鄧魴失喜唐衢哭。落落晨星聚會稀，兩鄉相望各沾衣。暮雲春樹新吟少，綠韭黃粱舊事非。謂洪稚存、方子雲諸君。乍得君詩覺神王，慷慨爲君發哀唱。庾信悲來涕泪多，鮑昭吟罷音辭壯。心事波濤觸處驚，床頭劍作不平鳴。與君同是飄零客，不待相逢已有情。

## 送臧子三歸廣陵①

聚不成歡別可憐，引杯燒燭任留連。脫囊好贈千金劍，弄墨還題十樣箋。滯我尚爲長水客，看君獨上廣陵船。離人已是添怊悵，況復輕冰小雪天。

渺渺星湖長白波，片帆雙槳此中過。停琴罷奏歸風操，按拍新成散雪歌。人海行踪同土梗，名山舊約記烟蘿。車公去後歡游少，綠酒紅燈奈爾何？

武水塘西十日留，閑雲懷抱兩夷猶。瑣窗紅燭拈僧偈，小市青帘認酒樓。歌笑更番疑昨夢，年光晼晚引新愁。無多知己晨星散，話別臨歧淚總流。

最是離聲不可聞，濛濛江雁落寒雲。鶴裝催去歸程急，鵲蓋行來別酒醺。小杜詩篇多悵悵，大堤歌管自紛紛。遥知相望相思地，廿四橋頭月二分。

## 南浦先生贈裘賦謝二律②

雪虐風饕歲向闌，吉光裁出稱身寬。輕寒詎合牛衣伴，珍惜須同鶴氅看。襪席緣深前日定，解襦恩重古人難。幾回顧影頻驚喜，一到師門士不寒。

記取憐才一片心，半披半曳獨沉吟。袖中詩卷從教着，襟上霜風未許侵。最好負薪當五月，可應換酒抵千金。華堂此後追陪夜，不識門前積雪深。

---

① 《送臧子三歸廣陵》詩共四首。
② 《南浦先生贈裘賦謝二律》詩共二首。南浦先生即錢金殿，參見本書卷八《秋夜讀錢南浦先生詩集因題三十韵》詩"錢南浦"條注。

## 將赴金陵晴沙舅氏招飲即席留別①

飢來驅人不得住，片帆行指金陵去。感公折簡招我來，高齋夜飲開樽罍。月明光光燭花短，促坐行觴不嫌緩。匣中寶劍波濤驚，一生知己恩分明。憶昔髫年弄筆墨，爾時公面我未識。巴樹蒼茫棧雲黑，仿佛中宵見顔色。瞿塘水漲雙鯉魚，聊持小札通起居。秋來水落得報書，真珠密字千言餘。憐我生涯久憔悴，爲勖榮名須自愛。五湖更約扁舟載，狎鷺閑鷗苦相待。去秋公賦歸來篇，我初聞之喜欲顛。登堂再拜捧公手，示我新吟三百首。公詩跌宕無不有，醉墨淋漓揮一斗。謫仙才調夜郎西，少陵格律夔州後。前身應是餐霞人，意所到處皆烟雲。眼中碌碌輕餘子，只説文章歸阿士。向人誇我不去齒，愛我如公合心死。芙蓉湖水搖漣漪，遠山照人青半規。笭箵柳栗相追隨，坐談竟日忘飢疲。況兼竭末才無兩，文陣相鏖不相讓。堪傲王符無外家，敢説魏舒成宅相？苦恨青年多事身，醉中又別謝池春。東山棋局渾無恙，[2]可念羊家乞墅人。

**附：和詩**② 顧光旭晴沙

身如輕舟安得住，片帆又逐東流去。落花游絲天際來。狂吟綠水添金罍。而我心長髮欲短，但囑樽前歌緩緩。任教寵辱都不驚，見爾新詩却眼明。人人稷契家儒墨，鳳凰麒麟初不識。昨夜片雲頭上黑，偏爾文章成五色。且換美酒拋金魚，盛年那得長閑居。開帷夜讀床上書，撐腸挂腹萬卷餘。濃陰五月無榮悴，不必吾廬吾亦愛。二泉水淡争滿載，嶺上白雲如我待。欲擬金陵送別篇，不知鈴語江風顛。曹劉波瀾陶謝手，寥寥千載詩千首。萬事蒼茫竟何有，歌呼烏烏拍銅斗。書劍飄零白下行，風流歇絶黃初後。嶔崎歷落可笑人，芒鞋半入三山雲。拄杖還尋赤松子，脱巾高揖天下士。褌中蟣蝨詎足齒，淮南

---

① 晴沙即顧光旭，楊芳燦舅氏，參見本書卷六《和晴沙舅氏謁惠陵作》詩"晴沙"條注。
② 光緒本詩鈔卷三《將赴金陵晴沙舅氏招飲即席留別》詩後無此和詩。

鷄犬長不死。此時江水搖漣漪，此時江月銜半規。與人千里常相隨，清川明鏡兩不疲。日日南風吹五兩，莫言風利不相讓。門前凡鳥爲誰題，臺上雨花無我相。共是勞勞亭外身，當年風雨石頭春。鶯飛草長殘鷄夢，孰是圍棋賭墅人。

## 金陵晤何南園蔡芷衫方子雲諸同人是日小集屏山閣以今日良宴會爲韵各賦五首

索居越年歲，命駕來招尋。不經相思苦，安識交情深。平生金石友，落落昂與參。兹辰各會面，失喜不自禁。共賞冰雪文，對奏絲桐音。清言自斐亹，雅抱何嵜嶔。猶寄會面初，選勝爭題襟。良會如昨日，風光逝駸駸。慨慷勞者歌，償蕩達士心。行樂貴及時，百年去來今。

行樂問春光，三分尚餘一。得與良友偕，何須吉日出。透迤信幽步，超遥逾廣術。徑造贊公房，同坐維摩室。香篆散繽紛，茶烟泛清溢。遠山青潑眼，落花紅八膝。賓主四五人，意致各超忽。況有支道林，棱棱秀禪骨。玄言互往復，勃窣爲理窟。坐來不覺晚，林梢淡斜日。

斜日下崦嵫，暝色何微茫。晚風冷然來，草木生幽香。呼童下簾幕，燈燭相輝光。開筵促膝坐，肴榼羅圓方。共洗金叵羅，緩酌玉浮梁。我無麴糵緣，涓滴不敢嘗。今日感君意，狂飲滿十觴。君當恕醉人，使得盡其狂。索筆頌酒德，連袂游醉鄉。此鄉可卜居，頗覺風土良。

風土良如何，淳悶令人羡。一過糟邱臺，徘徊有餘戀。君看古賢豪，半入酒人傳。孟公磊落人，老兵互酬勸。謝郎傲權貴，對飲騶卒賤。何如今日游，合座盡英彦。高談勝絲竹，雅令雜謠諺。未到玉山頹，已覺銀海眩。形迹既兩忘，坐起各從便。瀟灑洛濱游，風流鄴中宴。

宴飲夜向闌，離席整巾帶。嚴城欲下鑰，欲別情無奈。携手遵歸途，依依共清話。天高夜氣寒，月黑春星大。人生墮塵網，百事無一快。屈指文字飲，斯游足稱最。相約吟新詩，更請作圖繪。但博素心歡，何妨俗眼怪。篋中有春衣，足支酒家債。卜日重招携，來作櫻笋會。

## 方五子雲喜余至作轉韵長句枉贈
## 即用余去歲寄鄒冷齋詩韵作此答之①

去年相望蘭陵地,暮喑朝吁少歡意。今年相遇秣陵城,橫行闊視增豪氣。百遍吟君贈我詩,苦心一縷裊蠶絲。彈成側調攏弦急,度出雙聲按拍遲。嘹亮疑吹燕客角,蒼涼似擊秦人筑。為訴離時夢短長,故教聽處腸回曲。兩載天涯飄泊身,路旁花柳馬頭塵。芳時常負琴書酒,[3]獨夜惟看形影神。飛飛黃雀尋年少,舊游如夢還重到。款户看君倒屣迎,[4]登堂為我開顔笑。偈來勝地愜幽尋,是日游雨花岡。對話平生骯髒心。王筠好句新花鳥,裴綽高談古瑟琴。紛紛程李才中下,一錢不值寧論價？奇才失路始堪哀,豎子成名何足罵？墨癖詩狂兩不疑,名山絶業早相期。也知墮地星辰誤,猶喜凌雲筆札奇。我輩生涯應刺促,幾見稀膏運方軸。到手千杯雜怒嬉,入腸百怪工歌哭。如此江山天下稀,無端吊古泪沾衣。瓊枝璧月嬌歌歇,紫蓋黃旗霸業非。醉墨淋漓神忽王,可獨君家擅高唱。喚起齊梁六代人,聽我長吟激悲壯。回首春光去可驚,枝頭鵾鳩正悲鳴。與君早訂重來約,我愛青山不世情。

## 方五子雲三叠前韵何南園蔡芷衫李瘦人
## 燕山南俱有和章因繼作志謝②

三載飄零各天地,重逢得遂平生意。舊侶依然金石心,新交更有風雲氣。才人南國總工詩,妙句傳來盡色絲。自愧投魚同傅綷,漫誇乞錦向邱遲。絶技誰吹柱間角,擅長誰擊當筵筑。流麗誰工雜組詞,

---

① 此詩題光緒本詩鈔卷三作《方子雲喜余至作轉韵長句枉贈即用余去歲寄鄒冷齋詩韵作此答之》。按：方子雲即方正澍,參見本書卷八《金大荔屏招集簡齋夫子隨園同何南園蔡芷衫方子雲即席成三十韵》詩"方子雲"條注。

② 此詩題光緒本詩鈔卷三作《方子雲叠前韵何南園蔡芷衫李瘦人燕山南俱有和章因繼作志謝》。按：李瘦人即李葵,字芬宇,一字瘦人,上元(今屬南京)廩生。工詩善書,有《瘦人詩詞集》。生平參見朱緒曾《國朝金陵詩徵》卷二八、《〔光緒〕續纂江寧府志》卷一四《人物》。

纏綿誰譜雙聲曲。同是浮萍梗泛身,[5]故將溫語尉風塵。窮年浪走車生耳,深夜高歌筆有神。容易拋人是年少,轉頭三十駸駸到。但博填胸萬斛愁,難尋開口千場笑。感君愛我屢招尋,爲訴男兒一寸心。掌上結交須利劍,篋中同調有青琴。九天咳唾隨風下,靈珠美玉俱無價。但得名流挂齒牙,未妨俗客長嘲罵。青眼相看莫復疑,空王香火有前期。三生劫轉情難盡,千里神交夢亦奇。詩筒來往相催促,會見華箋積成軸。就中悲喜兩無端,香桃自笑枯桑哭。明星落落漏聲稀,五夜沉吟起攬衣。衆許清狂同趙壹,我知孤憤似韓非。伯歌季舞神俱王,白雪家家擅高唱。聽來已覺客愁銷,携去好教行色壯。累牘連篇世莫驚,由來鸑鳳不孤鳴。他年兩地相思處,對此應添十倍情。

## 牡丹詞同方子雲作①

采蘭時節見嬌姿,憨燕雛鶯莫怨遲。絕艷肯教容易放,東君着意爲矜持。

綷錦明羅費剪裁,泥人長傍畫欄開。倩誰傳語司香尉,好避封姨更築臺。

薄雲如夢雨如塵,爛熳裝成小院春。生愛吴娘巧心意,護花旛子綉星辰。

陌頭吹斷賣餳簫,金粉叢中認六朝。一種春風好圖面,任他無語已魂銷。

一朵紅酥露未乾,不禁憐惜曉風寒。阿誰偷得儂家樣,高髻玲瓏鏡裏看。

花前葉底駐游驄,艷曲翻成付小紅。却笑三郎太輕薄,漫摑腰鼓鬧春風。

------

① 《牡丹詞同方子雲作》詩共十首。

十幅巴箋擘彩雲，對花還屑好香熏。爲憑妝閣銀鈎手，細寫羅郎九錫文。

錦幕藏嬌不上鈎，臉潮微暈爲誰羞。長生殿裏香盟在，取次開來慣并頭。

輕紅歐碧淺還深，費盡花工渲染心。一一涉名憑點勘，牙牌新鏤麝香金。

佳句誰挑韵字紗，銀罌翠管鬥繁華。秣陵自有無雙艷，罷唱陳宮玉樹花。

## 澄心堂紙二十四韵

記昔風流主，争雄翰墨場。新詞何妙麗，小札最精良。巧織光明錦，勻鋪細膩霜。品方蠶繭重，價比衍波昂。進御君王笑，拈籤女史忙。翻來金葉底，擘向綺筵傍。妙墨留仙子，耿玉真。香經寫法王。紅鈐署鍾隱，艷曲記娥皇。方麯黄羅面，燒槽紫錦囊。一般供玩賞，終古怨興亡。五夜家山破，千年劫燼揚。灰都作蝴蝶，魂不作鴛鴦。風送迎降表，星飛告急章。聚時勞護惜，散日太蒼惶。[6]故國春江冷，羅衾夜雨凉。纏綿歌半闋，慘淡墨千行。無復回鸞影，空教齊蠹糧。叢殘歸史館，粗使給文房。淳化銀鈎榻，[7]宣和玉局藏。謠讖聽白雁，讖又應紅羊。梅老新詩在，王郎舊志詳。奇珍易零落，尤物幾滄桑。兩軸如相贈，千金可許償。好同龍尾硯，軼事話南唐。

## 楊花四首

垂楊千樹又吹綿，滿眼春雲乍熱天。弱質怕沾三月雨，閑愁慣惹六朝烟。撲來帳底渾疑夢，扶上釵頭便欲仙。記說長秋宮畔路，有人拾得泪潛然。

獨向花階取次行，縈肩拂面儘逢迎。隋堤流水前身果，巫峽輕雲出世情。翠袖啼痕全黯淡，紅窗魂影不分明。願他化作青萍子，傍着鴛鴦過一生。

　　生來心性最夭斜，慣逐春郊鈿尾車。掠水燕迷千點雪，窺窗人隔一重紗。粉棉宛轉裝花額，香霧朦朧護月牙。何似魏郎驚蛺蝶，東家飛過又西家。

　　盼斷天涯長短亭，杜鵑聲裏怨飄零。未應鬢角添新白，已覺眉梢換舊青。送去花魂須緩緩，拈來春恨只星星。眼前指點瑤臺路，莫逐東風舞不停。

### 早夏集李瘦人剪湘巢分韻得餘字①

　　聚首僅匝月，一別兩載餘。別易會合難，相見還歔欷。嗟我同心人，各爲飢寒驅。搏沙一以散，浮雲互相逾。今日不作歡，是誠何心歟？我昨游秣陵，十日停征車。故人喜我來，歌呼相唱喁。是時風日佳，宛宛四月初。孤花猶未殘，濁酒正可酤。方子子雲。狂興發，折簡先招呼。晨來拉我往，會飲城南隅。城南李君家，泉石堪清娛。衆賓先我至，雅雅而魚魚。爾來會面熟，一見皆軒渠。禮豈爲我設，儻蕩無須拘。爲客敞幽室，涼風至徐徐。軒窗面流水，清影搖菇蘆。室偏以巢名，結構與俗殊。客起爲鳥言，君何好巢居。我知主人意，欲爲達士模。巢林得一枝，不計菀與枯。凭欄看鬥鴨，隔渚沼飛鳧。吃應呼鳳鳳，狂或歌烏烏。好與黃鵠游，適興忘江湖。寧同鷃雀翔，得意搶枋榆。賦手抵鸚鵡，詩篇凌鵝鴣。即此巢父巢，絕勝壺公壺。我聊戲之耳，君真笑矣乎。移時進杯勺，奔走平頭奴。嘉羞溢盤楄，異味充庖廚。笋白□玉版，[8]櫻紅堆火珠。肥煮槎頭鯿，脆摘園中蔬。主稱謫仙孫，客亦高陽徒。流連進三雅，次第陳百觚。捋戰互往復，藏鉤共揶揄。或作古歌謠，楚些兼吳歈。或爲滑稽語，優孟和淳于。索笑絕冠纓，翻酒沾衣裾。不數白銅鞮，何況黃公壚。巢中此時樂，巢

---

　　① 李瘦人即李熒，參見本書卷九《方五子雲三疊前韻何南園蔡芷衫李瘦人燕山南俱有和章因繼作志謝》詩"李瘦人"條注。

外人知無。離席夜已沉,客欲尋歸途。主人重攀留,爲復停斯須。良辰足可惜,過後勞追摹。人生牽世綱,蹩若鳥在笯。銜羽一相失,高飛不克俱。鳳別鸞欲啼,鷺去鷗長孤。我欲構一巢,遍集諸相於。新聲聽啁哳,怪語乃吟呿。曾讀二鳥詩,此語良匪誣。爲問掉頭客,君以爲何如。

## 碧紗幮十六韵

紫貝冰紋檻,明螺梵字櫺。桃笙涼乍展,網戶静初扃。暫却蒲葵扇,教移雲母屏。千絲成巧製,十幅可中庭。水玉寒縈凝,秋雲淡欲停。薄翎裝翡翠,輕翅擘蜻蜓。螢暗分光緑,蟾孤逗影青。雙烟縈寶篆,列點數空星。燈穗看來淡,花房摘處馨。倦眸時旬綖,悄語倍瓏玲。小挂龍皮拂,匀排犀角釘。密防蚊陣入,慢遣蝶魂醒。[9]白板烟中舫,紅羅水上亭。清疑通溟涬,深好護娉婷。却暑眠方穩,游仙夢亦靈。碧城十二曲,曲曲記曾經。

## 金陵送盛大春谷還檇李

如此江山不肯住,長檣鐵鹿催君去。石橋官柳萬條青,腸斷江干送行處。送行聽我曼聲歌,緩酌當筵金叵羅。底事行踪如斷梗,那禁別淚抵流波。記昔相逢懷抱展,脉脉相看兩青眼。自喜荃蘭臭味同,誰言香火因緣淺? 一夜西風歸思侵,明明短燭照分襟。迷離似憶前塵夢,輾轉難爲此夜心。傷離惜別多詞客,烏衣舊是名流國。李頻風調項斯才,李瘦人、項莘甫。更有何郎好標格。何南園。凌雲健筆數方干,方子雲。數子追隨索古歡。蕭寺有花常共把,高樓無月不同看。話到生涯偏作惡,側身天地驚流落。依人窮鳥悮投籠,失水枯魚更銜索。路鬼揶揄笑不休,世間萬事詎人謀。遭逢空羡鳶肩客,意氣難諧龍額侯。十年一劍磨如練,輪囷肝膽無人見。跳蕩休誇俠骨奇,飄零久識儒冠賤。歷遍緇塵保素衣,乘車戴笠早忘機。十千美酒離心醉,三五晨星舊侶稀。此去未須傷刺促,知君才是豐年玉。霄漢遥聽老鳳聲,海山待奏青琴曲。行李蕭條兩版書,潮平如鏡挂帆初。鴛湖水接蓉江渚,好覓西流雙鯉魚。

## 得二弟歸書感而有作①

飄泊憐吾弟,飢驅傍婿鄉。誰傳方寸札,頓觸九回腸。久別顏應改,將歸話轉長。計程人漸近,屈指慰高堂。

記得分携日,千回獨愴神。愧余長坎壈,累汝久風塵。別夢迷中路,歸期及小春。嬌癡諸弟妹,燈下説行人。

兩小爭梨栗,風光在眼前。如何成遠別,不信已三年。夜月黄河曲,秋風白雁邊。懷鄉心一片,應伴客帆懸。

青雲俄鍛羽,門户苦難持。惻愴《悲秋賦》,凄涼《下第詩》。多應識字誤,只恨報恩遲。無限難言意,天涯獨爾知。

伏枕思陳事,中宵夢屢驚。去留俱失計,爾我兩無成。月黑烏啼樹,天寒柝繞城。不堪檐外雨,已作對床聲。

## 送諤齋舅氏之閩中②

憶昔髫齔年,從公授章句。記送舅氏詩,迢迢渭陽路。今日送公行,纏綿叙情愫。仿佛秦人風,斷章爲公賦。緊余長母家,事舅爲外傅。韓康本孤貧,孝綽尚童孺。愛我早年慧,爲我作聲譽。詩歌强我吟,篇幅亦粗具。圖史强我批,丹黄頗能注。荏苒六七年,一編共晨暮。此景不可常,雙丸跳烏兔。年行漸長大,撫事煎百慮。杜句。③落拓負米身,依人類傭雇。舅亦苦饑驅,天涯共飄寓。邅回吳越間,踪迹相錯迕。今年歸里門,幸得侍襟裾。艱難復此行,作計抑何遽。吁嗟一生事,總被儒冠誤。空讀十年書,竟成六州錯。才命兩背謬,知

---

① 《得二弟歸書感而有作》詩共五首。
② 諤齋即楊芳燦舅氏顧斗光,參見本書卷八《寒夜書感和諤齋舅氏韵》詩"諤齋"條注。
③ 出唐代詩人杜甫《羌村》詩:"蕭蕭北風勁,撫事煎百慮。"

音幾時遇。壯心未肯灰,玄髮忽已素。故鄉是窮途,局促難久住。擊柱長太息,去矣莫復顧。閩中風物好,未到心已慕。楓亭離支實,霞嶼桄榔樹。縹緲武夷亭,蒼涼越王墓。插天嶺色奇,近海潮聲怒。無邊形勝地,歷歷游驄駐。詩才本豪宕,況得山水助。想見放筆時,雲烟莽奔赴。明年春水生,我亦行北去。燕臺與閩嶠,離魂渺難度。所望估客船,尺書或可附。臨岐重牽衣,別淚不知數。風霜多爪角,前途慎調護。

## 答秦二麗中①

古劍苔痕銹澀多,平生壯氣漸銷磨。未能名列龍華會,漫許身當曳落河。跌宕任看鸜鵒舞,凄涼怕聽鷓鴣歌。流光如駛難回首,濕哭乾啼夢裏過。

搏飛無分到青旻,夜燭晨燈各苦辛。盧薛舊推名下士,曹劉同是暗中人。三生慧業難兼福,千首清吟不救貧。只合杜門耽懶散,凝塵一榻着閑身。

## 荔裳南歸夜話三十六韵②

三年遠別離,歸期渺難望。今日君果歸,□□□相向。料量胸中事,菀結有千狀。誰知倉卒間,十有九遺忘。惟思昔年別,作計太孟浪。笑笑痛偏露,戚戚傷弱喪。長宵魂夢勞,遠道心旌揚。今年盼秋風,微志或能償。吁嗟時命蹇,兩兩遭斥放。可知蓬蒿人,本是窮乞相。君言失意時,舉足輒多妨。急裝犯奇寒,衝風阻歸榜。黃河起層冰,硨兀若高嶂。窮途六十日,典質到裘纊。艱難還故土,微軀幸無恙。一事差自豪,詩格進逾上。情懷寄杳渺,節奏極清壯。未甘三舍避,堪作一軍張。曠代慕機雲,齊名弟兄行。持此相抗衡,

---

① 《答秦二麗中》詩共二首。
② 荔裳即楊芳燦二弟楊揆,參見本書卷前王昶《〈真率齋初稿〉序》"荔裳"條。

爾我詎多讓。棄置莫復陳,斯言最虛誑。才華妨禄命,文字足塵障。那能易斗粟,祇可覆瓿醬。坐使七尺軀,日與五窮抗。入門徒壁立,觸事輒酸愴。乞食迷東西,隨俗疲俯仰。忍飢吟苦調,刺促神不王。余爲古人誤,君又違時尚。千秋未可期,門户欲誰仗。安得二頃田,躬耕就閑曠。山妻解蠶織,稚子能餚餉。高堂白髮人,甘旨足頤養。庶幾我與君,晨夕得相傍。區區不余畀,萬事安可量。君歸我又去,天涯任飄宕。回首憶華年,牢愁百端釀。對語不成眠,荒鷄已三唱。

### 守歲示荔裳①

和罷東坡别歲詩,合家圍坐夜闌時。迢遥海水添更漏,瀲灎春風泛酒巵。記否韶年輕作客,每逢佳節輒相思。開顔一笑非容易,舉白浮君更莫辭。

狂向燈前共拍肩,未甘行樂讓童年。紅箋漫寫宜春字,綵綫爭穿壓歲錢。船玉十分浮夜色,炬花雙影散寒烟。藏鈎射覆番番換,坐到春生臘盡天。


【校勘記】

[1] 事:此字原脱,據光緒本詩鈔卷三《寒夜讀鄒冷齋見寄詩有感》詩補。
[2] 東山棋局渾無恙:光緒本詩鈔卷三《將赴金陵晴沙舅氏招飲即席留别》詩作"東山儵賭圍棋局"。
[3] 書:光緒本詩鈔卷三《方子雲喜余至作轉韵長句枉贈即用余去歲寄鄒冷齋詩韵作此答之》詩作"詩"。
[4] 倒:光緒本詩鈔卷三《方子雲喜余至作轉韵長句枉贈即用余去歲寄鄒冷齋詩韵作此答之》詩作"到"。
[5] 浮萍:光緒本詩鈔卷三《方子雲疊前韵何南園蔡芷衫李瘦人燕山南俱有和章因繼作志謝》詩作"萍浮"。

---

① 《守歲示荔裳》詩共二首。

[6]惶:吟翠軒本《澄心堂紙二十四韵》詩作"黄"。
[7]搨:光緒本詩鈔卷三《澄心堂紙二十四韵》詩作"拓"。
[8]□:此字字迹模糊,疑爲"列"。
[9]慢:吟翠軒本《碧紗幬十六韵》詩作"漫"。

# 真率齋初稿卷十

### 將赴都門雜別六首

新正未破去匆匆，爭怪離筵唱惱公。乞食生涯原自慣，趨時裝束最難工。心傷慈母千條綫，夢繞先人半畝宮。吹得江頭帆似箭，能銷幾陣落燈風。

去住都難悔啖名，□他撒幕待明經。銷魂春水和烟碧，濺泪征衫似草青。拊掌只愁逢路鬼，盟言未肯負山靈。他鄉知己今誰是，落落高天數曙星。

行程直與雁爭先，此去風沙路幾千。小技愧稱詞賦客，浪游虛趁孝廉舡。滴殘紅蠟窗前泪，彈歇青琴海上弦。莫道無情輕遠別，男兒事業仗丁年。

別泪千行為卯君，三年京國悵離群。西窗剪燭眉纔展，南浦回帆手又分。燕去雁來悲遠道，參橫商沒望高雲。百年兄弟長飄泊，散雪歌成那忍聞。

單衣襆被客裝寒，僮僕都將冷眼看。笑我風塵橫短策，隨人裘馬上長安。華年樂事吟邊憶，故國韶光夢後闌。剩有窮交還惜別，頻番温語勸加餐。

從今佳日掩玄關，怊悵羊求絕往還。浪走亦知妨舊業，奇才只合住名山。不將妄語題橋柱，差有雄心叩劍鐶。他日淮南桂之樹，秋光好處共誰攀。

## 渡　江

三兩明星墮寒水,戍鼓頻催榜人起。争拽青蒲十幅帆,東風吹轉銅烏尾。舡頭日出看漸高,水光明艷翻紅綃。回頭却望隔江樹,一碧欲與空烟銷。昨宵猶是江南客,今晚維舟住江北。渺渺滄波千萬重,多恐夢魂歸不得。

## 揚　州①

細浪浮蘭槳,斜陽上畫樓。一聲新水調,六代舊春愁。快語思騎鶴,孤懷擬狎鷗。客囊羞澀甚,辜負少年游。

莫唱《安公子》,隋家事可憐。瓊花春九十,錦纜女三千。墓古埋荒草,魂歸化杜鵑。吳公臺畔柳,空自鬥嬋娟。

小杜狂游地,奇章幕府開。青樓十年住,紅粉兩行回。惆悵尋春夢,飄零作賦才。二分今夜月,曾受品題來。

懊惱征程急,孤帆掠岸行。空波流月影,小市沸燈聲。酒薄愁難却,衾寒夢不成。長吟鮑家賦,草草别蕪城。

## 阻風淮陰②

凄涼中酒阻風天,北望淮南路渺然。市上兒童皆大俠,雲中鷄犬盡神仙。碑殘尚識前朝壘,米賤多逢估客船。我亦窮途憔悴客,恥緣一飯乞人憐。

茫茫回首百愁侵,底事天涯嘆滯淫。漸覺風烟非故土,只餘僮僕尚鄉音。擁衾半晌闌珊夢,倚劍千回宛轉吟。不信南中丹橘樹,到來便易歲寒心。

---

① 《揚州》詩共四首。
② 《阻風淮陰》詩共二首。

## 曉　發①

荒鷄已三號，殘月墮空水。僕夫促登車，倉黃夜中起。長途多所虞，相呼戒行李。稍聞人語喧，小憩心亦喜。茅屋三兩家，荒凉不成市。風高塵眯目，霜重寒裂齒。翻思在家樂，夢境正清美。極知路險艱，去去誰所使？一飢走天涯，咄哉可憐子。回岡抱平壤，曉霧青冥冥。征車絡繹來，燈影羅明星。詰屈避石路，清鏘戛風鈴。却寒思得酒，行行就旗亭。村醪淡如水，薄醉風前醒。所嗟徒御苦，繭足何時停。勞歌聲似哭，凄斷難爲聽。

## 過東方大中故里

吾慕東方生，蕭散謝塵滓。出入金馬門，自云避世士。少小學擊劍，三冬足文史。雄詞絡繹來，俊辯從橫起。射覆必奇中，庾辭有精理。當時漢公卿，博達無與比。宜領大著作，簪筆蘭臺裏。誰使儕侏儒，日索數升米。空持三千牘，終歲飢欲死。天子好神仙，荒怪多所喜。清宮侍游宴，往往掉牙齒。後人浪傳聞，或以俳優擬。寧知誇誕辭，假托非得已。辟戟責董偃，岳岳大臣體。至今傳七諫，指事發深喟。直與楚靈均，忠愛同一軌。我昨事於役，遄行過兹里。拂曉讀殘碑，臨風薦芳芷。寧獨夏孝若，隔代托知己。仰視歲星明，炯炯射眸子。

## 茌平道中月夜[1]

戍樓紞紞催嚴鼓，孤館蒼凉月當午。暗魄應憐獨夜長，清輝慣照離人苦。獨夜離人望欲迷，白沙如雪路東西。若教天上無圓缺，那得人間有笑啼。照壁昏燈落殘穗，却看孤影驚憔悴。靈藥何曾療別愁，方諸只解流清泪。見月方知一月行，碧空迢遞夜無情。吹來一片清

---

① 《曉發》詩共二首。

霜影,添上千群冷雁聲。藜床土銼凝塵重,推枕徘徊不成夢。警夜悲筇著意吹,却寒濁酒無人送。回首吳關有所思,斷腸芳訊月明知。問他故國三千里,開到繁花第幾枝。吹盡纖雲更清廓,漸覺斜光向人落。刀上環留只半規,匣中鏡破無全郭。星斗離離夜向闌,荒鷄咿喔促征鞍。盼他三五團圓夜,便許征人馬上看。

## 過平原

北風吹驚沙,如雪撲人面。郵亭痛飲不成歡,驅馬夜過平原縣。此時却憶平原君,雄豪意氣干青雲。黃金隨手散如土,門前珠履來繽紛。[2]受君知重為君死,我亦人間報恩子。蓬蒿已没趙州墳,四海茫茫向誰是。千金劍已折,五色絲成灰,俠骨欲腐雄心摧。北行觸處增感激,明日又上黃金臺。[3]

## 吊陳思王墓二十八韵①

寂寞魚山道,千年草自春。此間歸骨地,猶識建安人。健筆空今古,雄才邁等倫。文星流異彩,紫岳孕奇珍。公宴南皮郡,陪游漳水濱。高談能破的,小伎亦通神。恩寵原難恃,威儀太任真。褊心餘子妬,異目乃公嗔。空説才無敵,寧知命不辰。憂生貴公子,屈首老藩臣。岐路悲黃髮,高天隔紫宸。轉蓬無住著,煮豆太酸辛。計已輸吳質,讒偏遇灌均。九關雲黯黯,衆口犬狺狺。飄泊遷邅郡,艱難托懿親。風高摧勁羽,浪涸損修鱗。洛浦留殘夢,遮須認後身。蓬山纔歷劫,桑海幾揚塵。壞道沉金雁,高原泣石麟。縑圖散文藻,黃土蔽荆榛。夙世曾游鄴,今來豈過秦。[4]一杯澆濁酒,三步轉征輪。倘給蘭臺札,容參桂苑賓。君應愛枚馬,我詎讓徐陳。代隔交堪訂,名高迹未湮。徘徊夕陽下,嗚咽欲沾巾。

---

① 此詩題光緒本詩鈔卷三作《吊陳思王墓》,無"二十八韵"四字。

## 過高唐

何處荒雞唱,膠膠角角聲。平岡三而合,古道一鞭行。草没綿駒里,雲昏盼子城。前途正迢遞,顧影嘆勞生。

## 過鄭州①

驅車古易京,荆榛塞衢路。炎漢昔季年,伯珪此雄據。大聲奮叱咤,虎視有餘怒。搜粟聚金刀,盈羡不知數。巖疆控燕趙,山川莽盤互。自謂千百年,永作金湯固。誰信袁家軍,倏忽已飛度。至今告急書,倉皇令人怖。滄海尚橫流,豈有安居處。想作避世人,此計良已誤。得失無已時,袁曹又官渡。

北朝盛英彦,文筆争照灼。我懷邢子才,群籍盡通博。同時温與魏,妙譽滿京洛。鵬舉既深險,佛助亦輕薄。惟公有德素,任達隨所托。讀書鄴讎校,對客善調謔。想見明眼人,蕭散謝塵縛。我來拜公墓,狐兔竄墟落。朗誦鄴都篇,九原不可作。

## 春草篇送陳秋士歸毗陵

江南二月青青草,離家便憶還家好。燕臺三月草青青,送客偏傷作客情。一般春草天涯路,我自遠來君自去。極目芊綿長短亭,一年兩度銷魂處。共向壚頭貰酒錢,醉來草路踏空烟。立當夜月寒無影,吹上春衫色可憐。故園誰把文無寄,正是芳時理歸計。難忘春輝一寸心,易垂南浦千行泪。此去揚州廿四橋,片帆又挂白門潮。荒荒舊址尋三閣,脉脉斜陽認六朝。馬頭烟雨春愁重,千里萋迷遠相送。我亦裁詩寄阿連,東風緑遍池塘夢。

---

① 《過鄭州》詩共二首。

## 得錢生蔬畦書却寄①

玉河橋下春波緑，網得錦鱗三十六。中有真珠密字書，封題遠自章江曲。去年君向章江行，秦淮水落秋潮平。勞勞亭邊折楊柳，驪歌凄斷難爲情。今年我作長安客，回首雲波萬重隔。青峰江上數才華，瓊樹風前見顏色。歷歷前塵費夢思，燒蘭擘錦記年時。愛君俊健空餘子，愧我迂疏作導師。書中不盡纏綿語，上言雲樹相思苦。下言五月下章江，還到金陵舊游處。金陵是處好樓臺，近水紅闌面面開。李約瘦人。方干子雲。無恙在，掃除花徑待君來。知君才氣横寥廓，盡捲波瀾歸少作。舊迹重經蔣帝城，壯觀曾上滕王閣。只我愁吟度一春，出門怕踏軟紅塵。誰憐老屋挑燈夜，絶憶玄亭問字人。

## 夏五雜憶②

燕市風光引客愁，漫天絲雨怕登樓。關心重五匆匆去，夢裏吟邊說舊游。

吳儂生小住湖邊，丁字湖波緑可憐。四面明窗新水榭，倚闌閑數麗人船。

吾鄉孌弄數諸郎，幡綽新磨總擅場。記唱六么花十八，城南争賽水仙王。

玉盤珍果説吾家，鞣鞨勻圓絶可誇。留客飽嘗三百顆，吳鹽如雪復如花。

好是漁莊夾水開，網師海口販鮮回。就中鄉味尤堪憶，白白鱘魚上市來。

年年競渡滿晴湖，摇漾中流勝畫圖。一色明妝樓上女，艾人繭虎

---

① 此詩題光緒本詩鈔卷三作《得錢生竹西書却寄》。
② 《夏五雜憶》詩共十首。

小桃符。

方空小扇引涼颸,楚簟斜鋪漾綠漪。魚子蘭花香似夢,惱人最是晚涼時。

最愛清狂王逸少,淙雲。歡場鎮日共追隨。蒲香酒綠應相憶,懶到湖頭看水嬉。

戲鼓十番青雀舫,酒旗一挂綠楊村。當時眼底尋常見,別後思量總斷魂。

軟紅香土滿征衫,節物他鄉百不諧。苦爲離家惹惆悵,阿儂生悔住江南。

### 送汪大劍潭歸揚州① 即題其越游詩稿後

鏡湖水色桐廬雨,蕩漿吳娘浣紗女。落絮游絲舊夢長,迷離心事分明語。久識君身是謫仙,再來仍坐有情天。么弦音響悲如許,青鳥文章奇可憐。玉啼寶唾當風墜,淡是墨痕濃是泪。擁鼻燈前破寂寥,牽愁鏡裏添憔悴。似綺年華彈指過,只餘冶習未銷磨。香詞百闋拈紅豆,净業三生禮貝多。相逢握手靈臺下,君正金門報聞罷。客路無邊宛轉愁,清宵有限凄涼話。孤劍單衣作急裝,江南花落好還鄉。嫌身李廓頻垂泪,失路溫岐易斷腸。君家記住紅橋口,消魂板渚絲絲柳。畫檻春風盡捲簾,青旗細雨争誇酒。我亦懷鄉作越吟,[5]清秋準擬共招尋。好堅跂石眠雲約,一慰傷離惜別心。

---

① 此詩題光緒本詩鈔卷三作《送汪劍潭歸揚州》。按:汪大劍潭即汪端光(1748—1826),初名龍光,字劍潭,澗曇,號烟客、雨禪居士,江蘇揚州府儀徵縣人,祖籍安徽歙縣。乾隆三十六年(1771)舉順天鄉試驗,官至廣西鎮安知府。晚年主講揚州安定、樂儀書院。工書能畫,齋名掃紅閣,著有《禪雨山房詩詞》《涉江集》《過江集》《越游詩稿》諸小集及《花魂詞》《劍潭詩鈔》等。汪端光和楊芳燦相交,據《楊蓉裳先生年譜》載:"乾隆四十三年(1778)春初,應會試,落第。三月,適江西楊桐舫懋珩進士充四庫館總校,延余校勘書籍,遂移寓揚州會館,與黃仲則、汪端光、施雪帆晉、俞少雲鵬翀同寓張尊樓述庵先生宅。"生平參見《〔道光〕重修儀徵縣志》卷三一、《〔民國〕歙縣志》卷一〇《人物志·遺佚》。

## 題白華先生入蜀詩鈔後①

烏櫳盤羊天尺五,劍閣瞿塘極修阻。蜀中山水天下奇,到此詩人例千古。少陵野老隴西客,一時狎作風騷主。二豪一去不復還,後起何人堪步武。雲□□□今詞伯,通籍金閨紆尺組。頃承丹詔下秦關,共見使星占益部。三千禮樂歸王肅,五百門徒尊郭瑀。趨風州將競題車,取道邦君來負弩。是時王師掃蠻落,馳檄飛書日旁午。笮間一戰擒梟獍,劍外千軍擁貔虎。頗聞妙筭煩諸葛,便見長纓牽贊普。儒臣縱不閑韜略,大筆猶能作霖雨。指揮烟墨入凱歌,春夏鉦鐃成樂府。早看巨製鑴金石,還剩餘波紀風土。龍膏須作照海燭,麟皮自是郊天鼓。力追元氣得和平,要使邦人日歌舞。鯫生束髮好吟咏,篆刻雕蟲徒自苦。三錢雞毛弱手腕,百首癡符拙言語。感公大力作導師,教我安心學初祖。一編入手百回讀,悲樂中來頻仰俯。雄詞欲瀉三峽濤,險句疑揮五丁斧。雲安江水清可憐,峨眉山月佳如許。千秋絕調待替人,今代未應無白甫。

**【校勘記】**

[1] 茌:光緒本詩鈔卷三作"茌"。
[2] 繽紛:吟翠軒本《過平原》詩作"紛紛"。
[3] 日:光緒本詩鈔卷三《過平原》詩作"月"。
[4] 光緒本詩鈔卷三《吊陳思王墓》詩無"夙世曾游鄴,今來豈過秦"兩句。
[5] 懷:吟翠軒本《送汪大劍潭歸揚州》詩作"還"。

---

① 白華先生即吳省欽(1729—1803),字衝之,一字充之,號白華,江蘇南匯(今屬上海)人。乾隆三十八年(1763)進士,改庶吉士,授翰林院編修,官至吏部侍郎、督察院左都御史。嘉慶四年(1799)革職遣鄉,後卒。省欽工詩文,有《白華前後稿》《入蜀詩文鈔》等。生平參見《白華後稿》卷首《年譜》。

# 真率齋初稿詞卷一[1]

### 虞美人

獸鐶不啓文鱗鎖,寂寞熏香坐。陰陰斜照上簾衣,一片落花無語背人飛。　羅衣巧襯雙金鳳,猶怯寒威重。春愁如夢不分明,央及杏梁燕子喚他醒。

### 浣溪沙

宿雨初晴度泄雲,流鶯猶自惜餘春。楝花落盡閉閑門。[2]　小市酒旗風帖帖,橫塘漁網水鱗鱗。垂楊影裏浣衣人。

### 蝶戀花

獨倚畫屏山六曲。喚起雛鬟,鎖上文鱗鑰。貼地珠簾烟翠薄,隔墻風弄鞦韆索。　斜抱銀箏嫌寂寞。虬箭三更,好夢偏擔閣。一架薔薇花自落,[3]濛濛涼月聞姑惡。

### 醉春風

蝶趁殘紅過。燕啄香泥墮。綠苔石徑小園扉,鎖鎖鎖。徙倚臨風,瘦軀微恙,清吟難妥。　爐炷沉香火。留伴凄涼我。薔薇架底月初弦,坐坐坐。紫板三聲,紅簫一曲,不教人和。

### 鳳凰臺上憶吹簫

豆蔻湯温,芙蓉衫薄,嬌羞都上眉尖。喚盈盈小玉,捲起湘簾。

瑣碎梧陰半畝,窺人有、一點銀蟾。憑欄處,不知秋到,祇訝愁添。　　憭憭,閑情慧業,似風絮沾泥,着處都粘。把香囊小叩,繡綫輕撏。待覓相思麗句,因凉夢、好寄江淹。羞人見,紅箋一摺,拋向青奩。

### 菩薩蠻

珠簾隱約搖花影,麝臍烟爐香篝冷。門掩小紅樓,月明蟲語秋。　　衾盤金縷鳳,偎枕難成夢。起把玉筝彈,夜深纖指寒。

### 清平樂　泛舟

鏡奩眉嫵,湖水清如許。蘭葉輕風槐葉雨,好個秋光無主。　　興闌欲泛歸橈,隔溪漁子相招。一帶藕花深處,夕陽人影紅橋。

### 燭影搖紅

孤棹邅回,濕雲如夢吳天暝。一彎微月到蘆花,晴雲寒無影。離思匆匆未定。更那堪、漏長人靜。倚舷凝眺,山淡無姿,水明生暈。　　怊悵冬郎,已凉天氣江南恨。冷蛩哀雁攪余思,泪點青衫凝。挘向旗亭酩酊。奈愁思、易催人醒。爲秋銷瘦,詩號秋懷,賦題秋興。

### 浪淘沙　聽雨

落葉帶愁飄,敲響窗寮。相思人度可憐宵。幾片凉雲流不住,夜雨瀟瀟。　　鵲尾嫩香銷,燈也慵挑。羅衾如水夢無憀。自是儂家聽不得,錯怪芭蕉。

### 浣溪紗

殘月窺人畫閣空,碧紗網戶小簾櫳。相思人在峭寒中。　　衾角泪淹愁有迹,枕函香冷夢無踪。一聲寒雁五更風。

## 如夢令

何事芳魂栩栩，飛入翠紅深處。香夢忽驚回，暖日半庭花雨。無語，無語，又被蘋風吹去。

## 雙調望江南

人去也，極目碧雲流。梧葉有情留夕照，柳絲如夢送殘秋。倦倚晚妝樓。　　無聊甚，強把縷鞋兜。纔捉康猧翻玉局，又移么鳳近香篝。誰解個中愁。

## 前　調

輕寒峭，雙掩小窗紗。醉月亭臺銀鑿落，嬉春圖畫玉鴉叉。樂事屬誰家？　　鸞鏡暗，不耐上鉛華。瑤砌雨滋懷夢草，曲欄霜剪助情花。流恨滿天涯。

## 鵲橋仙　初冬

遙山欲暝，濃陰猶滯，雁唳一天雲濕。初冬時候恁溫和，好換却、單衫白帢。　　茶甌浮綠，墨池泛紫，寫得香箋一摺。輕雷細雨似殘春，只多了、半庭黃葉。

## 滿江紅　蘆花

十月江南，誰描出、凄清暮景。休認是、梨花小苑，楊花幽徑。千里迷他孤客夢，一行逗出閑鷗影。正半鈎、微月淡如烟，空江冷。　　長宵裏，霜華炯。斜陽外，雲容靜。願伊休點上，潘郎愁鬢。紅蓼灘頭秋已老，丹楓渚畔天初暝。看兩三、星火傍空濛，橫漁艇。

## 踏莎行　別情

乍引離觴，已添別緒，美人和泪星星語。今宵身在木蘭舟，夢魂仍向樓頭住。　明月蘆花,清霜楓樹,出門便是天涯路。一聲新雁送殘秋,個儂也到秋邊去。

### 少年游　懷儲玉琴

美人何處碧雲流,魚信久沉浮。一行冷雁,幾株衰柳,[4]并作十分秋。　西風若解懷人意,吹夢到揚州。心曲愁濃,眼中天遠,獨倚夕陽樓。

### 滿江紅　咏北齊三才

陵轢詞場,記當日、馬坊賤客。渾不數、偷任竊沈,公然作賊。百卷文章留海島,千秋碑版開沙磧。廿年來、獨擅塞天雄,才無敵。　雕龍手,凌雲筆。才藻富,聲名烈。羨朝來逐北,塵輪亂轍。澆酒難尋荒冢骨,驚人猶剩寒陵石。晉陽城、冤獄竟誰明,爲公惜。溫。

### 前　調

虎臥龍掀,羨阿吉、才華最健。曾記説、淫霖五日,漢書讀遍。萬卷橫陳何足校,半生登覽無時倦。數詞人、一例盡如斯,耽游晏。　宗室秀,金閨彥。駕曹植,方王粲。上華筵作表,袁公色變。對客且尋衣上蝨,逢人便説閨中犬。笑無端、軼事偶拈來,成佳傳。邢。

### 前　調

折節觀書,追涼蔭、板床漸鋭。人誇道、魏家佛助,寮人之偉。弄戟少隨狐兔隊,脱巾老共獼猴戲。只一生、輕薄耐譏嘲,翩翩逝。　遭際盛,才名起。領著作,充常侍。羨官階歷盡,銀青金紫。辭藻合推河北冠,風華好副江南使。算人生、才命得如君,應足矣。魏。

### 菩薩蠻　夜泊姑胥

白沙汀畔停孤棹,一泓水浸寒星小。何處最銷魂,月明黃葉村。　篷窗寒氣重,衾薄難成夢。殘夜酒初醒,西風新雁聲。

### 鳳凰臺上憶吹簫

細雨凝愁,輕寒釀病,西風吹亂檐鈴。漸黃昏時候,翠户初扃。剛是背人私語,將紅泪、彈向銀屏。凄涼境,雕窗影,黑蘭炷烟青。　飄零,個人何處,恨錦字難傳,冷雁無情。早慵敲鳳局,懶炙鸞笙。聽盡蓮壺清漏,寒更永、酒力微醒。欹珊枕,把前宵好夢,記起星星。

### 清平樂　秣陵秋旅

半林黃葉,幾點寒鴉黑。一展酒旗風獵獵,人醉六朝烟月。　故宮玉樹誰攀,土花血影斑斑。款乃聲中歸去,愁雲鎖遍鍾山。

### 臨江仙

草滿瑤階塵滿鏡,鵲鑪殘麝香焦。相思瘦損楚宮腰。花廊月廡,從此罷吹簫。　倚遍危闌十二曲,平蕪去路迢迢。夕陽流水小紅橋。別時折柳,今又長新條。

### 念奴嬌　吳門客舍

回廊閑步,露華寒幾盞,香醪易醒。午夜殘蛩吟四壁,冷月半庭無影。松榻衾寒,蕉窗燈炧,耐此凄涼境。烟鐘津鼓,聲聲總惱清聽。　帶圍日減三分,寂寥客館,誰問休文病。剩有愁城新鎖鑰,付與騷人管領。人孰華予,鬼能笑我,生計渾無定。風前試看,青衫泪點猶凝。

### 子夜歌①

琉璃箋譜香奩句,惜春怕到春濃處。門外雨蕭蕭,梨花落畫橋。　泪珠沾粉臉,蛤帳和愁掩。鸚鵡懺多情,金籠學誦經。

### 前　調

東風輕薄窺羅幕,雛鬟曉啓蒼琅鑰。錦雨隔窗紗,夢回聽賣花。　相思銷玉貌,慵揭菱花照。香霧繞垂鬟,濃熏金博山。

### 前　調

無情燕嘴銜花去,多情蛛網粘花住。去住總銷魂,紅巾凝泪痕。　水晶簾押靜,寒浸春人影。新恨壓眉頭,嬌波橫不流。

### 臨江仙　雨窗柬王二淙雲②

準擬春來銷寂寞,狂朋折簡相招。畫船新漲綠迢遥。踏青挑菜,裙屐小紅橋。　叵耐銷魂窗外雨,泥人過了花朝。者回悶損沈郎腰。梨雲夢杳,花落可憐宵。

### 愁春未醒

烟籠繡戶,日映璇題,漸春夢闌珊,賣餳簫聽過長堤。鸚鵡多情,頻呼小玉語聲低。半杯雀茗,一爐鵲篆,人在樓西。　掠削妝成,朱闌倚處,心緒凄迷。凝晴看、蝶酣錦雨,燕吐香泥。懊惱韶光,玉梨花又壓簾犀。分明記得,去年花底,纖手同携。

### 邁陂塘　題劉古三集後

怪卿家、擲來珠玉,令余燒硯焚稿。劉郎已探驪珠去,底用餘鱗

---

① 此詞牌光緒本詞鈔卷一作《菩薩蠻》。
② 王二淙雲即王相英,參見本書卷四《遣興四首呈劉大仲彝王二淙雲》詩"王二淙雲"條。

剩爪。驚才藻,共剪燭西窗、緑鬟相逢早。寄情縹緲。箏七寶闌痕,九華燈影,總是斷腸調。"九華燈散春人影,七寶闌楷舊酒痕",集中句也。　行期定,檢點隱囊紗帽,離筵又酌瓊醥。送君南浦帆如箭,目斷夕陽芳草。春色好,正花落西湖,香逐沙棠棹。意中人少。只一事煩君,西陵松柏,爲我吊蘇小。時古三之浙東,即以送之。

### 蝶戀花　春寒

片片輕冰凝緑井。鳳脛燈明,一桁簾波靜。雪透腮渦殘醉醒,背人爐内添香餅。　偎定薰籠還道冷,細剪豐貂,巧護雙蟬鬢。鴛瓦霜華看不定,半墻淡月梨花影。

### 南鄉子　二月望日偶成

風脆紙鳶弦,山額浮雲淡似烟。宿鳥無聲蘭夜永,如年,一院輕寒送九天。　覓句擘紅箋,知否閑情在那邊。麝炷香銷銀燭灺,無眠,獨對梅花盼月圓。

### 尉遲杯

西風裏。見冷雁、濛濛落沙尾。閑愁閑悶生涯,乍暖乍寒天氣。春衣纔試。微雨簾纖小門閉。喚雛鬟,慢炷沉香,送九玉梅花底。　恨煞薄倖蕭郎。辜負了、儂家錦箋曾寄。閑擁紅篝,凝淚想枉,説嫁畫眉夫婿。竟忘却、折枝屏後,那夜半、同心珍重意。病懨懨、金縷裙捎,藥烟一綫吹起。

### 風流子　春雨撥悶

盼春春不見,閑凝想、春色在誰家？只膩旨妍詞,少年生計,慵紅悶緑,二月韶華,銷長晝,半敧烏木几,雙掩碧窗紗。微雨如愁,濕雲似夢,一聲歸雁,數點昏鴉。　當初曾相約,春來也、儘教鬥酒研茶。準擬畫船同泛,腰鼓頻撾。奈此去闌珊,者回擔閣,雕梁燕子,綉閣梨花。寄語醉鄉宜到，酩酊爲佳。

## 七娘子

犀釘銀蒜雙朱户。晶簾窣地人無語。爐爇龍涎，裘添貂鼠，春寒似夢無尋處。　零星鈿合香脂污。者回倦鬥新妝嫵。二月韶光，半春愁緒，杏花影裏朦朧雨。

## 一萼紅　促顧大笠舫譜羅襦樂府

坐長宵，有多年舊事，約恨上眉梢。記得當初，新凉天氣，銀毫亂點紅么。譜就了、廬江怨曲，正小樓、蘭燭爇雙條。一桁紅簾，幾聲紫板，莫也魂銷。　零落珠宮法樂，算此生孤負，丈八檀槽。膩雨絲絲，醉雲葉葉，春光又近花朝。料此夜、殘梅院落。任虎頭癡絶也無聊，好把金荃剩稿，寫入冰綃。

## 八聲甘州

晚晴天一抹淡烟浮，捲上玉簾鈎。漸春光如畫，桃花影裏，新月當樓。小炷沉檀一瓣，枯坐聽更籌。好迢迢良夜，不管人愁。　多少閑情慧業，付青瑤硯匣，白定茶甌。自知音人去，慵擘鈿箜篌。最難忘、挪香密約，又幾回，想起爲郎羞。紅箋字、叠成方勝，囑付伊收。

## 青玉案

五更百舌含愁語。語語惜春歸去看。粉蝶爭香梁燕乳。杏圓如豆，荷新似鏡，美景渾無主。　爐中小炷沉香縷，砑紙新、鈔六朝句問，閑裏韶光餘幾許。湘簾不捲，銅環深掩，落盡藤花雨。

## 酷相思

一剪香風吹柳絮。惱亂寸心如許。儘望斷、天涯芳草路。春去也，花無主。花落也，春無主。　回首池臺行樂處，斜照飛紅雨。

只可惜、流光空擲度。人愁也,鶯無語。鶯愁也,人無語。

## 念奴嬌

多情風雨,伴春來、忽又送春歸矣。彈指聲中春九十,麗日輕雲有幾?笑也含愁,醒還似夢,慵上高樓倚。床頭醽醁,判他真個沉醉。　萋萋芳草池亭,蟬前鳩後,到處愁人意。擬趁良朋櫻筍約,錦字奚奴先寄。小鉢研香,圓爐焙茗,寂寂簾垂地。無憀頻問,杏梁雙燕歸未?

## 臺城路

明霞逗出涼蟾影,空階遍流銀汞。詞譜三中,笛吹四上,仿佛瑤天簫鳳。輕飀又動。怕紈扇驚秋,舊愁催送。一鏡芳池,藕花香入鷺鷥夢。[5]　濕螢時駐槐影,繞回廊寂寂,更與誰共?古硯糜丸,磁甌雀茗,儘算騷人清俸。幾回吟諷。奈只是無眠,夜深烟重。清簟胡床,醉歌懷二仲。

### 摸魚兒　韓大景圖有句云:[6]"歸來坐深林,悟到秋生處。"心甚愛之,作此以寄

據胡床、深林獨坐,微茫天色催暮。碧雲幾葉流無影,窣地感秋成悟。秋有語,道還叩騷人、識我家何處?君應不悮。想籬豆花邊,涼蟬聲裏,依約認來路。[7]　淒涼意,不數庾詩工賦,天然空外琴趣。悵悵我亦悲秋者,忍掐檀槽遺譜。拚睡去,枕半榻明蟾,夢與秋同住。玲瓏窗户。正露沁池蓮,夜深人静,花氣冷如雨。

## 消　息　月夜感懷

碧海蟾光,清宵照斷,夢魂千里。小簟胡床,隱囊玉塵,獨上高樓倚。遠笛吟風,夏蟲泣露,百感蒼涼齊起。杳沉沉、瑤宫璃殿,算只有愁難寄。　如意揮來,唾壺敲缺,説恁凌雲豪氣。賣劍買牛,貨羊糴米,生計都非矣。複壁爲傭,吹箎作婢,誰惜英雄心死。懷人意、悲

歌一曲,有頭無尾。

### 浣溪沙

　　寂寞臺城斷客魂,蒼崖如曰鑿雲根。古碑螭獸不堪捫。　　禾黍西風江令宅,松楸斜照杜娘墳。一聲鐵笛暮烟昏。

### 臨江仙

　　最是惱人桃葉渡,浪紋吹皺玻璃。紅泥亭北板橋西。敗荷雙鴨語,高柳亂鴉栖。　　艷字題殘蟬雀扇,費他金粉銀泥。花叢無處奪鶯篦。邀人餐不托,貰酒用偏提。

### 唐多令

　　露彩淡高空,烟華漾斷虹。驗秋聲、一葉疏桐。白紵衫輕凉似水,添幾陣,藕絲風。　　珀盞玉醁濃,腮渦小暈紅。凭香肩、細語歡儂。貪向水晶簾畔坐,花隱約,月玲瓏。

### 喜遷鶯　立秋日柬顧大立方

　　琉璃窗牖。正紵衫初試,嫩凉盈袖。一抹銀雲,三分壁月,酒醒黃昏時候。儘開簾滅燭,攬不盡、清輝盈手。闌干曲,只拈將抹麗,暗香偷齅。　　回首。空感舊。沉李浮瓜,往事卿思否?菡萏池塘,蠨蛸庭院,贏得而今孱憊。相思無可寄,聊數遍、暝鐘清漏。怊悵也,棱棱玉骨、共秋爭瘦。

### 賀新凉

　　蕉館蛩聲起。足清歡、未寒時節,已凉天氣。着意悲秋秋不管,何苦爲秋憔悴?且領略、露華烟翠。小炷沉烟翻梵夾,正桐陰滿院簾垂地。雕梁静,燕歸矣。　　高樓四面山光裏。又何須、揮杯開宴,燭奴燈婢。銷遣閑情無長策,作達放顛而已。儘拈遍、艷詞香偈。眉月半窗花影轉,拂藤床、藉月和花睡。蝶夢覺,輾然喜。

## 西江月

仙骨不煩金鑄,芳心長替花愁。濕烟一院蕩簾鈎,秋雨秋風時候。　小病暗銷粉靨,長啼易損明眸。蕭娘減盡舊風流,只有相思依舊。

## 釵頭鳳　有嘲

朱扉罅,湘簾下,泰娘喚駐青驄馬。擡星眼,回嬌面,茉萸欄藍,枇杷亭院。見!見!見!　同心社,銷魂夜,問卿可便留儂也。桃花片,垂楊綫,有緣招惹,無端繾綣。戀!戀!戀!

## 思佳客

七寶鐙前卸翠翹,更更更漏可憐宵。三分華月芙蓉館,一水明星烏鵲橋。　栽恨葉,種愁苗,綠窗擁髻倩魂銷。他生願化無情樹,不宿青鸞宿伯勞。

## 菩薩蠻

露華净洗雲痕碧,槐龍帶濕吹黃雪。人坐已凉天,弓弓月未弦。　玲瓏文槅子,明入秋螢尾。一瓣水沉焦,挑燈讀六朝。

## 一剪梅

秋到黃昏最寂寥。鳳脛頻挑,鵲腦頻燒。玉人孤坐按秦簫,曲點紅么,泪裏紅綃。　夜色陰陰上綺寮。空院蠦蛸,寒雨芭蕉。魚書無便托江潮,千里人遙,一段魂消。

## 雙調望江南

秋如夢,一院雨廉纖。亞字闌干之字路,桐花庭甃棗花簾。側側晚寒添。　相思意，竟日未曾忺。筆染青螺翻黛譜，墨研烏鰂寫霜縑。因使寄江淹。

### 前　調

腰圍减，芳思漸銷磨。白紵單衫裁却月，紅鹽怨曲唱回波。閑處斂雙蛾。　人迹少，瓊砌草成窠。鬢影恰同花影瘦，泪絲持比雨絲多。怊悵奈秋何。

### 采桑子

一庭霜片黃花瘦，蘭炷初殘。金甋慵翻，簾影玲瓏不隔寒。　柘枝驚斷栖烏夢，城上更闌。樓上衣單，涼月如烟轉畫欄。

### 念奴嬌　讀相如傳有感

平生慕藺，羨襟期、豪宕居然相似。駟馬傳車，經故土，縣令前驅負矢。一曲琴心、千金賦草，巾幗皆知己。雄文照耀，子虛烏有亡是。　回念金馬坊頭，錦官城畔，壁立秋風裏。生世不逢楊得意，埋沒凌雲豪氣。犢鼻穿來，鷫裘典去，謀食渾無計。轉頭虎鼠，英雄大抵如此。

### 水調歌頭　飲淙雲齋中即席賦此

吾愛王曇首，磊落不凡才。隱囊紗帽人物，大似過江來。新葺茅齋半畝，中貯古書萬卷，錯落盡瓊瑰。嘯傲有餘地，庭户絕烟埃。　秋光好，招俊侣，試金杯。任他囚飲鱉飲，令到莫疑猜。我笑酒巾易爛，卿道糟腌耐久，戲語互咍臺。起舞拍銅斗，懷抱爲君開。

### 前　調

天末亂雲捲，圓月涌珠光。呼童四捲簾幕，霜氣浸虛堂。砌角枯桑策策，樹杪飢禽磔磔，哀角噭清商。半醉與君語，磈磊塞中腸。　　吾有願,交俠客,聘名倡。奇鷹俊犬肥馬,射獵上高岡。豪興幾時得遂,妄語差堪快意,昭略瘦而狂。脫鞘看雄劍,苔綉澀寒鋩。

### 前　調

寧有英雄客,不解狹斜游。我生弱不好弄,剌促最堪羞。弄戟魏家伯起,縱博袁家彥道,落魄亦風流。我欲從之去,公定隨我不?　廝中隸,閨中婦,豈吾儔。千場開口大笑,達命底須愁。且典紅衫絳衲,莫負螺杯鸕勺,痛飲餞殘秋。生領酒泉郡,死贈醉鄉侯。

### 憶秦娥

心相語,當初不信離情苦。離情苦,三更殘夢,一城寒杵。　燈飄金穗香銷炷,麝衾豹枕寒如許。寒如許,黃花時節,沉沉秋雨。

### 昭君怨

一派雁聲如語,一院寒聲如雨。愁夢不成圓,夜如年。　香閣鸚哥睡未,綉榻狸奴來未。閑事最相關,喚雛鬟。

### 喜遷鶯　泊舟楓橋聞歌有感

微雲如霧。送晚來幾點、菇蒲涼雨。林影皺紅,潭痕瀉翠,做弄秋光如許。悵行踪無定,繫一葉扁舟沙渚。誰相伴,有蘆花深處,一行眠鷺。　凝佇。天已暮,露柳霜蓮,秋滿楓橋路。弦響根根,蠟光隱隱,隔院謝娘眉嫵。歌聲留不住,又化作、水烟飛去。淒涼意,算者般情味,綵毫難賦。

### 摘得新

初試妝,畫屏凝曉光。桃膠匀膩髮,玉梳香。眉譜新翻鸞翠樣,洗殘黃。

### 前　調

初卸妝,夜衾鋪玉床。玲瓏銀盒子,貯花梁。窣地一聲珠釧落,鏡臺旁。

### 洞仙歌　爲鄒雲瞻題環溪圖①

蓉湖一曲,有垂楊千樹。翠幛深深覆沙渚。記昔年,移艇小坐溪亭,閑凝望,興寄水雲佳處。　　遥山青欲滴,净洗螺痕,昨夜林端過微雨。隔浦夕陽微,放鴨船歸,聽兩兩、烟中人語。又柔櫓嘔啞數聲來,見翠碧窺魚,一雙飛去。

### 前　調

今年重到,展生綃瑩净。携得蓉湖好烟景。把沉香小炷,冰簟平鋪,蕭齋裏,許我卧游消領。　　波痕明似鑒,畫閣紅橋,宛在中流巧相映。演漾白蘋風,葉葉輕舟,吹不了、日邊帆影。算山水清輝足娱人,只少却秋來緑荷千柄。

### 金縷曲

靈境吾曾到。夢魂中、輕軀控住,迦陵仙鳥。帖帖紅霞輕似葉,中界銀潢一道。見七寶、飛樓縹緲。認得少微金字榜,叩瑶扉忽聽天聲悄。青乳濕,白榆小。　　峨冠三士迎余笑。似曾將、星曹舊事,殷勤相告。果是書生仙骨在,不信者般潦倒。被恨繭、愁絲縈繞。三十六年塵劫盡,問可能再赴珠宫召。殘夢醒,碧天杳。

### 摸魚子　送吳松崖赴金陵②

漸春深、飄烟碎雨,韶光陌上初暖。朝來露井香桃瘦,減了紅情

---

① 鄒云瞻即鄒雲成,字雲瞻,諸生,江蘇金匱縣(今無錫)人,工書,能擘窠大字。
② 吳松崖:楊芳燦爲官隴右時師友吳鎮,參見本書詩鈔卷七《和吳大公崖山栖》詩"吳大公崖"條注。

一半。腸已斷,那更送、行人又到離亭畔。垂楊水岸。聽一兩三聲,陽關怨曲,珠泪已成串。　　香醪滿,且酌碧螺春碗,莫言離緒長短。軟風帖帖移帆影,一抹碧波天遠。尋廢苑,把金粉、前朝寫入生花管。郵筒回轉。有雜體新詩,回文小札,頻寄與儂看。

### 滿江紅　寒夜感懷和諤齋舅氏韵

一夢黄塵,人世事、隨他翻覆。君不見,香桃自笑,風荷自哭。儘有熱腸堪任俠,惜無媚骨能諧俗。看容顔、强半爲愁銷,秋眉緑。　　玄蝶化,緗千軸。白鳳吐,才千斛。算墨池滋味,此生嘗足。詩好只應供鬼唱,文成誓不教人讀。錦囊空、祇剩一編書,《東華錄》。

### 前　調

少日詞場,揮彩筆、雲蒸龍變。曾記得,夢中拜賜,玉泜金硯。書上欲摩烏集闕,賦成不數靈光殿。十年來、意氣漸消磨,聲名賤。　　千丈髮,隨年換。一掬泪,和愁咽。恨流光如此,最難消遣。醮墨細臨《鷹嘴帖》,挑燈快讀《虯髯傳》。向人前、擊碎古桐琴,花成片。

### 前　調

霜幕風簾,青楊樹、幾番搖落。翹首望,青天碎碎,珠星作作。一院明蟾清影瘦,五更白雁寒聲惡。耐凄凉、自倒酒罇看,餘醅脚。　　劍欲活,青萍躍。燈欲死,紅蕊落。問人生那得,窮年寂寞。市上好從騶卒飲,朝來更逐毛公博。好男兒、俊健似生猱,寧甘縛?

### 前　調

墨寶騷茵,人争笑、腐儒塗抹。渾不信,窮愁累我,文章無色。枉費千杯玄麝髓,難求半點青虬血。只贏來、磊塊不能平,填胸臆。　　蘭膏爇,心還勢。蠶絲絶,腸應直。嘆年年只與,[8]蠹魚分食。至竟縹緗成底用,少來楮棘何勞刻。不如他、估客競錐刀,驅南北。

### 蝶戀花

丁字簾前千遍繞。咂翠勾紅,攪得春煩惱。雛婢撲將紈扇小,成團飛過王孫草。　　雙翅香痕全褪了。小住花房,好夢花知道。綉閣拈來添畫稿,試看金粉銷多少。

【校勘記】

[1]卷一:此二字原無,據卷心内容補。
[2]花:光緒本詞鈔卷一《浣溪沙》詞作"華"。
[3]花:光緒本詞鈔卷一《蝶戀花》詞作"華"。
[4]株:光緒本詞鈔卷二《少年游》詞作"枝"。
[5]鶯:光緒本詞鈔卷一《臺城路》詞作"絲"。
[6]韓大景圖:光緒本詞鈔卷一《摸魚兒》詞作"韓景圖"。
[7]來:光緒本詞鈔卷一《摸魚兒》詞作"前"。
[8]年年:光緒本詞鈔卷一《前調》詞作"年來"。

# 真率齋初稿詞卷二[1]

### 菩薩蠻

葡桃艷錦絲雙扣,龍梭墮地沉吟久。夢雨濕輕容,巫山十二重。　玉屏花鎖鎖,獨聽啼蛄坐。無奈洛神何,騎魚慣撇波。

### 前　調

櫻桃花暖栖黃蝶,珠簾掩映春雲葉。門掩寶釵樓,朝來懶上頭。　石榴裙樣巧,綫壓雙鴛鳥。茜帶一條條,相思瘦舞腰。

### 前　調

玲瓏窗掩桃花紙,蠙蛦甲弄三弦子。綉被狹香熏,蟠蟠罨鈿雲。　月篩花影碎,人傍花窩睡。惱是夜烏啼,花飛月又西。

### 前　調

嘉文小簟銀絲細,[2]綠鬢着枕香膏膩。[3]懶唱懊儂詞,病闌春去時。　燭花雙苣小,龜甲屏風繞。花外雨瀟瀟,春魂何處招?

### 減　蘭

文窗病起,倚樹微吟憔悴矣。試問鶯兒,春到桃花第幾枝。　坐愁愁坐,欲說相思何處可?六曲廊空,一片斜陽照落紅。

### 滿江紅

沽酒來耶,狂興發、頻呼便了。算還有,春衣堪典,儘教埋照。休覓巴西無睡茗,莫栽堂北忘憂草。只臨風、獨酌獨長謠,游仙早。　　頹然醉，玄關悄。蘧然醒，閑愁攪。問醒何如醉，解人應少。一院香消花有劫，五更寒重風偏暴。趁明朝、挈榼上蘭舟，春還好。

### 前　調

跋扈詞場，惹餘子、紛紛側目。須信道，文工作祟，才原非福。上鏃飢鷹悲鍛翮。飲河渴鼠求充腹。算書生、長物剩無多，書千束。　　妨塗轍，牛何速。登臺省，犀何秃。只可憐憔悴，佳人空谷。若解吹篪寧作婢，未甘穿鼻休爲僕。待覓他、射獵兩當衫，相馳逐。

### 喝火令

豆蔻含唇小，了蘭嬋鬢紅。閑眠偎定錦熏籠。一縷香魂如蝶，度墻東。　　寶簟涼如水，紗屏翠若空。玲瓏月上瑣窗中。無奈燈昏，無奈夜香濃。無奈夢兒回處，幾陣落花風。

### 蘇幕遮　燕

柳風輕，梨雪溶。翠咮紅翎，不羨颺颺鳳。薄暝歸來香雨凍。絮語相偎，似訴春寒重。　　掠珠屏，穿綉棟。那管人愁，又踏簾鈎哢。滿地落花紅不動。銜入新巢，軟襯雙栖夢。

### 摸魚兒　寄王二淙雲

閉重門、悄無人到，荒階苔已成篆。蠻箋摺叠成方勝，倩寄舊時吟伴。腸已斷，問春色、和愁畢竟誰深淺？危欄凭遍。愛空翠濛濛，斜輝淡淡，一縷斷虹茜。　　芳洲路，細草高低似剪，柔波來去如澱。冶游情事渾如夢，花雨半樓人倦。春婉娩，拚讓與、尋香小蝶栖香燕。如何消遣？聽曲彔廊西，丁冬鈴語，也似訴清怨。

### 前　調

據蒲團、《楞嚴》讀罷，旃檀縷縷烟細。闍黎公案誰能悟，略遣煩愁而已。拈短偈，盡度取、一番小劫春聲裏。烏皮棐几。笑斑管欹斜，粉箋狼籍，詩句沒頭尾。　　文窗下，一種悲涼滋味，滿襟無限清淚。落花穩傍苔衣卧，無奈軟風驚起。憔悴矣，怪如此、穠春却有悲秋意。筠簾垂地。又清影窺人，夜闌人寂，松頂月如水。

### 一叢花　并蒂梅子

盈盈雙笑翠梢頭。那許巧鸚偷。相思人在穠兒裏，并香肩、着意勾留。一種心酸，十分情重，生小慣風流。　　紅潮微暈似含羞。春去不知愁。回廊月影涼如水，伴雙栖、翠羽喁啾。的的圓期，青青小字，同夢到羅浮。

### 菩薩蠻　迴文

靚妝新照高臺鏡，鏡臺高照新妝靚。花映薄蟬紗，紗蟬薄映花。　　小篝香霧繞，繞霧香篝小。人去憶殘春，春殘憶去人。

### 前　調

紐絲雙扣輕羅袖，袖羅輕扣雙絲紐。裙襇細凝塵，塵凝細襇裙。　　去鶯催落絮，絮落催鶯去。愁月對空樓，樓空對月愁。

### 青玉案　爲劉杲溪先生題罷釣圖照

星星蟹火明漁磴，收罛笠、懸筊箸。罷釣歸來江渚靜。直鈎無餌，虛舻不繫，大有濠梁興。　　半汀晴雪蘆花冷，吹面微風酒初醒。老雁叫雲天色暝。月寒欲暈，露濃如雨，水碧魚無影。

### 浣溪沙

窣地珠簾小院空，薔薇香露沁嬌紅。月痕如夢隔疏櫳。　　釵影垂垂欹玉鳳，燭煤的的墜金蟲。自摹花樣拂輕容。

### 前　調

一繫斑騅甚處尋,畫橋依舊柳陰陰。別來憔悴到於今。　　未許梨花通半夢,怎教梔子結同心。軟風吹泪濕蘭襟。

### 江神子

晚風簾幕理殘妝。叩紗囊,繫羅裳。小扇單衣,時候好追涼。曲沼新荷圓似鏡,和浪影,照鴛鴦。　　一丸冷月上斜廊。耐思量,斷柔腸。數盡流螢,點點過東墻。坐近海榴花一樹,紅影下,露華香。

### 小梅花　戲倣賀東山體

公莫舞,吾語汝,男兒踏地有千古。傾醇醪,讀《離騷》,狂歌痛飲,亦足以自豪。飛光勸汝一杯酒,雖壽松喬竟何有。莫匆匆,且寬公,聽唱黃鷄,白日呼玲瓏。　　調惡馬,卧空廞,卿復何爲者?山上苗,墻上蒿,結根得地,由來非一朝。金張甲第長安道,富貴應須致身早。大舿頭,困喧湫,如此車前,那可無八騶。

### 前　調

脫吾帽,向君笑,有酒相逢須醉倒。酒三行,杯莫停,悲歌一曲,君可側耳聽。狂呼頭没酒杯裏,俗物休來敗人意。逞雄豪,互詼調,惜少拍張,琴舞琵琶糟。　　傷心事,可憐子,唯我知卿耳。據胡床,凭隱囊,眼前人物,誰得如卿狂?寒陵片石差千古,狗吠驢鳴那堪數。把神捶,困神錐,試聽清談,亹亹從天來。

### 齊天樂

晶簾半捲玲瓏影,絲絲露痕如雨。魚子單衫,蟬翎小扇,人在夜香庭宇。眉峰愁聚,傍亞字雕欄,幾回凝佇。月額纔明,無端又入冷雲去。　　瑤階回盼纖影,爲誰憔悴也,玲瓏如許。連理衾寒,相思夢杳,獨自噴蘭低語。雲間青羽。問爲恁傳書,去來無據。砑得紅箋,懶拈腸斷句。

### 念奴嬌　答顧二學和[4]

嶔崎歷落,笑談間、棄筆投觚而起。少日詞場,吞彩鳳,人識盧家千里。辛味都嘗、丁年易過,氣短謀生計。有誰知得,溫生是大才士。　　須信狂受人憎,才非汝福,寒餓應如此。宿瘤無塩都已嫁,只有夷光未字。世盡言愁,僕原多恨,卿復何爲爾？茫茫交集,伯興當爲情死。

### 石州慢　過鄒愚谷十二樓廢址

桐帽棕鞋,無端尋到,最銷魂處。交鐶凝紫,碎屏腐碧,誰家庭宇？斜陽一片,照見十二樓空,釵光扇影銷何許？雙燕不知愁,只銜花私語。　　凄楚,靖安坊冷,金谷園空,繁華無主。付與攤錢,牧豎撈蝦村女。微波如澱,可惜金粉塘邊,芙蓉蓮子隨他去。剩一樹棠梨,葬年年春雨。

### 齊天樂　束淙雲

泄雲一片篩寒雨,虛幃涼意微逗。彩扇銷香,碧羅淹泪,恰似去年銷瘦。玲瓏窗牖,只孤影相憐,更誰携手。一桁簾垂,暗燈花結小紅豆。　　匡床清夢易覺,聽聲聲點點,亂梢鴛甃。釦砌蛩寒,畫廊蕉碎,并作一宵僝僽。雙眉青鬥。怪幾日西風,替儂吹皺。試把圓冰,病容憔悴否？

### 前　調

梧桐葉裏無多雨,絲絲心上縈繞。憎影移鐙,避愁約夢,總是凄涼懷抱。吟悰暗惱,又佳約尋山,等閑悮了。碎墨零箋,無聊打出斷魂稿。　　相邀擬向南浦,便訪將桂樹。喚個蘭棹。冷濯吟魂,香侵仙骨，俊煞雨襟風帽。芳游草草。也勝似空齋，坐愁行嘯。去否明朝，倚疏窗盼曉。

## 浪淘沙

一桁畫簾前，眉月初弦。珊瑚鈎小挂秋烟。淺碧紗幮光似水，菊影勻圓。　　小立鬅鬙偏，半嚲檀肩。玉盤香水洗珠鈿。料是夢中歡趣少，判个無眠。

## 臺城路　爲晴沙舅氏題春風啜茗小照

頭銜最愛稱茶部，高風更懷桑苧。柿篦拋時，桐瓢携處，飄出冷烟千縷。青驄纜駐。約不夜侯來，共伊容與。此客殊佳，未須更顧索郎語。　　松濤時沸幽耳，又疑瑤甃畔，亂響春雨。細點紅薑，輕研綠雪，小盞盈盈勻注。清幽如許。吹不上京華，一分塵土。謾解朝衫，腋風輕自舉。

## 前　調

一肩茶具隨行屐，朅來錦城閑憩。巴峽寒流，峨眉飛虹，可似江鄉風味。郵筒頻寄。問蒙頂春初，雪芽生未？折脚鐺中，空明滿貯冷雲髓。　　軒窗長日無睡，愛披襟獨坐，風日晴美。琴韵愔愔，墨香浥浥，添上半甌寒翠。閑情如水。憶小杜當年，落花風裏。何似真長，茗柯饒實理。《世説》："劉尹茗柯有實理。"①

## 前　調

長吟平子《歸田賦》，翩然遂吾初服。調水符閑，清人樹老，無恙家山新綠。浪翁水樂。愛別有宮商，不關琴筑。貯月分雲，不勞遠去問甘谷。[5]　　眼前塵事都遣，向林泉勝處，管領清福。冷纈冰花，香

---

① 出南朝宋劉義慶《世説新語·賞譽》篇。

凝雪乳，抵得明珠十斛。燃將湘竹。看魚眼勻圓，嫩湯初熟。破睡風來，萬松涼謖謖。

### 前　調

生綃畫出江南夢，而今果饒歸興。綠捯盈階，紅尖照水，仿佛圖中風影。烟霏雪凝。看水色茶香，故山都勝。只是風前，鬢絲換却舊時影。　相看共有茶癖，記輕風細雨，催喚烟艇。秘色窰邊，長生瓢畔，細和昌黎石鼎。頭綱八餅。怕題起前塵，便勞追省。悟到無言，聽流雲出嶺。

### 戚　氏　方五子雲約同人集雨花臺即席賦此

正春韶。石頭城下繫蘭橈。紅衫白袷，舊時伴侶又相招。道尋。幽興劇。朅來休惜馬蹄遙。猶認蕭家帝子，談經地亭榭周遭。花市開時，酒旗飄處，鈿車來往游遨。愛闌干影外，瀲灔青波，宛轉紅橋。　相看飲興都豪。開樽促坐，塊磊快同澆。何必羨，畫樓弦管，上客金貂。清言似屑，好句如珠，座中各占風標。謝家末婢，衛家叔寶，終不及阿龍超。　兩年離別恨，伯勞飛燕，難得今朝。看我當筵起舞，便夕陽、莫放整回鑣。錦障千重，瓊枝一曲，六代人多少？更南皮北苑佳游好。今都付、蔓草寒潮。只春光、又讓吾曹。伯良會難將薄福消。留將殘醉，好携舊雨，來話前朝。

### 臨江仙　寄仲則

蘭露娟娟清欲滴，嫩涼天氣先秋。相思獨夜倚層樓。懶排金雁柱，怕捲海犀鈎。　記起離居多少事，無眠數遍更籌。砑紅箋紙寫新愁。錦鱗三十六，憑向玉河流。

### 前　調

眉月窺人庭院靜，坐看轉斗橫參。無聊擁鼻只孤吟。燭荷無限泪,棋局不平心。　　驛使傳來新句好,可應題向蘭襟。別來相望到如今。瑟居愁脉脉,小病瘦惛惛。

### 摸魚子　示劉生彥佐兄弟

擅詞場、是何年少,才華別樣清綺。一門兄弟翩翩甚,不數胡奴末婢。携硯几,偏解製、翻香小令回文字。風流誰似。似昔日王朗,清歌一曲,能令謝公喜。　　多情甚,春水干卿何事?也勞枉費才思。多應慧業難忘却,忍俊不禁如是。重記起,我亦有、鵝笙麝帕閑生計。花前葉底。待細搯紅牙,輕拈紅豆,字字爲君記。

### 前　調　丙申七夕

水明簾、深深窣地,一彎眉月催暝。黃姑織女相逢處,露洗銀潢如鏡。庭榭静,看幾個、流螢點綴寒波影。危欄獨凭。恨好夢難圓,愁魂易怯,薄醉旋成醒。　　無聊甚,往事從頭記省,爲誰辜負芳景。雲階月地清歡夜,知否人間凄冷?移石鼎,且點注、清泉細瀹釵頭茗。蓮壺漏永。又聽得聲聲,商颷過處,暗葉打金井。

### 蝶戀花　爲玉溪題小影

小坐药闌苔砌畔。如此風姿,消得卿卿喚。日午畫簾桐蔭轉,水沉一縷飄香篆。　　杏子單衫紅玉釧。滴粉搓酥,兩兩瑶臺伴。半嚲檀肩儂意倦,春風鬢影憑郎看。

### 前　調

金苔同心何處結。歷遍歡場,多少狂踪迹。記得紫騮花下歇,夜明簾捲人如月。　　寫出雙鬟嬌欲絕。尺幅輕容,點綴燕支雪。別後情絲千縷纈,櫻桃花底分明說。

### 前　調

俠骨情腸君自許。硯染青螺,十樣翻眉譜。好是秋香深院宇,隔簫雙玉玲瓏語。　　韋曲烟花無夢去。笑我三生,緣薄吹簫侶。聽盡小窗蕉葉雨,銀箋題出銷魂句。

### 南　浦　懷方子雲

西風嘹嚦,正濛濛、冷雁落空城。恰似去年江岸,絮出別離聲,久斷離居消息。問故人,憶我若爲情？料秦淮簫鼓,鶴湖烟月,一樣水盈盈。　　萬事都教棄置,只難忘,三兩鷺鷗盟。記起西窗剪燭,回首涕縱橫。報道薄游仍落拓,高歌縱酒得狂名。約他年相遇,携樽重過舊旗亭。

### 荷葉杯　寄二弟

一點幽懷難寫,深夜,窗燭背人紅。三更殘夢雁聲中,相見總朦朧。　　冷月黃花籬落,蕭索,一別兩重陽。故園對酒也淒凉,何況是他鄉。

### 摸魚兒　爲劉生彥佐題杏花疏影圖

愛翩翩、青衫白帢,誰家少俊如許。粉纖雲弱花千樹,人坐香香深處。花有語,道第一,功名只賞才人句。銀毫點注。正鰕箔烟濃,蠣墻月淡,紅影倍嬌嫵。　　還説與,好替儂家作主,莫教芳景虛度。粥香餳白清明近,轉眼軟紅香土。扶醉去,認葉葉、青旗沽酒村頭路。隨緣容與。也勝似京華,賣花聲裏,獨聽小樓雨。

### 踏莎美人　將赴金陵徐二彦卿以詞贈別和韻却寄

遠浦帆檣,夕陽烟樹,問儂去去游何處。金陵伴侶又相招,早向津亭喚個木蘭橈。　　惆悵前塵,飄零舊雨,百回記取臨岐語。芙蓉江口長新潮,催過紅泥亭子赤欄橋。

### 如夢令　閨意

放下竹簾清晝,小立碧欄時候。纖手被郎牽,微笑拍他香袖。知否？知否？因甚今年消瘦。

### 減　蘭　赴金陵途中雜書

年年作客，襁襪此行偏觸熱。一葉蜻蛉，數過長亭又短亭。家山如畫，船尾半痕青欲化。新水菱塘，輸與閑鷗占晚涼。

### 前　調

蘭陵城畔，卧聽三更更箭轉。落月如盤，欲攬清輝贈素歡。相思最苦，唯道神交能識路。短夢模糊，咫尺難尋舊酒壚。懷洪稚存、趙眛辛。

### 前　調

新豐水驛，風漾浪紋千頃碧。指點空濛，宋苑齊臺一夢中。放舡京口，痛飲旗亭紅玉酒。半晌停杯，滿目山川憶霸才。

### 前　調

山根如削，鐵鎖懸崖千丈絡。黿作鯨吞，隱隱驚濤奪海門。流光彈指，猶記當年焦隱士。結屋高峰，不管人間浪與風。

### 前　調

真州城下，雪浪奔騰帆似馬。無計淹留，空望停雲憶虎頭。齊年兄弟，少小飄零同一例。轉眼槐花，遲爾秦淮舊酒家。顧立方時客儀徵。

### 前　調

愁風愁雨，津吏問君何處去？三暮三朝，看盡沙頭早晚潮。販脂削鐵，來往此間多估客。何事書生，琴劍飄零也遠行。二套口阻風。

### 前　調

長江天塹，險處足當兵十萬。風急雲高，偃蹇魚龍戲怒濤。天涯游子,對此茫茫愁欲死。怪煞長年,閑坐舡頭白打錢。

### 前 調

瓜皮小艇,兩槳蕩開波底鏡。霧鬢烟鬟,飽看金陵隔岸山。冶城東渚,一載三番來小住。記省前因,莫是齊梁六代人。

### 摸魚兒　送劉生彥佐之楚中

好家山、秋光如畫,君行又向何處?青蒲帆子沙棠柂,遥指楚天烟樹。芳草渡,是舊日、屈原宋玉銷魂路。一家詞賦。算如此師生,而今有幾,怊悵送君去。　勞生事,我亦年年羈旅,滿懷離緒難訴。花前雁底腸回曲,清泪暗彈無數。吟思苦,把硯匣、詩囊携過潯陽浦。歸期休誤。待酒熟梅開,小寒時節,同話竹窗雨。

### 臨江仙　舟過平望

澄碧奩中紅一抹,秋波倒浸斜暈。畫眉橋影向人低。柳腰霜外瘦,菜甲雨餘肥。　一曲漁歌聲未歇,沙頭鸂鶒驚飛。何時覓得綠蓑衣,三間茅屋畔,着個釣魚磯。

### 蝶戀花　吳江道中

秋水一灣雙槳舉。又送行人,過却吳江浦。回首津亭天欲暮,碧雲如畫含殘雨。　獨倚危舷愁不語。無限吟情,付與崔郎句。夾岸丹楓無別樹,夕陽紅到銷魂處。

### 水龍吟　舟中對月有感

浪紋千頃玻璃,蘭舟棹入空明地。推篷遥望,露華吹濕,薄羅衣袂。蠟焰幢幢,簟痕隱隱,清輝如水。恰愁人無賴,眉間心上,無限事,都提起。　莫是誤來人世,倩姮娥、把愁遥寄。奈他碧落深沉,長是玉樓深閉。五夜哀蛩,一天冷雁,逼人愁死。看方諸影裏,絲絲點點,替彈清泪。

### 齊天樂　雪夜排悶

海神慣作魚龍戲,漫空六花零亂。細刻圓冰,輕研碎玉,裝點誰家池館。簾絲串斷。愛脉脉如塵,當庭吹滿。一曲新歌,衍波箋紙付蕭貫。　　青燈掩冉如豆,擁裘孤坐處,更箭頻轉。蓮子杯空,蘆花被薄,無分酒香裀暖。淒涼誰管?便憶起天涯,兩三吟伴。凍合江雲,夜深離夢遠。

### 蝶戀花　題水晶簾下看梳頭册子

月榭花廊春色靚。愛看明妝,故向雕闌凭。學綰靈蛇嬌未整,元家句裏銷魂景。　　窣地夜明簾押静。玉照臺邊,空水寒相映。一片桃花紅不定,添將鬢角春風影。

### 虞美人　題佳人雪藕絲册子

浪花橘子搖空綠,冰簟鋪寒玉。雲藍小袖笑臨風,珍重爲郎洗出玉玲瓏。　　憐渠少小逢珍偶,正是成蓮後。故拈謎語要郎知,認取風吹不斷是真絲。

### 蝶戀花　旅夜

金柝敲更闌夜半。燈暈迷離,抱影眠孤館。一榻青綾偎未暖,荒鷄又把行人唤。　　袖上霜花吹欲滿。裊裊鞭絲,催過溪橋畔。回首吳關天樣遠,柔腸只共車輪轉。

### 前　調

替戾鈴聲寒轉急。絮起閑愁,百種熔心鐵。寒北風高綿欲折,蒼涼古道沙如雪。　　底事芳辰輕遠別。昨夢還家,似有人憐惜。坐轉碧欄干外月,曉寒珍重分明說。

### 望海潮　二月十二日陰平客舍見月有作

短策纔停，征衫小脱，郵亭燈影搖搖。衣上塵沙，夢中烟柳，羈魂生怕長宵。月額一痕描。向曲闌干外，孤照無聊。試看方諸，絲絲愁淚涌紅潮。　　關心故國春韶。正百花生日，誇俊爭嬌。雁齒橋紅，鴨頭波緑，舊游記否今朝？此福也難消。問幾時重見，香焉珠翹。莫更回頭，仿雲無際碧空遥。

### 風流子　茌平道中聽琵琶伎，詢知爲江南人也，感賦

雲山遮望眼。分攜恨、舊日幾曾諳。只牽惹離情，長堤折柳，拋離節物，故國傳柑。旗亭畔，曲邀狂客聽，酒喚玉奴監。釵影玲瓏，風鬟十八，眉痕淺淡，月額初三。　　么絃傳哀怨，嬌歌裏、半含吳語詰誧。惱是吹花嚼蕊，解憶江南。問紅豆拋殘，卿緣底事，青衫着破，我又何堪。觸起一襟愁思，酒不成酣。

### 滿江紅

草草離家，只一片、閑愁相送。猶記得、故人臨別，數聲珍重。攬鏡怕看塵土面，挑燈懶作關山夢。耐淒凉、荒銼冷無烟，衾孤擁。　　星作作，寒芒動。月瀘瀘，浮波涌。儘深更抱影，有誰相共。故國關心聞怨鶴，紅塵滿眼啼飢鳳。夜闌時、清淚萬行垂，風吹凍。

### 邁陂塘　歸鴉

傍層簷、昏雅接翅，微茫天色催暮。林梢幾陣西風急，墨點敧斜無數。烟水渡，愛極目、荒寒打就荆關譜。飄零倦羽。悵塔火明初，山鐘敲罷，去去那能住。　　徘徊處，一派淒聲如語，來朝生怕風雨。回廊柘彈栖難穩，更選誰家高樹。呼伴侶，何不向、孤村流水江南路。吟成樂府。試唤取雙鬟，四條弦上，彈出夜啼苦。

### 同　作　黄景仁 仲則

倚柴門、孤村流水，昏鴉去影如織。分明尺幅倪迂畫，點上米家顛墨。看不得，帶一片、斜陽萬古傷心色。暮寒騷屑。似挾得風來，還兼雨過，催送小樓黑。　　曾相識，誰傍朱門貴宅，上林誰更栖息。羽林金彈休拋灑，我是歸飛倦翮。飛暫歇，恰好趁、江船小坐帆牆側。啼還啞啞。笑畫角聲中，暝烟堆裏，多少未歸客。

### 真珠簾 冰花

誰將面面琉璃鏡，照出雯華層叠。香色了難尋，最高寒標格。花工小住光明界，早枝葉、生來都別。瑩徹。似一叢騫樹，逗來圓魄。　　惜少嗛雪璃霜，做紅嬌紫妊，助他顏色。移榜水晶簾，怕誰人偷折。奈他彈指銷融後，都化作冷雲無迹。愁絶。似殘春風雨，一般憐惜。

### 風流子

風光逾百六。飄零客、那得不思家？只望遠凝愁，鷓鴣心事，依人作活，燕子生涯。無慘甚，回腸縈宛宛，舊恨記些些。譜就新歌，紅絲小硯，挑將好句，韵字輕紗。　　極知作計誤。燕南路、難禁滿目風沙。可惜一聲彈指，過却韶華。正遠夢模糊，銀釭半點，離心破碎，畫鼓三撾。知否江南春信，開到梨花。

### 河　傳 夏仿聞隔院歌聲有感

宛轉，淒怨。路迢迢，隔斷紅牆綺寮。香喉一呂可憐嬌，長宵，惱人翻六么。　　我亦康陵傳舊譜，箏琶鼓，紅豆當場數。到而今，恨飄零，空庭，倚欄和泪聽。

### 前　調

記否，紅袖。綺筵前，玉指纖纖攏弦。念奴嬌破想夫憐，纏綿，銷魂自去年。　　觸起前塵惆悵夢，江南弄，驀地風吹送。棗花香，月影涼，思鄉，夜深人斷腸。

### 燭影搖紅　燈花

花影垂垂，簾紋窣地冰荷小。多情偏向獨眠人，逗出香心巧。一剪春紅未了。伴梨雲、夢中縹緲。篆香銷後，玉局閑時，暗愁多少。　　佳約關心，明朝好盼三青鳥。却憐寒暈轉迷離，瘦影和烟抱。六曲屏山繚繞。護輕風、不教吹到。百般憐惜，祝取他時，照人雙笑。

### 卜算子　夏夜

露脚細無聲，吹濕湘簾影。一點蠟燈紅，小閣如烟艇。　　雪色越甌圓，新點釵頭茗。斜月到花遲，倚遍闌干等。

### 菩薩蠻　蒲扇

扳蒲誰唱湖千曲，織成便面烟痕綠。生傍水雲鄉，拈來意便涼。　　如今懷裏裹，莫怨秋風起。塘上泣嬋娟，前身更可憐。

### 望湘人　爲吳執虛題湖田書屋圖①

愛平畦數棱，老屋三椽，卜築雲波佳處。菱芡初肥，魚蝦大上。好是露朝星暮。隔斷浮塵，此間恰稱，詩人家住。儘安排、筆格琴床，試咏天隨漁具。　　三載軟紅香土。向吟邊夢裏，鄉思無據。甚日歸來，好傍湖千容與。白水盟心，青山招手。我亦舊時鷗鷺。待他

---

① 吳執虛即吳蔚光（1743—1803），字㧑甫，一字執虛，自號竹橋，又號湖田外史。世居安徽休寧，四歲遷居江蘇常熟。乾隆四十五年（1780）進士，選庶吉士，授禮部主事，分校四庫館，後辭官回鄉（常熟），潜心著述，擅長古文，詩詞尤佳，藏書以萬數計。吳蔚光著述豐瞻，有《古金石齋詩前後集》《毛詩臆見》《小胡田樂府》《執虛詞鈔》《素修堂詩集》《素修堂文集》等。生平參見《〔光緒〕常昭合志稿》卷二七、《〔同治〕蘇州府志》卷一三〇《人物》、法式善《存素堂文集》卷四《例授奉直大夫禮部主事吳君墓表》。

年、摒擋浮家，笑把釣輪同去。

### 木蘭花慢 竹簾

是湘雲一片，誰剪落，影娟娟。看愁淚無痕，離魂欲化，院後廊前。玲瓏，冷波低蕩，任花風裊上水沉烟。曉露千絲碧窨，夕陽一桁紅偏。　明玕，戍削可人憐，最好已涼天。憶舊家風景，蓣花小閣，箬葉輕船。而今水雲無分，只紅塵遮斷便疑仙。留伴桃笙八尺，日長枕手閑眠。

### 一萼紅 瓦松

檢青箱，記六朝詞客，慣咏昔邪房。者是人間，繁華變相，眼前小小滄桑。看和雨、和烟生遍，更難尋、古篆辨香姜。一片模糊，埋殘鷗吻，覆遍鴛鴦。　莫怪名齊蒼叟，比墻蒿路草，却耐風霜。澀浪平傾，承塵半腐，幻成思綠悲黃。曾經過、荒宮破廟。迷離幾簇弄斜陽，偏向斷無人處，做盡淒凉。

### 念奴嬌

錦筵紅燭，酒三行以後，拍張言志。但得索郎同旅語，眼底何知許事。如此良宵，爲招座客，各試平生技。蔗竿爲仗，下階三中其臂。　便擬火底調笙，柱間縛角，演出魚龍戲。打鼓竭來騎屋棟，竟作摻撾而起。人笑顛狂，我誇跌宕，任達爲佳耳。誰能端坐，讀書作老博士？

### 臨江仙

花瑄無聲虬水咽，比肩人倚紅樓。拈將夜合入磁甌。玉纖斟翠醥，珍重解郎愁。　叠叠涼雲相掩映，素娥也似嬌羞。曲闌干畔笑凝眸。滿簾花影好，不肯上銀鈎。

【校勘記】

［１］卷二：此二字原無，據卷心内容補。
［２］嘉：光緒本詞鈔卷一《前調》詞作"冰"。
［３］香：光緒本詞鈔卷一《前調》詞作"蘭"。
［４］顧二學和：光緒本詞鈔卷一《念奴嬌》詞作"顧學和"。按：顧學和爲楊芳燦表兄顧敦愉，參見本集卷六《答顧二學和》詩"顧二學和"條注。
［５］問：光緒本詞鈔卷一《前調》詞作"向"。

# 參考文獻

## 一、古代文獻

### （一）地方舊志

《〔光緒〕浦江縣志》：（清）善廣修，張景青纂，《中國地方志集成·浙江府縣志輯》第54冊影印民國五年（1916）黃志璠再增補鉛印本，上海書店出版社2011年版。

《〔光緒〕遂昌縣志》：（清）胡壽海修，（清）褚成允纂，《中國地方志集成·浙江府縣志輯》第68冊影印光緒二十二年（1896）刻本，上海書店出版社2011年版。

《〔光緒〕吳江縣續志》：（清）金福晉等修，《中國地方志集成·江蘇府縣志輯》第20冊影印光緒五年（1879）刻本，鳳凰出版社2008年版。

《〔光緒〕無錫金匱縣志》：（清）裴大中、倪咸生修，（清）秦緗業纂，《中國地方志集成·江蘇府縣志輯》第24冊影印光緒七年（1881）刻本，鳳凰出版社2008年版。

《〔光緒〕武進陽湖縣志》：（清）湯成烈等纂等纂，《中國地方志集成·江蘇府縣志輯》第37冊影印清光緒五年（1879）刻本，鳳凰出版社2008年版。

《〔光緒〕青浦縣志》：（清）汪祖綏等修，（清）熊其英、邱式金纂，《中國地方志集成府·上海府縣志輯》第6冊影印光緒五年（1879）尊經閣刻本，上海書店出版社2010年版。

《〔光緒〕江西通志》：（清）劉坤一等修，（清）劉鐸、趙之謙等纂，首都圖書館藏光緒七年（1881）刻本。

《〔嘉慶〕靈州志迹》：（清）楊芳燦等修，（清）郭楷撰，蔡淑梅校注，中國社會科學出版社2015年版。

《〔嘉慶〕松江府志》：（清）宋如林修、孫興衍等纂，《中國地方志集成·上海府縣志輯》第 1 册影印嘉慶二十三年（1818）刻本，上海書店出版社 2010 年版。

《〔同治〕蘇州府志》：（清）李銘皖、譚鈞培修，《中國地方志集成·江蘇府縣志輯》第 7 至 10 册影印光緒九年（1883）刻本，鳳凰出版社 2008 年版。

## （二）經部

《説文解字》：（東漢）許慎撰，中華書局 2013 年版。

《釋名疏証補》：（清）王先謙撰，上海古籍出版社 1985 年版。

## （三）史部

《清史稿》：趙爾巽等撰，中華書局 1977 年版。

《清實録》：中華書局 1985 年版。

《大清一統志》：影印文淵閣《四庫全書》本，臺灣商務印書館 1986 年版。

《碑傳集》：（清）錢儀吉編，《清代傳記叢刊》第 106 至 114 册，臺北明文書局 1986 年版。

《國朝耆獻類徵初編》：（清）李桓編，《清代傳記叢刊》第 127 至 191 册，臺北明文書局 1986 年版。

《洪北江先生年譜》：（清）呂培等編，《北京圖書館藏珍本年譜叢刊》第 116 册，北京圖書館出版社 1999 年版。

《黄仲則先生年譜》：（清）毛慶善編，《北京圖書館藏珍本年譜叢刊》第 117 册，北京圖書館出版社 1999 年版。

《楊蓉裳先生年譜》：（清）楊芳燦編，（清）余一鰲續編，《北京圖書館藏珍本年譜叢刊》第 120 册，北京圖書館出版社 1999 年版。

《國朝詩人徵略》：（清）張維屏撰，中山大學出版社 2004 年版。

《國朝先正事略》：（清）李元度撰，岳麓書社 2008 年版。

《清史列傳》：王鍾翰點校，中華書局 1987 年版。

《四庫全書總目》：（清）永瑢等撰，中華書局 1965 年版。

## （四）子部

《世説新語》：（南朝宋）劉義慶著，沈海波校注，中華書局 2007 年版。

## （五）集部

《漢魏六朝百三家集》：（明）張溥輯，影印文淵閣《四庫全書》本，臺灣商務印書館1986年版。

《全唐詩》：（清）彭定求等編，中華書局1960年版。

《芙蓉山館詩詞稿》：（清）楊芳燦撰，上海圖書館藏乾隆五十七年(1792)石渠選刻。

《芙蓉山館詩鈔》：（清）楊芳燦撰，南京圖書館藏乾隆五十八年(1793)松花庵刻本。

《芙蓉山館詩鈔續刻》：（清）楊芳燦撰，南京圖書館藏嘉慶三年(1798)松花庵刻本。

《芙蓉山館師友尺牘》：（清）楊芳燦撰，北大圖書館藏光緒十四年(1888)賜書堂聚珍排印本。

《辟疆園遺集》：（清）楊芳燦、楊揆撰，國家圖書館藏乾隆六十年(1795)刻本。

《梁溪詩鈔》：（清）顧光旭撰，國家圖書館藏嘉慶元年(1796)刻本。

《桐華吟館詩稿》：（清）楊揆撰，上海圖書館藏嘉慶六年(1801)刻本。

《竹初詩鈔》：（清）錢維喬撰，南京圖書館藏嘉慶十三年(1808)刻本。

《亦有生齋集》：（清）趙懷玉撰，南京圖書館藏道光元年(1821)刻本。

《兩當軒全集》：（清）黃景仁撰，南京圖書館藏咸豐八年(1858)黃氏家塾刻本。

《芙蓉山館全集》：（清）楊芳燦撰，《續修四庫全書》第1477冊，上海古籍出版社2002年版。

《春融堂集》：（清）王昶撰，《續修四庫全書》第1437至1438冊，上海古籍出版社2002年版。

《小峴山人詩文集》：（清）秦瀛撰，《續修四庫全書》第1464冊，上海古籍出版社2002年版。

《頤道堂詩選》：（清）陳文述撰，《續修四庫全書》第1504冊，上海古籍出版社2002年版。

《湖海詩傳》：（清）王昶輯，《續修四庫全書》第1625冊，上海古籍出版社2002年版。

《湖海文傳》：（清）王昶輯，《續修四庫全書》第 1668 册，上海古籍出版社 2002 年版。

《國朝詞綜》：（清）王昶撰，《續修四庫全書》第 1731 册，上海古籍出版社 2002 年版。

《松花庵全集》：（清）吴鎮撰，《中國西北文獻叢書》第 165 册，蘭州古籍書店 2008 年版。

《響泉集》：（清）顧光旭撰，《清代詩文集匯編》第 375 册，上海古籍出版社 2010 年版。

《存素堂文集》：（清）法式善撰，《清代詩文集匯編》第 435 册，上海古籍出版社 2010 年版。

《洪亮吉集》：（清）洪亮吉撰，劉德權點校，中華書局 2001 年版。

《吴梅村全集》：（清）吴偉業撰，李學穎集評標校，上海古籍出版社 1990 年版。

《小倉山房詩文集》：（清）袁枚撰，周本淳點校，上海古籍出版社 1988 年版。

《清詩話》：（清）王夫之等撰，丁福保輯，上海古籍出版社 1978 年版。

《清詩別裁集》：（清）沈德潛輯，影印乾隆二十五年（1760）教忠堂重訂本，中華書局 1975 年版。

《清名家詞》：（清）陳乃乾輯，上海書店 1982 年版。

《聽秋聲館詞話》：（清）丁紹儀撰，中華書局 2005 年版。

《清代碑傳集》：（清）錢儀吉輯，上海古籍出版社 1987 年版。

《歷代詩話》：（清）何文焕撰，中華書局 1981 年版。

《詞律》：（清）萬樹撰，上海古籍出版社 1984 年版。

《列朝詩集》：（清）錢謙益撰，許逸民、林淑敏點校，中華書局 2007 年版。

## 二、近現代文獻

### （一）著作

《晚晴簃詩匯》：徐世昌編，中華書局 1990 年版。

《唐宋詞格律》：龍榆生著，上海古籍出版社 1978 年版。

《全漢三國晉南北朝詩》：丁福保編，中華書局 1959 年版。
《先秦漢魏晉南北朝詩》：逯欽立輯校，中華書局 1983 年版。
《全清詞鈔》：葉恭綽編，中華書局 1982 年版。
《清詩紀事》：錢仲聯主編，鳳凰出版社 2004 年版。
《詞話叢編》：唐圭璋編，中華書局 2005 年版。
《清詞叢論》：葉嘉瑩著，北京大學出版社 2008 年版。
《清詞史》：嚴迪昌著，浙江古籍出版社 2001 年版。
《清詩史》：嚴迪昌著，浙江古籍出版社 2002 年版。
《清詩流派史》：劉世南著，人民文學出版社 2004 年版。
《清代人物生卒年表》：江慶柏編著，人民文學出版社 2005 年版。
《清人別集總目》：李靈年、楊忠主編，安徽教育出版社 2007 年版。
《清代通史》：蕭一山編，中華書局 1986 年版。
《清詩史》：朱則杰編，江蘇古籍出版社 2002 年版。
《全清詞·雍乾卷》：張宏生編，南京大學出版社 2012 年版。
《清人室名別稱字號索引》：楊廷福等編，上海古籍出版社 1988 年版。
《清人文集別錄》：張舜徽著，華中師範大學出版社 2004 年版。
《無錫望族與名人傳記》：趙永良、蔡增基編，黑龍江人民出版社 2003 年版。
《無錫望族與名人傳記續編》：趙永良、蔡增基編，中國文聯出版社 2007 年版。
《袁枚年譜新編》：鄭幸著，上海古籍出版社 2011 年版。
《明清江蘇文人年表》：張慧劍著，上海古籍出版社 1996 年版。
《楊芳燦集》：楊續容、靳建民點校，人民文學出版社 2014 年版。
《清代詞社研究》：萬柳著，中州古籍出版社 2011 年版。
《江蘇藝文志·無錫卷》：南京師範大學古文獻整理研究所編著，江蘇人民出版社 1995 年版。
《江蘇藝文志·揚州卷》：南京師範大學古文獻整理研究所編著，江蘇人民出版社 1995 年版。
《江蘇藝文志·常州卷》：南京師範大學古文獻整理研究所編著，江蘇人民出版社 1994 年版。
《江蘇藝文志·蘇州卷》：南京師範大學古文獻整理研究所編著，江蘇人民出版社 1996 年版。

## （二）論文

《〈晚晴簃詩匯〉之乾嘉詩卷研究》：李美樂撰，上海大學中國古代文學專業2014年博士學位論文，指導教師張寅彭教授。

《清人選清詩與清代詩學》：王兵撰，北京語言大學中國古代文學專業2009年博士學位論文，指導教師黃卓越教授。

《乾嘉代表詩人研究》：趙杏根撰，蘇州大學中國古代文學專業2005年博士學位論文，指導教師錢仲聯教授。

《〈乾嘉詩壇點將錄〉研究》：周文靜撰，揚州大學中國古代文學專業2013年碩士學位論文，指導教師許建中教授。

《楊芳燦及其詞研究》：王麗娜撰，西南大學中國古代文學專業2013年碩士學位論文，指導教師胥洪泉教授。

《楊芳燦及其詩詞研究》：杜運威撰，寧夏大學中國古代文學專業2014年碩士學位論文，指導教師顧建國教授。

《〈清史稿·文苑傳〉補正》：陸湘懷撰，《浙江師大學報》1996年第4期。

《清代江南文學家族的特徵及其對文學的影響》：羅時進撰，《江蘇社會科學》2009年第2期。

《清代江南文化家族雅集與文學創作》：羅時進撰，《文學遺產》2009年第4期。

《明清無錫進士簡論》：杭建偉撰，《明史研究》第8輯。

《梁溪詩派述論》：王文榮撰，《蘇州大學學報》2011年第3期。

《袁枚佚劄四通考述——兼及袁枚、楊芳燦交游考》：鄭幸撰，《蘇州大學學報》2008年第6期。

《余一鼇與楊芳燦、顧翰、卞紹儀諸家親族關繫考》：林玫儀撰，《中國文史研究集刊》2011年第38期。

《楊芳燦詞輯佚及其價值》：杜運威、叢海霞撰，《嘉興學院學報》2014年第1期。

《袁枚與趙翼交游考述》：王英志撰，《徐州師範大學學報》2002年第1期。

《論清代游幕學人的撰著活動及其影響》：尚小明撰，《北京大學學報》1999年第5期。

# 半部論語齋初草

〔清〕趙尚仁 撰　　王　敏 整理

# 整理説明

《半部論語齋初草》一卷，清朝趙尚仁撰。光緒二十五年（1899）前成書。《中國西北文獻叢書》第六輯《西北文學文獻》第十九卷影印了《半部論語齋初草》民國三十年（1941）抄本，由於作者稿本或已亡佚，故此抄本爲現今唯一傳世、最易獲得、流傳範圍最廣的本子。此本書名頁背面有慕壽祺題識，正文共十二頁，每半頁九行，行二十一字，版心題頁碼。

趙尚仁，生卒年不詳，約清同治、光緒時（1862—1908）在世，字壽山，靈州（今寧夏靈武）人。光緒甲午（1894）科舉人，英年早逝。曾爲寧夏鎮邊將軍張俊府下幕僚，與當時甘肅名儒慕壽祺、寧夏文人吴復安等交好。趙尚仁工書法，書體頗似松雪，另有文《龍見井中歌有序》傳世。《〔民國〕朔方道志》卷一七《人物志二·學行》有傳。

《半部論語齋初草》爲趙尚仁的詩歌選集，其名由來約取"半部《論語》治天下"之意。該書共包含歌行、律詩、絶句等各體詩歌共四十九首，卷末有趙尚仁序、慕壽祺跋語、潘宗岳題詩、雷應龍題詩并跋等。其詩歌内容主要以咏史、寫景和咏物爲主，作者常居寧夏，其詩歌多書寫西北地方風土人情，如《賀蘭山懷古七律》《丁酉六月游賀蘭山》《灘上羊》等，同時其詩歌中也反映了一些清末西洋文明對時人生活的影響，如《火輪船》《電報》《電燈》等，而更多的詩歌則着眼於現實生活，抒發其建功立業的志向，如《書齋有感》《題盧生睡像》等。

據民國二十八年（1939）慕壽祺所撰跋語可知，此書爲"寧夏趙壽山同學在張府設帳時之所贈也，詩意清新，筆姿秀極，藏之已四十年餘年矣"，故此書於光緒二十五年（1899）之前即已成書。此本後經潘宗岳、董席珍、雷應龍等借讀并題語，最後於慕壽祺六十七歲時（即1941年）交由"寧夏省城民衆教育館妥慎收藏"（卷前慕壽祺題識）。原稿本或已亡佚，現今所見抄本卷末有"以上共寫三仟柒佰肆拾捌字"字樣，應據原稿本所抄。

作爲趙尚仁唯一傳世的詩歌選集，《半部論語齋初草》具有重要的文獻價值，主要表現在：第一，趙尚仁作爲清末寧夏地區較爲著名的詩人，其詩歌創作內容大部分與寧夏有關，對於研究寧夏地方文化和歷史具有重要的參考意義。第二，趙尚仁英年早逝，相關研究資料甚少，此詩集爲研究趙尚仁的生平及其文學創作提供了寶貴的文獻資料。第三，由於《半部論語齋初草》稿本或已亡佚，此抄本爲趙尚仁詩集唯一留存下來的孤本，因此具有重要的版本價值。《中國西北文獻叢書目錄》第六輯《西北文學文獻》對該書有著錄。孫遜、段懷君、田富軍等撰文研究過該書，目前尚未有該書的整理成果。

整理者主要以標點、校勘、注釋等方式對《半部論語齋初草》進行整理。校勘以《中國西北文獻叢書》第六輯《西北文學文獻》影印本爲底本，以孫遜（即孫鴻書）《趙尚仁及其游賀蘭山遺詩十九首》（簡稱《寧夏文史》本、《征雁留踪——孫鴻書詩文集》本（簡稱《征雁留踪》本）、《寧夏歷代詩詞集》爲參校本。書後據《〔民國〕朔方道志》卷二八《藝文志五·頌歌》，附錄趙尚仁撰《龍見井中歌有序》。

# 半部論語齋初草

## 賀蘭山懷古

　　黃水之西流沙東，賀蘭突出莽榛中。晉室江山悲禾黍，夏王宮觀亂蒿蓬。憶昔鹿走音塵絕，中原因之土崩裂。胡兒獵火照狼山，將軍露布馳汗血。須臾搖曳星斗轉，四海鼎沸波濤卷。鐵弗西陲方勃勃，柔然北地復蠕蠕。黃袍赤瑞歸炎室，天下侯王化爲一。相稱富文將韓范，附鳳攀龍爲時出。嵬理宿有經邊略，阻河依山縱抄掠。花門回鶻已成擒，爵姓再經天子削。西征大將數無功，盈廷蛙黽鳴閣閣。男兒馬革裹尸還，安知殺死填溝壑。[1]自從皇祐來天使，銅面能教敵膽墜。大勇豈盡讀書人，肉食知非匹夫類。即如銀川寨，未休永樂戍。營壘夜半水涌來，擁師趨走不暇顧。虜騎急馳騖，鈔絕糧餉路。鐵鷂天上下，河西飛軍渡。雄兵卌萬一朝屠，朔方健兒紛無數。元老尸居無建明，三旨謠諑邊事誤。[2]至今舉酒話當年，河山羅列入華筵。赫連之都元昊宅，巋然宮闕聳雲巔。曾幾風風復雨雨，殘甓斷甍委灰土。空有斜陽照林隝，鳥啼花落春無主。同此秋草沒宵漫，淒風肯使朽骨寒。山凹鬼哭陰燐暗，對此無能生辛酸。浩歌懷古增悲哀，麋鹿在牧鴻不來。[3]千金難買枯骨回，枯骨童童沙場堆。沙場戰骨君莫數，請爲君歌戰場苦。戰場滿地皆金鼓，驍騎奔騰踰狼虎。靡城若振槁，搴旗若拉朽。統帥或非人，勁軍成木偶。號令奮迅雷車走，一夜風沙暗刁斗。旌颭雷掣蛟龍吼，肝腦紛紛塗原藪。豈無披堅誇斬首，[4]發縱何異功之狗。嗚呼！曠世英雄不數睹，絳灌無文何無武。

君不見,髑髏臺前白草生,名臣勇將共千古。

## 賀蘭山懷古  七律①

　　形如駿馬賀蘭名,[5]兩翼高舒控帝京。岩岫插天雲出没,閭閻撲地雨陰晴。邊聲久道黄龍戍,勝蹟猶談白豹城。獨惜關山千里月,年年空照漢家營。

　　天開萬古一屏風,雍地觀瞻壯太空。勢接隴西秦代郡,峰臨雲朔夏王宫。匈奴覷得山河破,戰士贏來血汗紅。割據雄圖今已矣,群巖奔走盡朝東。

　　萬古心胸一目開,銜杯數盡漢唐才。衛蘇勳業摧風雨,郭李功名冷土灰。五鎮血腥迷戍火,三封白骨雜蒿萊。單于久不爲邊患,旗礩猶探舊將臺。

　　滌署宫亭起麓頭,寒生五月即清秋。荒城虚落青山日,古木空摇麗景樓。牧豎踏平元昊宅,耕夫犁耘赫連邱。嵯峨棟宇今安在,故物當年碧瓦留。

　　伊誰仗劍抉銀河,萬里邊陲净洗戈。夏國群酋沙際滅,漢時遺壘月中多。當年羅拜無回鶻,終古流輸有槖駝。莫論英雄成敗事,江山翻覆去來波。

　　殺氣喧豗覆北陂,陰崖戰鬼泣啾啾。小番文字沈沙影,大漢衣冠逐濁流。黑水淘殘察罕腦,黄埃埋没可汗頭。荒臺不老青天日,割據英雄問髑髏。

　　天劃高山限外夷,阿蘭疊疊聳西陲。三峰筆削卑沙嶺,一脉蜿蜒走月氏。牧馬空傳靈武詔,料民深患太原遺。唐宗漢帝皆坏土,[6]説與癡僧總未知。

---

　　① 《賀蘭山懷古》詩共十首。

阿蘭突兀接青空,夏國山河並眼中。玉塞屏藩今坐鎮,銀川門户舊稱雄。繼遷冢上鵰盤月,拓跋營頭虎嘯風。烽堠一千三百所,受降遺蹟説韓公。

畫圖之上識英雄,昔日邀游牙市中。支手丸泥封赤木,千年殘照鎖青銅。張吴不把頭顱擲,韓范徒勞汗血功。遮莫賀蘭山叟笑,飽看蘿月聽松風。

年來駑末愧疏慵,探勝名山入滾鐘。仄徑卅餘環赤木,[7]參天百尺俯青松。涓涓石眼泉如乳,簇簇峰腰草長茸。會是結廬嵌壁下,四時風物自葱籠。

## 聞官軍收復河湟

兵氣連雲朔漠秋,黄河不改水東流。將軍夜戰臨羌界,父老猶追恪靖侯。畫鼓金笳烟塞暝,花門劓面血腥留。今番解甲鐃歌奏,算得元勛第一籌。

## 同吴心齋游賀蘭山①

奇峰峭壁壯登臨,杯酒當風對客斟。搔首問天慚覓句,[8]浮雲出岫本無心。名山獨據三邊勝,流水相逢一曲琴。滿把俗塵拋世外,且持雄劍學龍吟。

老僧邀客破荒凉,各有留題在上方。萬疊奇峰迷望眼,雙環流水浣枯腸。邊城縹緲人烟迥,梵刹玲瓏道路長。好景一時看不盡,湖山風月貯奚囊。

---

① 《同吴心齋游賀蘭山》詩共二首。吴復安:字心齋,趙尚仁好友。

### 和壁間韵①

石壁峻嶒窄徑通,神仙削就賀蘭峰。赫連宮闕千林亂,秦晋山河一鑒空。筆架高撑銀漢表,花門埋没碧墳中。紛紛割據今安在,直欲窮幽到九重。

### 閒步僧寺

輕輕山寺煮茶烟,方丈孤僧懶坐禪。半壁名經空色相,三生香火證因緣。兜羅寶樹行無礙,卍字蓮花聽自然。欲向如來參妙偈,破除煩惱近諸天。

### 兼過耶穌堂

西人自古善遨游,接軫聊臚繞地球。入夢金身來佛國,駝經白馬返神洲。沙門象教留中土,震旦乾坤半比邱。今日商艫羅海汉,滿天螻蟻蕩輪舟。

### 丁酉六月游賀蘭山②

薰風鎮日未停騑,直送斜陽上翠微。野鳥爭投林下宿,殘雲猶傍馬頭飛。千岩暝色迷蘿徑,一味凉颷逗葛衣。松寺果園遥指處,支藤蹩躠老僧歸。

一鏡朦朧出海湄,山鐘撞罷未晨炊。黃粱大夢今朝覺,赤木雄關昔日推。元昊宮中人挈榻,阿蘭廟上客題詩。偶來小憩松陰下,正是茶香酒熟時。

深深山寺又鳴鐘,游到雲峰第幾重。路入禪林時怖鴿,松林絶澗

---

① 吳復安有一首《賀蘭懷古》,與這首《和壁間韵》有異曲同工之妙。詩歌具體内容如下:賀蘭山色望玲瓏,虎踞龍蟠氣象雄。筆架高撑銀漢表,金波遥映戍樓中。關名赤木層巒險,河出青銅萬派通。烽堠一千三百所,籌邊策略記韓公。

② 《丁酉六月游賀蘭山》詩共四首。丁酉:即光緒二十三年(1897)。

欲飛龍。餐分道士青精飯，拂讀碑文碧蘚封。卓午烟輕還煮茗，繩床徙倚樹蔭濃。

黃昏散步入空冥，貝葉香風說佛經。禪院有僧時出走，山門無客掩重扃。松泉淅瀝餘清響，雲樹微茫辨列星。幾度游仙驚夢破，閑階竹露又東丁。

### 過磁州題曹阿瞞疑冢

我來滏陽憩，有客話邯鄲。翻作邯鄲歌，歌罷起長歎。懷古愴英雄，令我生辛酸。森然遠眺望，荒墟接雲端。小者如蟻垤，高者成屼巒。一半沒林黯，衰草迷宵漫。幻說叢棘處，千古埋權奸。疑冢七十二，一冢一阿瞞。爲謀死後身，欺人已蓋棺。狡兔營三窟，此更比其完。嗟哉真譎詐，伊誰識壟殘。爲計抑已密，自謂永無刊。噫嘻，愚矣！昔盡銅雀歡，朝晡西陵看。空有歌吹聲，清風披蕙蘭。古負穗帳春，錦瑟斷腸肝。分香諸夫人，履組猶欺謾。三馬同槽食，兒孫夢未闌。當年身已死，誰歟破疑團。同此沒秋草，淒風朽骨寒。可憐無玷土，肯使夢魂安。松揪長淅淅，細岑互倚攢。斷碣蒼鼠竄，狐穴夜猿蟠。誰知碧流水，滔滔忽已幹。輪轉排霜刃，衡漳蹙哀湍。奸謀多自敗，留與後人觀。對此發高歌，不覺泪汍瀾。借問歌者誰，天涯一稗官。

### 銅爵臺

銅爵宮臺日已昏，美人含笑乞新恩。金輿烜赫今何在，故物當年石馬存。

### 酒務泉

馬服崔嵬酒務頭，當年袨服此山丘。傷心不見叢臺草，漳水滔滔東北流。

### 題盧生睡像①

五十年來夢未休,竟從夢裏戀公侯。癡人欲作公侯夢,曾向先生借枕頭。

昨夜仙人授枕頭,從君曾向黑甜游。果然覓得公侯貴,問是常年夢也不。

纔到甜鄉一宦游,公侯又逐水東流。覺時惟作邯鄲客,世上功名好是浮。

欲倩邯鄲作枕頭,人生同是夢中游。我今已醒公侯夢,笑問先生夢醒不。

儂是天涯一醉侯,嘗從夢裏度春秋。黃粱未熟先生醒,飽睡應輸我一籌。

世事都從夢幻求,不調胎息遽仙游。呂經半涉荒唐語,笑煞盧生睡像留。

### 春思

一別隔炎凉,天涯望斷腸。韶光容易老,游子鬢多霜。陌上繁華盛,閨中日月長。莫教春色過,徒自泣沾裳。

### 渠上柳②

一樣春風碧柳枝,長渠繚繞競風姿。土因饒沃多榮茂,地近堤塘得潤滋。燕翦鶯梭三二月,男攀女折萬千絲。邊城藉作甘棠蔭,漫上靈和殿上移。

長渠不辨水迢迢,烟鎖堤塘柳萬條。銀夏風光無限好,陽春景物

---

① 《題盧生睡像》詩共六首。
② 《渠上柳》詩共三首。

此偏饒。眼青過客隨流逝,眉黛橫波任畫描。寄語村夫休翦伐,半防漱齧半魂銷。

疑是隋堤柳嫩芽,春渠一帶綠陰遮。邏娑自昔無長物,星宿移根遍水涯。三月桃花新疊浪,兩行烟縷舊排衙。依依太液池邊景,省識東風望眼賒。

### 灘上羊①

邊風颯颯草蒼蒼,隴上春光灘上羊。北海節旄思典屬,金華仙蹟幻黃郎。牧民真見倚箠策,嬉業應多博塞亡。朔月胡天猶似舊,歸來飽臥苑沙傍。

誰謂無羊三百群,角童濈濈肱紛紛。英雄五羖譏牛口,怪異千秋說井羵。齦齧摧殘元昊脉,竭來踏没赫連墳。清時策馬看朝飲,十里沙灘接碧雲。

### 火輪車②

兩行修綆直如弦,周歷全球八十天。旅夢若錄途遠近,儂曹便是地行仙。

滄海茫茫五大洲,誰將一帶束全球。天家用此飛芻粟,水地輪車陸地舟。

### 火輪船③

星馳雷□海濤空,水火機輪激射中。萬里滄波平若砥,長驅不倩一帆風。

滄洲破浪駕長風,大冶洪爐鼓太空。應是魚龍噓氣後,樓臺萬狀

---

① 《灘上羊》詩共二首。
② 《火輪車》詩共二首。
③ 《火輪船》詩共二首。

蔚藍中。

### 電　報①

　　朝發山陬夕海濱，郵程驛路苦征人。邊風漫滯雲中雁，從此天涯若比鄰。

　　置郵乘遽太虛拘，遮莫天心厭我迂。萬國車書歸混一，故教山海化通衢。

### 電　燈

　　電燈光彩絕新奇，人力應將造化移。燭是照天釭是月，三千世界盡玻璃。

### 望崆峒山②

　　欲造廣成金佛前，相從辟穀亦參禪。凡胎未換丹空轉，衣鉢無師秘不傳。大道何蘄人學步，天關獨靳客盤旋。古今幾個真仙佛，養性修身任自然。

　　廣成學道崆峒巔，石穴昏冥不計年。地軸天門推躓足，木公金母總虛傳。晨鍾鞺鞳皆深省，海國飄零時謫仙。六一飛丹誠鍊得，神洲羽化絕人烟。

### 園中散步③

　　幽齋寂寞惜芳晨，九十韶光滿目新。野鳥爭喧除暖樹，園花空度可憐春。紅牆四面真如畫，白屋三間不受塵。寄語門前多種柳，清風自是上皇人。

---

　　①　《電報》詩共二首。
　　②　《望崆峒山》詩共二首。
　　③　《園中散步》詩共二首。

韶光駘宕散晴暉，宿雨郊原草正肥。寒食家家烟火禁，清明處處紙錢飛。尋春仗出花迎佩，探杏人歸露滿衣。到眼園林都入畫，江南風景自依稀。

### 書齋有感①

男兒壯志裹尸還，肯任浮生半日閒。學劍不成書亦棄，漸無長策濟時艱，磣突風塵益厚顏。不必瑯嬛尋福地，何當劍爲老鄉關，千年肘秘餘丹篆。四壁星羅有碧山，願祝椿萱多甲子，承歡綵服舞斑斕。

芳園恍近五雲班，不信吾身謫市闤。黿樂井崖憐蟹蚪，鼠居牛角笑蝸蠻。焦冥世界真無外，渠略光陰亦等閒。最羨陁移嵫景壽，神仙原自在人寰。

【校勘記】

［1］溝：《寧夏文史》本、《征雁留踪》本均作"井"。
［2］琢：《寧夏文史》本、《征雁留踪》本均作"傳"。
［3］鴻：《寧夏文史》本、《征雁留踪》本均作"鳴"。
［4］斬：原作"折"，據《寧夏文史》本、《征雁留踪》本改。
［5］駁：《征雁留踪》本作"駿"，誤；《寧夏歷代詩詞集》作"駁"。案：胡玉冰、韓超校注《〔乾隆〕寧夏府志》卷三《山川》"賀蘭山"條載："山之草樹，遠望青碧如駁馬。北人謂馬之駁者曰'賀蘭'，故名賀蘭。""駁""駮"古相通。
［6］坏：《征雁留踪》本、《寧夏歷代詩詞集》均作"抔"，誤。案：《寧夏文史》本直接錄自手稿本（詳參田富軍、王敏《寧夏清末人士趙尚仁及其詩文簡論》，《寧夏社會科學》2015年第6期），在結集成書《征雁留踪——孫鴻書詩文集》時改作"抔"，可證此字手稿本非"坏"繁體"壞"字，與底本一致；且"坏土"指墳堆，本有此詞，是又"坏"正確之一證也。《寧夏歷代詩詞集》本就以《寧夏文史》本爲底而擅改，不足信。
［7］卅：《寧夏文史》本作"卌"，但《征雁留踪》本作"柵"，可見孫鴻書又做了修改。"柵"字其意殊不可解，且本聯對句相應爲"百"字，故"卅"字是。另，上文詩《賀蘭山懷古》有"雄兵卅萬一朝屠"句，可見作者常用"卅"字，此又一證。
［8］慚：《寧夏文史》本、《寧夏歷代詩詞集》、《征雁留踪》本均作"愧"。

---

① 《書齋有感》詩共二首。

# 自　　序[①]

　　今朝廷仍以詩賦取士，凡習舊業者，莫不爭自濯磨。仁鄉井下士，於唐、宋、元、明、國朝諸家詩集未嘗寓目，何敢率而言詩。然又好爲苟難，即不妨以好爲苟難作消遣。謹將平日消遣之作節錄數闋，自覺不值一噱，乞我善詩之君子有以教之云。

---

① 本題原無，整理者據文意加。

# 題　　辭①

### 題趙壽山先生詩卷　　慕壽祺②

　　右寧夏趙壽山同學在張府設帳時之所贈也。詩意清新，筆姿秀極，藏之已四十餘年矣。每一展玩愛如拱璧。爰題白話詩如左。

　　賀蘭西望勢嶙峋，靈氣鍾成席上珍。白摺有時還贈我，青山何處不埋人。君卒後葬靈州城外。

　　翰林吐屬三千首，流水光陰四十春。一卷琳琅情義重，保存仍望貴鄉親。

　　　　　　　　　鎮原慕壽祺少堂甫題於蘭州，民國二十八年重陽前三日。

### 題趙壽山先生詩卷七律　　潘宗岳

　　名噪騷壇迥異常，蕭條身後亦堪傷。蘭成詩賦騰前藻，靈武山川戀故鄉。可惜有才偏不壽，縱觀遺墨有餘香。江淹未老才垂盡，愧我飄萍古朔方。

### 題趙壽山先生詩卷　　雷應龍

　　大雅音容久渺茫，尚留詩卷錦城囊。偏安世局傷南渡，壽曾作《南渡將才論》。③壯歲文名冠朔方。書法堪追趙松雪，④人才共羨習襄陽。前秦苻堅曰："吾以十萬師克襄陽，得一個半人，謂釋道安與習鑿齒也。"⑤先生著作傳身後，合許他年鏤版藏。

---

　　①　本題原無，係整理者擬。
　　②　本題原無，整理者據文意加。
　　③　《南渡將才論》未傳，疑亡佚。
　　④　趙孟頫(1254—1322)，字子昂，號松雪道人。浙江吳興(今浙江湖州)人。南宋末至元初著名書法家、畫家、詩人。
　　⑤　釋道安：東晉時高僧，翻譯家。本性衛，常山扶柳人。習鑿齒：字彥威，襄陽人，東晉著名史學家、文學家。有《漢晉春秋》《習鑿齒集》等。

## 題趙壽山先生游賀蘭山懷古詩卷

　　松柏奇峰插碧天，壯游探勝有鄉賢。年華不與蘭山壽，詩句猶同墨蹟傳。時勢英雄誰割據，嘯歌風雨客流連。疑冢累累囊宵死，霸業臺空亦可憐。

　　龍生也晚，與先生莫睹。董校長席珍執此卷示予，觀其詩句清新，筆姿挺秀，愛玩不釋。茲於其取回，因賦七律二章以讀敬仰。

　　民國三十年十二月，雷應龍本天甫誌于金積。

　　以上共寫叁仟柒佰肆拾捌字。①

---

① 字數疑爲抄書人統計書寫。

# 附録：龍見井中歌有序①

噫吁嚱！井中之龍兮，其飛也天，其見也田，顥蒼之際，胡不躒焉？井中之龍兮，上不在天，下不在田，窅深之地，胡不辟焉？春分而登天，秋分而潛淵。上凌霄兮下伏泉，須臾噓氣生雲烟。出有時兮宅有宫，顯見變化幻無窮。

今日幽囚深井中，仰焉昭昭之蒼穹，俯焉涓涓之青濛。湫隘不可容，盤折重復重。復光韜景日月薄，楊鬐鼓鬣風雨從。自昔黄龍現祥符，三畫開天河呈圖。昌平聖傳繡紱，荆山鑄鼎垂鬚。胡爲一朝失駕馭，困匀水兮潛潢汙。地不降兮宫沼，時不逢兮唐虞。運掉不靈怯天衢，仰臂伸頸長嘆吁。長嘆吁，勿悒鬱，本是天上種，終非井中物。所興或非時，甘受泥蟠屈，不久超忽荒，風雲任披拂。飛翔九萬里，獻瑞帝王穀，濟旱作霖雨，徧爲蒼生福。轉瞬隔天淵，下視眇井谷。鱣鮪陋蹴泙，魚蝦失揉黷。時未來兮不可幾，時已至兮不可逐。龍兮龍兮且莫嗟，見田見天爲爾卜。

龍者，四靈之長，陽德之精，能屈能伸，能幽能明。小則如蠶蠋，大則涵天地。乘雲而興，因風而舉。吾觀上世之龍，常以爲瑞，降及後世，反瑞爲妖，豈龍之有異耶？抑視乎人之感之者何如耳？龍官紀而太皞起，龍漦降而夏后衰。漢惠帝時，龍見蘭陵井中，而有藩王殘害之徵。魏明帝時，龍凡八見井中，而高貴鄉公卒以兵敗。隋文帝時，龍見代州井中，而漢王諒竟坐逆誅。誠以龍貴象也，亦大人象也。興非其時則爲妖孽，處非其所實爲凶災。

京房《易傳》曰："有德將害，厥妖龍見井中。"晋劉毅曰："《易》稱'潛龍勿用，②陽在下也。'"然而符瑞之説不可襲用也，物異之譚不可穿鑿也。《乾》之

---

① 參見《[民國]朔方道志》卷二八《藝文志五·頌歌》，上海古籍出版社2018年版，第623—624頁。

② 劉毅（216—285），字仲雄，西漢城陽景王劉章的後代。魏晋時期名臣，官至尚書左僕射、青州大中正。

《同人》曰:"見龍在田。"其《大有》曰:"飛龍在天。"晉史墨曰:"若不朝夕見,誰能物之?"鄭子產曰:"吾無求于龍,龍亦無求於我。龍,水物也。淵,龍室也。此理之常,無足異者。"雖然,景龍紀瑞,稱自古皇,黃龍負舟,傳自夏帝,顧何以不盡刪廢哉。是有說焉,吾不得而知也。

嗚呼!以神靈變化之物而潛伏幽處於尺澤之中,爲妖歟?爲祥歟?儻或具文明之德而動多奇阨歟?抑亦暫屈泥蟠而將獲大伸歟?

爲悲其遇,迺濡筆而爲之歌。

# 參考文獻

## 一、古代文獻

《〔乾隆〕寧夏府志》：（清）張金城修，楊浣雨纂，寧夏人民出版社 1992 年陳明猷點校本；中國社會科學出版社 2015 年胡玉冰、韓超校注本。

《〔光緒〕靈州志》：（清）楊芳燦監修，郭楷纂修，甘肅省圖書館藏本；寧夏人民出版社 1996 年張建華、蘇昀校注本；中國社會科學出版社 2015 年蔡淑梅校注本。

《〔民國〕朔方道志》：馬福祥等修，王之臣纂，成文出版社 1968 年版；上海古籍出版社 2018 年胡玉冰校注本。

《中國西北文獻叢書》（第六輯）：中國西北文獻叢書編輯委員會編，蘭州古籍書店 1990 年版。

## 二、現當代文獻

### （一）著作

《青銅峽文史資料》（第一輯）：青銅峽文史資料委員會編，1988 年版。

《銀川市群衆藝術館館志》：張復興主編，寧夏人民出版社 1993 年版。

《銀川市圖書館七十年紀事》：李景華、索冰編，寧夏人民出版社 1999 年版。

《吳忠文史資料》第一輯"吳忠回族自治州專輯"：政協吳忠市委員會編，2000 年版。

《故鄉春秋》：段懷君著，陽光出版社 2012 年版。

《吳忠市志》：吳忠市地方志編纂委員會編，中華書局 2000 年版。

《寧夏歷代詩詞集》：楊繼國、胡迅雷主編，寧夏人民出版社 2011 年版。

《寧夏歷代藝文集》：楊繼國、胡迅雷主編，寧夏人民出版社2011年版。

《征雁留踪——孫鴻書詩文集》：孫鴻書著，中國文化出版社2011年版。

## （二）論文

《趙尚仁及其游賀蘭山遺詩十九首》：孫遜撰，寧夏回族自治區文史研究館編《寧夏文史》第五輯，1989年。

《寧夏清末人士趙尚仁及其詩文簡論》：田富軍、王敏撰，《寧夏社會科學》2015年第6期。